世界文明简史一本通

Shijie Wenming Jianshi Yibentong

历史大讲堂

何国松 ◎ 编著

北京工业大学出版社

图书在版编目（CIP）数据

世界文明简史一本通 / 何国松编著 . — 北京：北京工业大学出版社，2012.5
ISBN 978-7-5639-3075-3

Ⅰ . ①世… Ⅱ . ①何… Ⅲ . ①世界史：文化史 Ⅳ . ① K103

中国版本图书馆 CIP 数据核字（2012）第 073900 号

世界文明简史一本通

编　　著：何国松
责任编辑：江　舒
封面设计：宋双成
出版发行：北京工业大学出版社
　　　　　（北京市朝阳区平乐园 100 号　100124）
　　　　　010-67391722（传真）bgdcbs@sina.com
出 版 人：郝　勇
经销单位：全国各地新华书店
承印单位：三河市元兴印务有限公司
开　　本：787mm×1092mm　1/16
印　　张：25
字　　数：432 千字
版　　次：2012 年 6 月第 1 版
印　　次：2021 年 1 月第 2 次印刷
标准书号：ISBN 978-7-5639-3075-3
定　　价：58.00 元

版权所有　翻印必究
（如发现印装质量问题，请寄本社发行部调换 010-67391106）

前言

在漫长的历史进程中，人类凭借智慧和努力，不断地追求、创造着文明。一部人类社会发展史，从本质上说就是人类文明演进的历史。一切文明都是整个人类文明的组成部分，并相互交织、渗透和转化，共同推动着人类文明不断发展。

本书主要以不同文明的分类演化为线索，全面讲述了人类社会政治形态、历史地理、经济样式、地区冲突与战争、宗教、思想观念、文化艺术、社会生活等诸多方面的内容，力求多层次、多角度地揭示世界文明起源、发展、演进、更新的漫长历程和整体图景，以期让读者对世界文明史的整体轮廓与丰厚积淀有一个比较清晰的认识。

独具特色的选材，深刻精到的见解，流畅清新的文字，精美而有代表性的图片，使得这部著作处处闪现着灵动与厚重。阅读本书无疑将扩大视野，有助于增进我们对世界文明发展史的了解。

由于时间仓促，加之水平所限，本书缺陷和错漏之处在所难免，诚望批评指正。

目录

文明的发端　001

人类社会化历程..................001
文字的萌芽..................005
国家的形成..................006
科学知识的萌芽..................007
原始宗教观念..................009

中华古文明　012

古代中华文明的发展脉络..................012
专制主义中央集权制度的确立..................015
重农抑商政策的施行..................017
封建社会在分裂与统一中前行..................018
统一多民族国家的形成..................018

古希腊文明　020

克里特文明..................020
迈锡尼文明..................023
希腊"黑暗时代"..................026
希腊城邦的兴起..................027
希腊移民运动..................030
斯巴达人建立的"平等人公社"..................031
雅典民主制的建立..................034
希腊文明的扩散..................041
古希腊的宗教与神话..................047
古希腊文学艺术的发展..................051

目录

古罗马文明　　060

- 罗马共和国的建立与扩张 060
- 古罗马美术的繁荣 065
- 基督教的兴起 077

古埃及文明　　083

- 古埃及前王朝时期 083
- 古埃及早王朝时期 085
- 古王国时期的埃及 086
- 中王国时期埃及的新发展 089
- 喜克索斯人的由来 092
- 埃及帝国的建立 095
- 埃及帝国的衰落 098
- 古埃及仪式化的文学与史学 102
- 古埃及人的历史观 105
- 古埃及的金字塔 110
- 古埃及壁画、浮雕与雕像 113

古代西亚文明　　116

- 苏美尔城市国家 116
- 古巴比伦王国的统一和衰亡 119
- 波斯帝国的兴起和大流士一世的改革 121
- 安息和萨珊波斯 122
- 古代腓尼基 123

印度河文明的兴起　　125

- 印度河文明的发端 125

雅利安文明	130
佛教创立	134
孔雀王朝与佛教传播	139
绝无仅有的印度长诗	142

古代非洲与美洲文明　　　146

古代西非文明	146
古代东非文明	152
古代美洲玛雅文明	155
古代美洲阿兹特克文明	159
古代美洲印加文明	161

中世纪的欧洲文明　　　163

中世纪骑士	163
十字军东征	166
西欧封建制度的产生	173
查理曼帝国及其分裂	176
西欧的封建庄园和等级制度	178
西欧封建制度的发展	179
英法封建统一集权国家的建立	183
黑死病肆虐欧洲	185
蒙古人对欧洲的征服	190
基督教会统治的形成和发展	193
中世纪欧洲文学的发展	195
俄罗斯的统一与扩张	196
欧洲人对美洲的征服与殖民	201

文艺复兴与启蒙时代的欧洲文明　　216

- 文艺复兴 216
- 欧洲宗教改革 220
- 排巫运动与宗教战争 229
- 资本主义的产生 234
- 尼德兰资产阶级革命 239
- 英国内战与克伦威尔执政 241
- 欧洲启蒙时代 246
- 欧洲工业革命 257

18~19世纪的世界文明　　272

- 奥斯曼的衰退和土耳其的兴起 272
- 西方对阿拉伯的入侵 277
- 中国禁烟运动 284
- 中日甲午海战 294
- 美国独立 299

20世纪的世界文明　　309

- 第一次世界大战的发生 309
- 列强对战后世界新秩序的基本构想 318
- 欧洲政治地图的改划 321
- 法西斯运动的兴起 322
- 大萧条时期 332
- 第二次世界大战 336
- 战后科技革命 343
- 西方现代教育的发展 379

文明的发端

人类社会化历程

自从地球上有了人，就开始有了人类社会及其历史。早期人类为了生存，不得不结成一定规模的群体，共同抵御野兽袭击，共同觅食、生活。这种原始群实际上是刚脱离了动物圈的原始人迫于自然环境的威胁而结合成的一种组织，更多的是出于求生的本能。人们在共同的生活中，渐渐地以不同的标准形成各种关系，遵守某些约定俗成的习惯和规定，发展起社会生活。社会性是人的本质属性。人类的发展史也是人类社会化的进程。

（一）血缘家族

旧石器时代早期和中期，人类基本上处于原始群居的状态。到了晚期，血缘家族在原始群的基础上发展起来。这是一种依靠血缘关系组成的群体。一般每个群体二三十人左右，内部实行内婚制，同辈的兄弟姐妹之间互为夫妻。禁止祖辈与子孙，父母与子女间的婚配，无疑比原始群的杂婚要进步很多。群体之间没有什么联系。

在血缘家族内部，人们共同劳动，共同分配，出现了简单的生活分工，男子狩猎，女子采集，老人照顾孩子。人与人之间的关系是平等的。

（二）母系氏族公社

氏族公社是人类社会发展到一定程度后一次质的飞跃。它分为母系氏族公社和父系氏族公社两个阶段，这一点是没有异议的。旧石器晚期进入母系氏族公社阶段，新石器时代母系氏族公社达到全盛时期。母系氏族是一个坚固的血缘集团，是在生产初步发展、能维持较定型群体社会的基础上形成的。族内近亲通婚成为

一种禁忌，他们只能和另一个氏族的成员通婚，即族外群婚。人们通过联姻的方式使不同氏族群体之间发生了联系，为部落的产生准备了条件。

母系氏族公社中，群婚制使人们只知其母，不知其父，血亲系统只能按照母系计算。女子采集植物果实等食物，提供主要的生活保障。女性又是生殖力的代表，所以她们受到了尊敬。年长妇女担任氏族首领，女性成为氏族社会的核心。

随着生产力的发展，氏族人口增多，群婚变得难以维持，于是出现了对偶婚。这是由一对较为确定的夫妻组成，但结合并不牢固，容易离散。对偶也不构成独立的经济单位，孩子仍然留在母亲的氏族里。起初，夫妻双方并不住在一起。后来，丈夫迁往妻子的氏族居住，关系更密切些。

（三）父系氏族公社

新石器时代晚期，女子开始将手中的权力交给男子，父系氏族公社取代了母系氏族公社，父系价值观念从那时起，至今不衰。

新石器时代的农业革命使整个人类在本能地沿袭了采集狩猎的传统生活方式200万年之后，放弃长矛，拿起了犁铧。公元前8000年，农业已经在一些地区出现。世界上主要的早期农耕中心有三个：西亚、东亚、中南美洲。西亚是最早出现农业的地方，是大麦、小麦、小扁豆等农作物的原产地。东亚在七八千年前就种植水稻。与此同时，美洲的秘鲁等地，栽种了玉米、马铃薯、南瓜和扁豆等。比农业历史更悠久的畜牧业也发展起来。狗和绵羊是最早被人驯养的动物。大约13000年前，绵羊已被驯养为家畜。12000年前，伊拉克地区已经驯养狗了。其后，人们先后驯化了山羊、猪、牛、驴、马等野生动物。人类由采集经济变成了生产经济，定居下来，形成农业村落。而有的部落依然在草原上以畜牧业为生。农业和畜牧业的分离，是人类历史上的第一次社会大分工。

无论是农业还是畜牧业，都需要较强的体力，男子逐渐占据了主导地位。妇女转而从事家务劳动，沦为男子的附属品。这次性别的新的分工，使父权击败了母权，父系氏族社会兴盛起来。对偶婚中的"从妇居"变为"从夫居"，夫妻间的关系更为稳固，并逐渐发展为一夫一妻制。男子成为家族的核心，世系也开始按父系计算。父系氏族公社还保存着民主的性质。每个家长制大家族包括三四代的男系亲属，集体耕种属于氏族的土地，共同消费。族长，一般由年长男子担任，主持家族内部日常事务和生产活动。各个大家族的族长组成氏族的议事会，推举有威望的人担任氏族首领，包括氏族全体男子的氏族大会拥有最高权力，大事由

它讨论决定。但是，这时出现了贫富差异、男尊女卑等不平等的因素，原始公社的公有制必将全面崩溃。

（四）私有制的产生和村落的出现

新石器时代末，人们已经发现了金、铜等自然金属的使用价值。大约7000年前，西亚地区掌握了冶铜技术。5000年前，两河流域和印度河流域的居民使用铜和锡，率先冶炼出熔点比铜低的青铜，人类进入金石并用时代。一直到3000年前，西亚地区发明冶铁术，铁器迅速取代了石器、青铜器，成为主要的工具。

金属工具的出现，大大提高了劳动效率，使得生产趋向个体化，以一夫一妻为核心的小家庭便从大家族中分裂出来，成为社会的基本经济单位。小规模的生产需要的生产工具、农产品等成为个体私有。其后，房屋、田园、土地都变成了私有财产。氏族首领和族长往往利用自己的支配权取得比普通人更多更好的财物。

出土的原始社会青铜工具

贫富差距加大了，氏族成员之间原本平等的地位发生了改变，血缘关系逐渐为阶级关系所代替。氏族公社制度开始瓦解。

大约公元前6500至前3500年，西亚地区出现了村落，这是以定居农业为基础的社会组织，突破了血缘的关系，平均千人左右。在村落的极盛期，一些村落甚至拥有5000以上的居民。一旦定居下来，村落的农业耕作者们便不断地寻求高效能的生产工具和生活用具，手工业开始发挥空前显著的作用。人们制造陶器存储物品，编织柳条筐盛放谷物，冶炼金属制造工具和武器。一开始，所有村民都从事这些新的手艺。随着手工业技术的复杂和专业化，有一批人成为专职的手工业者，脱离了农业生产。手工业和农业的分离，是人类历史上的第二次大分工。

一方面，随着手工业的发展，出现了许多具有地方特色的手工艺品和器具。另一方面，剩余产品的大量出现，使各不同村落居民之间开始进行实物交换，各取所需。起初，这可能只是偶然性的相互馈赠的形式，是住在不同部落的亲属之间的一种礼尚往来。后来，随着财富的积累和社会分工的精细，出现了直接以交换为目的的商品生产。一些有财力的富裕团体，甚至可以派出商队进行远距离商品交换，于是贸易产生了。早在公元前6500年，西亚贸易就已经扩展到非常远的地区。当时，伊朗、伊拉克地区的村落能从四五百英里之外的亚美尼亚地区得到稳定的黑曜石（适于做锋利的刀刃）供应。他们还能从更远的安纳托利亚得到小块的黄铜。商人从生产者中独立出来，第三次社会大分工完成了。矿石、金属、食物、兽皮、小装饰品等物品的交易繁荣起来。到村落时代结束时，人们不仅通过陆路，也通过水路运输货物了。

村落之间为了获得财富和人力，战争不断。战争带来了屠戮和死亡，但是，它也以一种野蛮的方式促进了技术和贸易的发展。村落之间的"军备竞赛"推动人们不断探索更先进的武器制造方法和冶金术。而要增强军事力量，也必须提高整体的经济实力，提高生产效率。侵略、征服，是交通极度闭塞的原始人交流、融合的有效手段。

（五）城市的产生

随着财富、战俘慢慢聚集在村落首领、军事长官的手里，他们渐渐完全脱离了生产劳动，靠农民、手工业者和商人的劳动供奉着。而随着村落经济的发展，人口的增多，各种社会事务日益复杂，一系列关于安全、秩序和效能的问题需要专人来处理。职业武士、行政官员、祭司，这些人逐渐成为城市的统治者和管理

者。西亚城市的出现可以追溯到大约公元前 3500 至前 3200 年。早期城市里还居住着农民，他们耕种城市周围的田地。少量的工匠和商人，在城市里从事手工业和贸易。这些居民和城市附属村落的居民是被统治者。统治者们则标榜自己的责任是通过军事手段保卫城市领土，管理民众以及祈求神的庇护。脑力劳动和体力劳动开始分化，劳心者和劳力者开始对立起来。

城市是文明的重要表征。西亚最早的城市出现在美索不达米亚平原。当城市的行政机构、经济机构、社会机构、暴力机关等公共权力机关越来越强大的时候，统一的城邦制国家或奴隶制国家就不可避免地出现了。文字正在形成过程中，人类的文明史开始了。

文字的萌芽

文字是书面的语言，是人们相互交流和辅助记忆的工具。在原始社会里，人类已在寻求便于交往和记忆的手段，并有了一些发明创造。当时，人们已有结绳记事、刻木记事、实物书信等形式，墨西哥的惠乔尔人远出，外出者和家人都每天用绳子打一个结。这样，双方就都知道外出者已外出多少天，到达了什么地方。我国古代，也有上古人们结绳记事的记载。斯基泰人在公元前 6 世纪以一鸟、一鼠、一蛙、五支箭送给与其作战的对方，表示要对方像鸟一样飞走，像鼠一样藏于土下，像蛙一样跳入水中，否则对其万箭齐发，这就是一种实物书信，这些都还不是文字，但已向创造文字接近，是文字出现的前奏。

原始社会后期，为了更明确地反映事物的特点和性质，原始人发明了图画文字。人们常常以一整套连续的图画刻画在树皮、兽骨或皮革上，来表现完整的事件和思想。印第安人、爱斯基摩人都擅长图画文字，不过画法简单质朴，一般只有寥寥数笔或者几条线条，充分地发挥了他们天才的想象力。图画文字没有读音和固定的表示方式，难以表现抽象复杂的概念。

苏美尔人创造的楔形文字

图画文字进一步发展，产生了象形文字。这是一种真正的文字，用一定物体的形象符号来表示一定意义的文字，形状更为简洁和定型化，有一定读音。象形文字是现代表意文字的基础。最早的文字出现于公元前4000年末，是西亚的苏美尔人创造的楔形文字。文字的出现是文明时代开始的重要标志。

国家的形成

国家的出现是原始社会阶段结束、阶级社会形成的标志。国家与氏族的不同体现在：一是以特殊的"公共权力机关"代替氏族、部落的民主管理机构；二是以地域划分它的国民代替了自然形成的、以血缘关系为纽带的社会组织。国家通常有军队、法庭、行政、财政、监狱等暴力和强制性的机关。"国家存在的经济体现就是捐税。"

国家产生的根本原因，是生产力发展后引起了整个社会的全面变动，其直接原因是社会"分工及其后果"，即阶级的产生。恩格斯指出："问题从分工的观点来看是最容易理解的。社会产生着它所不能缺少的某些共同职能。被指定去执行这种职能的人，就形成社会内部分工的一个新部门。这样，他们就获得了也和授权给他们的人相对立的特殊利益，他们在对这些人的关系上成为独立的人，于是就出现了国家。"国家既是阶级矛盾不可调和的产物和表现，又是面对"互相冲突的阶级"起"缓和冲突"作用的力量；国家既代表统治阶级的利益，是阶级统治的工具。但它又履行社会公职，在一定条件下与被统治阶级的利益有一致性。国家的出现是人类社会的一个伟大进步。国家在担负社会公职方面所发挥的积极作用，是促成社会进步的强大力量。

国家权力萌芽于母系氏族繁荣时期。这表现为部落酋长在分工担负社会公职中，在遇到紧急情况时有采取临时措施的权力。这是"一种具有执行权力的官员的微弱萌芽"。随后，多半是部落、部落联盟军事首长的权力逐步发展，而终于形成国家首脑的权力。

从父系氏族出现到国家形成的过渡时期，其管理机构以"军事民主制"为特点。军事民主制的基本内容是，氏族民主制仍然存在但已经并继续蜕变，军事首长的个人权力逐步发展却又受氏族民主制的限制。

军事民主制时期通常有三个管理机构：

民众大会（或称人民大会）。部落或部落联盟的民众大会，是最高权力机构。

对外战争还是媾和、选举首长等大事，由大会决定。在一些部落，处死氏族成员（如日耳曼人犯背叛、怯阵等罪者）由大会决定。有些部落，分配战利品的办法，也由大会作出决定。这时的大会与母系氏族繁荣时期的不同点在于只有成年男子参加，妇女已被排除在外。

长老议事会。组成部落和部落联盟长老议事会的成员，是氏族或部落的首长，有的因为人数太多，则从其中推选一部分。这些"长老"已越来越具有贵族的身份。这种长老一般从同一家族中选出，这些家族自称贵族，其后代企求继承加入长老会议及担任一些公职的独占权，在人民容忍这种企求后，这种企求就变成了贵族的特权。再进一步，这种贵族就变成一代传一代的世袭贵族。在进入国家后，长老会议变成贵族会议或元老院。这种贵族会议或元老院，在一些国家实际成为国家的最高权力机关。

军事首长，一般同时是祭司长、执行习惯法的审判长。在军事民主制时期，他还不是君主、国王，没有民政权。对这一身份的人，印度雅利安人的梵语叫罗阇，希腊语叫巴赛勒斯，罗马人的拉丁语叫勒克斯，哥特语叫提丹乌斯。他们在担负社会公职中，逐步发展出个人权力。因当时战争频繁，他们指挥军事，拥有扈从队，更促使其个人权力进一步发展，在一些民族中终于发展为世袭王权。人类历史上最先出现的是奴隶制国家。

科学知识的萌芽

原始社会的人们在生产和生活中，积累了一些经验和知识，初步懂得了一些科学知识。

（一）天文知识的萌芽

在以采集和渔猎为生的旧石器时代，人类的祖先已经对寒来暑往的变化、月亮的圆缺、动物活动的规律、植物生长和成熟的时间，逐渐有了一定的认识。新石器时代，社会经济逐渐进入以农、牧生产为主的阶段，人们更加需要掌握季节的变化规律，以便安排农事。根据考古学和古文献资料确切可知，新石器时代中期，我们祖先已开始观测天象，并用以定方位、定时间、定季节了。

当时，人们已经有了一定的确定方位的方法。最早大概是很简单地以日出处为东，日没处为西。进一步地观测使人们发现，一年内日出与日没因时间而异，且有较大的变化，但每天日影最短时太阳的方位则是不变的，于是就把这时太阳的方位作为定南北方向的依据；其后就有了观测一天内太阳的出没方向，先定出东西，再定出南北的定位方法。这就产生了最初的天文知识。

（二）数学的起步

人类知识发展中的一个里程碑是数学的起步。在很长的时间里，原始人的数量概念是和实物联系在一起的，就像我们自己在幼儿期，一定要掰着指头才算得清数字一样。他们知道1只鹿、2只鹿，却不知道1、2的抽象概念，他们只能区别实物的多少。后来，他们学会了用手指、脚趾计数，不过仅限于10以内的抽象数字，比之更多的则称为"多"。阿毕明的印第安人用一只手表示5，用鸵鸟的爪表示4。抽象数字的出现表明原始人的抽象思维、推理能力有了很大提高。

人们对形的认识也很早。当我们祖先能制造出背厚刃薄的石斧、尖的骨针、圆的石球、弯的弓等形状各不相同的工具时，他们对各种几何图形已经有了一定的认识。新石器时代开始出现的竹篾编织和丝麻织品，可能使人们对形和数之间的关系有了进一步的认识，因为织出的花纹和所包含的经纬线数目之间存在着一定的关系。

原始社会晚期，人们不仅识别了各种不同的形，而且为了使制作的器物达到方、圆、平、直的要求，可能还创造了画方、圆和直线的简单的工具与方法。如中国半坡遗址的圆形屋、环形装饰品和陶器上圆半径非常匀称的同心圆纹饰等，必须有一定的方法，并借助于简单的工具（可能就是最早的圆规），才能做得那样规整。

（三）物理学知识的萌芽

原始社会，人们在石器的制造和利用中，已逐渐认识了许多物理和机械性能知识。如人们把石铲、石凿磨制成背厚刃薄的形状，就符合劈尖原理。打猎用的投掷武器石矛就很符合动力学原理。中国仰韶文化遗址中出土的小口尖底瓶是专门用来提水的容器，很符合力的平衡原理。

（四）化学知识的萌芽

火的发现和利用，制陶、冶炼、酿酒、染色、鞣皮等技术的出现，说明人们已掌握了一些最早的化学知识。

（五）生物学知识的萌芽

原始人在长期的采集、狩猎和农牧业活动中，对动植物已渐有认识。如在中国河姆渡、半坡和马家窑等遗址中出土的陶器与骨器上往往绘有或刻有鸟、蛙、龟、鱼、鹿等动物和植物图案，形态生动逼真。山西方荣荆村出土的一件完整彩陶上面绘有一株植物，根、茎、叶、花齐全。原始农牧业的出现是人们按照自己的需要、应用生物界的生殖规律知识来控制生物界的一个成果。

马家窑遗址出土的蛇形陶器

（六）原始医术的初现

巫术是原始医术的源头。原始人有了简单的医学知识，能识别某些常见病症，并从经验中摸索出了某些植物、动物、矿物的治疗性能。中国的先民很早就知道用火熟食、取暖、防寒、防潮，此外还发明了最早的"热熨法"治病，即把干草点燃，用温热刺激人体某些部位。还会用荆棘刺、骨针、竹针等针术医治疾病，中国针灸疗法在原始社会就已出现。

由于原始社会医药水平低下，往往医、巫不分。他们既用祈祷、祭祀等巫术替人消灾解难，也用药物方法医治疾病，这种医巫混杂现象使早期的医药学带上了不少宗教迷信色彩。

原始宗教观念

宗教是支配人们生活的外部力量在人们头脑中的幻想的反映，在这种反映中，人间的力量采取了超人间的力量的形式。原始社会初期，自然力量在人们头脑中变成幻想的反映，当时人们对雷、电、动植物繁衍和死亡等自然现象不理解，把它们人格化，以为它们有某种人力在支配。这就是万物有灵观念或自然神观念。这种观念存在了很长时间，至今还有其影响。

母系氏族产生后，血缘亲属关系的重要性更为人们所重视，祖先在组织生产和生活中的作用受到尊重，从万物有灵观念中，发展出了祖先崇拜。女祖先成为崇拜的对象。与此同时，当时人们以为自己的氏族产生于某种动物或植物，又产生了图腾崇拜（图腾，源于印第安语"他的亲族"的音译）。这种崇拜在世界各地相当普遍。熊、虎、狼、蛇、鳄鱼、土豆，等等，都曾是不同氏族的图腾。图腾被分别做成各种形式，以作为氏族的标志。这种崇拜既是迷信，又在氏族中起过维系集体、统一意向、统一行动的积极作用。

印第安人的男根图腾崇拜

父系氏族产生后，因私有财产和阶级关系出现，崇拜对象和宗教观念也带上社会力量的内容而复杂起来。在这个阶段，出现了对父系祖先的崇拜。在苏美尔埃利都遗址中，发现了一个男性雕像，属于公元前4000年，原雕像为直立裸体，头呈蛇头状，两肩有若干泥丸，左手执小杖，小杖象征其首长的权力，泥丸约代表其所管氏族或家族的数量。类似这一情况，如部落或部落联盟首长被当神来崇敬，或被说成神的儿子，或被描写为可以通神的人，在这阶段是相当普遍的。

距今3万年前生活在欧洲、近东和中亚地区的古尼安德特人已经产生了某种朦胧的宗教观念，形成了一些仪式。他们重视死者的遗体，按照一定的规则摆放，并有工具和兽类等陪葬品。他们还崇拜一些特殊的动物。这些迹象表明，尼安德特人开始寻求某种精神寄托，原始宗教已经萌芽。

原始宗教首先是一种仪式。现代的人类学家强调，早期的宗教更重视仪式的过程。原始人依赖自然——季节的更替，充足的雨水，动植物的繁衍来生存。所以，他们举行求雨、祭天的仪式，比如将水洒在玉蜀黍的穗上象征降雨，以祈求风调雨顺。他们还借助仪式免除灾祸，如果不先行祈祷或诵念咒语，没有人敢冒险渡过一条危险的河流。一个爱斯基摩人在杀死一只北极熊后，必须将工具和武器献出以安抚死熊愤怒的灵魂，避免它来复仇。如果杀死了一头母熊，则要将妇女的小刀或针盒献给它。在非洲西部，杀死一只河马后，猎人必须剖开河马的肚子，脱掉衣物钻进去用血沐浴全身，并不停地向河马的灵魂祈祷，请它不要煽动别的河马来报仇。

爱德华·泰勒（1832—1917年）在《原始文化》（1871年）一书中说，原始宗教的实质是"对神灵的信仰"，而其思想基础是"万物有灵论"。灵魂崇拜、自然崇拜、祖先崇拜、图腾崇拜等都是古老的原始宗教形式。图腾崇拜是前三种形式相结合的产物，产生于旧石器时代晚期。图腾是指人们认为的跟本氏族有血缘关系的某种动物、植物、石块等自然物。原始人将图腾视为自己的亲族或祖先，作为本氏族的保护者和标志。原始人将生存的疑虑与愿望寄托给灵魂，认为与生活关系密切而又神秘莫测的一切自然物都是有灵性的，如果对它们尊敬的话，它们的灵魂会庇佑人们。原始人对灵性的信仰，也包含着恐惧和敬畏。饥饿、疾病、死亡每天都在威胁着他们，他们无法掌握自己的命运，认为每一种不熟悉的事物都有危险性。他们几乎每天生活在惊慌和恐惧之中，所以他们要寻求一种依靠和寄托。

巫术，是原始人认为有效地实现愿望、祈求神灵的方式。弗雷泽（1854—1941年）在1890年出版的《金枝》一书中，探讨了农业与巫术的内在联系，认为当时人类在这些有联系的行动与想象中形成了一套复杂的宗教礼仪。其中，交感巫术是原始人经常使用的，他们相信模仿所期望的结果便可能发生那种结果。所以，克罗马农人用陶土制成野牛或巨象的模型，并用镖击中模型，以求在狩猎时同样可以刺中猎物。美洲印第安人跳祭神舞，披上兽皮模仿兔子等他们赖以为生的其他动物，希望在现实中，这些动物可以继续旺盛地繁衍。原始人也占卜，预测未来。巫术充满了神秘、错误的联想，但也有一些科学的成分，它是天文、历法、医学等的源头。

原始宗教不仅是一种信仰和仪式，而且它也渗透到原始人的日常生活、文化艺术等方方面面。它是原始人生活最强有力的凝聚核心，是原始人精神的坚强支柱。原始宗教在各种共同的仪式祭典活动中，促进了人们的社会生活。同时，更重要的是，赋予原始人一种认识方式。

原始宗教的种种崇拜观念，被人们编织成神话，口耳相传。神话对于现代人来讲是荒诞不经的故事，但对原始人来说，它是一种被世代强化的"客观真理"。这些神话是原始人对世界、万物的一种大胆的感性的解释，包含了许多深刻的生命体验和思索，它们被当做"知识"传授给下一代，承载着丰富的历史信息。原始宗教是人类认识世界、认识自己的源头，它直观的思维方式、神秘的仪式祭礼与原始人自然而然地融为一体，就像现代人和科学技术的关系一样，谁也不会觉得不和谐。

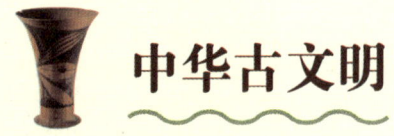

中华古文明

古代中华文明的发展脉络

中华文明又称大河文明，长江、黄河孕育了发达的华夏文化，也一直挑战着炎黄子孙的生存智慧，使他们在对待自然和社会的发展问题上形成了独特的哲学思想和行为方式，树立了古文明发展的典范。

早在夏王朝建立前，长江、黄河等就已孕育了多源、多样的文明因素。数十年来，历史学、考古学、民俗学等学科的研究成果表明，中华文明的孕育，历史悠久，积淀深厚，分布广泛。它的创造者绝不只是炎黄子孙。中原仰韶文化遗址距今已超过5000年，东北红山文化遗址距今也有5000年以上，西北大地湾文化遗址距今已达7000年。这些古文化遗址中均已出现了一项或多项文明因素。浙江河姆渡古文化遗址出现了距今7000年的早期海洋文明；湖南彭头山古文化遗址出现了距今9000年的早期农耕文明。现已发现的文明源头，即可归纳为六七个不同的区系类型，例如，考古发现，生活在东南沿海的"饭稻羹鱼"的古越人，在六七千年前即敢于以轻舟航海。古越人虽已在大陆上销声匿迹，但现在东南

太平洋诸岛上的许多民族都与古越人的后裔有一定的血缘关系。台湾的先民高山族也是古越人的一支。古越人的发明创造如植茶、养蚕、栏杆式建筑，等等，现在都成为代表中华文明的事物，而为世人所称道。河姆渡古文化遗址出土的木桨、舟的模型与许多鲸鱼、鲨鱼的骨骼，都表现了其海洋文明的特征。

在漫长的远古时代，华夏先民不仅学会了农耕，成为世界上最早种植水稻的人，还掌握了制陶技术、打磨技术和穿孔技术等，能制造出精美的石器、玉器和彩陶。城市是文明时

河姆渡古文化遗址出土的木桨形物

代的重要标志之一，湖南的屈家岭文化、河南的龙山文化和山东的龙山文化都发现了古代的城址。这些历史进步都为古代中华步入文明的门槛奠定了良好基础。

大约公元前21世纪，夏启子承父位，开始了中国"家天下"的历史，奴隶社会逐步形成，王位世袭制取代禅让制，一系列奴隶制国家机器如监狱、军队等先后出现。

自夏立国后，中华文明经历了夏商周奴隶社会时期和秦汉隋唐等封建社会两大时期。商朝是奴隶社会的发展时期，奴隶制政治制度、国家机器进一步完善，残酷的刑法、"人牲"和"殉葬"，反映了这一朝代奴隶主统治的残酷性。

西周是奴隶社会的繁荣时期，井田制和分封制等奴隶社会的各种制度渐趋完善，宗法制的创立则实现了王权与族权的统一。

春秋战国时期是奴隶社会瓦解，封建制度初步确立的时期。政治上，争霸战争和霸主政治成为这段时间最集中的体现。分封制瓦解，新兴地主阶级政治经济

实力增强,各诸侯国先后开展了变法运动,新的封建制度在各国逐步确立。经济上,井田制迅速瓦解。农业、手工业和商业均获得一定发展,并推动土地所有制发生变迁。在思想文化上,形成"百花齐放,百家争鸣"的局面,为中华文明的持久发展留下了不朽的精神财富。这是特定的历史时代的产物。从奴隶制向封建制过渡的社会巨变;封建地主阶级的集权政治代替了奴隶主的贵族政治;战国时期封建经济的飞跃发展;战国时代各国对人才的渴求和贵族垄断教育被打破;诸侯纷争为知识分子提供的自由流动和自由表达观点的社会环境;阶级关系的变动和阶级斗争的复杂化等因素促成了"百家争鸣"的局面。

秦汉时期是封建社会的初步发展期。主要表现在:政治上确立和巩固了以皇帝为中心的中央集权的制度;经济上封建经济进一步发展,曾出现了"文景之治"的良好局面。民族关系初步繁荣。汉朝时,除了与北方匈奴的关系比较复杂外,在西部,同西域各族开始发生密切的贸易关系和文化交流。张骞和班超先后出使西域,沟通了西域少数民族和汉族的往来。在南方,秦汉对我国古代南方少数民族地区进行了初步开发和管辖。秦汉两朝民族关系的发展为中华统一多民族国家的发展奠定基础。奋发进取精神则推动了秦汉走向世界的步伐。秦汉加强了与朝鲜、日本、西亚和欧洲的交往。"丝绸之路",使得汉代中国与世界融为一体。

古"丝绸之路"

三国两晋南北朝时，中国封建社会再度陷入大分裂时期。其基本特征是：政治上长期分裂割据，既有残酷的战争掠夺，也有对峙下的竞争发展。经济上江南经济得到开发，中国古代社会经济重心开始南移。民族关系上既有冲突也有融合。经历了民族大分裂到民族大融合的历程，为统一创造了条件。

民族融合指民族之间的自然融合，它是民族间经济、文化以及生活习惯密切联系的结果。对于中华民族的形成和发展，对于多民族封建国家由分裂走向统一都有重要的作用，这是中国历史上的进步现象。由于中国古代历史中，汉族的经济文化水平明显高于其他少数民族，因此历次民族融合均以汉族为核心发生。从经济角度讲，民族融合就是少数民族由游牧经济转向农耕经济的过程；从文化风俗角度讲，民族融合就是少数民族汉化的过程；从整体社会发展角度讲，民族融合就是少数民族封建化的过程。民族融合主要通过以下几种形式完成：一是民族迁徙，指东汉以来周边少数民族的大量内迁。这既是民族融合的一种重要方式，也是民族融合的前提。二是友好交往，指北方各族逐渐改变以前的游牧生活，学习汉族先进的农业生产技术；而汉族也学到了少数民族的畜牧业知识。三是在联合斗争中各族人民加强了联系和友谊。四是少数民族统治者的改革加速民族融合。五是民族间的战争客观上也有助于民族融合。

三国两晋南北朝时期的文化特征以包容异质，张扬个性，科技发展为标志。佛教迅速传播，虽有个别统治者毁佛灭佛，但从整个社会心态而言，却呈现出极大的包容性。尽管政局混乱，但科技文化仍取得了辉煌成就，并超越秦汉，为我国封建文化在隋唐时期达到繁荣奠定了基础。

公元581年，隋炀帝开创的隋王朝虽然寿命不长，但却实现了中华文明再度统一，南北大运河的贯通，生产力的进一步发展，使封建社会走向新的繁荣阶段。

专制主义中央集权制度的确立

专制主义中央集权制，包括专制主义和中央集权制度两个概念。前者是指中央的决策方式，即皇帝个人专断独裁。后者是指全国各种军政财大权归属中央，地方完全由中央管理和控制。专制主义中央集权制产生的主要原因：一是封建经济基础的需要。封建的个体小农经济要求有一个强有力的中央政权，维护国家统一和社会安定，保证生产发展。封建地主阶级也需要有一个强有力的政权，保护封建土地所有制，镇压农民的反抗。二是适应地主阶级建立和巩固政权，完成和维护统一，加强对人民控制的需要。其理论来源主要是法家的"集权"理论。

专制主义中央集权制始于战国时期，韩非子的"集权"思想，秦国商鞅的变法，郡县制度的初步创立等，为秦朝君主专制主义的最终确立提供了条件。秦始皇统一中国后，改"王"为"皇帝"，自称"朕"，命为"制"，令为"诏"，印称"玺"，还有其他严格的礼仪、服饰、避讳制度，以表示他与普通人不同，把自己加以神化。作为新帝国的最高政治代表，皇帝从此拥有至高无上的权力。中央建立以丞相为首的三公九卿官僚体制，地方实行郡县制；在"轻罪重罚"，"以刑去刑"的思想指导下，颁布《秦律》制定了条目繁多，刑罚残酷的法律制度。为了强兵卫国，秦朝开始实行普遍征兵制。兵种有车、步、弩、骑和"楼船之士"等。经济上，确立土地私有；统一货币、度量衡；车同轨，修驰道。思想上，推行"焚书坑儒"，实行思想专制。文化上，书同文、以法为教、以吏为师。秦始皇高度统一的中央集权主义思想和制度为后世所继承。汉朝建立后，汉承秦制，中央仍是皇帝制和以丞相为首，地方上实行"郡国并行制"；军队以南北军为中央常备军，郡县设有预备军。在《秦律》基础上，西汉萧何制定《九章律》。汉武帝政治上推行封建大一统的措施主要有：察举制、刺史制度、"推恩令"、"附益之法"，在军事上北击匈奴、南攻越族，思想上"罢黜百家，独尊儒术"等。

专制主义中央集权存在着两大矛盾：一是皇权和相权的矛盾。其发展的总趋势是相权不断削弱，皇权不断加强。二是中央集权和地方分权的矛盾。发展总趋势是地方权力不断收归中央，中央集权不断加强。

汉武帝铜雕

重农抑商政策的施行

农业在中国古代是起决定作用的生产部门。农业生产的状况关乎国家的兴衰存亡。因此，历代统治者都把农业当做根本性的大事来抓，奉行重农政策，采取一系列鼓励农业生产的措施，国家经济政策通常向有利于农业发展的方向倾斜。商鞅变法的奖励耕战，汉文帝的重农，历朝对农本政策的调整，明清对资本主义萌芽的压抑等，都是这种政策的体现。所以重农抑商政策实质上是要保护封建地主阶级经济，巩固封建专制统治。

抑商政策始自春秋战国时期。春秋时期齐国管仲的四民分居定业论，士农工商，商为末，已有抑商之意，但还没有形成明确的抑商政策。到战国时期，秦国商鞅明确提出了重农抑商思想，以后历代封建统治者都打着重视农业的幌子，抑制商业的发展，给中国商业发展戴上了沉重的枷锁。

要正确评价重农抑商政策，应与它的历史阶段性相联系。在封建社会初期，对于促进社会经济的发展，巩固新兴地主阶级的政权，起了积极的作用。战国时期，秦国实行商鞅变法中的重农抑商规定，促进了经济发展，壮大了秦国的势力，为统一中国奠定了基础。但是到了明清时期，重农抑商政策的消极作用成为主要方面。明中后期，生产力提高，商品经济空前活跃，资本主义萌芽已经出现。在这样的形势下，统治者把商业和农业对立起来，采取各种措施，极力压抑和束缚资本主义发展。这些做法，违反了经济发展的客观规律，导致国家贫穷落后，也就失去了初期的积极作用。

在中国古代社会经济中，重农抑商的政策并没有抵挡多种经济的发展。国内贸易主要体现在商业都市的出现与繁荣。夏、商、周时，商都既是繁荣的贸易城市，也是全国政治、交通中心。都城有城门供居民出入，城内有整齐宽广的街道。商朝已有"商人"。战国时，商业发达，中原市场形成，许多城市发展为繁华的商业中心，如：齐国的临淄，赵国的邯郸，楚国的郢。交换的商品大多数都是贵族地主用的奢侈品，与人民的日常生活不是很密切。反映了封建社会初期的经济特征。两汉的长安和"五都"（洛阳、成都、邯郸、临淄和宛）都是全国著名的大城市，在国家政治和经济生活中占有重要位置。城市设有专供贸易的"市"。隋唐时期交通、货币、市都有很大发展：政府设置官员管理物价和税收，市中有邸店和柜坊，店铺不能任意扩大铺面、摊位，买卖时间也有限定。

货币是商品经济发展到一定阶段的产物。战国时期，各诸侯国都有自己的铸币，但货币不统一，妨碍各诸侯国之间的经济文化交流。秦朝统一后，规定圆形方孔钱作为通行全国的货币，后世历代都仿照秦钱样式。两汉时，黄金和铜钱成了主币。汉代的铜钱至武帝铸五铢钱时才稳定下来。隋则沿用了五铢钱。在交通方面，西周从都城镐京到全国有几条宽广的大道，路面平坦。秦汉时，秦实行"车同轨"法令，建立了遍及全国的驰道；灵渠和西汉"丝绸之路"的开辟大大加快了中国与其他国家和地区的交流。汉武帝以后还开辟了与南海诸国及印度半岛等地的水上交通线，最远到印度半岛南端。

对外贸易体现在中国汉代与日本、朝鲜、越南等国保持着频繁的贸易往来。张骞通西域后，汉朝的使者、商人接踵西行，通过"丝绸之路"与中亚、西亚、南亚诸国进行频繁的经济文化交流。通过海上"丝绸之路"与南海诸国（印度半岛等地）进行经常的贸易往来，促进了中外经济的发展。

封建社会在分裂与统一中前行

自夏朝建立后，中华古国经过夏商周三代的统一发展，便进入春秋战国的大分裂时期，群雄并起，争霸割据，直到公元前221年秦始皇统一中国，才又归于统一。经历秦汉四百多年的统一，中国又陷入三国两晋南北朝三百六十多年民族冲突与融合的第二次国家大分裂时期，直到隋朝的建立才又复归一体。

在此进程中，合久必分，分久必合，似乎成了中华文明演进的规律。总的来说，无论是分是合，中华古文明都没有停止前进的步伐，总趋势是国家统一的不断加强和巩固，这是历史发展的主流，是人心所向，分裂是支流，受到中华文明精神传统的排斥。

国家分裂虽然不断阻止社会的进步，但毕竟有巨大的负效益。分裂不利于社会生产力正常发展；不利于各地区各民族间经济文化合作与交流；不利于科技文化教育事业的发展。所幸的是中华文明强大的凝聚力使每次分裂后建立起来的统一王朝，其民族凝聚力和向心力总能大大加强。

统一多民族国家的形成

民族关系是任何一个民族国家和地区在发展中都要面对的。但不同的国家对民族关系的处理各有特色。中华古文明在民族关系的处理上可谓独树一帜，归结起来可以用两个字来表达，即"融"和"化"。一"融"一"化"，统一的多民族

国家形成，使不同的民族都能朝着共同的方向发展。

原始社会末期，黄炎部落相互融合，形成了华夏族的主干。春秋战国时期，华夏族与其他各族通过经济文化交流和频繁的战争进一步融合，为秦建立统一的多民族国家奠定了基础。秦朝的统一，标志着我国统一的多民族国家初步形成。两汉时期，实现了对西域、西南及华南两广地区的统治，既大大扩展了疆域，又有效地开发了边疆。魏晋南北朝时期，由于民族迁徙、各民族联合斗争以及少数民族统治者的改革，出现了中国历史上第一次民族大融合的高潮。

隋唐进入了统一的多民族国家的大发展时期。高度繁荣的经济文化对周边少数民族有很强的吸引力，加上统治者实行开明的民族政策，以更大范围、多种形式加强了与少数民族的联系和管理，特别在西北和东北奠定了祖国疆域的基础。五代辽宋夏金元时期，统一多民族国家进一步发展，民族融合高潮再一次出现。周边少数民族建立了自己的政权，加强了与汉族的交往，逐步完成了封建化，为元朝更大规模的民族融合和多民族国家的重新统一奠定了基础。元朝统一后，形成了中国历史上第二次民族大融合的高潮，为明清统一的多民族国家的巩固提供了条件。明清中央政府采取有力措施，解决了周边少数民族问题，特别是在清朝，粉碎了少数民族贵族与西方侵华势力分裂国家的阴谋；同时采取了有力措施加强了地方行政管理和中央集权，使我国统一的多民族国家形式巩固下来。

总之，"融"与"化"的方式可以亦战亦和，但最终目的是合而为一。为民族而战的形式有民族掠夺战争、民族征服战争、平定民族叛乱的战争、反抗民族压迫的民族起义、反对外来侵略的民族自卫战争。和的形式有和亲、贸易、会盟和通贡。

在民族关系的处理中，中央政府居领导地位，通常战争是不得已而为之。主要的解决方式是设管理机构、册封、和亲、会盟（"议和"）、互市、防御（如迁民屯边，修筑长城）等。

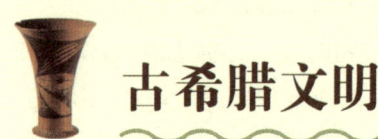

古希腊文明

克里特文明

克里特文明是古代爱琴文明的重要组成部分。

早在公元前6500年时，古代希腊地区已经有新石器时代的人类在活动，他们在文化上与小亚细亚和西亚各地的新石器时代文化相似，都崇拜类似的"地母神"等。公元前2000年，印欧民族的一支阿卡亚人经由巴尔干半岛进入希腊，他们后来以迈锡尼为中心发展起来。而在此之前，文明中心是爱琴海诸岛中最大的克里特岛。克里特岛人凭借地理位置的优势，逐渐发展成为一个海上贸易强国，其贸易的范围包括埃及和西亚的古文明地区，不过主要还是小亚细亚和叙利亚、巴勒斯坦沿岸。《奥德赛》中描述克里特是一个美丽而富庶的岛，位于"蓝色的海中央"，居民稠密，有19个城市。

克里特岛不仅地理位置优越，而且自然条件宜人。岛东西长约250公里，南北宽约12~60公里，岛上土地肥沃，草木繁盛，适于发展农业和畜牧业。早在新石器时期这里就有了最早的居民，

克里特文明遗址

有学者认为他们可能来自小亚细亚。克里特文明分为早王宫时期（公元前2000—公元前1700年）和晚王宫时期（公元前1700—前1400年）两个阶段。在公元前1700年，岛上各处的王宫建筑全部被毁，原因可能是距此60公里的铁拉岛发生了火山喷发；但很快新的王宫又修建起来，规模更大，更为壮观。公元前1400年，各处王宫再次被破坏，有学者认为这一次是因为印欧语系的阿卡亚人入侵所致。如上所述，阿卡亚人是第一批来到希腊的印欧人，在希腊半岛上以迈锡尼为中心发展，开始与克里特人和平相处，后来强大起来之后逐渐取代克里特成为爱琴文明的中心。

对克里特岛发掘贡献最大的是英国考古学家伊文思，他在克里特岛的克诺索斯发掘出晚王宫时期的一座宏伟的宫殿。这座宫殿不但占地广阔，建筑技术也相当精良，宫中有陶制排水管、上釉窗户、巨大酒窖等。在希腊神话中，克里特岛之王米诺斯曾建了一座巨大的迷宫来幽禁一个半人半牛的怪物（波赛东派一头牛与米诺斯的王后所生），伊文思即据此神话而称这座宫殿为米诺斯王宫，而克里特岛的文明也被称为米诺斯文明。由此宫殿的大小来判断，它应该是一个复杂的行政管理中心，说明当时克里特的君王能控制大规模的人力和物力，很可能已统一全岛及周边岛屿，建立起一个海上帝国。宫中的接待厅悬挂着象征王权的双斧，因此该王宫在希腊文中被称做"双斧之宫"（Labyrinths），后来这个词的原意渐渐被人遗忘，双斧之宫就成了迷宫的代名词。

宫殿中最引人注目的地方之一是彩绘壁画，画中有姿态优美的人物，彩画线条细致流畅，典型人物有"祭司"、"巴黎女"（因形象摩登，酷似20世纪初的巴黎女郎而得名）、"宫女""持瓶行进者"等。除人物之外，壁画还大量表现花卉、动物，洋溢着海洋民族自由生活的和平

气息，和喜爱、亲近大自然的心态。他们的陶器上也经常以水产，海藻植物作为装饰花纹，成为其特有的标志。从壁画看，当时有一种戏牛的游戏非常流行，其过程是牛快速朝戏牛者冲来，而戏牛者迎着它跳起来，并且一个筋斗翻过牛背。这也可能是一种以牛为崇拜对象的宗教仪式。

值得注意的是，克里特岛上的宫殿建筑都没有任何防御设施，没有围墙望楼。考古学家没有发现任何城堡的遗迹，也几乎看不到什么武器。这一点与同时代的其他地区，如希腊半岛、埃及、两河流域和小亚细亚等地大相径庭。至今学者们对此还没有很好的解释。我们知道克诺索斯的统治者拥有当时最强大的军队，而且以此征服了许多周边地区，包括文化发达的昔加拉第群岛。修昔底德说："自从米诺斯建立了海军之日，海上的交通便加强了，因为米诺斯肃清了诸岛的盗匪，然后把他们大部分移民到别处。此外，沿海居民已经有了许多财产，因此便安居乐业，有些新富便筑城以自卫。"

克里特人主要以海洋贸易为生，在克里特发现的大型遗址都靠近良港和海湾。在埃及新王国时期的一些墓室壁画中，有许多来自克里特岛的人，他们带着特有的器皿，说明当时双方已经有了某种程度的商业往来。最有意思的是，埃及人把希腊一些地方的名字用象形文字写出来，作为法老阿蒙荷太普三世的"臣属"，如克里特岛上的阿姆尼索斯、菲斯图斯、克诺索斯等，希腊半岛上的迈锡尼、美塞尼亚等，而阿蒙荷太普三世的名字在克里特也有发现。克里特的商品主要是香料、各种手工艺品。他们以此从西亚换来青金石，从埃及和利比亚换来黄金、象牙、雪花石、彩釉等，从塞浦路斯换来铜。从王宫壁画来看，克里特人的造船业高度发达，他们使用的大商船已有龙骨结构，战船上已有上百名桨手。

克里特人的宗教信仰属于自然崇

执蛇女神图

拜，崇拜鸟、鱼、兽，甚至树、花、石。为人所熟知的神是一位身着露胸长衫、两手各执一条蛇的女神，可能是主生殖的神明。比较重要的还有"农神"和牛神，它们是丰收和力量的化身。

早王宫时期已出现文字，在菲斯图司发现的圆盘上刻有象形文字形式的符号，这类符号在多处发现，常刻在印章上或作为私有财物的标记。后来又发现刻在泥板上的"线文A"，这种文字出土于克里特岛上多处遗址，至今尚未解读出来。在米诺斯文明的晚期形成了线文B，现已发现约4000多块刻有这种文字的泥板，其内容主要是商业往来的货品单据。这些晒干的泥板并不能长久保存。不过，大约在公元前1400年，克里特经受了一次大灾难，宫殿被焚毁，以至于那些原本易碎的泥板被烧硬了而保存下来。线文B在迈锡尼也大量发现，一些学者以此作为迈锡尼人入侵克里特、破坏这里古文明的依据。目前，对我们来说，米诺斯文明衰落的原因还是一个谜。可以确定的是那些高大的宫殿在这次衰落之后就再也没有重建起来。

迈锡尼文明

关于迈锡尼文明的创造者是谁，学术界至今有争议。有人认为是当地居民，但从战车的使用及尚武的习俗来看，似乎更像是外来者，多数人相信迈锡尼文明的创造者是公元前2000年左右进入希腊的阿卡亚人。他们在经过了数百年的发展之后，在希腊各地建立起了许多小国，其中最强大的是迈锡尼。迈锡尼曾一度将特伦斯城邦作为附属国，此外还有派罗斯、底比斯、雅典等。多个城邦并存的局面很可能是由于希腊地区地形破碎所致。考古学家发现，公元前1600年左右的遗址普遍都有厚厚的城墙，而出土的器物中又有大量的武器，表明城邦之间常有战争。这一时期的文化最初在迈锡尼发现，故称迈锡尼文明。公元前1400—公元前1200年是迈锡尼文明的鼎盛期，它深受克里特文明的影响。

迈锡尼时期的典型墓葬形式是蜂巢状的"圆顶墓"，这是地中海沿岸居民最古老的居所的复制，最有代表性的是迈锡尼的"阿伽门农墓冢"。在随葬品中有大量的武器，如大盾牌、矛、头盔、匕首、战车、投石器等。这些器物及墓室壁画表明，迈锡尼的国王及其属下主要从事以掠夺财产、人口、牲畜、土地为目的的战争。

出土最多的是金器、银器，如贵族女子佩戴的金冠，有饰带环绕颈部，又饰以螺旋和蔷薇状图案。迈锡尼人非常喜爱金银制品，连武器都镶嵌得极其奢华。这说明迈锡尼经济当时已发展到相当高的水平，王室力量空前强大。

在迈锡尼文明的鼎盛时期，各城邦的国王们修筑了雄伟的城墙，有的是用不加雕凿的巨石堆砌而成（如特伦斯的），有的是用规则的石块垒成，每块巨石都长3公尺以上，宽1公尺，看起来不像是人力所能为，因此希腊旅行家伯山尼亚斯称这是"独眼巨人的石块"。迈锡尼的城墙大门上方有著名的"狮子"浮雕装饰，号称"狮子门"，实际上上面的两个动物并非狮子，而是狮身鹫首的怪兽。

但是迈锡尼的艺术作品在品质上比克里特时期逊色一些，壁画的内容多表现狩猎、战争，充溢着北方游牧民族好勇斗狠的气息。

此时所使用的线文B中，"国王"一词已经出现，一些文献中提到国王所拥有的土地。追随国王的贵族叫做"侍从"，他们拥有可以买卖的奴隶，但奴隶以女奴为主。这时的产业分工已经相当精细，如女工中有"磨面工"和"织布工"之别。此时农产品有大麦、小麦、葡萄、橄榄、无花果、蜂蜜、各种香料，基本上与古典时代的产品相同。

在技术方面，已经开始使用青铜器，虽然已有了货币，但铸造方法仍不成熟。由于希腊本地缺少铜矿，原料必须由塞浦路斯岛或小亚细亚等地输入。至于合

迈锡尼文明遗址

成青铜所需的锡，希腊也不出产，可能来自今天的捷克、西班牙等地。

迈锡尼时代人们已经开始崇拜宙斯和他的妻子赫拉，以及赫尔墨斯等后来希腊宗教中的重要神祇。由此看来，迈锡尼文明和后来的希腊文明有相当密切的传承关系。

《荷马史诗》中追述的是迈锡尼时期英雄们的故事，而其背景描写多是此后的"黑暗时代"的史实。如史诗中对战争的描写，提到战车只是用来把士兵运到战场，作战时士兵们不用战车；又如史诗经常提到以铁为奖品，这也是"黑暗时代"才出现的，等等。因此，学者们通常认为史诗中的故事经过世代口述相传，最终于公元前8世纪时才形成文字，由荷马最终完成。然而，史诗中提到的一些典型器物在迈锡尼考古过程中都有所发现，如黄金面具、大盾、酒杯等，证明史诗中的背景描写交织着迈锡尼时代与"黑暗时代"的史实，当然，还是以后者为主。

《荷马史诗》的故事围绕希腊各邦与位于小亚细亚的特洛伊城之间所发生的冲突展开，而这些冲突所发生的时代大约就是迈锡尼文明的晚期。根据古代作家的记述，特洛伊城约在公元前1184年被攻陷。考古学家也发现了特洛伊城的遗址，不过在遗址中，从属于这一时间段的那一层（第7层）来看，当时的特洛伊城只是一个人口稀少而不甚发达

世界文明简史一本通

的小城。与荷马所描述的强大的特洛伊城不符；属于第6层的更早时候的特洛伊城在规模上与史诗所描述的相符，但这一层明显是毁于强烈的地震而不是人为的破坏。这个疑问至今仍没有解决。

从史诗中英雄们的经历，可以看到发生在迈锡尼时代的一些历史事件。宙斯假扮公牛把腓尼基公主欧罗巴带到了克里特，她在那里生下了克诺索斯的统治者米诺斯；她的哥哥卡德摩斯在寻找她的途中建立了底比斯城。雅典王子忒修斯也生活在特洛伊战争时期，他最著名的故事是远征克里特岛，杀死了幽禁在迷宫中的半人半牛怪兽。有人认为这反映了当时的阿提卡拒绝克里特的影响，而史诗对迷宫的描述也与考古发掘的结果相符合。忒修斯在归途中曾在得罗斯停留，这一点后来便成为雅典合法领有该地的一个理由。传说中忒修斯在阿提卡半岛进行了叫做"联合统一运动"的改革，将各村落联合为一个以雅典为中心的政治统一体，成立中央议事会。长期以来学者们都认为这是一种附会，改革实际发生在后来的"黑暗时代"，但现在考古发现证明阿提卡的统一运动很有可能发生在迈锡尼时代晚期，也就是说传说并非虚构。

迈锡尼文明的衰落并非孤立的现象，同时期西亚、北非的许多大帝国如埃及、赫梯、亚述等都相继消亡。对此学术界有多种解释。19世纪晚期文化"颓废"论盛行时，许多人认为帝国发展到鼎盛期就会衰竭，失去生命力，在充满生命力的"野蛮民族"的入侵下消亡。后来的学者多接受"海洋民族侵扰说"，认为使得赫梯帝国崩溃、埃及帝国动摇的"海洋民族"，在公元前1200年左右不但侵扰了地中海的东岸，也很可能扰乱了爱琴海世界的秩序，代表迈锡尼文明的希腊各小国在此时相继遭到毁灭。此外，还有人提出"气候变化说"，认为由于气候变化而使得西亚的农业出现危机，由此引发邻近地区的"多米诺骨牌"式的危机。除这些大环境的原因外，多利亚人的入侵对迈锡尼文明的衰落也有影响。此外，最近的考古发现证明，迈锡尼文明的衰亡可能与地震有着更为密切的关系。德国考古学家证实了特伦斯城毁于地震，而这次强烈的地震对平原上的其他城邦如迈锡尼和阿哥斯也造成了极大的破坏。当然，这次自然灾害没有立刻结束该地区的文明，但却使之元气大伤。衰亡是一个漫长的过程，随之而来的是所谓的"黑暗时代"。

希腊"黑暗时代"

公元前1200—公元前800年，是希腊史上一个文化衰退的时期。考古发现

证明这个时期经济衰退，海外贸易中断，但是也有一些早期文明的成就延续下来，如公元前9世纪—公元前8世纪的几何装饰陶器就深受迈锡尼风格的影响。有的学者根据与埃及、西亚等地的同步比较研究，提出迈锡尼文明一直延续到公元前900年，但这个观点没有得到普遍的接受。

总之，这个时期的许多问题至今还没有结论。

除了考古发现之外，了解这个时期的主要资料是《荷马史诗》。

在"黑暗时代"，再没有迈锡尼时期那种巨石建筑出现，更不用说"独眼巨人石块"之类的奇迹了。象牙、青铜材料的手工艺品也都非常粗劣，有的甚至失传了。人们已不知文字为何物，因为随着以王宫为中心的中央集权制王国的消亡，城市的衰落，人们多散居在农村，没有使用文字的需要。直到公元前8世纪时文字又重新出现，是在腓尼基字母基础上发展起来的，而不再是迈锡尼时期的线文B。战车也停止使用了，到很晚才重新引进。

许多考古学家认为这个时期人口数量锐减。但也有人说这是因为这个时期的人们不再集中生活在城市，而是生活在农村，居所也不再使用石材建筑，而是用木头等不易保存下来的材料；甚至有人提出这时的人们过着游牧生活，不在一个地方定居。从《荷马史诗》来看，迈锡尼文明衰落之后，小聚落形式的生活基本上是以畜牧业为主。当时人的生活形态基本上是半游牧的小部落，当时所谓的"战争"其实不过是一场场掠夺牲口的冲突。各地普遍存在着混乱和动荡，正如修昔底德所说："甚至在特洛伊战争之后，在全希腊还是经常发生居民的迁徙和新起的移民，因此国家不安宁，从而无法繁荣。希腊人从特洛伊城下回来的归程是十分迟滞的，这引起了无数的变故：有的国家内乱频起，结果是被放逐的人们便设法另立新城。唯有经过了许多岁月，而且历尽许多困难，全希腊才得以持久地安定下来，再没有什么流动了，于是希腊人便开始移民海外。"

希腊城邦的兴起

公元前750—公元前550年，希腊地区有两个明显的发展趋势，一是城邦的兴起，二是大规模的移民运动。

城邦最早兴起于地中海东岸的小亚细亚，由于周围都是外族人，所以人们集中生活在有城墙防御的城市内。在大部分希腊地区，由于地形破碎，岛屿繁多，间接促使许多独立的小城邦的出现。这些城邦最重要的特征就是政治上的独立，

形式上的标志就是神庙的建立。这个时候许多城邦相继建立了大规模的神庙，这些神庙不但是城邦的宗教中心，同时也是城邦的政治、社会和军事活动的中心。在许多城邦，人民凭着对土地的拥有权而获得公民权，可以参与城邦公共事务的讨论和执行。当然，并不是希腊的所有地区都实行所谓的城邦制，有些地区的人们仍然散居在广大的农村中，而宗教、习俗上的一致使他们结合为一个个类似部落的政体。这类政体在整个希腊古典时代一直存在，城邦政治末期，将整个希腊地区统一为一个大帝国的马其顿就是这样的一种部落式政体。

古希腊神庙遗址

在《伯罗奔尼撒战争史》中，修昔底德借尼西阿斯之口说出了这样一句话："男人就是城邦。"从这句话我们读出两层意思，其一，城邦是全体公民的联合体，公民有一定的权利和责任，在政治上是一个牢固的集体。在这里，城邦这一概念所强调的是它作为公民精神上的联合体的一面，而不是城墙、军队等物质的因素。其二，尼西阿斯所谓的"男人"是指拥有雅典公民权的男子，也就是说，所有的雅典女性、外邦人都被排斥在城邦之外。

城邦的另一特点是其外部特征，首先，"小国寡民"，多数城邦都是弹丸小邦，最大的城邦斯巴达其面积也仅8400平方公里，人口总计约40万。其次，城邦多以一个城市为中心，这些城市多设在高地，位于交通和商贸要道上。但是并非所有的城邦都有这样的城市中心，如斯巴达就是一个没有城市的城邦。每个城邦都有大片的农村地区，这是城邦的主要经济基础，农村与城市的关系不是对立的，而是共生的。

"城邦"一词来自英译"citystates"，这个词是希腊文中"polis"一词的不太准确的翻译，因为这种译法过分注重多数城邦有城市中心这个特点。其实，如上所述，"polis"最重要的含义是精神上而非物质上的，因此很难找到一个合适的中文对应词，"公民国家"应该是最接近其原意的。

在公元前7世纪，希腊各地的城邦政体普遍开始改变，其表现是王政的废除和贵族共和制的建立，引起改变的原因可能是贵族势力的崛起。这个时期的大部分城邦，政权的主要掌握者都是拥有土地的贵族。人们在推翻王政之后，逐步产生出一种原始民主的意识，这种意识先是在一批贵族之间产生，而后又扩展到拥有土地，同时具有相当经济能力，并且能参加战斗的自耕农中。

由于各个城邦有不同的政治经济背景，其政体的发展也各有特色。有些城邦建立起由少数贵族掌握政权的"寡头政治"，另外一些城邦则建立起相对民主的贵族统治。在这个过程中，当社会矛盾无法调和时，就会出现僭主制，即出现独裁者。僭主本人通常是处于边缘的贵族，拥有大量财富，很自然地扮演着超贵族的角色。一般来说，僭主能够取得政权，是因为有许多贫穷公民不堪忍受现状，态度激进，寄希望于支持僭主上台以改变自己的经济地位。而僭主也很懂得利用这些下层群众的心理，把握时机建立独裁统治。

僭主刚上台时，通常会为平民做一些好事，打破贵族的特权，提高自己城邦的威信，促进其内部的繁荣。僭主的形式虽根源于王政，但他并不能真正成为一个为所欲为的专制君王，因为他的权力来自于人民的支持，假若他的行为超出了人们所能忍受的程度，就会很难再保其位。这一点，可以由当时许多城邦开始颁布成文法典看出。成文法的颁布，象征城邦中的政治秩序有了超乎于个人之上的规则和权威。尽管成文法最初可能是统治者为了维护其既有秩序和既得利益而设立，但一旦着手来做，就不可避免地会成为讨论和批评的对象，迫使他所制定的成文法符合众人的要求。

僭主制一般来说存在的时间较短，最多延续到第三代，之后要么是建立起贵族寡头政治，要么是朝更为平等的民主制发展。

希腊移民运动

公元前750年到公元前550年是希腊人向海外移民的高峰时期。人口增加所造成的土地压力、粮食紧张和政治动荡等都可能是移民的原因，但最主要的原因恐怕还是商贸的需求，当时希腊人最需要的是生矿，特别是金属。在马西利亚（今马赛）和伊特鲁立亚建立殖民地是为了开拓从北方运入锡的商道。在地中海西部殖民是为了运入金、银等贵金属，特别是西班牙的银。黑海沿岸的殖民是为了控制粮食运输要道，这一动机刺激了米利都和后来的麦加拉殖民城邦的建立。从这些殖民城邦获得粮食，并通过它们控制粮食运输通道，从来都是雅典最重要的事务。

在受客观条件限制而无法建立殖民地的地方，如在波斯和腓尼基控制的地区，希腊人只建立商贸城市，最早的是叙利亚的阿尔米那和埃及的诺克拉提斯。

殖民城邦的创建者仍可保留原来城邦的公民身份，但他们可以吸收外来人加入新城邦。殖民城邦与原城邦犹如子与母，在感情上有密切的关系，文化上也承袭母邦，但政治上基本是独立的。这些殖民城邦不仅是商贸中心和农业小国，也是非常重要的港口。殖民者刚到时不可避免地要与当地人发生冲突，与其他殖民大国如迦太基的冲突也时有发生。

到公元前5世纪时，希腊人的足迹已遍及地中海沿岸的所有地方，如意大利、法国南部、西班牙、北非等。但是希腊的殖民地仅限于地

古希腊富人墓葬遗址

中海沿岸的一圈，还没有深入到各国的腹地。西塞罗曾说过，希腊人的海岸仿佛是一条密密地缝在"蛮邦原野"这大片织锦上的花边。

殖民运动对希腊人的生活产生了重要的影响，它促进了海外贸易的发展，提高了各城邦手工业生产的水平，刺激了一些商品农业如葡萄种植业的发展，尤其是加强了希腊与外部世界的交流，使得希腊人能更深入地吸收古代东方文明的各种成就。希腊人不仅与其殖民城邦有商贸上的关系，而且通过它们与其他地区和

国家的商贸关系也随之发生了。不过商业活动本身在希腊的经济活动中所占的比例并不算很大。那时希腊人最重要的经济活动仍然是农业生产，而战争所获得的战利品和神庙所获得的贡品也在城邦的经济生活中占相当重要的地位。

移民运动促进了城邦经济的发展，也刺激了人们对财富的贪欲。东方人奢华的生活方式被带到城邦，由此引起城邦内部贫富差别的加大。社会矛盾再次加剧，贵族和平民的矛盾成为社会动荡不安的主要因素。从古风时代早期的墓葬及神殿供奉情况就能看出明显的贫富差别，在奥林匹亚、德尔菲、阿提卡等城邦，富人的随葬品中常有贵重的武器和陶器。但是许多城邦并没有这类的证据保存下来。所以还不能说每个城邦都有一个固定的贵族阶层，或者说每个城邦的情况都不一样。各城邦贵族的标志也不一样。从早期的文学作品中可以看出，随着公民们城邦意识的增强，以及城邦疆域的逐步固定，富有的贵族家族对权力的垄断受到威胁。这些文献反映了当时人们对财富和权力问题的矛盾心理，有迹象表明，他们对这个问题曾发生过争论。从荷西俄德开始，我们从古风时期的诗歌中不断听到贫穷公民对贵族强取豪夺的抗争，以及要求参与政治的呼声。

斯巴达人建立的"平等人公社"

公元前480年，斯巴达和雅典成为最重要的两个希腊城邦，在解决城邦内部贵族与平民的矛盾问题上，它们截然不同的政治和经济发展背景使它们采取了完全不同的处理方式。传说中，一个立法者根据德尔菲神谕的启示，在斯巴达进行一系列的改革，从而奠定了斯巴达的社会和国家制度。实际上，斯巴达独特的制度是在公元前7世纪早期到公元前5世纪早期这段时间中逐渐形成的。开始是征服拉格尼亚和美塞尼亚，并且把那里的大批希腊居民降为地位低下的"希洛人"，这使得斯巴达的全体公民拥有了大量的农田，并且将他们从农业劳动中解放了出来。但是这同时也使得他们要时刻提防人数远远多于他们的"希洛人"

的仇恨和频频的反抗浪潮，这种紧张的戒备成为他们的重负。从公元前5世纪中开始，希洛人在数量上的优势更胜于前。在公元前7世纪中叶，美塞尼亚的希洛人开始举行大规模的暴动。与此同时，富有的公民与贫穷的公民之间的矛盾开始加剧，原因是军队由原来的骑兵部队发展为重装步兵，更多的公民有机会成为军人，有更为重要的作用，不满贵族的特权。为了缓解贵族与平民的这种紧张关系，国家给予全体公民更大的权利，并且将美塞尼亚的土地重新分配，每个公民都得到一份数量相同的土地，由希洛人为他们耕种，从此斯巴达人开始自称"平等人"，称他们的国家是"平等人公社"。当然，在土地上的所谓平等实际上是相对的，因为平分的只是美塞尼亚的土地，一些贵族还是在其他地方拥有更多的土地，而且土地在继承的过程中由于各家子女的多寡不同，分出的份数不等，几代之后，每个公民拥有的土地不可能完全一样多。

在此后的两个世纪里，斯巴达人发展出一种平均化、军事化的集体生活模式，公民接受严格的体能、军事和音乐训练，全体男性公民都被编入"男营"，全体斯巴达妇女则在"女营"，丈夫和妻子定期见面、过夫妻生活，却不能生活在一起。所有的公民都在公共食堂就餐，这是公民身份的标志；所有人都吃同样的份饭，以示平等。主餐永远是"黑肉汤"，多年不变。为了生出健康的孩子，斯巴达妇女特别注意锻炼身体。儿童一出生就要接受严格的检查，不健康的或体质弱的立即被扔到"弃婴场"，到8岁时男童进入"儿童团"接受艰苦的训练，如缺吃少穿、经受烈日暴晒、露宿野外，等等。成年后进入军营，除了打仗就是操练，直到60岁才能解甲归田。

由于斯巴达人这种特殊的军国主义传统，他们的武力相当强大，在希腊世界中以军事力量闻名。相对地，他们在文学艺术方面则可以说是交了白卷，因而有关斯巴达的历史记载都是外人所写的，其中难免有偏差之处。

在公元前6世纪末的时候，斯巴达成为伯罗奔尼撒半岛上最强大的城邦，并且联合各邦，成立了所谓的"伯罗奔尼撒同盟"。半岛上其他城邦各派代表组成议会，和斯巴达的议会同时议事，双方达成共识之后，由斯巴达王执行决议。由于斯巴达对友邦通常相当支持，因而其领导地位非常巩固。公元前6世纪末，希

腊世界受到一次最严重的入侵，就是波斯的西进。在抵抗波斯的侵略中，斯巴达也尽了很大的力量，不过在战争的初期，斯巴达的态度是比较保守的，并不愿主动出击。

西方影视作品中的斯巴达士兵

修昔底德说斯巴达人是最早提倡简朴穿着的人，而且斯巴达的贵族尽量过着平民般的生活。当时及后来的文献对这种"平等的生活"有大量的描述，但是这些描述无疑有夸张的成分，其原因一是在怀旧的过程中不自觉地强调斯巴达与其他城邦特别是雅典的差异，一是想用丧失简朴美德、道德沦丧这个原因来解释斯巴达在公元前371年鲁克特拉之战中的失败及随后的衰落。其实，如上所述，从一开始，斯巴达富有公民和贫穷公民之间的差别就很大，前者是在政治上地位更高，年老后几乎都可进入由28位"长老"组成的议事会，而后者拥有的土地很少，产量也不高。为了减少富人与穷人之间的差别，富有的公民有义务在共餐时为大家提供较好的肉食和面包，色诺芬的《斯巴达的政制》中有这样一段记载："他为他们规定了固定的食物分量，不多也不少。除此之外也有许多狩猎得来的食物，富人有时会提供白面包。因此，在人们离开乱糟糟的营地前，桌子上总是有些吃的，虽然从来也不会太多。他还禁止过度饮酒，认为这样会导致身体衰弱，意志消沉，他规定所有的男人只能在口渴时才喝酒，相信这是害处最少、最快乐的饮酒方式。"

可能一直有一些斯巴达人不遵守这些规定，私自过着更为奢侈的生活；在伯罗奔尼撒战争及之后公元前404年到公元前371年之间的斯巴达称霸的这段时间，随着财富和奢侈品的大量流入,以及斯巴达在整个希腊世界的权力的膨胀,这种背离传统的行为更普遍,也使得社会关系更为紧张。因此,斯巴达这种通过平均、克制和控制竞争、享乐来解决贫富矛盾的策略,到公元前4世纪以后就渐渐失去了效力,其实就是在这个"平等人公社"的神话产生的时候,它也远远不是人们想象的那样好。

作为伯罗奔尼撒多数城邦主要联盟的领导者,斯巴达在政治制度上倾向于贵族寡头制,在这种制度下,权力集中在少数富有的贵族手里。某些城邦在公元前6世纪—公元前5世纪的很长一段时间维持着稳定的统治。科林斯、麦加拉和开俄斯就是很典型的例子。通过斯巴达方式也许能避免对城邦贫穷公民的过度剥削,然而,在伯罗奔尼撒战争开始时,当整个希腊地区都经历内乱和剧变之际,几乎所有这些城邦都经历了严重的停滞、内战和制度的改变过程。

雅典民主制的建立

雅典走的是更为平等、更为复杂的通往平均主义的道路,统治者们做了许多变革制度的尝试,特别是在公元前5世纪雅典帝国时期。在雅典,自公元前6世纪到公元前4世纪,富

梭伦雕塑

有的贵族与大多数贫穷的公民之间的关系经历了一个变化的过程。保存至今的梭伦的诗歌残篇及后来的历史文献向我们展现了梭伦改革的情况。梭伦开始担任立法者时，传统贵族、经济上成为暴发户但没有政治特权的公民以及贫困的农民之间存在着多重而严峻的冲突。后者面临破产和沦为债务奴隶的危险，在阿提卡地区较为贫瘠的山地被开发成可耕地之前，许多贫困的农民只能租种大土地所有者的土地，因此心里有极大的不满。可以想象，境遇好一些的公民在军队中担任重装步兵，因此觉得自己应该有更多的参政权。无疑贫穷的步兵公民憎恨那些富人的极度奢侈和傲慢；富人们铺张的葬仪，奢侈的宴会，都令他们愤慨。在这些宴会上，有些穷人不得不跳舞或者扮演滑稽的角色来取悦富人们，人格上受到了极大的侮辱。

梭伦试图保护所有的公民和他们的财产。为防止他们破产，他取消了公民的债务，废止了债务奴隶制，他还通过继承法保护小户人家，使之避免破产的命运，从而维持经济秩序和保持政治上的稳定。他通过立法反对不道德的或暴力的行为。他还限制葬仪的铺张浪费和过度悲痛等。

梭伦根据农业的收入把公民分为四个等级：第一等级是地产收入达到500斗（每斗约合52.53公升）的公民，称"500斗级"；第二等级是收入达300斗、有养马能力者，叫"骑士级"；第三等级是收入达200斗、有牛耕田者，叫"牛轭级"；第四等级是收入在200斗以下的公民，他们土地很少，不得不为他人做雇工，称"雇工级"。根据公民所属的等级决定其所要承担的政治义务，等级越高，担任的公共职务越高；军事义务也按等级分配。梭伦还鼓励公民参加公民大会，参与公共事务的最后决策；新设立的民众法庭也对全体公民开放。这种将公民划分成等级，根据等级的高下，承担一定的义务的做法，很好地确定了公民在城邦中的地位：每个公民都是城邦中一个独立的个体，各人都视自己的利益，拥有一定的权力，享有尊严，承担相应的义务。同时雅典的公民与非公民之间的界限也更加明确了。例如，移民的地位就低于雅典公民。但是最重要的区别是自由民与奴隶。梭伦改革最重要的后果，也可能是当时许多老贵族能接受它的原因，是从希腊以外的地区如黑海以北和以南的广大地区进口更多的奴隶。

梭伦的改革没有马上带来政治上的稳定。贵族与为他们服役者之间的矛盾，加上富人与穷人之间的矛盾都更加激烈，从而导致了公元前546年僭主制的建立。第一个僭主是庇西特拉图，其后是他的儿子和孙子，公元前510年僭主制被废止。后来的人们把这段历史看做是僭主制的黄金时代，其间梭伦改革的大部分措施都得以实施。这段僭主统治结束后，随着社会矛盾的再度激化，克里斯提尼在公民的推举下就任执政官，开始更为深入的民主制改革，建立了更为民主的制度，使得所有的公民都有参政的机会。

克里斯提尼改革的内容之一是废除传统的4个血缘部落而代之以10个新的地区部落。克里斯提尼将平原、海岸、山地三大区各分为10区，然后每三种不同地区的小区又组成一个行政区，所以共有10个行政区。经过这样的调整，每个行政区中的人口数量、出身和职业就大体取得了平衡。然后再由每一行政区中的公民抽签选出30岁以上的公民50人，组成一个五百人的会议，掌管财政、军事、外交、民政。不过对于日常行政而言，五百人是太多了些，所以又规定每区的五十名代表成立一个委员会，负责监督日常行政，其中一人为主席，任期一天。而一个委员会的任期则为一年的十分之一，如此五百人在一年的任期中都有机会轮流成为政府中重要的行政人员。又由于有不连任的规定，城邦中的公民每个人都有很大的机会参加五百人会议。公民大会本身则是立法、宣战、缔结和约的最高权力机构。

至于原有的9名执政官，他们还继续工作，但其具体成员，已由贵族逐渐转移到平民阶级，并且在公元前487年之后由推选改为抽签。而政府中的各级行政官吏，除了必须要有专业知识才能胜任的将军和建筑师之外，也都是由抽签选出。此外，每一重要的行政任务都由10个人组成委员会来共同负责。这样的政治运

作系统之所以能够成功，主要是因为当时的公共事务的范围不大，性质简单，因而一般公民凭着他们参加公民大会以及五百人会议的经验就大致可以胜任。更何况每一个人在某一职位上的意见只占十分之一，即使发生差错，影响也不会太大。此外，还有一种防止独裁者或危害公共安全者出现的办法，这就是在必要时公民大会可以投票选出最不受欢迎的人物，得票6000张以上者就将流放至国外10年，这种投票，一年举行一次。由于当时的选票是碎陶片，因此这一制度就被称为"陶片放逐法"。

雅典的这种民主制度在克里斯提尼改革的基础上，于公元前5世纪中期逐步形成，成为希腊城邦世界中民主政体的模范。不过希腊城邦的一个特色就是各有自己独立的性格，各城邦的政治制度都不尽相同。

然而，克里斯提尼在推行民主制的同时，也更为注重公民权的限制，移民要想获得雅典的公民权更为困难，不管他们在阿提卡居住了多长时间。这些外来人当时的官方名称是迈提克，他们登记注册时要写明是生活在"庇护人"（当地雅典公民）所在的区。从公元前5世纪后半期开始，他们还要缴纳"投票税"，男人每年12德拉马赫，女人每年6德拉马赫，虽然数额不算高，但在意识形态方面却有深意。虽然迈提克有可能获得某种特权，但他们要想得到公民权通常是很难的。只有那些对雅典作出突出贡献的迈提克，作为一种奖励，在经公民大会的特别投票通过后才能获得雅典公民权。总之，居住在雅典的大批外国人，在经济和其他方面也享受到了公元前5世纪中叶雅典扩张的好处，但要获得公民权却并不容易。理论上讲，只有父母都是雅典公民的人才有公民权，既然如此，那么作为雅典公民的男子就不能与外国女子结婚，不管她是出身于雅典盟国的贵族之家，还是居住在当地的迈提克。

克里斯提尼头像

在公元前6世纪时，雅典的贵族家庭还可以通过给死去的亲属建造纪念性建筑物来显示自己的富有和权势，特别是在家中有年轻男子战死疆场，或者年轻女子未婚而亡的情况下更是如此。但是在克里斯提尼时代及之后很长的一段时间里，富有的贵族在消费上却受到不断增加的限制和压力，他们在公共事业上的投入要远远多于个人消费。有一条法律规定说，如果墓葬纪念物的建造投入超过了"10个人3天的劳动"，就要遭到禁止。因此在这个时期奢华的墓葬纪念物几乎看不到，一直到公元前5世纪末才又重新出现（在其他城邦也有类似的情况，奢华之风一度被限制，后来又渐渐恢复）。上述立法公布之后，雅典人很快就普遍使用简单的柱形墓碑，城邦每年都要为阵亡者举行公共葬礼，由执政官发表充满爱国激情的悼词，将他们合葬在祭坛式的石头大墓中。修昔底德的著作对此有详细的描述，还记载了伯利克里在伯罗奔尼撒战争开始的第一年（公元前430年）年底为阵亡将士所致的悼词。

雅典贵族的房屋和服饰似乎并不奢华，尽管有人说在公元前4世纪时贵族的房屋比其他人的稍微华丽一些，但至今还没有考古上的发现证实这一说法。总的说来，希腊的城市，在布局上大体上都是一个模式，平直的街道将城市分割成均匀的块块，房屋的排列整齐而密集，所有的房屋大小都差不多。

雅典并没有完全禁止富人进行奢侈的消费，他们也能吃些珍贵的食物，使用金银器皿，举办奢华的宴会，但是这样做时他们要承受极大的压力。因为当时的社会提倡平等和民主，提倡将奢侈消费降低到最低点，而将时间和金钱更多地投入到为所有公民谋利的事情上。从克里斯提尼时期开始，希腊发展出一种公共礼拜制度，根据这种制度，富有的人要为城邦的许多节日提供财政上的支持，并且要在战争期间提供赞助和负责统领军队。这种制度的重要性不在于对那些富有者施加舆论上的压力，而是要以"荣誉"和"官职"鼓励富人为城邦效力，同时也给他们以更多的政治特权，更多的参政机会，在民众法庭上有更多的获胜机会，等等。

从公元前5世纪初开始，随着雅典政治形势的不断好转和经济形势的不断发展，人们拥有财富的形式更趋多样化。然而，像希腊其他地区一样，不管是从经济角度，还是从当时人的观念上讲，土地仍然是最主要的财富。多数雅典公民拥有一定数量的土地。约在公元前400年，曾有人提议没有土地的人不能拥有雅典的公民权，这一提议虽然后来没有获得通过，但是只有雅典公民才有权拥有土地和房屋，这便进一步将雅典公民与迈提克区别开来。到公元前5世纪中叶，所有

那些在政治上有显要地位的贵族都是大土地所有者，许多人都是出身名门望族，如克里斯提尼所属的阿克美尼德家族。但是也开始出现新的富有者，主要是那些使用奴隶劳动制造武器、服装等获得财富的人。当新的富有者开始参政，并且在公元前420年后渐渐跻身高层职位时，许多老贵族特别是那些保守的农民公民都感到非常恐慌，他们不断攻击这些新贵。如这个时期阿里斯托芬的喜剧就常常嘲笑那些靠制革业发财的暴发户。

公元前5世纪其他的财富来源有：出租房屋，特别是向迈提克；出租土地；放高利贷，主要是向船商。对城邦和公民个人来说最有经济价值的是阿提卡东南地区拉利温的银矿。有意思的是，采矿获得财富似乎比经商致富要好听一些。据我们所知，拥有采矿奴隶数量最多的是政治家尼西亚斯，但他也很忌讳别人拿他的致富之道开玩笑。

到公元前4世纪，传统的贵族家族已经消亡，拥有多种形式的财富已经成为很普遍的事。某些富有者几乎没有土地。对这些新财富形式的种种偏见也明显减少了。这一时期的有产阶级需要定期缴纳一部分税金，用于城邦的军事事务。他们同时也暗自通过经营高利贷这种方法，以便在政治和经济上维护自己在城邦中的贵族地位。但是担任高级职务是有风险的事情：有可能招致死亡、流放或经济上的破产。有时富有者也会有突然的经济损失，如收成不好等。所以，在雅典社会，一个人随时有可能从社会顶层迅速跌落到底层。

在公民群体的底层，是2.5万到3万个普通公民，他们都是小土地所有者，也许可以称作"农民"——尽管他们的经济状况和政治上的自由使得他们不同于其他地区和其他时期的农民。文学艺术作品中也有他们的形象。农民步兵常常成为阿里斯托芬喜剧中的主角。公共演讲如阵亡将士的悼词中，在公共艺术作品如帕特农神庙的雕塑中，理想的公民形象是步兵。一些文献表明，伯罗奔尼撒战争的后果之一就是这些农民的极度贫困，但证据还不够充分，而且公元前4世纪民主制度的平稳和经济上的保守主义都与这些文献的记载不符。近来一种新观点认为，可能有8%到10%的富有公民拥有约1/3的可耕地（通常以几种不同的方式占有），而多数步兵和一些在梭伦改革中被划分为第四等级公民的贫穷公民占有很少的土地，可能只有6公顷或者更少。而大多数的第四等级公民则主要是给大土地所有者当雇工，或者在城市中从事手工业、零售业。其他的公民则是与大批没有公民权的居民一样从事海外贸易。这种观点尚需寻找更多的证据。

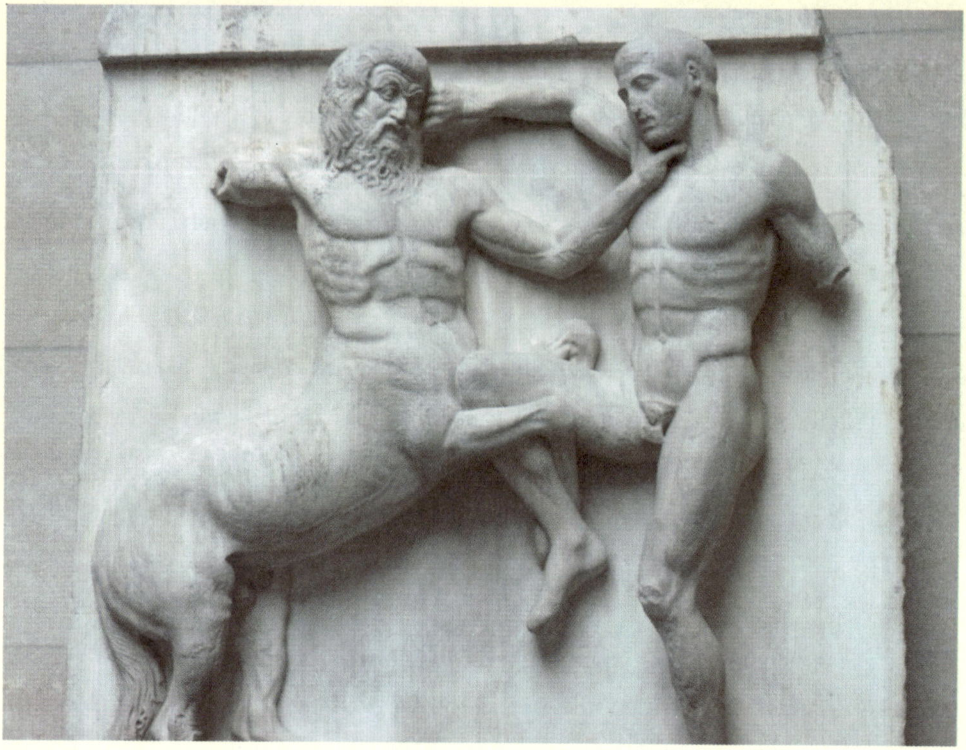

帕特农神庙的雕塑

雅典的民主制度允许公民参加民众法庭，担任陪审员。这种做法的确能对贵族的行为起到某种约束的作用，这恐怕是雅典民主制度最重要的一点。目前，我们还不清楚最底层的公民对步兵及更高阶层的公民所拥有的特权是什么态度。这些最底层的公民也曾参加过雅典军队，而且自公元前480年之后，随着雅典军队中海军地位的提高，他们的重要性已超过步兵和骑兵。公共演讲和艺术作品中只强调步兵的价值，而忽略他们在战争中的贡献，这使他们非常不满。

然而，雅典的男性公民只有3万人，而阿提卡全体居民是20万，公民人数只占阿提卡全体居民的15%，他们自然会有一种比其他居民优越的感觉，相对于其他居民，他们拥有许多的特权：如在家庭中对妇女和子女，在外边对迈提克和奴隶。当然，并非所有阿提卡人都有奴隶。现在关于雅典人特别是雅典小农拥有奴隶的数量，还有争议。但是所有的雅典公民在潜意识里都认为自己可以拥有奴隶，而且在经济状况好的时候，许多贫穷的农民或小业主都可能曾经有机会拥有奴隶。奴隶制的普遍存在有效地缓解了贫穷公民对自己境遇的不满情绪。雅典人认为所有的奴隶都是野蛮人，他们生来比希腊人低贱，他们在与希腊人的战争

中被击败就是一个很好的证明。

对那些从来都没有能力拥有奴隶的贫穷公民来说，他们也有机会向迈提克出租房屋或作坊。总之，他们总是能有机会与这些比自己处境更差的人打交道，总是能感受到自己在法律和社会地位上的优越。当然，许多迈提克都在从事制造业、商贸活动、银行业的过程中积累了财富，一些人比如普罗塔格拉斯和亚里士多德还成了当时著名的思想家。不管怎样，雅典的普通公民一方面意识到自身与富有的贵族之间的巨大差距；另一方面也意识到自己与这些贵族之间的内在联系。他们深知自己是公民群体中的一分子，而这个群体具有社会上其他人所没有的特权。

希腊文明的扩散

从亚历山大东征开始，一直到罗马征服埃及这段时间里，希腊文化随着希腊人的足迹扩散开来，加上希腊统治者的主动推行，使得它在地中海东岸地区广泛传播，同时与东方诸文明进行了深刻地融合，形成了一种新的文化，这就是所谓的希腊化文化。希腊化文化的特点是东西方文明合璧，个人主义和世界主义倾向，以及自然科学和艺术的高度发达。

希腊文化影响的重要表现是希腊语的广泛使用。在希腊化世界中，由于统治者为希腊人，希腊文成为当时各地通用的官方语言。当地人若要在新政府中任职，或要与希腊人往来，都必须先学会希腊文，以至于各地原来的语言文字逐渐弃而不用，如埃及的象形文字和西亚的楔形文字等，它们最后都成为死文字。生活在巴勒斯坦地方的犹太人也逐渐忘掉了他们原来的语言文字，就连他们自己民族的经典都需要先翻译成希腊文然后才能了解。

希腊化城市的发展是希腊文化传播的另一个重要途径。城市里的竞技场和剧场是希腊文化传播的中心。在几个希腊化王国之中，以塞琉古王国推行希腊文化最为有力。他们在小亚细亚和叙利亚各地广建希腊化的城市，其中以叙利亚的安条克以及巴比伦附近的塞流西亚最为宏伟。相对而言，托勒密王朝在埃及所建的希腊化城市就比较有限，但亚历山大城也足以称为希腊化文化的中心。它是希腊化时代地中海东岸新兴城市的代表，这些新兴城市大部分是由于贸易圈的扩大和贸易路线的改变而发展起来的。希腊化时期海洋成为中心，控制海洋和岛屿无论在经济上，还是在政治上都有重要的意义。相比之下，原来希腊世界中的一些城邦则因新的经贸形势而失去了原有的重要性。

但是这些新兴的希腊化城市无论其数量，或是其分布的范围，相对于帝国的版图，终究是非常有限的。希腊文化影响的范围也不应估计太高。更何况各地反抗希腊人统治的斗争一直没有间断。埃及人的几次叛乱，以及巴勒斯坦地区犹太人的不断反抗，都表明希腊统治者和当地人民之间的矛盾相当深刻。

希腊人将他们的文化带到东方，反过来，他们的文化不可避免也会受到东方文化的影响。这个时期和城邦政治生活紧密结合的宗教信仰渐渐淡出，而一直存在于民间的一些神秘宗教，如地母狄米特信仰以及流行在小亚细亚诸城邦的奥菲斯信仰等，因为具有超越城邦限制和非政治的特性而在这时兴盛起来。这些神秘宗教的共同特征在于它对生命的再生的企盼，这些宗教以一种信徒之间秘密结社的方式存在，信徒相信他们的神会给予每个人以特别的照顾，因此信徒个人与神之间有一种亲密的关系，人向神的祈求也逐渐地从只重外在仪式而转向内心的告白。这些民间信仰本身就有东方宗教的背景，此时更与埃及和两河地区的宗教重新结合。伊西斯、奥赛里斯等东方神祇经改造后成为各地区普遍崇拜的对象。伊西斯不再只是奥赛里斯忠实的妻子、国王的保护者，而是结合了叙利亚女神阿塔堤（Astarte）和希腊女神阿芙罗狄德（Aphrodite）的性格，成了整个地中海地区共同崇拜的女神。托勒密一世命埃及祭司曼尼托和雅典的狄摩修斯共同创立一个新的神作为亚历山大的城市保护神。这个新的神就是萨拉皮斯，他融合了埃及和希腊许多神祇的特质，将哈狄斯、奥赛里斯、狄奥尼修斯、宙斯等的特点集于一身。

萨拉皮斯女神像

希腊化文明中的个人主义和世界主义倾向在哲学领域有突出的表现。这个时期的哲学家普遍注重个人幸福的追求,强调个人的内心修养。同时他们已不再以某一城邦的公民自居,而认为自己是世界的公民。影响较大的有三个学派:斯多噶派、伊壁鸠鲁派和犬儒学派。

斯多噶学派的创始人是芝诺(约公元前335年—公元前263年),其主要观点是:在世界和宇宙理想面前,一切民族、国家和个人都是平等的;理性是人类追求幸福的重要基础,人类根据理性做事就是"善行",通过理性和心灵才能理解宇宙的神性,人应该修身克己,只有当个人肉体的欲望和弱点被克服之后,人才能有清明的知觉。斯多噶学派注重现实和实践,关心政治,投身社会,该派学者多任国王或政府重要顾问,对当时的政治实践有很大影响。

伊壁鸠鲁(约公元前342年—公元前270年)因在雅典花园中讲学而被称做"花园哲学家",以他为代表的学派其主要观点是:宇宙万物乃是由无数极为细小的原子所构成,原子以不同的方式组合,遂有各种不同的事物产生;人生至善为享乐,至恶为受苦;不过人在追求快乐的时候要避免造成痛苦的后果;要既得到快乐又摆脱痛苦后果,唯一的打法是追求内心恒久的平静和道德上的满足,这种满足是与肉体、感官、短暂的享受无关的,此即"不动心"。伊壁鸠鲁本人相信有神,但他认为神不会干扰人间世事,人也不必恐惧神的处罚。至于死亡,他认为既然人由原子组成,原子存在时,人们不会感觉到死亡;而当原子解散时,人的生命就会消失,根本不会有任何感觉,所以死亡毫不可畏。概括起来就是:神不足惧,死不足忧,祸苦易忍,福乐易求。这种信仰要求人们隐居、避世,不关心现实和政治,追求极端的个人主义。

在追求个人主义和摆脱社会生活羁绊方面,犬儒学派更进一步。该学派产生于大城市中的贫困知识分子中间,这些人极端反对社会,主张回到大自然和最简朴的生活中去,无所阻碍地去追求伦理和道德的自由。第欧根尼是该学派最知名的人物,他过着乞丐般的生活,晚上住在啤酒桶里,据说亚历山大一次访问他,问他说:"你难道不怕我吗?"他答道:"为何?你为何物?是好的或是坏的?"亚历山大说:"是好的。"他于是说:"那么,谁会怕好的?"亚历山大问他有何请求,他却无动于衷地说:"走开,不要挡住我的阳光就行了。"

希腊化各国的统治者鼓励当地的知识分子编纂自己本国的历史。在埃及,一个叫曼尼托的祭司利用埃及神庙图书馆中的资料,为国王托勒密二世编写了一部《埃及史》(现只有王表和其他作品中引用的部分片段保存下来)。巴比伦的贝罗索斯则大量利用楔形文字文献写作。在文学方面，各地文化的融合非常明显，有许多用古埃及文字写的希腊神话，也有很多埃及故事的希腊文抄本，托勒密二世还召集耶路撒冷的犹太学者将摩西五书译成希腊文。

托勒密二世像

托勒密二世创建的亚历山大图书馆有约50万卷原著手稿。学者们抄录、整理、注释以前的著作，其中最重要的成果之一就是《伊里亚特》的重新汇编。该图书馆也以注重科学研究而著称。后来帕伽玛城成为可与亚历山大媲美的文化中心，那里的图书馆规模也很大。雅典在文化上依然是中心。

在希腊化时期，神话和英雄传说的主题已成为历史，现实主义成为主流。以戏剧为例，出现了"世态喜剧"或"新喜剧"。"世态喜剧"或"新喜剧"表现世俗人物以及他们的喜怒哀乐戏剧作者中，雅典的米南德（约公元前349—公元前291年）最为著名，他的作品主要是表现家庭琐事，虽然生动诙谐，但与古典时代阿里斯托芬喜剧中那种关心城邦政治和公共道德的精神截然不同。诗歌类作品主要以田园生活和都市百态为题材，古典时代那种对英雄、神和城邦的歌颂不复出现。这个时期广为人知的是牧歌和"小说"的产生。这些小说有的是叙述离别恋人的故事，他们在异国他乡历经坎坷后终成眷属；另一些描写乌托邦社会如"福人岛"，"太阳国"等。亚历山大风格的诗人以卡利马库斯（公元前280—公元前240年）为代表，其特点是浮词虚饰，华而不实。他的作品的内容多是异国背景，有许多暗喻和性的描写。史学方面，除历史学家波利比阿斯（约公元前204—公元前122年）外，没有真正的大家出现。

希腊化时期文化的最大成就在文学和应用科学领域，许多作品在中世纪之前一直是无法超越的。卡里马库斯与其他学者如哲学家泽诺多托斯和阿里斯塔尔库斯一起共同开创了对希腊语言和文学的专门研究，他们整理的《荷马史诗》和其他一些诗人的作品是今天人们所用版本的前身。在亚历山大之前，希腊的学者在数学和医学方面已经有了相当的成就，而亚里士多德更为系统化的研究方法打下了基础。亚历山大本人鼓励科学研究，而在他的大帝国建立之后，希腊人又能直接接触巴比伦的天文学，他们从中获得很大的启发。托勒密三世时期的亚历山大图书馆馆长亚里斯塔可斯提出太阳的体积比地球大，而且地球和其他行星是绕着太阳运行的。埃拉托色尼（公元前275—公元前195年）是历史上第一个准确推测出地球周长和直径的人，他还通过观察太阳高度的变化测量出黄道倾角。

欧几里得像

数学和几何学也有很高的成就。欧几里得（约公元前323—公元前285年）编著的《几何原本》一直到公元19世纪时仍然是学校的课本。而另一学者阿基米德（约公元前287—公元前212年），则算出了圆周率近似值，发明了许多精巧的机械。在罗马军队攻打叙拉古时，守城人员利用他发明的守城工具，全城抵抗罗马人达3年之久，成为一位传奇人物。

在医学方面，赫罗菲鲁斯（约公元前3世纪）据说是第一个进行人体解剖的医生。他发现血管中输送的是血液而非空气，并且发现神经和脉搏的作用。其后伊拉西斯特拉图更进一步，发现动脉和静脉相通，同时他还发现了运动和感觉神经的不同。另外，医生开业，医科学生接受学位要作有关职业道德的誓言，这种方式也是希腊化时期产生的。它宣称医生不得利用自己的技术伤害别人，医生必须保守病人的隐私，等等。

不过这些科学方面的成就大多是极少数人的创造。希腊化时代的王朝，如托勒密和塞琉古王朝虽然都相当提倡科学，但这并不表明他们自己或当时人的生活已脱离了宗教和迷信的圈子。各种占星术、巫术极为流行，从著名的小说《金驴记》中，我们可以对当时的社会作更多一些的了解。

在希腊化时期，由于新兴城市的出现和各国君主大肆装饰帝都，建筑业得到极大的发展，装饰性和纪念性建筑尤为突出，反映了帝国的富庶繁华。亚历山大城的遗迹非常少，它被称做是希腊化时期的巴洛克，融合了希腊和埃及两种建筑风格，在约旦皮特拉城的石窟建筑上可隐约看到这种风格。亚历山大城法罗斯岛上的灯塔高120米，是当时最著名的建筑之一。亚历山大可以说是罗马帝国东部各城市的原型，这些城市的街道分布非常规则，街的两边有柱廊为行人遮蔽阳光。这个时期的建筑风格由古典时代那种注重均衡和谐、线条简洁、比例匀称转变为豪华夸张，建筑的目的也由注重公共生活转变为炫耀个人财富，城市中最豪华的建筑不是属于王室，就是属于富有家族。

尽管希腊化时期的艺术是从古典艺术发展而来，但却有了很大的转变，以个性化和现实主义为其主要特征。雕像更注重表现个性化的个人，而不是古典时代那种理想公民的形象。这个时期的作品以精

萨摩斯的胜利女神像

微细致地表现人物内心世界而充满永久的魅力。由于艺术品不再只是公共生活的象征，它已成为供私人欣赏用的装饰品，所以在表现方式上已倾向于写实，且注重刻画人物心理。许多著名的希腊雕像都产生于这个时期，如米诺岛的维纳斯，萨摩斯的胜利女神像，拉奥孔等。

胜利女神像是罗德岛的居民为纪念他们战胜叙利亚的安条克三世（公元前222—公元前187年）而制作的。他们把它立在萨摩斯，是因为那里是重要的宗教圣地，有许多拜谒者。女神立在船首，打湿的衣衫迎风紧贴在身上，展现出身体优美的线条。在她身后张开的衣裙充满动感，给人一种激动、不安宁和变化无穷的感觉，这不仅是希腊化时期艺术的一个重要特征，也是那个时代的特征。

古希腊的宗教与神话

宗教渗透在古希腊社会生活的各个方面。各种竞技比赛都是在祭神的宗教节日中举办，如著名的奥林匹克赛会就是为宙斯举办。城邦的许多大事，比如是进行战争还是和对方讲和，也经常由神谕来决定。在关于神及神与人之间关系的神话中，我们能够了解到古希腊宗教的许多基本概念。

神话是关于遥远往事的陈述，其中现实与虚构交织在一起，它是古人解释事物起源的一种方式，其中有对某些现象的评判，有对正确行为的肯定。神话与故事的区别在于，后者是自觉的虚构，而前者则是先民们虔信的历

希腊福州中的太阳神赫利俄斯

史。从神话中我们能了解一些地方名称的由来，各地区文化的潜在内涵，以及神与人的关系，等等。

古代希腊神话对西方艺术和文学有深远的影响，而且曾经还是人们对人进行教育的主要内容，它们是古代希腊戏剧作家的创作源泉，也是历史学家们研究历史的宝贵资料，同时还是古希腊艺术作品的重要题材。现在保存下来的神话作品大多很晚才成型，有许多后来人添加、分析和解释的成分。但是故事的基本情节、人物与传播的目的还是很清楚的。

古希腊的神话之所以发达，是因为它们是以艺术的形式流传下来的，在其原始的核心内容上覆盖了许多后来的积层，后来的再创作增加了它的生命力。之所以如此，是因为古希腊没有一个发达的祭司阶层去统一古希腊人的思想，古希腊的祭司只负责掌管宗教仪式。

在繁殖女神德墨忒耳的神话中，德墨忒耳的女儿珀尔塞福涅被哈得斯诱拐到冥界。德墨忒耳悲痛欲绝，到处寻觅，于是庄稼枯萎，饥荒盛行。故事的结局是珀尔塞福涅每年都有一半的时间在人间陪伴她的母亲，另外半年则在冥界陪伴她

的丈夫哈得斯，于是就有了四季的变迁。

另一则神话则反映了西亚文明对希腊的影响。欧罗巴是位于腓尼基海岸的推罗国王的女儿，宙斯贪恋她的美色，变成一头白牛，诱骗欧罗巴爬上牛背，然后跳入海中到了克里特，欧罗巴在那里生下了米诺斯。她的哥哥卡达摩斯在寻找她的途中建立了底比斯城。希罗多德认为，卡达摩斯将腓尼基文字传到了希腊，这个神话可能就是为了说明腓尼基文化对希腊的影响。就连卡达摩斯这个名字都有可能是来自闪米特语中的 qedem（意为"东方"），而欧罗巴则来自闪米特语中的"日落"（"西方"）一词。

古希腊人与神的关系是互惠的，他们认为人敬奉神是为了得到神对人的护佑；作为回报，神应该满足人的要求。古希腊的神对人类没有爱，只是在神话传说中，有些神会在人间找一个情人，生下半人半神的后代。当人们敬奉神，不去冒犯神时，神就会支持和保护他们；相反，若冒犯了神，就会受到惩罚，如饥荒、地震、瘟疫、战争中的失败，等等。

古希腊人相信他们的神都过着舒适的生活，有时在彼此关系上略有不快，但基本上是无忧无虑的。以宙斯为首的12个最重要的神居住在奥林匹亚山顶。所有的神都与人同形同性，有男有女，有喜怒哀乐，会恋爱、会嫉妒，有人类一切的缺点。他们非常看重人类是否敬奉自己，稍有不周到，就会不满。比如忘记了给他们献祭，亵渎了他们的神殿，或者违背对他们发誓许下的诺言，等等。对于人类自身的罪行，神只对其中的一部分人做出惩罚，大部分要由人类用自己的律法去处置。如人类犯了谋杀罪，神就用散布瘟疫的方法进行惩罚，令杀人者及周围的人都受到威胁，直到他们惩处凶手为止。如果人类触怒了神，他们就会通过预言、占卜、梦境等方式暗示惩罚即将到来。

希腊宗教中似乎缺乏一种道德的因素。从《荷马史诗》和一些早期文学作品中可以看出，国王和神明之间的关系就像一般人和国王之间的关系一样，下对上只有遵命，而没有反对和怀疑的权利。神与国王一样，有合理宽大的一面，也有褊狭、愚昧的一面。国王要如何对待他的属下，很可能只是他一时的好恶，而不一定是出于理性的决定。同样，神要如何对待人，完全是神单方面决定，并不一定是由于神要维持世间的正义。

在荷马时代的希腊宗教中，神与凡人最大的不同，不是他们具有巨大的神力，也不是具有高尚的道德，而只是因为他们是不死的，而凡人是必死的，这是人和神之间不可跨越的界限。人应该认识自己生命的有限，不可妄想永生。

希腊人中也有人认为神应该是完美的。公元前6世纪的哲学家塞诺芬尼斯就认为已有的神话是虚妄的迷信，是人根据自己的经验创造出来的。他说，如果马和牛有宗教的话，它们一定会把它们的神想象成马和牛的形象。在他的想法中，如果神做了坏事，他就不是神，如果他有什么欲望，他也不是神，因为神应该是完美的。

希腊神话的重要性在于它们与神圣仪式之间的关系，它们诠释了这些仪式的寓意。祭祀神的仪式是神与人之间的主要沟通渠道。重要的仪式都列在城邦的日历中。例如，在雅典，每个月的头8天都是祭拜神的日子。其中第3天是雅典的诞

阿波罗与缪斯女神嬉戏图

生之日，第6天是祭拜阿尔忒弥斯女神的日子，第7天祭拜她的哥哥阿波罗，等等。雅典号称是全希腊宗教节庆最多的城邦，大小节日加起来占半年的时间。并非是所有人都参与所有节日，雇工签约时要注明他们能够参加哪些节庆。最重大的全国性节庆是泛雅典娜节。泛雅典娜节能吸引众多的民众，节庆期间不仅有祭祀活动，而且有音乐、歌舞、颂诗、竞技等表演，优胜者获得奖品。有些节日是专为已婚女子设立的，如祭祀女农神的节日，等等。

总之，仪式和神话是希腊宗教的两个方面，但没有创立者，没有经典，也没有教会组织。在城邦神庙中虽有祭司主持祭典，但只是执行与神庙主神有关的仪式。至于一般公民，则以家族为单位，每一个家长均可以在家中自行向神献祭祈祷。家中的保护神通常是宙斯和蛇神。

在古典时代的希腊社会中，由于《荷马史诗》具有极大的权威，其中所包含的宗教观念对一般人有相当重要的影响，因此也成为城邦中的"公共信仰"，是城邦维持团结的重要力量。但除此之外，希腊人的宗教生活其实也有其非理性的一面。包括他们对于地下世界的认识以及他们对一些神的崇拜。例如对于农神德

墨忒耳的崇拜，主要是一种对于大地的生殖能力的崇拜；而在德墨忒耳崇拜之中心地的艾琉西斯，人们相信崇拜者经过一定的洁净和献祭仪式之后，可以经历到一种神秘的体验，能使人得到永生。这种对于永生不死的向往，也表现在许多地方性的英雄崇拜之上。英雄本为凡人，但由于他们特别的能力和遭遇，使他们在死后能得到永生。此外，对于酒神狄奥尼索斯的崇拜，在近乎野蛮的狂欢庆典中，希腊人表达了另一种对于自然界中生殖力量的崇拜。

古希腊的宗教与神话对后世西方艺术的影响甚大，为后世欧洲文学艺术的发展提供了肥沃的土壤。古希腊的宗教和东方不一样，它始终没能形成一神教，也没有形成共同信奉的宗教教义，更没有东方宗教那种森严、神秘和恐怖的感觉。在这里，宗教的空气非常自由、开放。人们可以自由地信仰，不受任何约束。同时，"神人同形同性说"是古希腊宗教的最大特色，神是人的完美体现，神不但具有人之外形，而且还有人所具有的各种感情、生活需要以及正直、勇敢、残忍、妒忌等品性。所以，人们在信神的同时，更相信人自身的智慧和力量，重视现实世界。这种自由的宗教氛围塑造出了大批具有独特美学观点和创作手法的艺术家，他们在创作构思时，往往不受神谕束缚，能充分发挥自己的想象力，"从现实生活出发，用自己的眼睛观察世界，用自己的头脑去分析是非，用全部的身心去研究自然和人本身"（马克思），从而创作出大量的充满了人情味的、具有现实主义精神的作品，因此马克思说："希腊神话不只是希腊艺术的武库，而且是它的土壤。"

古希腊文学艺术的发展

（一）古希腊文学与哲学的高峰

在希腊文学史上，荷马和赫西俄德代表着第一个高峰。《荷马史诗》中的神话故事影响而且塑造了此后希腊人的宗教信仰的特质，而它的英雄主题也成为希腊文学作品不绝的源泉。不过，史诗作者在叙事的过程中始终是采取第三者的旁观态度，并且沉醉在对一个逝去的英雄时代的歌颂之中。而在赫西俄德所写的《神谱》中，个人对现实环境的感受有更直接的表现。作者将世界的发展分为五个阶段：金、银、铜、英雄、铁，他认为自己所处的是最堕落的铁的时代，人们不再生活在无忧无虑的世界中，而必须为生活而辛劳。在他的另一作品《工作与时日》中，他以农村中的各种生活遭遇为主题，对他所认为的"铁的时代"做了更详细的描述。

在公元前6世纪，希腊各地涌现出不少的诗人，如女诗人萨福以情诗闻名，诗人品达则因赞颂竞赛场中的胜利者而留名。从公元前6世纪末开始，配合酒神狄奥尼索斯庆典所举行的颂诗活动逐渐发展成为一种表演，称为"Tragodia"，原意为"山羊之歌"，因为山羊是狄奥尼索斯崇拜的象征。后来"Tragodia"一词之所以有"悲剧"的意义，主要是由于这类戏剧的主题通常比较严肃，关及人的意志和神的旨意的冲突，而人在这种冲突中最终总是无法逃脱神安排的命运。当然，并非所有的这种故事都是以"悲剧"收场。"喜剧"（Comodia）原意为"流浪汉之歌"，以诙谐取笑为主，附在悲剧之后演出，以舒解观众的情绪。但其中也有一些寓意深长的对于时事、人物的品评，并不专以胡闹为能事。由于每年酒神祭典中剧作家必须以自己的作品参加表演比赛，因而产生了许多的戏剧作品，可惜流传至今的只有少数几人的作品。悲剧作家埃斯库罗斯（公元前525—公元前436年）、索福克勒斯（公元前496—公元前406年）和欧里庇德斯（公元前483—公元前406年）等三人的作品，以及喜剧作家阿里斯托芬（公元前444年生）的作品，现已成为西方文学史上的瑰宝。

公元前5世纪中期的希腊历史著作以希罗多德（约公元前484—公元前430年）的《历史》和修昔底德（约公元前460—公元前400年）的《伯罗奔尼撒战争史》最为有名。前者记述了波斯和希腊之间的冲突，旁及于波斯帝国的兴起和西亚、埃及的历史，以及这些地方的风土人情，是研究公元前6—公元前5世纪希腊和西亚地区历史的重要材料。后者则主要叙述公元前5世纪希腊黄金时代雅典和斯巴达之间的战争。

哲学方面，早在公元前6世纪，小亚细亚的米利都就有一些人开始从自然现象来探究宇宙构成的原因，如泰勒斯（约公元前636—公元前546年）主张万物的根本是水，阿那克西曼尼认为空气是一切的基本元素，火是活跃的空气，空气凝缩成水，再变成石头。另一位哲人赫拉克里特则主张火是物质的基本元素；而到了公元前5世纪，恩培多克勒主张一种调和的物质构成说，认为世界上有土、空气、火、水四种基本元素，万物都由此"四根"形成。恩培多克勒的说法基本上为此后的希腊科学家们所接受，一直到了中古时代伊斯兰教科学家在冶金术的发展中才对他有所突破。这些企图用自然现象来解释宇宙本质的人，可称为自然哲学家，不过他们并没有留下作品，其想法多半散见于后人的记载或引用。同样，其他哲学家，如强调以数字和数学来了解宇宙本质的毕达哥拉斯（约公元前582—公元前500年），以及主张宇宙万物皆由原子组成的德谟克里特（约公元前

460—公元前370年），他们的思想虽对后世有很大的影响，但也没有作品保存下来。

另一方面，从公元前5世纪开始，有一批人对于政治、伦理和辩论术之间的关系产生了很大的兴趣，当时人称他们为"雄辩家"或"智者"。这些人以教授年轻人各种辩论的技巧谋生，其中以普罗塔哥拉斯最为著名。在一些后来的哲学家眼中，雄辩家常常为了追求辩论的胜利而不惜以诡辩歪曲事实，他们在辩论的过程中常走向怀疑主义。如一个名叫高尔吉亚（约公元483—公元前376年）的人就说："没有什么是真实的存在，即使有，也是不可知的；即使有人知

苏格拉底雕塑

道，也无法向别人说明。"希腊思想史上最著名的人物苏格拉底（约公元前469—公元前399年）虽否认自己以教授辩论术谋生，但他的思想方式和言行无疑深受雄辩家的影响。由于他没有著作留下，他的思想和生平主要保存在他的弟子柏拉图（公元前427—公元前347年）和色诺芬两人的著作中。不过由于这两人的记载有相当出入，而后人又不易分辨何者为苏格拉底本人的思想，何者为作者自己的思想，因而苏格拉底的思想究竟是什么已成为西方思想史上的一大悬案。尽管如此，从柏拉图和色诺芬两人作品中相一致的部分，还是可以大致了解苏格拉底的思想和人格的。

伯罗奔尼撒战争后，雅典历史上最不光彩的事就是所谓的民主政府审判并处死了哲学家苏格拉底。这个时期的社会和政治都很混乱，苏格拉底的死证明了雅典司法制度的脆弱。苏格拉底追求真理的热情将希腊哲学导向了一个新的方向：对内在的道德的强调，他可以说是第一个将伦理道德作为关注中心的哲学家。

与"智者"们相比，苏格拉底生活贫困，家境窘迫。但他也还有能力作为一名步兵参加军队，而且有妻子和几个孩子。他不修边幅，衣衫褴褛，被当时的人看做是个怪人。他无论冬夏都穿着同一件衣服，打着赤脚，据说酒量过人。

苏格拉底最喜欢做的事情就是与人谈话和思考问题。据说他每天都站在雅典街头向各种人发问，他的目的是要对自己的和别人的观念进行检讨，探索其正确与否，以此来追问宇宙和人生的真谛。他从来不直接驳斥对方，而是继续发问，让对方在回答的过程中自己否定自己最初的答案，这被称为是苏格拉底式的提问。如他会问什么是幸福，什么是勇敢，等等。

苏格拉底试图发现普遍而正确的道德，反对智者对道德价值的怀疑。他认为美德能带来幸福，而美德来自人们正确的认识；人的错误是因为无知，所有的人都希望自己的行为正确。许多人都误以为最好的生活是有能力得到自己想要的一切，实际上最理想的生活应该是关注道德，遵循理性的指引。幸福生活所需要的一切就是道德知识。

尽管苏格拉底从来不像"智者"那样教授学生收取费用，但他的所作所为同样令人不快，他的特殊提问使得被问者尴尬窘迫，而且当时的许多年轻人通过学会他的提问方式，顶撞自己的父亲。这使得许多家长怨恨苏格拉底，认为他颠覆儿子应该听从父亲教诲的传统，破坏了社会的稳定。在阿里斯托芬的喜剧《云》中，可以看出当时的人感觉到苏格拉底对社会的威胁。剧中苏格拉底是一个教授诡辩术收取学费的人，剧中主人公的儿子从苏格拉底那里学会诡辩之后，跟父亲

诡辩，说儿子有权打父母，父亲一气之下放火烧了苏格拉底的"思想商店"。

雅典人对苏格拉底的疑惧也是由于他的两个学生，一个是阿基比亚狄斯，一个是克里提亚斯，特别是后者，他是三十僭主之一，在公元前404—公元前403年的血腥事件的领导者（在公元前7—公元前6世纪的希腊，"僭主"一词系指非通过选举上台执政的人，他们大多得到公民中下层群众的支持。公元前404年斯巴达国王吕西斯特拉图占领雅典时，他在那里建立了一个寡头政治的傀儡政府，处于斯巴达的保护下，称作三十僭主）。诽谤苏格拉底的人故意无视他对三十僭主和克里提亚斯的批评和指责，而将他牵连进去。诽谤者最后以"亵渎神灵"和"教坏青年"起诉苏格拉底。在审判中，苏格拉底非但不为自己辩护，反而慷慨陈词，激怒了民众法庭的500公民。在当时，起诉者提出判死刑，通常被告可以提出流放，然后由陪审团在二者之间做出选择，但苏格拉底却提出要给他以奖赏而非处罚，结果盛怒的陪审团判他死刑。苏格拉底拒绝朋友帮他越狱的好意，从容赴死。他的沉默赴死没有帮助雅典人恢复公元前5世纪的信心。有文献说，此后不久雅典人就悔恨对苏格拉底的判决，感到这是雅典民主制的永久污点。

苏格拉底之死对他的学生柏拉图有很大影响，柏拉图深信民主制下的公民没有能力超越自己的个人利益达到对真理的认知，他严厉抨击民主制是一种不合理的制度。柏拉图的兴趣非常广泛，著述涉及天文、数学、政治等，在他去世之后的两个世纪里，他的思想几乎没有引起哲学家的注意，直到罗马时期才成为讨论的热点。

柏拉图不同意苏格拉底的观点，即基本的知识是以内省为基础的道德知识，他认为知识就是对独立于人类之外的真理的追求，而且是可以传授的。为此他建立了一个学院，就在雅典城墙外，是一个绿荫覆盖之处。这并非现代意义上的学院，而是对哲学、数学等感兴趣的人在柏拉图的指导下交流知识的地方。它的影响越来越大，甚至在柏拉图去世后

柏拉图雕塑

还活跃了900年，直到中世纪才逐渐沉寂下去。

柏拉图的著作并不是抽象的哲学论文，而是一种对话。这些对话录就像是短剧一样，有参与哲学讨论的对话者的姓名和进行对话的背景描写。读这些作品，不能把哲学内容从其文学形式中剥离出来，应该把它作为一个整体来看。对话录的创作目的是启发读者思考，而不是灌输教条。

柏拉图认为，现实世界中没有绝对的美德。他说，例如，借人东西要还是种美德，可是如果借了朋友一把剑，如果你还给他，他正想用这把剑去杀人，那么这种情况下还剑还是不是美德呢？总之，人们用感官体验到的一切美德和品质都是相对的，不完美的。绝对的美德是独立于人类之外的存在，只能用思想去理解。在某些作品中柏拉图称这些现实之外的纯粹的美德为"理念"，包括仁慈、公正、美、平等、等等。他说"理念"是看不见的、永恒不变的实体，存在于另外一个高级的世界，超越了人类的感性世界；理念世界是真实而完美的，现实世界只是人类感官对这个完美世界的不完美折射罢了。

理念可以通过人类的灵魂去了解，因为灵魂是不朽的；灵魂蛰居于必朽的躯壳中，怀恋着它一度栖息的终古如斯的理念世界，总是希望能摆脱躯体回到那里去。由此他发展出二元论的概念，即不朽的灵魂与物质的身体。柏拉图将二者进行区分的思想对后世的哲学和宗教思想有重大影响。在晚年的一部作品中，柏拉图说理念的知识早先就已存在于人类的灵魂中，有一个神知道这个知识，他用物质去重新创造这个理念世界和它的秩序，因为材料的缺乏，重新创造的世界不可能完美。人类的正确目标就是在自己的灵魂中去发现完美的秩序和纯粹的理念，方法就是用理性的愿望去控制非理性的愿望，因为后者以不同的方式导致伤害。

柏拉图在他构想的理想国家中也使用他的理念论。在《论共和国》（也许叫《论政治制度》更合适）中，柏拉图主要讨论正义的本质，以及行正义之事的理由。他认为理由就是这样做有好处。在理想的社会中，就像在一个好的灵魂中一样，每一部分都要遵循正确的等级，根据掌握理念真理的能力的大小，把社会中的人划分为三个等级，最上面的是有正义感和理性的"贤人"，第二等级是战士，第三等级是劳动者。

柏拉图认为，就认识理念的能力来说，女人和男人一样。这一点可能是受苏格拉底影响。在他的理想国中，统治阶层中也有妇女。柏拉图的这种认识比他同时代的其他人超前。在柏拉图的理想国中，为了减少娱乐，战士不能有财产和家

庭。男女战士同吃同住，一起训练，儿童过集体生活，有专人照顾。虽然这种设想把女战士从照顾孩子的辛苦中解放了出来，而且使她们与男士兵有平等的地位，但柏拉图认为女战士实际上没有男子坚强，因为她们经常面临怀孕的问题和难产的危险。不过他认为，女子也可以成为统治阶层的一员。根据他的观点，一个战士，不管是男是女，只要具备了最高水平的知识，就可以成为国家的统治者。

柏拉图为他的理想国设想的严格的生活规则，反映了他对理性问题的重视。他认为在政治和伦理方面，可以用理性去发现客观真理。尽管他激烈谴责民主制，嘲笑其运作中诡辩术的盛行，他还是认识到了在现实中进行彻底变革的困难。他希望不管是民主派还是寡头派的政治家，只要掌握真理、能够为大众谋利，就可以做统治者。从这一点来讲，他深信学习哲学对人类生活是至关重要的。

柏拉图最优秀的弟子是亚里士多德（约公元前384—公元前321年），他是个百科全书式的思想家，可说是一个集希腊哲学思想大成的人，对后世学者特别是中世纪时期的学者影响非常大，是西方科学和哲学领域划时代的人物。他最大的贡献是创造了以科学调查的方式去研究自然界，创建了严密的逻辑论证系统，提出了归纳和演绎两种方法；他还首次开创了学科分类，而且对生物学、医学、解剖学、心理学等各学科都有深入的研究。

亚里士多德认为宇宙万物的生成有四种最根本的原因：形式、质料、动力和目的。在这4种最根本的原因中有一个是第一原因或第一推动者，它出自理性，实际上是不断追寻的代名词。他对时间、空间、运动、变化这些概念的理解最有影响力。

亚里士多德的哲学思想深受柏拉图的影响，但他对老师的理论也有深刻的批判，如他否认柏拉图的"理念说"。认为形式与物质是不可分的，是同一生命的自然过程中不同的两面。他的自然

亚里士多德雕塑

哲学的出发点是他对生理学的研究，他把自然界和社会生活都看成是有机的、发展的过程。他认为生命之所以有各自的发展过程，是因为有存在于它们自身的一定的目的。比如鸭子长蹼就是为了能在水中生存；人类存在的自然目的就是要在城邦社会中生存，而城邦的存在就是为了满足人们在一起生活的需要，因为人们如果孤立地生存就会不满足。另外，城邦的存在使得其公民有可能过一种有价值、有秩序的生活。这种目的原本就已存在于事物自身之中，它在发展中逐渐展现出来。所有的生命都是为了能够达到具备这种目的的形式而努力，但是，形式与内容的完美结合与其说是常规，不如说是例外，只能在艺术中实现，所以艺术是对现实世界的补充、扩大和完美化。

亚里士多德不同意苏格拉底的观点，即真与善是一个人行为正确所需的一切。他说人头脑中都有正确的知识，但是他们非理性的愿望会压倒这种知识，引导他们做错事。他强调人要培养自己控制本能和情绪的能力，这种自我控制并非是抹杀人的欲望，相反，它是极度的欲望与极度的克制之间的平衡。他认为理智应该能达到这种平衡，因为人类本质中最优秀的部分是其智慧，而理智是一个人最根本的、神性的部分。

亚里士多德相信人类的幸福不是简单地追求快乐，而是人自身潜力的完全实现。这些潜力可以由以下因素来确定：理性的选择，实际的判断，对"中庸"的价值的认识。主要的道德问题是几乎所有的人都有贪欲，一个人一旦有了权力就会将这种贪欲加以发展。教育的目的就是阻止这种欲望的无穷延伸。由此他谈到公民的政治生活，他说不管是在民主制还是在寡头制中公民的欲望增大都会导致混乱。民主制最大的威胁是"智者"所宣扬的"自由就是随心所欲地生活"。他强调说，真正的自由是根据城邦中大家公认的法律进行统治和接受统治。

亚里士多德认为科学和哲学不是孤立于现实生活之外的抽象主题，而是在生活的各个方面都追求知识的原则。这种追求将理性的人类行为概括出来，这些行为可以带来好的生活和真正的幸福。一些当代学者认为亚里士多德的著作缺少一个清晰的伦理内核，实际上亚里士多德是将正确与错误的标准放在了人类本质之中，而不是列出一个抽象的条目去说明哪些是对的，哪些是错的。在他看来，伦理制度与人们生活中所体验的道德状况密切相关。在伦理学方面，和在其他学科中一样，亚里士多德坚持在寻求人类存在价值的过程中，理性的认识与感性的体验是不可分割的两个部分。

亚里士多德认为奴隶制是自然的。他对妇女也有偏见。

亚里士多德之后，随着他的学生亚历山大所创建的大帝国的出现，希腊地区城邦式的政治单位逐渐被摧毁，人们关心城邦政治和公共道德的兴趣也随之消失，而代之以专注于个人内心平安的生命哲学，如伊壁鸠鲁和斯多噶学派等。

（二）古希腊艺术的发展

希腊的艺术成就也同样辉煌。公元前10世纪，希腊的瓶画还处在被艺术史家称之为"前几何形图饰"阶段，瓶画只是一些简单的环状或波浪状条纹。公元前9—公元前8世纪，瓶画纹饰演变为带状的几何形状，如弓形、三角形、锯齿形等，圆环或半圆形的纹路明显减少。在这种"几何形图饰"阶段的后期，人物和动物的形象开始出现在瓶画中，但他们的视觉效果仍然是几何形的。随着人物形象的出现，瓶画开始表现一些在当时流传的英雄故事，或者某些社会活动。在公元前6世纪—公元前5世纪的瓶画中，我们可以辨认出许多神话和英雄故事的片段。这种叙事兼装饰的瓶画风格从此成为希腊瓶画的主要特征。与此同时，口传的《荷马史诗》开始成型。这说明故事在当时一般人的日常生活和心态中占有重要地位。

早期的希腊雕像明显地受到埃及雕塑风格的影响，人物站姿僵硬，表情呆板，与埃及的雕像如出一辙。到了公元前6世纪中叶之后，石雕人像的技术逐渐成熟，线条和造型渐趋圆润活泼。

希波战争之后的二十年是希腊艺术摆脱古风时期的影响、形成古典风格的时期，以雅典地区的作品保存最多、最好。其中一个转变是对东方艺术风格的有意识的排斥，这是仇视波斯人的表现之一。另外一个变化是艺术作品开始追求表达人物的动态，此

米隆的《掷铁饼者》

时的石雕人像已经完全摆脱了早期那种僵硬的模式，能表现人物在生活中的各种不同面貌，同时对人体结构也有了更多的了解。在雕像的材料上也做了新的尝试。

这个时期在艺术风格上有求新欲望的雕刻家还喜欢用铜来制作雕像。这个时期著名的雕刻家有雅典的菲迪亚斯（公元前490—公元前425年）、米隆、阿哥斯的波力克里图斯等。菲迪亚斯是伯利克里的好朋友，他多才多艺，在建筑、雕塑、装饰艺术等方面都有很高的造诣。自公元前450年起，他就负责雅典所有的装饰工程，雅典卫城的装饰就出自他的设计。他因塑造雅典娜雕像名扬世界，他的名作有卫城广场上的雅典娜铜像，帕特农神庙中的"处女雅典娜"等。"处女雅典娜"是木制雕像，以黄金和象牙镶嵌，高12米，女神左手倚盾，右手持矛而立，金衣直垂及地。他的另一个著名作品是奥林匹亚的宙斯像。这些作品的原作都没有被保存下来，我们只能根据历史文献的记载和后人的仿制才能对它们有所了解。

米隆的《掷铁饼者》成功地表现出运动中的人体，一反古风时期那种轻松、平静和对称的表现风格，不仅人物的平衡姿势被打破，而且运动员那种一触即发的力度和动感被充分地表现了出来。波力克里图斯的《持矛者》也有同样的效果。

绘画艺术方面，以波力诺托斯和阿波罗多洛斯为佼佼者。波力诺托斯以雅典的"画廊"和特尔斐的"会谈室"见称于世。阿波罗多洛斯则首创用着色明暗的不同来表现距离的近和远。普林尼曾说，阿波罗多洛斯用一支画笔扬名于全希腊。

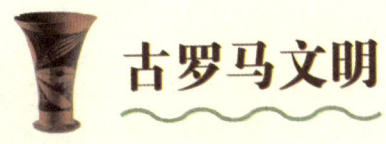

古罗马文明

罗马共和国的建立与扩张

后人推测罗马建立于公元前753年4月21日，但罗马建城纯粹基于神话传说。据说，意大利当地国王努米托尔的王位被他的弟弟所篡夺，努米托尔之女西尔维亚也被迫当女祭司而不得婚配。但西尔维亚与战神马尔斯结合后，生下了双胞胎罗慕路斯（Romulus）和勒摩斯（Remus）。但篡位者发现了两个孩子后，将其投到台伯河中任其漂流，结果被一头母狼相救并抚养长大。长大后两人杀死篡位者，但在建立新城时发生了争执，罗慕路斯杀死了勒摩斯，在台伯河东岸建立了罗马方城（Roma Quadrata），并用锄头在帕拉丁山上划界，由此而建成了以他的名字命名的罗马城。以此传说为起点，罗马开始成为古代西方世界最重要的城市，并最终发展成为当时最强大的帝国。

罗马最早到来的时代是"王政时代"，该时代实行君主政体，国王既是立法者、军队首脑也是最高审判官和最高祭司。但是当时的君主制度是家长式的，君主和臣民之间有相互的义务，君主的绝对权力为民众、战争和习俗所制约。君主之外，还有元老院和公民大会。元老院由各个氏族的长老组成，有权选举国王，也有权评判立法和国王的行为是否合法和符合传统习俗，负责批准国王所决定的事项。公民大会由罗马所有男性公民组成，主要功能是把经过元老院批准的权力赋予国王。

随着罗马的力量日增和影响越来越大，财富开始聚集到一些人手里，社会分化为贵族和平民。罗马的日益强大，也引起了北方强大的伊达鲁里亚的注意，后者在公元前6世纪中叶统治了罗马，罗马的君主成了伊达鲁里亚人，罗马人对此非常愤懑。最后，当伊达鲁里亚的一位君主塔克文（Tarquins）强奸了一位贵族的妇女鲁克丽霞（Lucretia）后，罗马起来反抗，在公元前509年推翻了塔克文的统治。从此以后，罗马人彻底放弃了君主制度，建立了共和国，开始了地域拓展和文明扩张。

共和国时期主要由元老院和公民大会进行统治，但仍然保留了王政时代君主的传统，赋予官员很大的权力。其中共和国有两名执政官，分别由两个被选出的贵族担任，任期一年。执政官起草立法，担任军事和司法长官及国家的最高祭司。但是执政官的权力受到很大的限制，他们不但任期很短，同时由于退职后要进入元老院，所以必须与元老们合作。在执政官之下还演变出两名财政官、一名司法官、监察官等。很明显共和国的统治权完全操纵在贵族手里。贵族的专权很快引起平民的不满，两个阶层的矛盾日趋激烈。公元前494年平民退出罗马并占领了圣山（SacredMount），另立政府，组成了部落公民大会，由保民官（Tribune）领导，并宣布保民官可以否决罗马政府做出的任何决定，并能否决元老院的任何立法。面对平民的撤离运动，贵族被迫让步，公元前471年认可了他们的保民官和公民大会。贵族和平民斗争的另一个结果，是在公元前450年制定了《十二铜表法》（Lawofthe Twelve Tables），将过去不成文的法规、条例和习俗法典化。公元前445年平民获得了与贵族通婚的权利，公元前367年还获得了担任执政官的权利。其中，李锡尼—塞克图斯法案（The Licinian-Sextian Laws）要求执政官中必

古罗马《十二铜表法》发布示意图

须有一名平民。到了公元前300年，平民已经可以担任政府的各级职务。公元前287年，平民会议所作出的决定开始对所有的罗马公民具有法律效力。

罗马共和国在改革政府的同时，也开始了征服事业。罗马的最初征服并没有什么计划和目的，主要是出于防御。罗马驱逐塔克文招致伊达鲁里亚人及其联盟的进攻，罗马为了消除外部进攻的威胁，开始寻求控制邻近的地区。

其第一个目标是伊达鲁里亚人。罗马人与其他拉丁人和希腊人联合，很快就将伊达鲁里亚人赶出了意大利半岛，伊达鲁里亚文明就此结束。在公元前5—公元前4世纪，罗马人征服了伊达鲁里亚人的所有地盘。但是罗马人的征服活动，为高卢人的入侵所阻遏。高卢人是凯尔特人，是好战的游牧民族。在公元前387年，他们进入意大利，很快将罗马军队打败，占领并焚烧了罗马。但是他们并不想在意大利定居下来，而只是想掠夺财富。在劫掠了财富和接受了贡金后，他们便返回了家乡。经历了这场入侵后罗马变得很虚弱，原来被罗马征服的民族也开始进攻罗马。但是到公元前350年罗马成功地稳固了自己的统治。面对罗马同盟的反叛，罗马将他们夷为平地，面对要求独立的拉丁人城市，罗马人用了两年的时间进行镇压，在公元前338年，罗马摧毁了拉丁同盟，控制了整个拉丁姆地区（Latium）。

公元前295年罗马开始与居住在亚平宁山脉中的拉丁民族萨莫奈（Samnites）人作战，当时与后者结盟的有残存的伊达鲁里亚城市、高卢部落和反叛的意大利城市，结果在公元前280年，罗马控制了整个中部意大利。然后罗马将眼光转向南部的希腊城市，很快将后者制服。到公元前3世纪中叶，罗马控制了整个意大利半岛。

古代历史上最司空见惯的是征服者难以保住所征服的土地，罗马人似乎找到了利用宽大政策和武力镇压控制所征服土地的办法。罗马并不毁坏所征服的城市，

汉尼拔雕塑

而是给予它们某些权力，有些城市甚至可以获得完全的罗马公民权，同时，罗马还将士兵安置在所征服的土地上作为服役的报酬。为了巩固这种殖民，罗马人开始了庞大的筑路工程，方便把士兵和供应及时送达叛乱地区。这些措施保证了罗马在意大利半岛创建一个持久和平的帝国。

然而，在征服了整个意大利之后，罗马开始面对地中海对岸的另外一个强大国家迦太基（Carthage），接下来的历史就是这两个强大国家之间冲突。双方进行了三次布匿战争（The Punic Wars），其中在第二次布匿战争中，迦太基的汉尼拔（Hannibal，公元前247—公元前183年）曾一度令罗马岌岌可危。但最后迦太基失败了，罗马成了整个地中海的主人。

罗马的扩张也必然同东方另一个强大帝国希腊发生冲突。罗马长期以来并没有把希腊看成自己的威胁，但是在第二次布匿战争中，马其顿王国的国王菲利普五世与迦太基结盟，希腊因此成为罗马实在的威胁，双方的冲突和战争也在所难免。从公元前215年到公元前168年，双方进行了三次马其顿战争（Macedonian War）。最终，罗马胜利并控制了希腊及其联盟。

长期的战争为罗马带来了大量土地，使罗马从一个小城邦发展成为一个大国。但是战争也为罗马带来很多国内问题。战争迫使很多农民抛弃土地，逃亡到城市，结果造成小农大量破产，土地落入大地产主阶层手中；战争使大量奴隶进入罗马，经济转变成了奴隶制经济。到公元前2世纪末，意大利的大多数人口都是奴隶，反而造成了大量罗马穷人出现。穷人和富人之间的矛盾又趋尖锐，并在公元前133年酿成了内战。这一年提比留·格拉古（Tiberius Gracchus，公元前163—公元前133年）被选为保民官，他试图将地主的土地数量限定为640亩，超过部分由国家没收分给穷人。他的政策遭到元老和富人的反对，他在争取第二次连任保民官时被暗杀。提比留改革虽然失败了，但公元前123年，盖尤斯·格拉古（Gauis Gracchus，公元前154—公元前121年）当选为保民官，继续进行改革。他一方面对谷物的价格进行限价，一方面拟将公民权授予所有意大利人。他的政策同样遭到元老的反对，甚至也遭到罗马公民的反对，公元前121年元老院命令执政官宣布盖尤斯·格拉古为国家公敌，盖尤斯被迫自杀。格拉古兄弟改革最终以失败告终。

此后不久罗马开始发动与努米底亚国王朱古达（Jugurtha）的战争，历史上称为"朱古达战争"。但在这次战争中军队毫无士气，罗马人民对元老院产生了质疑。公元前107年，盖尤斯·马略（Gauis Marius，公元前157—公元前86年）当选为执政官，并被派往努米底亚。马略富有智谋，很快就打败了朱古达。针对当时的军队状况，马略进行了军事改革。他通过招募志愿者，并由国家出资装备武器和发放军饷的政策，改变了军队的基本构成，使大量穷人进入军队之中。这些士兵不仅对国家忠诚，而且对作为庇护人的将军充满感激。马略的改革解决了兵源的不足，并提高了军队的战斗力。但是公民兵的职业化，也造成了军人和将军的专横。马略通过改革，获得了极高的威望，成为出身贫困而身居高位的"新人"，颇受民主派拥戴。

公元前90年代末，意大利同盟者因为公民权问题而爆发了"同盟战争"，这场战争造就了苏拉（Sulla，约公元前138—公元前78年），他在公元前88年当选为执政官。苏拉坚决站在贵族一边，并与马略发生了矛盾。他改革了政府，恢复了元老院的权力，取消了公民会议，并利用自己的军队镇压反对者。在这场内争中，马略失败而逃往北非。苏拉的改革招致了强烈反抗。在苏拉死后，元老院面临着武装反叛。公元前73—公元前71年，爆发了大规模的斯巴达克起义。起义被镇压后，出现了两个非常有野心的人物，即克拉苏（Crassus，公元前115—公元前53年）和庞培（Pompey，公元前106—公元前48年）。他们当选为执政官，与保民官和已没有影响的公民大会联手对抗元老院和贵族。最终三个最有权势的人物恺撒（Gaius Julius Caesar，公元前102—公元前44年）、克拉苏和庞培结成了"前三头同盟"（The First Triumvirate），控制了罗马政府。由此开始，罗马进入了恺撒独裁和屋大维（Octavianus，公元前53—公元前14年）建立元首制的时

期，罗马共和国逐步走向灭亡。

古罗马美术的繁荣

大约在公元前1世纪至公元3世纪，是古罗马美术非常繁荣的时期。

古罗马美术是延承古希腊美术发展而成的。当罗马人侵占了希腊领地时，他们对希腊的文化艺术发生了浓厚兴趣，因而奉为至宝。他们把大量希腊艺术品掠到罗马，进行大规模仿造。同时，希腊的艺术家也有不少到了罗马。这一切都使罗马的艺术大大地浸染了希腊色彩。

古罗马美术的突出成就，集中体现在建筑、人像雕刻和壁画等方面。

（一）建筑

罗马对欧洲造型艺术最伟大和最不朽的贡献是建筑艺术。那些规模浩大的道路、桥梁、排水系统、广场、剧场和公共浴池等，都具有较强的实用性。除此，还有纪念战功的凯旋门和纪念柱。相对而言，在此前建筑史中地位十分突出的神庙或其他宗教建筑，现在变得不那么重要了。

罗马建筑结构中最重要的特点是券拱技术与建筑柱式的密切结合。其中，柱式来自古希腊；券拱技术最先由两河流域人发明，后来又被伊达拉里亚人广泛地采用。用一块块楔形石头拼成拱形是一种颇为困难的工程技术，一旦掌握了这项技艺，建筑者就能用它组成越来越大胆的设计。罗马人不仅可以建造拱形桥梁和输水道，而且还用这个方法造成拱状屋顶。他们把艺术感觉和工程上的精良技术结合起来，创造了关于建筑质量和空间的全新的观念。

"适用、坚固、美观"，这便是

科洛西姆竞技场遗址

罗马人最早提出的建筑三要素。

迦德大桥是一种典型的券拱结构。它是当年奥古斯都的部将阿格里巴督造的。大桥离地面最高处有49米，最大的券拱度达24.5米。它以三层拱状结构组成一个单纯而有变化的序列。整座大桥完全用光洁的石头修建，保证了它的耐久性，它的适用功能与艺术感觉有机统一，无论以古代或现代标准看，都是工程上的杰作。

科洛西姆竞技场是罗马城遗留下来的这座帝国前期建造的椭圆形竞技场，是存留下来的古罗马圆形剧场当中最宏伟的建筑。它体现着古罗马建筑的典型特色。

竞技场面积很大。它的椭圆形长轴为188米，短轴为155米，竖立的壁面高48.5米。内部可容纳5万多名观众。60排逐级上升的观众席，分为五个区域：紧靠着表演场地的座位被称为荣誉区，它由大理石制成，供较有声望的上层人物使用；最后两区是下层群众的席位，它是用木料制成的；中间则是骑士们的席位。观众必须严格地按等级分别就座，显示出奴隶专制制度的观念。

剧场的外围共有四层，建有三层拱门，第四层是饰有半圆柱的围墙。它们一层压一层地承载着巨大圆形剧场内部的坐席。拱门之间的外墙上，富有节奏地装饰着希腊的三种典型柱式：底层用敦厚的多利亚柱式，第二层用雅致的爱奥尼亚柱式，第三层用华丽的科林斯柱式，顶上一层也是以科林斯式壁柱来分割墙面。这样，整个外墙就被带有韵律的水平线和重复的垂直线所贯穿、提示，进一步增强了外形的丰富变化，虚实、明暗、方圆的对比极其多样。那浑然而无始终的椭圆形所具有的几何形体的单纯性，与外部有规则的光影变幻的活泼情调相交织，形成了壮丽的乐章。

万神庙这座宏大的神庙兴建于公元2世纪的帝国前期。它在建筑设计上完全有别于希腊的神庙建筑。因为希腊人的神庙往往以壮观的外形取胜，而这一建筑恰恰相反。它的外观由两部分组成：一部分是传统的长方形庙前门廊，门廊前矗立着粗大的花岗岩石柱；另一部分则是一个巨大的圆顶大厅，看上去显得封闭而沉闷，可是，如果深入圆顶大厅的内部，就会感到似乎进入天体般浑然的无垠之中，从而体验到莫名的兴奋。在那巨大的穹顶中央，有一个直径为9米的圆形开口，从开口可以望见天空。圆顶大厅没有窗户，光柱从开口处均匀地投射下来，造成一种静谧和谐的气氛。每当阳光缓慢地移动，总会带来内壁阴影的渐变，加上气候影响也会造成光线强弱的变幻，于是，那巨大的穹顶好像是一个天穹。这一宏伟的创意，给后世西方宗教建筑的巨大影响是不言而喻的。用圆顶式穹隆作为天

堂的象征，是基督教堂的基本特征。

罗马帝王在征服了一个国家或地区以后，为了纪念战争的胜利，通常要在罗马军队胜利归来的必经之路上修建一座凯旋门，既用以壮大罗马军队的声威，也好让某个帝王的战功留下永久的丰碑。早在共和时期，建造凯旋门便有先例。到了罗马帝国时期，这种风气更加盛行。罗马人在意大利、法国、北非和亚洲到处建立凯旋门，几乎遍布整个帝国。至帝国末年，仅罗马城周围就有64座云石凯旋门。其中，早期的提度凯旋门和晚期的君士坦丁凯旋门是较有代表性的作品。

今日君士坦丁凯旋门

君士坦丁凯旋门建于公元315年，它是为了纪念君士坦丁于公元312年战胜麦可森蒂而匆忙修建的。这是一种三跨式标准模式，筑有1个中央门洞和2个较小的旁门洞。两边还有4根科林斯式高基座圆柱装饰，柱基和门墙上布满装饰浮雕，有的浮雕是从古代建筑上取下来凑成的。门额上部刻有歌功颂德的铭文。这些铭文粗放、清澈、简洁，完美地体现了罗马戒律严格的秩序和严谨的态度。整个建筑物几乎遍体都由浮雕装饰，虽有过分堆积之感，但因安排有序，无损于整体效果的壮丽辉煌。

　　罗马人纪念性建筑中的又一项独特创造是纪念柱。它的历史意义甚至胜过凯旋门。留存至今的图拉真纪念柱是这种建筑的首例。

　　这座纪念柱是为公元2世纪初帝国元首图拉真率兵侵入达契亚（今罗马尼亚）而建造的。高达27米的纪念柱，外表为大理石浮雕饰带所覆盖，浮雕饰带长达180米，23圈，螺旋般环绕着柱身。连续的浮雕画面，按编年史的方式讲述图拉真在达契亚作战和获胜的历程。自下而上，可以看到象征着多瑙河的巨人从波涛中升起，他目送着英勇的罗马军团出征；看到罗马将士在登船、安营和战斗……全部浮雕共刻画了2500多个人物形象，运用从希腊艺术中学到的写实技法准确地表现全部细节，以使后人永世不忘当年罗马军队在最高统帅的指挥下英勇战斗的历史壮举。

　　整个纪念柱的造型仿效了希腊柱式，基座是爱奥尼亚式的，柱头则是多利亚式。最初在柱顶上安放着图拉真的镀金铜像（现在上面是16世纪换上去的圣彼得像）。雄浑的图拉真纪念柱高耸入云，它显示出当年罗马帝国的威风。

（二）雕塑

　　古罗马的雕塑艺术虽总体而言不能与古希腊雕塑艺术相媲美，但它在肖像雕

狄奥尼索斯的秘仪图（局部）

塑上却有独特的成就。这突出地表现在：古罗马肖像雕塑非常注重对人物个性的刻画和内心世界的揭示。在绝大多数情况下，为了更真实地表现对象，那些肖像很少有美化成分。如果说希腊艺术家最为关心的是这个人应该怎样，那么古罗马艺术家感兴趣的是这个人实际上是怎样。这种偏爱个性真实的特点，自然与古罗马人的传统习俗有着某种内在的联系。据说公元前2世纪时，就有一种直接从死者面部翻模制作蜡像以供子孙后代供奉的社会习俗。那种极端自然主义的雕像，虽然谈不上很高的艺术性，但在形、神上都特别注重与本人的相似。只是到了共和末期罗马人征服了希腊后，希腊理想化的雕塑吸引了相当多的罗马人。许多首脑人物希望雕刻家以希腊神像作为范本来创作他们的肖像，强调他们有神一般的容貌和力量。这就使往昔极端个性化的雕塑传统受到了强大的冲击。自此，罗马肖像雕刻的发展便出现了理想化和个性化两种倾向。它们或者此消彼长，或者互相融合，使帝国时期的雕像艺术出现了风格多变的特点。

1. 罗马共和国时期的雕塑

罗马共和国时期的雕塑是在希腊和伊特鲁里亚雕塑艺术的影响下发展起来的。这一时期最发达的雕塑形式是肖像雕塑。罗马在雕塑艺术上的贡献不及希腊，但罗马人几乎完全被希腊雕塑的力量所征服，罗马的雕塑家认真地模仿了希腊的雕塑品。

伊特鲁里亚人是意大利中部的原住民族，他们很早就掌握了铸铜和石雕的技艺，公元前6世纪是伊特鲁里亚人雕塑艺术繁荣的时期，他们在青铜器制作上已经达到很高的水平，能翻铸、镌刻、制作规模较大的雕像。青铜雕刻《卡庇托斯乌姆的母狼》(现藏意大利罗马市政博物馆)，高85厘米，是这个时期的代表作品。这件母狼雕刻形体结构准确，浑身的肌肉丰厚紧张，筋骨结实，乳房饱满，它的耳朵竖起，眼睛大睁，露出尖利的牙齿、神情警觉。显得凶猛而充满活力。母狼身下两个正在仰头吮吸狼奶的婴儿，是文艺复兴时被添加上的，被后人用来讲述罗马起源的故事。许多世纪以来，这件雕刻一直被作为严峻而冷酷的罗马的鲜明象征。

罗马最初几乎没有自己的雕塑家。共和国初期，罗马曾聘请维爱城的伊特鲁里亚工匠为他们制作朱庇特神像，安放在首府山的神庙里。共和国时期罗马不断对外发动战争，进行扩张，同时他们将希腊和其他地区的雕塑作为战利品运回罗马，并将各地雕塑家，尤其是希腊雕塑家召集到罗马。为罗马创作和复制雕塑。古罗马共和国末期帝国初期，拿不勒人帕西泰勒首创了专门复制希腊雕塑的作坊，

以满足罗马贵族对希腊雕塑的大量需求，罗马的贵族富人通常用这些希腊雕塑来装饰花园和大厅。而被征服的希腊雅典也有一个新阿提克派，专门仿制公元前5世纪—公元前4世纪的希腊雕塑，用以满足罗马人对希腊雕塑的兴趣。后来许多希腊雕塑的原作失传，而只有罗马的复制品传世。

罗马人崇拜祖先，很早就开始用石膏或蜡从死人脸上翻下模子，并绘彩制成真实感很强的面具，安放在家中。并有在举行新的葬礼时将所有的祖先肖像都搬出来参加仪式的习俗。从死者脸上拓制面具的做法始于古埃及，可能是伊特鲁里亚人将这种做法传给了古罗马人。现藏罗马市政博物馆的等身大石雕《手捧祖先遗像的罗马贵族》是公元30年左右的作品，这件雕刻从一个侧面反映了古罗马人制作肖像雕塑的风俗。古罗马人特别是罗马贵族将制作面具作为对祖先的怀念和尊敬，这是古罗马肖像雕刻发达的根本原因。

古罗马第一批青铜肖像是运用翻铸青铜技术直接根据面具制成的。这种肖像缺乏艺术创造的成分，但是它具有肖像的特点，这种传统影响到古罗马人的肖像雕刻特别注重人物性格特征的刻画。古希腊雕塑特别重视塑造人体姿态和动作，而古罗马雕塑的精彩之处集中在雕像的面部，观赏古罗马的人像雕塑，如果除掉它的头部，雕塑会显得索然寡味，而古希腊雕塑即使只有断臂残躯也有一种特有的美感。

共和国末期罗马统治者极力炫耀个人权威、制造个人崇拜。这是当时肖像雕塑发达的另一个重要原因。共和国末期，罗马雕塑艺术逐渐由肖像雕塑发展为胸像，这样的发展过程在希腊和伊特鲁里亚也出现过。但罗马的胸像是以浮雕的形式刻在圆形的金属或石块上，用来挂在室内作装饰和纪念祖先。在庞培壁画中可以见到这样的情形。

青铜胸像《布鲁图》、青铜全身像《演说家》、青铜胸像《恺撒》等是共和国时期肖像雕塑重要的代表作。青铜胸像《恺撒》是公元前1世纪的作品。恺撒是古罗马统帅、罗马第一位独裁

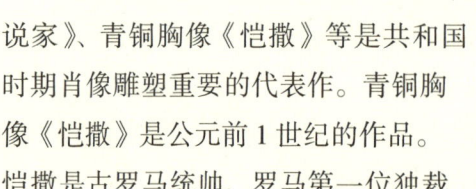

青铜胸像《布鲁图》

者，也是古罗马历史上最有影响的人物之一。这件胸像以朴实无华的手法来表现这位叱咤风云的人物，他紧蹙的双眉、咄咄逼人的眼睛充满了威严。这件雕刻同后来的帝王肖像相比似乎更具有真实性，较少有美化的成分，反映了罗马肖像雕塑着力于写实、逼真地描绘模特的外形，而不是对模特进行理想化的特点。

罗马早期几乎每个家庭都有自己的家神和神像。比如拉勒斯是家庭祖先之神，珀那特斯是护仓之神，韦斯塔是炉火之神等。此外每个城市也都有自己的保护神，如朱庇特是罗马的保护神，米诺是最高的女神和妇女的保护神。共和国时期的罗马神像雕塑也很丰富，注重实际的罗马人常常将希腊的神罗马化，赋予其较强的军事色彩，表现手法也较为质朴。如罗马的智慧女神就携矛披甲，穿着罗马式的长袍，头戴护盔。

2. 罗马帝国时期的雕塑

罗马帝国时代的雕塑主要被用来歌颂王权和帝国的赫赫武功。罗马皇帝的肖像雕塑很多。在《奥古斯都自传》中奥古斯都提到仅在罗马城他就为自己塑造了各种造型的银制雕塑八十余座。而帝国时代最重要的雕塑作品——凯旋门和纪念柱上的浮雕，都是歌颂王权和帝国威力的作品。

奥古斯都统治时期倡导了一种官方样式的雕塑，风格威严。现藏罗马梵蒂冈的奥古斯都大理石全身像高204厘米，作于公元前20—公元前19年。这件雕像将罗马的第一位皇帝奥古斯都塑造成一位身材伟岸、具有英雄气质的年轻统帅。奥古斯都身穿雕饰着华丽图案的铠甲，他的胸甲上有人物图案的浮雕，浮雕寓意着罗马统治全世界。奥古斯都左手持权杖，右臂挥起指向空中。他的左腿向前跨出一步，似乎在向欢呼的群众答礼。右腿边有希腊神话中的小爱神丘比特扯着他的衣角，寓意着这位无敌的统帅为小爱神所倾心热爱，丘比特的幼小和顽皮衬托了奥古斯都的伟岸和威严。而实际上，奥古斯都本人身材较为矮小，相貌平常，同雕像威武雄健的身姿相距甚远，雕塑家显然是运用了理想化的表现手法来创造奥古斯都的英雄气质而在对雕像面容的塑造上，雕塑家又追求同屋大维本人的肖像。雕像的额头宽阔，双颊消瘦，眼窝深陷，下颌尖窄，这些都是奥古斯都本人的特征。另外在这件雕刻中罗马雕塑家显示了他们高超的石雕技艺和善于驾驭材料的本领。雕像中奥古斯都的身体、具有一定色泽和硬度的铠甲、柔软的内衣和围在腰部斗篷上密集的褶纹等，质感都非常鲜明。

《马可·奥利略骑马像》青铜雕塑，高424厘米。马可·奥利略是公元2世纪的罗马皇帝。在这座雕像中他蓄着希腊式的胡须，举起右手，似乎是在向等待他检阅的千军万马致意。这座雕像原来竖立在罗马莱特兰宫前，1538年被迁至罗马市政广场。

《卡拉卡拉像》(作于公元211—公元217) 大理石雕刻，高28厘米。卡拉卡拉是一位暴君，这件雕刻以高度的写实技巧表现了卡拉卡拉凶狠、残暴、冷酷的性格特征。这件作品现藏罗马康塞费利美术馆。

帝国时期的罗马皇帝崇武尚兵，不断对外进行侵略扩张，最终建立起地跨三洲的大帝国。他们为了宣扬自己的"英雄史迹"，让雕塑家们制作了大量的

大理石雕塑《卡拉卡拉像》

史诗般的纪念性浮雕，用以装饰皇室建筑。而同时代的奴隶主生活极尽豪华奢侈，在他们的住宅中也有大量装饰性浮雕。

在这些纪念性浮雕中，有三件最杰出的代表性作品：《阿拉·巴希斯的浮雕》《提图斯的凯旋》和《图拉真纪功柱浮雕》。《阿拉·巴希斯的浮雕》作于公元13年，是为纪念奥古斯都远征高卢和西班牙取得胜利而建立的和平祭坛的侧面装饰。提图斯凯旋门是罗马时代建筑艺术的杰作。凯旋门浮雕也是罗马浮雕艺术的杰作。凯旋门一边表现的是提图斯皇帝亲自驾驶战车进攻，一边表现的是提图斯凯旋。凯旋浮雕，精彩地描绘了公元71年，提图斯作为皇太子击败耶路撒冷的犹太人，焚毁了那里的神殿，劫掠了那个所谓圣中之圣、宝中之宝的"七枝烛台"之后，大胜而还的空前盛况。图拉真纪功柱是为纪念图拉真皇帝的伟大业绩而建，耸立在图拉真广场的中心。纪功柱的外壁浮雕盘旋而上，共计缠绕了23圈，长达200米。带状浮雕的下部宽度为89厘米，越往上越宽，顶端达到125厘米，这样的设计可以矫正由下向上望时产生的视差。

这件浮雕记录了图拉真皇帝在公元101年和105年先后两次在中欧同达契亚人战斗的情况。浮雕的最下层是一个象征多瑙河的半身人像，他从波涛中涌起，仿佛是在目送即将出征的罗马大军，而他的身边还漂浮着运送给养的船只。此外

还有罗马军队出征前的宗教仪式，临战前战士的训练及罗马部队在登船、安营、战斗和凯旋等不同情节。整个画面上有近二千五百个人物，图拉真皇帝则在不同场合，以不同姿态出现了二百多次。浮雕对于对阵双方的服饰、武器及风土人情都作了写实性的、细致的描绘。

罗马城现存的两座纪念柱。除了图拉真纪念柱外还有马可·奥勒利乌斯纪念柱，后者完全模仿了图拉真纪念柱，但却不及图拉真纪念柱精彩。

哈德良大帝的时代，土葬逐步流行，石棺出现。石棺上装饰着繁复的浮雕和植物纹样，与希腊传统程式化造型的棕榈和莨苕叶子不同，罗马装饰性的浮雕用写实的手法表现叶子、花朵和果实，成为一种新的雕刻形制。2 世纪后的石棺上都雕刻着图案，其题材内容也愈加丰富；到了 3 世纪，石棺雕刻几乎成为雕刻潮流的主要体现者。

（三）庞贝壁画

遗留下来的古罗马绘画，主要是起建筑装饰作用的镶嵌画和壁画。著名的庞贝壁画是古罗马绘画艺术的一个缩影。

公元 79 年 8 月 24 日，几百年来处于寂静状态的维苏威 (Vesuvius) 火山突然爆发，倾盆而泻的熔岩和火山灰瞬时将附近的赫库兰尼姆 (Herculaneum) 和斯塔比 (Stabiae) 两个小城毁灭，而将距火山口稍远的庞贝城埋没。1748 年，当地农民在挖掘葡萄园时，偶然发现刻有"庞贝"字样的石块，人们才发现庞贝古城的遗址。经过 200 余年的艰苦发掘，使这座尘封 1600 多年的文化古城重见天日，它像一个巨大的历史博物馆，向人们诉说着古罗马文明的沧桑历程。

庞贝 (Pompeii) 城位于意大利半岛南部，濒临地中海，终年阳光明媚气候宜人，颇具南国风光。远在公元前 6 世纪，这里即已形成城镇。公元前 82 年，庞贝被罗马人占领，从此成为罗马奴隶主贵族游乐消闲的胜地，许多奢华的宅邸和别墅应运而生。这些建筑物的墙面上装饰有丰富多彩的壁画，所使用的颜色多数取自意大利本土的矿物质颜料，如朱砂、赭石、锡耶纳 (Siean) 土色等。黏合剂一般采用生石灰，有时也用蛋黄、蛋清或乳浆。庞贝壁画虽然多为希腊作品的模作或模拟希腊风格的作品，但从反映罗马生活的内容、严格的写实作风、强烈的装饰意味，以及有力的线条、表现光色的笔触等技法因素上，也能窥见出罗马自己的绘画面貌。在缺乏古代绘画实物资料的情况下，保存较好的庞贝壁画无疑弥补了这方面的不足。

庞贝壁画

19世纪下半期德国艺术史家奥古斯特·马耶(A.Mau)曾把庞贝的壁画装饰划分为4种样式,这种分法虽未必十分恰当,但却是对罗马壁画艺术研究做出的一项重要成果,从而有助于我们理清和把握庞贝壁画发展的基本脉络及其主要风格。

第一样式又称镶嵌式,流行于公元前2世纪至公元80年左右。这种样式的墙面无壁画装饰，而是用石灰浮雕模造各种彩色大理石板，并镶嵌成简单的图案，故称贴面风格。在墙面的各部分之间隔有凹沟，以避免墙面的单调感。此装饰样式带有希腊化时期壁画风格的强烈影响。赫库兰尼姆城发掘出的"萨姆尼特(Samnite)之家"的壁画是这方面的代表性例证。

第二样式又称建筑式，流行于公元前1世纪至1世纪。它用古典柱廊结构作画框分割画面，然后在框内以色彩绘制各种建筑细部，并通过透视法的巧妙处理，使有限的室内空间产生更为宽敞的视觉效果。在墙面的中央部位，往往安排场面较大的神话题材或日常生活等情节性绘画。代表作品有庞贝的《狄奥尼索斯秘仪图》、埃斯奎林(Esquiline)山的《奥德赛风景画》、罗马利维亚(Livia)皇后别墅的《花园》等。《狄奥尼索斯秘仪图》绘于庞贝的"神秘之宅"（"秘仪庄"），因所画内容是祭祀酒神狄奥尼索斯的一种秘密宗教仪式而得名。这幅高达1.85米的壁画，环绕着"神秘之宅"的一间房屋内壁中央连续展开。画中以清晰的明暗造型描绘出众多的人物形象，其中除酒神及其妻阿里阿德涅(Ariadne)、带翅膀的女神和山林神萨提洛斯(Satyrus)外，还有幼童、老妇、少女等。他们的动态各异，很有立体感与节奏感。绿色的地面与猩红色的背景形成强烈的对比，加之黑色的间隔，更显得气氛肃穆而神秘。壁画的题材及人物动态仍受到希腊艺术的影响，但在构图的安排和色彩的运用方面，则体现了罗马艺术独特的装饰手法。

第三样式又称华丽式，流行于1世纪左右。因这一样式的壁画中出现了埃及艺术某些因素，比如狮身人面像及埃及图案等，故也称为埃及式。作为一种纯粹的室内装饰，这种样式主要强调墙的平面感，喜用华丽的似金属烛台的细柱图案作装饰，壁画正中多用小幅神话题材、牧歌式风景、日常生活景况、喜剧性场面和精致的衣冠静物等点缀，具有更加优美和奢华的效果。庞贝博斯科特莱卡塞(Boscotrecase)别墅壁画和阿格里帕·普斯图姆斯(Agrippa Postumus)别墅壁画是这一样式的代表作。两幅壁画都是在鲜红的底子上用非常精细的植物图案略作装饰，中间衬一幅色彩清淡典雅的风景画或神话故事场面，构图十分精致，色彩对比鲜明，犹如一首优雅的随想曲。

第四样式又称复合式，流行于1世纪。因与欧洲17世纪风行一时的巴洛克艺术有某些相似之处，故也称"庞贝的巴洛克式"。这种样式追求画面的繁复华丽，所描绘的景象层层叠叠似真似幻，既表达出较为丰富的光色效果，又体现出明显的空间感和运动感。它是一种早期成分与新成分相混合的绘画形式。这方面的代表作有庞贝维蒂(Vettii)之家的壁画、斯塔比别墅的壁画等。

上述四种样式展示了庞贝壁画装饰演变的轨迹，但这种装饰风格并不仅仅限于庞贝城，除邻近的赫库兰尼姆和斯塔比两个小城外，在罗马的各个属地也有类似的样式出现，如在帕加马就曾发现过镶嵌式和建筑式。另外，这四种样式大致是按时间的先后产生和发展的，其中华丽式明显地是对建筑式的反驳，它那华丽奢侈的装饰手法，仅仅服务于奴隶主上层阶级的豪门贵胄，而复合式则适应了罗马一般贵族和市民阶层的需要，所以能够迅速地取代先前的各种样式而普遍流行。

狄奥尼索斯的秘仪图

除以上4种样式外，庞贝还有其他一些重要壁画，如《伊菲革涅亚（Iphigenia）的献祭》《欧罗巴（Europa）被劫》《训诫小爱神》《维纳斯的诞生》《美惠三女神》等。尤其值得注意的是，许多幅肖像画的发现，说明画像在当时已成为一种主要的艺术形式，这方面的典型作品有《少女读书》和《面包铺夫妻像》等。《少女读书》是庞贝壁画中的一种小型肖像画（31.5cm×31cm）。画中少女一手拿书，一手执笔沉思，性格娴静，姿态高贵，笔触柔和细腻，色彩素雅和谐，具有高度的写实技巧，同时也揭示出这位贵族少女的社会身份及心理活动。《面

包铺夫妻像》发现于一家面包铺工厂的墙壁上，由于画中人物来自社会底层，故人物形象粗放质朴，神态生动自然，笔触拘谨，色彩凝重，体现出较强的立体感。这类肖像画与罗马的肖像雕刻相比，具有异曲同工之妙。

总之，庞贝古城的发掘，使我们对罗马绘画艺术的基本面貌有了较为清晰的认识。并使我们明确地感知，公元前1世纪以后带有自身特点的罗马绘画，正是在希腊化时期的绘画基础上发展起来的。它与罗马的建筑、雕刻艺术一样，在继承和保存希腊和近东美术遗产方面，以及对后来的欧洲各国美术的直接或间接的影响方面，其意义都已超出了罗马美术自身的价值和成就。"地中海文明的各种风格、形式与观点都是经过罗马之门而传于后世。罗马人经过有选择地广采博收并配合自己的创造而形成独具一格的文化。在东方，他经过拜占庭的新罗马首都，在西方则经过拉文纳（Ravenna）而传于中世纪文化。当罗马已不再是世界帝国首都时，他仍然一直是基督教世界的首都。他的建筑、雕刻和文学纪念物始终是人们朝拜的对象，对各个时代的统治者、普通百姓和艺术家都有巨大影响。由于在其后的西方文明的各个阶段它都拥有这种优先地位，可以说西方任何一个重要城市都可找到某些罗马的东西。因此，罗马过去曾被恰当地称为永恒之城，直到今天他仍能当之无愧地拥有这个光荣称号"（威廉·弗莱明《艺术与观念》）。

基督教的兴起

基督教的产生同犹太教有密切的联系，同时也与罗马帝国密不可分。

首先，基督教于公元1世纪初兴起于巴勒斯坦，是在犹太教的基础上产生的。地处亚、非、欧三洲交通要道上的巴勒斯坦，长期以来便是兵家必争之地，饱经残杀、俘虏和放逐之苦。人们在绝望中盼望有一位"救世主"能够降临人间，拯救他们的苦难。一些"先知"开始在民间宣传"救世主"的降临。救世主的思想成为犹太教的中心信仰。

公元前63年，巴勒斯坦在庞培东征时沦为罗马属国，在强大的敌人面前，他们感到没有出路，就把希望寄托在"救世主"的降临上。

公元1世纪时，在巴勒斯坦和散居小亚细亚的犹太人中间出现了传道者，宣传"上帝之子"耶稣在巴勒斯坦传道，教人忍受苦难，受苦的人可以升入天堂。传道者还说，耶稣后来被巴勒斯坦犹太贵族勾结罗马总督逮捕，钉死在十字架上，过了3天他又复活了，然后升天，以后还要降临人间，在世上建立"千年王国"。

"上帝之子"耶稣像

　　这种说教反映劳动人民对统治阶级的仇恨以及摆脱困境的愿望，能使人们在幻想中获得精神安慰，因此在奴隶、被释奴隶、劳苦人民当中拥有许多信徒。由于每个人只要信奉耶稣、遵守教规都可以入教，因此这种信仰很快就由西亚传入埃及、希腊、罗马等地。希腊语称"救世主"为基督，这种宗教因而被称为基督教。

　　基督教是在罗马统治了犹太人王国的基础上产生的，因此它最初的主张有仇恨罗马的内容，同时这样一个宗教的兴起也威胁着罗马本身的宗教体系，因此，罗马曾对其长期迫害和镇压。

罗马自其建立的那一天起，就认为自己是尊奉宗教的。它的第二位国王努马于公元前716年登上王位后，把人们对神的敬畏视为统治城市生活的主要原则，市民们也相信城市的命运依赖神的恩惠。但是，随着基督教开始传播到地中海区域，罗马人听到一个与自己的传统完全不同的信仰体系。基督教的神并不要求牺牲，因为耶稣已经提供了最后的牺牲，信仰者们相信他们是通过信仰而被神单独拣选的子民。这些新来的人，拒绝吃牺牲的肉，甚至拒绝在罗马的神庙中进行祭拜。基督教信仰与罗马以献祭为主的信仰体系发生了直接的碰撞，如果人人都皈依基督教，那么就要完全停止向诸神献祭。罗马对基督教的排斥是自然而然的。

罗马的统治者往往会在帝国发生灾难或出现困难时谴责基督教。罗马于公元64年发生大火的时候，尼禄皇帝便对基督教进行谴责。在公元81—公元96年期间，多米提安（Domitian，公元81—公元96年在位）皇帝继续反对基督徒的活动。在这一时期还出现了对基督徒的"测验"：罗马人把皇帝的雕像、罗马神朱比特、朱诺和密涅瓦放在可疑的基督徒面前，如果这位嫌疑人否认自己的信仰，那么，官员们就不断地要求他重复献给罗马诸神的祷文，然后向皇帝的雕像奉献酒和熏香，最后，要求嫌疑犯辱骂基督的名字。那些承认基督信仰而拒绝此类测验的人要被处以死刑。多米提安之后，罗马进入一个相对宽容的时期，这一时期称为"五个好皇帝"时期，时间大致在公元96—公元180年间。尽管这个时候迫害的规模不大，但对基督徒的迫害却从没有停止。

在接下来的一个世纪里，整个帝国都盛行着迫害基督徒之风，尤其是在马克希米努斯·特拉克斯（Maximinus Thrax）、德西乌斯（Decius）和戴克里先（Diocletian）时期，时间大致在公元235—公元284年间。此时因为内部王位之争，外部哥特人、汪达尔人、西哥特人的威胁以及银币贬值的压力，罗马帝国几近崩溃。公元250年，德西乌斯颁布了镇压基督徒的法令，要求教士们向皇帝献祭。从公元251年到公元266年底发生了一场瘟疫，一天就夺走了5000人的生命，罗马人再次谴责犹太人，说是他们招致了神的愤怒才降下这样的灾难。戴克里先在302年决心"捣毁教堂，焚烧《圣经》"。303年，戴克里先接连颁发了攻击基督徒的法令。一则法令禁止基督徒担任政府官员，并呼吁毁坏圣书。另一则法令要求如果教会的头人们拒绝向皇帝献祭，则将他们囚禁起来进行折磨。最后，戴克里先命令将帝国境内所有的基督徒囚禁起来进行折磨，直到他们献祭为止。这一时期出现了大规模屠杀信徒的惨况。

但令人惊讶的是，在不断的囚禁、强迫惩役、没收财产和殉难中，基督教不仅存活下来，而且茁壮成长。正如基督教护教者德图良在197年写给罗马统治者的信中所说："你们越是割除基督徒，基督徒的数目就越增加；基督徒的鲜血就是种子。"因为，基督徒在受到迫害时的行为表现，比口头的说教更加有效。信教者在受到折磨时拒绝否认自己的信仰，促使罗马人进一步探究基督教教义。

到公元311年，甚至罗马的统治者也承认戴克里先的压制性法令反而鼓励了基督徒皈依。因此，在戴克里先之后，三个摄政的皇帝加莱里乌斯（Galerius）、卢库卢斯（Lucullus）和君士坦提努斯，开始放弃压制基督教的做法，联合颁布了"加莱里乌斯法令"，第一次允许基督教自由崇拜，反过来，基督徒也被要求要为皇帝和国家祈祷。

基督教堂

罗马对基督教的宽容，也表明基督教徒的成分和主张发生了变化，同时说明罗马社会本身发生了变动。基督教开始兴起时，信徒主要是农民、奴隶、手工业者和破产的小奴隶主等。最初，它在犹太会堂中活动，随后犹太教与基督教发生冲突，犹太教上层将基督教徒赶出会堂。基督教与犹太教逐渐分离，就需要有自己的活动场所，还需要有人供养，进行组织和宣传活动。而当时，奴隶处于极其分散、政治上毫无自由、经济上一无所有的状况，当然不可能为基督徒的活动提供任何物质条件。与此同时，罗马帝国奴隶制社会趋于瓦解，社会各阶层普遍感到没有出路，向宗教寻求慰藉，在教会中

出现了许多尊贵的或富裕的教徒。这些富裕教徒所拥有的钱财变成了掌握教会的阶梯。富有的教徒不但可以掌握教会，而且还可以自立教会，宣传一套适合自己口味的教义主张。这样，基督教无论在社会成分上还是在思想和组织上都发生了明显的变化。起初基督教那种敌视富人、反对罗马的精神逐渐消失了，代之而起的是忍耐服从、爱仇如己、希冀来世的思想。

312年加莱里乌斯去世，戴克里先的四帝共治制崩溃，罗马出现了混乱。一位将军马克森提乌斯与君士坦丁争夺王位。战争不可避免地爆发了。相传，君士坦丁在战斗中看到了幻象，决定了他对基督教进一步的宽容。312年10月下旬的某日下午，君士坦丁率领军队准备和马克森提乌斯的叛军作战，他望天空时出现幻觉，发现天空中有一十字架，并且听到一声音对他说："看见这个标志，你会胜利！"君士坦丁皇帝清醒之后，随即下令将此标志刻在盾牌和军旗上面。第二日，君士坦丁的军队果然在米尔维桥（Milvian Bridge）附近击败马克森提乌斯的叛军。君士坦丁取得胜利，而马克森提乌斯则死于这次战斗。

第二年，君士坦丁和共治的皇帝李锡尼（Licinius）联合在米兰发布了《宽容敕令》，授权许可宗教自由。获得这一宽容敕令后，基督教徒开始庆祝基督徒囚犯被释放，开始重建教堂和恢复财产。

其实，君士坦丁支持基督教同当时的形势是有关的。4世纪初，罗马帝国统治集团内部分裂，旧皇族所代表的旧奴隶主贵族统治，陷入重重危机，各项政策都已经破产，君士坦丁在西部争夺王位，所依靠的是一批新奴隶主阶层，罗马国教长期以来是旧奴隶主贵族统治的工具。新起的奴隶主贵族要推翻旧奴隶主贵族统治，就必然要对罗马国教采取贬抑的方针，为此就要利用扶植另一种能适应新奴隶主政治需要的宗教。在君士坦丁成为皇帝以后，大力收买和支持基督教，广泛修建教堂。他还颁布一系列法令，规定教会可以接受遗产，释放奴隶要向教会备案，犹太人如迫害基督徒则处以火刑，教会经营的工商业享受免税特权等。

这样，罗马皇帝变成了基督徒，但君士坦丁是否真心实意皈依基督教值得人们怀疑。在这以前，君士坦丁曾经担任过帝国异教仪式的大祭司。在皈依之后，君士坦丁仍然承认太阳神，甚至基督徒也被要求把太阳神放在圣彼得教堂的台阶上。在君士坦丁的铸币上仍然有太阳神的形象，同时，君士坦丁还把耶稣加入供奉罗马众神的万神殿中。

在这种多元文化并存的时代，基督教会也对教义本身产生了争论。北非的神学家阿里乌斯（Arius）认为基督是用与圣父类似的材料创造的，但是两者并不相同。这与《新约·约翰福音》不一致，并因此导致了主教之间的冲突。君士坦丁召集了有代表性的主教和教会上层人士召开了第一次全教会会议，即尼西亚宗教会议。这次会议寻求在四福音书和使徒书的内容方面达成一致，并因此而消弭阿里乌斯派的争论。根据记录，这次会议就福音书和使徒书内容方面达成了一致，会议通过投票而达成的《尼西亚信经》，否定了阿里乌斯和他的支持者，确立三位一体的教义。

君士坦丁之后的历代罗马皇帝，继续支持、控制、利用基督教。公元375年，革拉先（Gratian，公元375—公元383年在位）任帝国皇帝，开始禁止向罗马神庙献祭，皇帝也不再担任罗马神庙的"最高祭司"，至此为止，皇帝放弃了"最高祭司"的称号。狄奥多西一世（Theodosius I，公元379—公元395年在位）于公元380年和381年连续颁布法令支持正统教会，禁止各种异端教派的活动，规定异端分子不准集会，并被逐出城市。公元391年和公元392年，狄奥多西又颁布法律，禁止在任何场所献祭，异教神庙一律关闭，违令献祭的，一经检举，罚款黄金25磅，进行献祭活动的房屋、土地没收，知情不报的被科以同罪。通常以狄奥多西392年的法令作为基督教被定为罗马国教的标志。这样基督教终于成为罗马帝国的唯一合法宗教。

古埃及文明

古埃及前王朝时期

前王朝时期是古埃及文明的萌芽时期。象形文字的出现、城市的发展、与其他地区交流的增加，都是早期文明的标志。

前王朝时期有两大特点，一是发展迅速，一是与后来的王朝缺乏一种连续性。古埃及文明尚处在起步阶段，成为其独特性质的各种因素，如强大的王权、保守、延续、相对封闭等，在这个时期还没有表现出来。相反，无论从经济发展、政治变革，还是与其他地区的交流方面，前王朝时期都表现出了自身的活力。这一点从区域性文化的出现、发展及走向统一的过程中可以看到。

这个时期，在上下埃及分别出现了两个区域性文化群，二者之间没有延续性。分布在下埃及（北部）的遗址主要有梅里姆达（在三角洲西部）、法雍（在法雍地区）、马阿迪（在开罗南部）、布托（在三角洲西北部）。其特点是各文化之间没有连续性，较分散。其中马阿迪遗址中有冶铜的遗迹发现；法雍地区的居民当时还处在食物采集阶段；布托是与西亚交流的重要基地，也是延续最久的一个遗址。

上埃及的文化群中，各遗址既在时间上存在延续性，又呈现出区域扩展的特点，为我们提供了更多的早期文明起源的信息。最早出现的是塔萨和巴达里文化，它们分布于阿什特以南，主要遗存是一些规模较小的墓地；涅伽达Ⅰ期（也叫阿姆拉特）的典型遗址是一个小小的村落，从现有发现中还看不出其居民已有贫富分化，但同属这个考古分期的遗存分布范围很广，并且与涅伽达Ⅱ期有承继关系。

这个时期的艺术主题和工具都反映出美索不达米亚对此的影响。如艺术作品中出现的"牛顶城墙"、"双狮图"、"长颈怪兽图"，建筑中的凹纹城墙，日常生活中使用的圆柱印章，等等，都是典型的西亚风格。西亚楔形文字的传播，在某种程度上可能也刺激了古埃及文字的发明。此外，两个地区的农作物和驯养动物也非常相似。那么，当时的文化传播是如何发生的呢？学者们猜测其推动力是西亚人的和平移民或者暴力入侵，但至今没有发现确凿的证据。

在前王朝后期（涅伽达Ⅲ期），王权开始出现，区域性文化逐渐趋向统一。这个时期王权形成的主要标志是王名和王陵的出现。在上埃及、孟菲斯附近和三角洲发现了大量带有王名的纪念物，主要有调色板和权标头两种。最著名的是发现于赫拉康波里斯的纳尔迈调色板和蝎王权标头。

古埃及王陵

王陵规模的逐渐增大、同期考古遗址分布范围的扩大，反映出前王朝后期文化由区域性向统一性发展。王陵既然早在涅伽达Ⅰ期时就已出现，那么到Ⅱ期时在赫拉康波里斯、涅伽达和阿巴第亚出现的较大规模的王陵便反映出区域性统一的特征；而涅伽达Ⅲ期时分布在阿拜多斯、涅伽达和赫拉康波里斯的王陵，其规模和形制就已与早王朝的王陵基本一致了。从考古遗址的分布上看，涅伽达Ⅱ期时，涅伽达文化已传播到三角洲地区南部；到涅伽达Ⅲ期时，在整个三角洲地区和河谷地区都有了涅伽达文化的出现。

因此，到了前王朝向早王朝过渡的阶段，埃及在文化发展上走向统一的趋势已经确定，政治上的统一已有了基础。

古埃及早王朝时期

早王朝时期是古埃及统一国家逐步形成、王权进一步发展的时期,但统一的具体时间问题在学术界尚没有一致结论。

尽管如此,早期国家制度的发展完善是这个时期总的趋势,其具体进程体现在文字的广泛使用、都城孟菲斯的确立、政府管理职能的逐渐完备、王权理论的形成及国家独立性的日益加强等方面。这也是学者们把这个时期作为埃及历史开端的原因。

随着文字的广泛使用,到了第一王朝以后,前王朝时期那些调色板、权标一类的纪念物逐渐消失了,代之以记载重大事件的"王室年鉴"。"王室年鉴"最早以重大事件为年的名字,如"清查牲畜年"等,一年一块石板,石板右上方有一个圆洞,后来才逐步演化为按每个国王的统治纪年,如"某王第××年"等。

与此同步的,是国家管理机构的发展。以掌管财政的宰相、主持军事事务的长官为首,以负责具体管理工作如丈量土地、征收赋税等的大批书吏为最基层官员,这便是埃及国家官僚机构的雏形。这个机构支撑着国王的最高权威,统治着工匠、农民等普通劳动者,埃及社会阶层金字塔形状的结构形成了。

随着独立国家的形成,埃及与其他地区文化上的差异日渐明显。虽然与周边

古埃及出土的石器

地区的贸易活动仍在继续，但后者对埃及文化的影响越来越少，前王朝时期那些典型西亚风格的艺术主题如长颈兽等逐渐消失。王陵的随葬品中开始出现大量精美的石制容器，这些容器所使用的石料各种各样，说明古埃及人已开始尝试利用自己丰富的石矿资源，这是极有意义的尝试，为古王国时期大规模石建筑群的出现做了技术上的准备。逐步发展起来的象形文字尤其独具特色，与西亚的楔形文字风格迥异。

总之，早王朝时期的发展，为古王国的繁荣做好了物质和文化上的准备。

古王国时期的埃及

古王国即曼尼托纪年中的第三至第八王朝。这个时期虽然由早王朝发展而来，却代表着埃及国家发展过程中一个质的飞跃。在这期间，埃及最终完成和巩固了政治上的统一，专制王权发展到了顶峰。

第四王朝的物质文明达到了古王国时期的顶峰，也是埃及历史上王权强盛的黄金时期。该王朝第一个国王斯涅弗鲁共建造了三个金字塔，他的后继者胡夫、哈夫拉和门卡拉在吉萨郊外留下了闻名世界的三大金字塔。

古埃及金字塔

金字塔的修建使一个庞大的官僚机构发展起来。这个官僚机构的主要任务就是为王室工程筹措资金，征集材料，招募工匠和其他工程建设所需人员，安排工程进度，并负责管理。被称作"国王所有工程的监督者"的官员要负责这些建筑工作每个阶段的设计、劳力组织及监督。在第四王朝，这一职位主要由王子来担任。此外，有大批书吏负责具体的管理工作，如对建筑工程所使用的材料进行统计和登录，并进行大量的估算，如搬运一定量的建筑材料需要多少人，应付多少报酬，这些人每天应完成多少工作量，等等，以便支付报酬和监督工程的进展。

为保证对各地资源的征集，国家定期组织全国规模的财产清查，清查结果成为征收赋税的依据。清查对象包括黄金、牲畜等。帕勒莫石碑记载了两年一次的清查牲畜的情况，这是古王国时期最重要的清查工作，"某王统治第×年"（regnal year）一词即由此而来。从古王国时期的免税法令可以看出，国家的赋税无所不在，如对某些地区的运河、湖、井、树和水袋等都要征收赋税。

通过对这个官僚机构的管理，中央加强了对地方政府的控制。统一之前各独立的州成为国家的基本管理单位。在古王国鼎盛期，州完全附属于中央。国王可以根据自己的意愿更换各州的长官。中央对各州的经济活动进行严密的控制。在第三、第四王朝，都城的上层贵族由国王的亲属组成。国王最重要的助手是宰相，他以国王的名义管理全国的经济事务并且负责最高法院的审判。宰相有时还可以兼任一些其他高级职务，如都城的最高管理者等。然而，在古代埃及历史的大部分时间中，宰相没有军权，军队由另一个独立的职官——军事长官统领。以国家最高长官——宰相、军事长官和各级官吏、各大神庙的高级祭司为代表的统治阶层牢固地附属于王室，这个中央管理体系通过不断扩大的官僚队伍来运行。

金字塔的修建还导致了古埃及历史上一种重要的经济制度——"宗教捐赠"制度的形成。宗教捐赠是一种永久性捐赠，其目的是保证神庙日常仪式以及国王和贵族墓地上宗教仪式的运行。它有两种来源，一是直接的财产捐赠，二是以合同的方式确定从其他捐赠中分割出部分的财产。从理论上说，宗教捐赠是神圣不可侵犯的，也是永久性的，除非经过法律批准。宗教捐赠的收入分配给主持宗教仪式的祭司和其他参与神庙和陵墓管理的人，在法律允许的情况下，也可有其他用途。

在官僚机构完善和"宗教捐赠"制度形成的过程中，作为专制王权离心力的因素也随之产生。官僚机构的膨胀，使组织和使用各种资源的权力越来越集中到地方贵族的手中，原来王室专有的高超技术也扩散到地方，从而使地方贵族从中获取了更多的财富，这些地方贵族在当地的权势日益增强。在某种程度上，可以说古王国时期金字塔的建造导致了官僚机构的膨胀，产生了技术和权力的双重扩散。

在经历了几次为争夺王位而发生的宫廷内乱之后，第五王朝的国王们改变了任用王室成员作最高行政官员的做法，开始任用地方贵族担任宰相等高级职位，从而更加速了地方势力的发展。他们中的一些人逐渐把持自己的职位并传给后代，形成了官位的世袭制。虽然国王也象征性地发布任职命令，但对他们已无实际的控制权。

第五王朝以后，宗教领域的重要变化是对太阳神阿蒙和死神奥赛里斯的崇拜日渐兴盛。从国王拉杰代夫开始，"拉神之子"的称呼开始出现在国王个人名字的前面。在第五王朝的前七十五年间，金字塔建筑群增加了一个新的组成部分，即太阳神庙，它成为享殿的一部分。为此，建造金字塔的部分原料被挪用。金字塔的规模缩小，质量下降。与此同时，死后的国王与死神奥赛里斯的结合开始出现，其表现形式就是《金字塔铭文》，这是保佑国王通过冥世之路、到达来世、获得永生的宗教咒语，最早出现于国王乌纳斯的金字塔与河谷享殿之间的通道墙壁上。从此，国王与拉神和奥赛里斯的双重结合在古代埃及的历史上一直延续下去，这种二元化的特性成为古埃及王权观念的核心：与奥赛里斯的结合，象征着王权的延续和国王在冥世的神圣地位；而作为拉神之子的形象则象征着国王在今世和未来的权威。这种双重性体现了宇宙和社会秩序的延续。

古王国的崩溃由多种原因造成，如尼罗河水位降低引起的自然灾害、对外商贸的中断、地方势力的发展、王权的衰微以及由于培比二世的长期统治引发的种种社会问题，等等。

古王国时期的对外关系以商贸和防御为主。利比亚人的多次入侵都被击退。南方的努比亚是埃及人通过贸易换取优质木材、油、香料、动物皮等的重要原产地。国王胡尼把埃及的边境线向南推至阿斯旺，并在那儿修建了一个堡垒。第四王朝的国王斯尼弗鲁也对努比亚进行战争，并带回大量战俘和牲畜。埃及连续的征服战争对这个地区的发展产生了不利的影响。在第二瀑布区，埃及的一个冶铜点从第四王朝末期一直存在到第五王朝中期。而此后，埃及的远征队又由此向南进发。在迈伦拉和培比二世统治期间，大臣哈胡夫曾率远征队三次前往努比亚。

在这个时期，一股被称作"C 部人"的人进入了努比亚地区定居。因此远征过程时有暴力冲突发生，据目前发现的考古记载，至少有一位埃及远征队的首领死于非命。在第五王朝，埃及商贸队也曾抵达蓬特。而从早王朝时代起，埃及就开始到东北方向的西奈半岛寻求铜，绿松石，并掠回当地的居民。根据第六王朝大臣乌尼的自传记载，他奉命率商贸队五次远征南部巴勒斯坦，并得到利比亚和努比亚商人的援助。

中王国时期埃及的新发展

埃及在古王国末期，出现了国家的分裂，各州在政治经济上的独立倾向增强，各州之间不断爆发冲突和战争，这一时期的自然灾害也非常频繁，对古王国的经济造成了巨大的冲击，古王国赖以存在的物质基础开始动摇。到了公元前 22 世纪中期，赫拉克里奥波利斯的十王朝统一了埃及的北方地区。不久，南方的底比斯建立了十一王朝，与十王朝之间的冲突和战争频繁发生。最终，统一埃及的大业由底比斯王朝的门图荷太普二世完成，埃及历史进入了中王国时期。

门图荷太普二世石像

以地方贵族身份登上王位宝座的中王国国王，以积极进取的态度采取一系列有效的措施发展经济、巩固政权，使这个时期成为经济发达、文化繁荣的古典时代，呈现出与古王国时期不同的时代风貌。

　　在中王国时期，地方势力对国家经济和政治生活的影响不断增强。这一现象始于古王国末期王权衰微之时，并成为第一中间期国家分裂的重要原因之一，但这一现象并没有随着中间期的结束而消亡。直到中王国的后期，许多地方贵族还在以自己的年号来记事，仍然根据自己的意愿崇拜当地神祇，像国王一样称自己为神的儿子。这些地方贵族统领着实力可观的地方军队，拥有大批幕僚、卫士和仆从。即使是在王权较为强大的第十二王朝，他们的势力也没有削弱，甚至还有所发展。他们的陵墓比当时的王陵还奢华。在中王国时期，地方贵族不再是单纯的、听命于国家的地方管理人员，而是具有相当独立权的新势力。他们的职位变为世袭，国王对新地方长官的任命已成为一种纯粹的形式。

　　因此，在整个中王国时期的历史中，始终贯穿着地方势力与中央政权的矛盾与斗争，这个时期的许多政策，都是围绕解决这个矛盾而实行的。其中最重要的一项是父子共治制的建立。这一制度由阿蒙涅姆赫特一世首创，目的是减轻政变带来的混乱和威胁，其内容是规定在位的国王与王子共同治理国家，前者在宫中主持国内政务，而作为他的继承人，王子要承担最高军事长官的职责，并统率军队驻守边境。一旦国王去世或在内乱中被谋杀，握有军权的王子可以马上即位，迅速稳定局面。阿蒙涅姆赫特一世似有先见之明，为自己日后遭遇不测做好了准备。父子共治制度一直为后来的国王所沿用，有效地减少了政变引起的混乱。

　　在对待地方势力的态度上，十二王朝的统治者采取软硬兼施的政策。塞索斯特里斯三世在位时，进行了一次大的行政改革，以进一步扼制地方势力的发展。他将全国划分为四个行政区，其长官直属中央。从现有的文物古迹来看，这个时期，大规模的贵族陵墓几乎没有，有学者认为这说明改革使贵族势力受到严重打击。也有人持不同见解，指出这一时期王陵的规模也在缩小，有可能是受当时经济状况的影响。无论持哪种意见，塞索斯特里斯改革的作用都不应忽视。

　　中王国时期的国王为维护自己的利益，扶植起一个新的官僚阶层——"涅杰斯"（原意为小人物）。他们通常出身低微，却得到国王的特别提拔和重用，担任王室和国家管理机构中的重要职务，再加上没有家族势力依仗，只有追随国王才能富贵腾达，故而对王室格外感恩效忠。因此，这批人是王室的忠实拥护者，也是王权加强的中坚力量。这个时期文学领域中"效忠文学"的出现和盛行，正是

这一社会变化的反映。这一时期，中王国政府在法雍地区开展了前所未有的开垦荒地运动，其目的是为了扩大可耕地，以解决这一新兴阶层的土地分配问题。

加强王权的另一措施是进行国内建设，进行包括大规模的工程建筑和对矿产，尤其是石料的开采。中王国时期的埃及不仅恢复了对西奈山区的铜和绿松石的开采，而且在尼罗河和努比亚境内的红海之间不断开发新的矿藏。除原有的上埃及东部沙漠以外，埃塞俄比亚北部的尼罗河谷成为新的金矿基地。

埃及与其他地区中断的贸易往来得到恢复，规模逐渐扩大。与地中海东部国家的商贸活动重新活跃起来。黎巴嫩的雪松自腓尼基城市拜布罗斯海运到埃及，同时商人们已开始进口锡。考古发现证明，中王国时期埃及与克里特有商贸往来。克里特的陶器在埃及出土，而埃及的工具也在克里特被发现。此外，埃及的船队也开始远航红海南部的蓬特。

在巩固对全国的统治的基础上，中王国的国王们在尼罗河三角洲的西部和东部采取了一系列的军事行动。他们击败了时常骚扰埃及的利比亚和西部亚洲人部落，但更多的精力则花费在加强对努比亚的控制上。这个地区在古王国时曾臣服于埃及，长期以来是埃及所需金、铜、象牙及稀有木材的重要原产地。如前所述，从古王国末期一直到新王国开始，一些被称为"C部人"的人

埃及出土的克里特陶器

在这儿定居并传播自己的文化，他们的到来曾一度使埃及与这个地区的贸易关系中断（古王国末期和第一中间期）。从门图赫太普二世开始，中王国的国王为恢复在这个地区的商贸而进行了不懈的努力。到十二王朝时，北部努比亚基本上处于埃及的控制之下。埃及政府两度在努比亚地区修筑堡垒。第一批堡垒建于阿蒙涅姆赫特一世和塞索斯特里斯共治时，堡垒兼有冶炼中心和商站的双重作用，控制着尼罗河的交通；第二批堡垒是塞索斯特里斯三世在稳定了第二瀑布区的南部边界线之后修筑的，他规定除非有埃及政府批准的商业文书，任何人都不能从堡垒所在地通过瀑布区。修筑这些堡垒的目的是垄断当地的商贸活动和金矿开采以获取更多的利益。

直到公元前1720年，埃及都没有衰落的迹象。从私人陵墓来看，比以前还更为富有。但由于公元前1800年后近东地区移民浪潮的推动，大批外族人移居埃及，他们中的绝大部分人被融入到埃及社会的最下层，少部分人位居显要，如一个叫罕杰尔的人竟然做了国王。到十三王朝的后期，东部三角洲地区已有大批的亚洲移民居住，一些地方如坎提尔（后来成为喜克索斯人的都城）等其居民几乎全都是亚洲人。此时的埃及仍然控制着北部努比亚地区，但派遣到那里的军队却越来越独立于中央政府。

中王国之后，国家重陷分裂，其主要原因是喜克索斯人的到来。

喜克索斯人的由来

喜克索斯是一句古埃及语，意思是指在第二中间期前期建立第十五王朝、统治尼罗河三角洲部分地区的外族人。它指的是一个统治政权而不是一个民族。

喜克索斯人的遗址主要集中在三角洲地区，尤以尼罗河的古代支流培鲁萨克（Pelusiac）东部为多。代表性的遗址是太尔·艾尔·雅胡地亚，太尔·艾尔·马什胡塔及图米拉特干河谷沿岸的一些遗址如因斯哈斯，太尔·法拉莎，特别是太尔·艾德·达巴，它是这些遗址中唯一的一个城市居民区，是喜克索斯人的主要居住点，哈姆萨首次断定该遗址即是喜克索斯人的都城阿瓦里斯，也就是后来拉美西斯二世建立的新都培尔—拉美西斯。这个城市的废墟覆盖了约2.5万平方米的面积。该遗址从1966年开始发掘，作为喜克索斯人在埃及期间的唯一一个在考古上有连续性的居住区，它对研究喜克索斯人的历史和文化

喜克索斯人头像

有着重要的意义。

在三角洲以外的地区，到目前为止，很少发现刻有喜克索斯王名的纪念物。

喜克索斯人如何征服埃及一直是一个争论的热点。公元前 4 世纪末至公元前三世纪初的古埃及历史学家兼祭司曼尼托在其著作《埃及史》一书中，把喜克索斯人描绘成入侵者。处在他生活的那个时代，难免有一种把亚洲人当做外来入侵者的偏见，因为亚述人，巴比伦人、波斯人对埃及的连续入侵发生在喜克索斯人进入埃及之前不久，提起亚洲人，人们就联想到出现在埃及东北地平线上的一次次暴力入侵。因此，曼尼托在使用史料时带有某些主观性在所难免，他的观点的不可避免的有失偏颇。

另一个重要的观点是把喜克索斯人的到来看成是一个长期的"和平移民"过程。这一观点的主要根据是布鲁克林博物馆中以纸草为主的一批文献，这批文献证明，在十二、十三王朝期间，有一大批亚洲战俘在埃及从事仆役劳动。尽管这些人只是集中在三角洲，但一旦中央政权衰微、边防松弛，大量外来移民便会乘虚而入，与已在埃及定居的同族汇合。他们不仅在数量上超过当地的埃及人，而且在军队、政府机构中逐渐形成一股强大的势力，最终把持了最高统治权，建立起了异族的统治。持这种观点的人因此认为，喜克索斯人对埃及的征服是一种和平渗透，没有暴力入侵的成分。

都灵王表是唯一一个记载喜克索斯人国王的埃及王表。在这个王表的十二王朝王表和喜克索斯人王表之间，有这样一句话："在塞赫太普伊伯拉（第 12 王朝的国王）之后的……"这句话的后面便是一串长长的名字，这些名字很明显是外族人的，但没有明确的说明，因此即使是埃及书吏也不清楚这些人的身份。而这些名字之后的一个词"h3swt"（意为外国的土地）经过长期的讹传，最后在一千年之后的曼尼托时代，与"h3sww"（三角洲地区的一个地名，在希腊文中叫Xois）一词相混淆。因此曼尼托在使用都灵纸草文献时，就把这串名字当成了一个王朝的王名，而把"h3sww"（Xois）当成了该王朝的都城。十四王朝由此而来。早在 20 世纪 80 年代，就有学者怀疑十四王朝的真实性，但直到 1986 年。美国学者瑞德福特（D.B.Redford）才彻底揭开了十四王朝的谜团。根据他的考证，被曼尼托当做十四王朝王名的这串名字，实际上只是喜克索斯人的祖先的名字，因为阿摩利人有祖先崇拜的传统，在王表前面列上该家族祖先的名字是证明王权合法性的必要程序（这也是其他西闪米特民族的传统）。而如上所述，"h3sww"在这里也不是 Xois，而只是"h3swt"的讹传。因此，十四王朝是一个根本不存在的王朝。

曼尼托和都灵纸草都记载了六个十五王朝的国王，但关于该王朝统治的时间，两个文献的记载有很大的差异：在后人引用的曼尼托的《埃及史》中有三种不同的说法，欧西比乌斯的引文是二百五十年；阿福瑞卡努斯是二八四年，约瑟夫的引文是五百一十一年。而都灵纸草的记载是一百零八年或者平均每个国王十八年。根据相对年代法和近东地区陶器的碳14法测定，喜克索斯人统治埃及的时间是一个世纪左右。

阿波斐斯在位期间是喜克索斯人在埃及及周边地区统治的鼎盛期。阿波斐斯自称控制了赫摩波里斯到培尔—哈托尔和阿瓦里斯之间的广大地区，实际的统治范围要小得多。而喜克索斯人对亚洲地区的控制可以说只是名义上的，与其说他们在那儿建立起了帝国的统治，倒不如说他们在这些地区有着较大的政治影响。喜克索斯国王的名字在叙利亚、巴勒斯坦地区的历史文献中很少见到。

无论如何，阿波斐斯统治时期在文化上是一个繁荣的时期。喜克索斯的统治阶层开始接受埃及文化的熏陶，阿波斐斯甚至自称爱好文学并学习象形文字。在一个书吏的调色板上，他称自己是"拉神的书吏，受教于图特神……当他准确地读出所有艰涩的文字时，他的功绩如尼罗河一样滔滔……"我们有理由相信，阿波斐斯的确爱好文学，因为正是在他统治期间，瑞亨德数学纸草以及威斯特卡纸草得以重新抄录。这个时期的阿瓦里斯富庶、坚固，北边是繁忙的港口，周围是平坦的沃土，东边与沙漠接界处，是为王室种植葡萄的果园。然而这样的好景不长，驱逐喜克索斯人的号角已经吹响。

十七王朝的国王是打着驱逐喜克索斯人的旗帜登上历史舞台的。以《阿波斐斯与塞肯拉》这一十九王朝的文学作品而闻名于世的塞肯

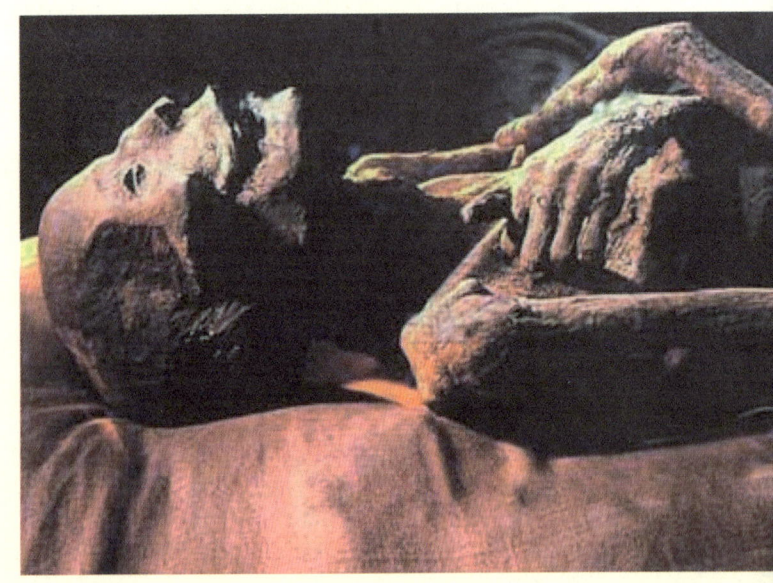

泰奥二世的木乃伊

拉·泰奥二世，因英勇反击喜克索斯人而被同时代的人称作"勇士"。根据泰奥二世的故事，阿波斐斯曾派人给泰奥二世捎信，指责底比斯神庙池塘的河马叫声太吵，使400多里外的他不能安睡，他命令泰奥二世制止河马的叫声。这是明显的挑衅。虽然这个故事纯属虚构，但泰奥二世确实曾与喜克索斯人进行过艰苦、激烈的战斗，他的木乃伊显示出了重创而死的明显迹象：肋骨和脊椎骨被击碎，头骨也被击伤。

塞肯拉的长子卡莫斯即位后，继续进行与喜克索斯人的斗争。卡莫斯死后，他的弟弟阿赫摩斯即位，重新开始收复失地，并攻克了孟菲斯。有学者提出，在青铜中期第三期的末期和青铜晚期的第一期，南巴勒斯坦的许多城市被破坏或废弃，这与埃及军队的蹂躏有很大的关系，这一说法曾得到许多考古学家的赞同，但也有学者持反对意见。

埃及帝国的建立

新王国时期的法老是以军人的角色登上历史舞台的，驱逐喜可索斯人之后，随即走上了发展帝国的道路。此后一千年间埃及作为一个强大的帝国卷入近东世界的争霸战争，先后与米坦尼、赫梯、亚述帝国争雄，将叙利亚、巴勒斯坦和努比亚都置于自己的势力范围之中。

十八、十九王朝的法老致力于对外扩张、与近东诸强抗衡，最终确立了埃及作为一个军事强国的地位。扩张的两个主要目标是南方的努比亚和东北的叙利亚、巴勒斯坦，而对前者的征服更为迅速，控制也更为严密有效。努比亚自古以来就是埃及重要的商贸基地，是埃及获取黄金、象牙、乌木、油等的主要来源。进入帝国时代之后，将之变为附属地以得到永久的收益，成为法老们征服活动的最大推动力；加上这个时期努比亚地区居民减少，更利于埃及在此建立牢固的统治。早在图特摩斯一世时，埃及就在努比亚设立了"总督"，总督由法老直接任命、管理，由当地官员辅佐。这个固定管理机制的确立使得对该地区的统治具备更多的殖民色彩。

相比之下，对叙利亚、巴勒斯坦的统治要松散和不稳定得多。这个地区有许多各自为政的小国，彼此之间争斗不断，在政治上更是善于见风使舵，在各大强国间周旋，随时准备背叛原来的宗主国，投靠势力强大者，毫无信用、立场可言。埃及没有在这个地区设立固定的管理机构，主要是靠定期的军事征服对它们进行威慑，迫使各小国的国王以油涂顶，向埃及法老行臣服礼，应诺向埃及交纳贡品；

同时又以"教化"为名，把附属国的王子带到埃及作为人质。

在对叙利亚、巴勒斯坦地区进行征服的过程中，有决定意义的一次战役是图特摩斯三世在位时进行的麦吉多之战。早在图特摩斯一世时就已率军打到了幼发拉底河并曾立碑纪念，但埃及军队回师之后，当地小国又相继脱离埃及的控制。图斯摩斯一世之后的图特摩斯二世，在位时间很短，而哈特谢普苏特女王是"和平爱好者"，终其一生没有进行过对外战争，使得埃及在近东地区处境被动。女王去世后，被她流放的图特摩斯三世重登王位，他立刻改变外交策略，积极备战，于公元前1483年率军迎击以卡叠什为首的多国联盟，围困其聚集点麦吉长达七个月之久，最终大败联盟军队，威震一时。此后，图特摩斯三世又多次率军远征，公元前1473年再次到达幼发拉底河，并立碑纪念。可以说，埃及在叙利亚、巴勒斯坦地区的帝国统治是图特摩斯三世奠定的。

奠定了军事大国的基础之后，埃及开始面临近东诸强的挑战，最早与埃及抗衡的大国是米丹尼。麦吉多之战后，米丹尼深感自己在叙利亚、巴勒斯坦地区的霸权受到威胁，多次出兵与埃及较量，埃及法老门图赫太普二世、图特摩斯四世先后与之交锋。由于双方势均力敌，战争长期不分胜负，考虑到各自的实际利益，两国开始讲和，达成友好协议，划分了势力范围：在内陆地区，埃及的势力范围以埃及附属国卡叠什以北为界，在沿海地区，埃及的势力范围达黎巴嫩北部的阿姆鲁；而米丹尼则通过中立国乌格瑞特对沿海各地施加影响。两国的友好关系又通过"外交联姻"得以加强——图特摩斯四世娶了米丹尼公主为王后。

与米丹尼的战火刚刚平息，土耳其的赫梯悄悄崛起，并迅速发展成为近东的一大强国，它与埃及的关系也由开始的友好相处转为兵戎相见。图特摩斯四世和门图赫太普三世时，赫梯羽翼未丰，因此埃及本着"拉弱打强"的原则与之交好。门图赫太普四世即后来的埃赫那吞在位时，赫梯逐渐强大起来，但埃赫那吞沉迷于宗教改革，疏于外交事务，赫梯趁机在叙利亚、巴勒斯坦地区发展自己的势力。年轻的法老图坦卡蒙去世后，由于没有后嗣，他的王后为避免朝臣篡夺王位，曾致书赫梯国王，请求派一个赫梯王子作自己的丈夫和埃及的法老，后来赫梯王子在前往埃及的路上遇害，导致两国关系彻底恶化，一系列的交锋随即开始。随着埃及在军事上的失利，其附属国阿姆鲁投靠赫梯的附属国卡叠什，埃及帝国的疆界向南退缩。

埃及历史上最著名的法老之一，十九王朝的拉美西斯二世最终解决了埃及与赫梯的争端。这个过程历时十六年，其间既有激烈的战争，也有复杂的外交活动。

拉美西斯二世头像

世界文明简史一本通

公元前1274年的卡叠什之战，是规模最大的一次交锋。由于听信了赫梯方面奸细的假情报，拉美西斯二世及其军团陷入赫梯军队的包围，幸而援军及时赶到，埃及军队才得以逃脱。这次战役可以说是未决胜负，但之后两国却都吹嘘自己是胜利者。此后的一段时间，双方意识到在势均力敌的形势下，继续进行战争只能是两败俱伤，而"海上民族"的崛起又使它们都面临新的威胁；加上赫梯后来的国王是位篡权者，而应该即位的王子却被逐逃到埃及，埃及方面有了要挟赫梯的理由。因此，公元前1259年，埃及与赫梯最终缔结了和平条约，规定两国永久友好、互不侵犯、攻守同盟、相互引渡逃亡者，等等，这是人类历史上第一个真正体现平等原则的和约。之后，拉美西斯二世至少迎娶了两个赫梯公主。与赫梯长达百年的争霸战争宣告结束。

在一系列的争霸战争中，埃及确立了近东大帝国的地位。新王国时期的法老还多次击败利比亚人、"海上民族"的侵袭，对叙利亚、巴勒斯坦地区的战争更是频繁，因为每届法老即位时，都要面对附属国的考验性挑战，这时法老必须表现出个人的军事才能和勇武果断的处事能力。

埃及能作为一个军事强国立足近东世界，也与其发达的经济有很大的关系，尤其是丰富的金矿，在当时的外交关系中起到了重要的作用。"阿玛尔纳书信"向我们展示了拥有黄金的埃及如何利用这一优势交好"兄弟"国（指与埃及平起平坐的大国），拉拢、收买其附属国的史实。

埃及帝国的衰落

新王国结束后，埃及历史主要经历的是连续不断的外族入侵、政权的频繁转移、人群的逐渐混杂。在这个过程中，古埃及文明逐步地衰落，但其辉煌的文明成果却在与其他文明的融合中得到延续。

从第三中间期到后期埃及，在埃及建立政权的外族人先是作为埃及近邻的利比亚人、努比亚人，然后是近东的波斯人，最后是西方的希腊、罗马人。在这个过程中，定居埃及的外国人不断增加，从种族上呈现融合的趋势。此外，在丧失国家主权的情况下，传统文化失去了依附的主体；而随着强大的中央政府的解体，埃及人也以更加务实和客观的态度看待外来文化，"自我中心"的排他意识有所减弱，因而对外面的世界也有了更多的了解。这一切都加速了古埃及文明与其他文明的融合。

波斯人对埃及的统治基本上是"外在"的。他们维持了埃及原有的制度，基层管理机构甚至还任用原来的埃及官员。波斯帝国主要是把埃及当做帝国税收的来源，采取高赋税政策，因而埃及人的反抗也很激烈。代表传统文化主体的祭司阶层在这些反抗活动中起到了领导作用。为巩固自己的统治，大流士采取拉拢神庙势力的措施，在某种程度上有助于传统文化的延续。他还完成了尼科二世时开始开凿的运河工程，使之成为连接埃及和波斯的重要通道。

法老埃及三千多年的历史结束于公元前332年亚历山大的东征。从亚历山大之死（公元前323年）到罗马帝国诞生（公元前30年）的三个世纪，古代世界经历了希腊文化与东方文化的第一次大规模交融过程，即"希腊化"时期。托勒密埃及作为马其顿统治下的一个独立王国，在希腊世界占据着极其重要的位置，同时，埃及的传统文化也对这一时期的文化潮流产生了深刻的影响。

亚历山大及其后继者带给埃及的是一个变化和扩大了的世界。首先，由希腊

埃及法老座雕

人组成统治阶层标志着法老时代的结束。希腊语成为官方语言，埃及人要想跻身上层必须首先在语言、服饰上希腊化。从托勒密二世统治时期开始，政府就逐渐着手建立起一整套完备的、讲希腊语的官僚机构，以适应在全国征收赋税的需要。这个统治阶层以高度中央集权制和严密的税收制将埃及变成希腊世界的粮仓。其次，马其顿王朝统治的最初半个世纪．大批希腊人和其他各民族的人定居埃及，加速了埃及社会的多民族化。与波斯人不同的是，托勒密王朝采取让希腊人在埃及定居的政策，希腊军人退伍之后，可以在埃及获得土地，逐渐与埃及本地人融为一体。对埃及人来说，希腊人也并非陌生人，他们长期以来一直作为埃及军队的雇佣士兵转战各地，希腊商人也一直活跃在各城镇，三角洲一带还有希腊人的居住区，如瑙克拉提斯、托勒密奥斯（Ptolemaios）等。亚历山大入侵后，大批希腊人来到埃及，加速了埃及社会经济的变化，其中最重要的是，商品经济在埃及这个自然经济主宰了几千年的农业国得到了很大的发展，大量的商业契约在这个时期产生，货币也第一次大规模地通行全国，进入流通渠道。

然而，希腊人的统治及随之而来的社会变革并不意味着埃及传统的终结。这一时期的社会变革在不同的领域有着不同的速度和内容，因而传统的延续也是多层次、多形式的。但最重要的是神庙祭司阶层在这一历史时期仍然是一个具有强大经济实力和政治影响力的集团，他们在社会生活的许多领域仍然起着举足轻重的作用。

托勒密时期的祭司阶层在社会上享有种种特权，比如为当地人提供避难所，部分或全部地垄断丧葬服务行业，经常可以免交赋税，甚至能在政府严格的垄断政策下，靠纸草制造赢利，等等。

祭司阶层在托勒密时期不仅是富有的政治集团，而且在公众事务中也占据着重要的位置。各地神庙仍然是当地公众活动的中心。许多神庙拥有各种手工业作坊，如公元前4世纪赫莫波里斯的图特神庙大祭司派特奥塞里斯的墓室铭文就描绘了该神庙从事农、牧经营和拥有作坊的情况：神庙除经营农业、畜牧业之外，还设有金银制造、铜器锻造、木器制作、香料加工等作坊，并拥有自己的船只和众多房产。

在托勒密二世之后逐渐完备起来的官僚系统中，真正发挥作用的是那些充任基层官吏的埃及人，这些人多为祭司或神庙学校培养出来的书吏。托勒密政府的初衷是自上而下地建立起希腊人的管理机构，但是在具体实施管理时，只有熟知当地情况、受过良好训练的埃及人才更为胜任。虽然他们多数属于中下级地方官吏，极少跻身上层的机会，但正是这些人的工作使政府的管理机构得以运转，而那些上层的希腊官员如同摆设，无法离开埃及官吏的辅助。

托勒密王朝培训讲希腊语的各级官员的学校，竟几乎全部采纳了埃及神庙中书吏学校的教育传统和方式。如最重要的专业培训课所用的"细则"，与神庙书吏学校几千年来所使用的教谕从形式到内容几无二致，其内容仍然包括职业道德、行为准则、农业知识、测量技术等。学生所要遵守的规章制度、授课方式，甚至每天到校后向图特神顶礼膜拜的仪式，都师承传统的书吏学校。

公元30年后，埃及成为罗马帝国的一个行省。与托勒密王朝不同的是，罗马统治者在埃及之外统治埃及，并把它变成了整个帝国的"大粮仓"。埃及是一个比较特殊的行省，因为地理上的孤立和土地的富庶，它是政治家发展势力的理想基地。因此罗马统治者严禁高级官员涉足埃及，他们自己（包括王室成员）也很少临幸。虽然罗马总督常驻埃及，但重大的决定都是在意大利做出的。在管理上，罗马政府也实行严密的税收政策，与托勒密王朝相比，一是手段更为强硬，二是所征收的大量粮食和其他财富都源源不断地流入外省，而不是在本地消费。

古埃及神庙遗址

在这种背景下，埃及神庙的政治经济地位日渐下降。统治者不仅停止资助神庙的修筑，而且还以各种方式缩减神庙土地，有时用钱粮交换的方式，有时则以减免新增的赋税为由，将部分神庙土地收归国有。政府定期对神庙进行巡视，并设立了"亚历山大和全埃及的大祭司"，由罗马官员担任，负责监督所有神庙及其祭司。祭司的特权日渐减少，他们不仅要交纳许多原来得到豁免的税如人头税等，还要负担政府专门对神庙经营的手工业设立的各种税收。

与托勒密王朝不同，罗马统治者保证税收的方法不是消极地惩罚，如将交不上税的人变为国有债务奴隶，而是积极地采取更为严密、强硬的手段，将农民牢固地束缚在土地上，如通过征收一种特殊的税来弥补这类逃亡造成的损失，即逼迫村里其他居民来填补这项空缺。有时由于赋税过重，某些地区的居民集体逃亡。公元3世纪到公元4世纪，一些基督教徒或单独或结伙前往沙漠附近的河谷边缘居住，既是逃避政府，也是逃避世间罪恶的诱惑。

在罗马时期，"埃及人"的概念已有了很大的变化，它已包括本土埃及人和希腊移民两类。到这个时期，希腊移民已成为新的土著埃及人，他们多为城市居民、官僚和商人。他们对罗马人的高压统治政策极为不满，公元前205年亚历山大城发生了反抗罗马统治的暴动（最后惨遭屠杀）。在反抗罗马统治的共同目标下，民族融合进一步加深。基督教在埃及的传播，又增加了希腊教徒和讲科普特语的埃及教徒之间信仰上的认同感。

公元7世纪伊斯兰教兴起，随后阿拉伯人入侵埃及。由于埃及人对罗马苛政强烈的不满，阿拉伯人的入侵没有遭到什么抵抗，罗马帝国对埃及的统治就此结束。

在古代埃及历史舞台的最后一幕中，古埃及文明由尼罗河流域汇入地中海地区更为广阔的世界，在与其他文明的融合中得到永存。

古埃及仪式化的文学与史学

古埃及的文学呈现自下而上的发展趋势。根据埃及人的传说，为第三王朝国王乔塞尔设计梯形金字塔的伊蒙荷太普最早创作了格言箴语，他是埃及人心目中的圣贤，后来被奉为医药之神，但至今我们尚未发现这些传说中的作品。现已发现的年代最早的文学作品是古王国时期官员的自传体墓志铭或墓室铭文，正如埃及学家阿斯曼（Asmann）所说："坟墓是埃及文学的学前期。"

刻在墓碑上或墓室中的官员自传是古王国时期历史文献的主要形式。最初非常简短，只记载

刻有铭文的古埃及墓室

官员的姓名、官衔和简单生平，比较刻板；后来内容逐渐增多，开始记叙死者生前的业绩和美德，虽然篇幅不长，却不乏溢美之词。这个时期的主要作品有《温尼自传》《哈胡夫自传》等。

古埃及人刻写自传的目的是为死者的来世服务。他们笃信来世，并且以乐观和功利的态度对待死后的生活。这不仅表现在制作木乃伊、期望肉体永存的做法上，而且也表现在他们对身后的"永久居所"的积极准备上。除了在陵墓里放置随葬品之外，古埃及人更相信壁画和文字的魔力。因此他们在墓室墙壁上充分地展现理想生活的画面，认为这一切在来世中都能变为现实。

这种对来世的态度决定了早期自传的内容和程式。在第五王朝以前，古埃及人的来世观是以国王为中心的，只有国王及其周围的人死后才能进入永恒世界，他们的灵魂升上天空，与不朽的神灵结合在一起。臣民获得来世必须依靠对神王的追随，因此，自传中效忠王室是最高的行为标准。为国王效忠和国王的奖赏是最主要的话题，是每个人一生业绩的辉煌之处。许多自传都有跟随国王南征北战、完成国王委托的行政事务的详细记载以及国王褒奖的夸张描述。

从第五王朝以后的自传大量增加"颂德"的套语（如"我给饥饿者面包，给裸露者衣服，我渡无船者过河，我埋葬那没有子嗣的亡人"）来看，当时的埃及人除了具有遵守社会等级秩序的理念之外，一般社会的一些基本道德标准在这个时期已经形成，如自制、谦虚、仁慈、慷慨、诚实、公正，等等。

古王国时期另一种重要的文学体裁——教谕也已开始产生、发展于民间。它以父亲训诫儿子的方式阐述做人的准则和处事方法。教谕和自传体作品最能反映古埃及社会理想的伦理观念。总的来说，古埃及人的思想很实际，教谕的内容多涉及实际生活中的各种问题，很少提到抽象的道德伦理准则。而这些实际的处世之道与行为规范，在后来的教谕中基本上保持不变。

与后期的教谕文学相比，古王国时期的教谕文学有两个重要特征，一是贵族性，即以古代圣贤训诫后代的形式出现，二是以乐观和进取为理想的人格。

文学进入王室是在第一中间期之后。第一中间期的分裂和中王国的重新统一，使埃及社会经历了从混乱到有序的过程，这一过程对古埃及文学产生了重要的影响，首先，源于民间的文学体裁开始为王室所用——在埃及历史上国王们第一次开始以叙述体形式记载自己的文治武功，教谕文学也以遗嘱的形式出现于王室作品中，这就是著名的《对马里卡拉王的教谕》。其次，民间文学中的个性化倾向也在王室文学中有所表露。在《阿门涅姆赫特一世对他的儿子塞索斯特里斯一世的教谕》中，我们听到一个过世国王满怀沧桑的感慨："我救济乞丐，抚育孤儿，我使贫穷者和富有者都获得成功；然而我所抚养的人起来反对我，我所信赖的人利用我的信任来谋反。那些穿着我给的华美衣服的人却心存非分，用着我赐予的没药的人竟暗怀不尊。"这位被谋杀的国王告诫他的儿子："小心那些身份低下的臣子，他们的阴谋不为人知。不要信任一个兄弟，不要认识一个朋友，不要结交知己，因为那是没用的。当你躺下时，要自己多加小心，因为人在危险的日子里是没有跟随者的。"

此外，中王国时期还出现了大批的御用文学作品。第一中间期王权的崩溃和社会的分裂使人们对传统的社会秩序产生怀疑，在这种情况下，出身地方的新统治者为稳定社会，为满足自己正名的需要，鼓励一些维护统治秩序的御用文人进行文学创作。在那些众多的御用文学作品中，有一种是所谓的"社会现象文学"，这种"社会现象文学"最典型的代表是《伊浦味箴言》和《聂菲尔胡预言》。这两部作品的基本模式是相同的：一个古代圣贤以预言的形式描绘社会出现混乱时的局面，最终贤明的国王出现，秩序得到恢复："秩序将回到她的王位上去，而罪恶将被驱除。"在这类作品中，与秩序相对立的混乱得到具体而夸张的描绘，混乱的标志是一切社会关系的颠倒，如国王和臣民，主人和奴仆，富人和穷人，等等。作品中没有任何具体历史事件的描述，充斥其中尽是这类陈词滥调，创作这类作品的最终目的是证明神圣王权对社会秩序的必不可少。另一种御用文学作品叫做"效忠者教谕"，最初出现在官员塞荷太普依伯拉的碑铭中，随后风靡各地，成为时髦文学。这类作品的主要内容是宣传如何更好地效忠国王以及因此而能够获得的好处。可见这个时期埃及人的社会秩序观有了更加世俗的内容和表达方式。这类作品的政治宣传作用大大降低了他们的史料价值和文学品位。但对这种文学模式的了解有助于我们正确地使用这类文献资料。

中王国是埃及文学的古典时期。除上述几种体裁外，还产生了故事，诗歌等多种文学形式，语言文字结构也更为系统、完善，形成了古埃及文字的古典文体——"中埃及语"，现代人学习古埃及文字，首先要从中埃及语入手。

更为可贵的是，中王国时期的文学作品反映出人们思想领域中两种截然对立的思潮：一是个人主义倾向的发展及由此滋生的对传统道德观的怀疑和否定，一是以更高、更完美的道德标准来维持社会秩序。这两种思潮的出现标志着古埃及人自我意识的觉醒。

新王国时期的埃及进入了近东国际化的世界，文学也呈现出更为繁荣的景象。

这个时期的王室文学，军事主题占据了主流，新的程式、新的套语大量出现。

在民间文学方面，最引人注目的是"情诗"这一体裁的出现。对现代人而言，这些情诗大量使用文字游戏、比喻和冷僻的词汇，比较难以理解。但这些情诗内容的独特、笔法的大胆，充分展现出古埃及人丰富的想象力和对爱情的执著追求。如"在你臂膀中的一天，胜过世上千万日"；"我妹妹的爱在水那边，我俩间横着一条河流，水势湍急，鳄鱼潜伏，我踏着水浪，我心坚忍无惧，我视鳄鱼如老鼠，而洪水如同陆地。她的爱给我力量，成为我的避水符。我看着心爱的人，她站在我的面前。当我看见我爱走来，我心欢喜，我张开双臂拥抱她，我心怦然而舞，好似池中的金鱼。啊！愿今晚永远属于我，因为我的女主人来了"；"七日不见我爱，疾病侵入我身……只要对我说，她在这里！我就可以康复……只要她说话，我就感觉强壮。只要拥抱她，我的病痛就消失——但我已七日不见我爱！"

在新王国时期的自传和教谕作品中，传统的道德内容出现了微妙的变化。首先是这个时期作为"社会道德准则"的教谕文学作品由贵族阶层扩散到社会中层，增添了不少实际、朴素的处世经验；同时一改以往教谕中父亲谆谆教诲儿子、儿子洗耳恭听的模式，出现训诫者与被教者（父亲和儿子）之间争论的例子，如在《安尼的教谕》中，安尼之子对安尼说："每个人都受其本性的驱使……不要讲太多的道德说教，否则人们会提出质疑。""不要利用你的权威逼迫我接受你的思想；你所说的一切都很好，但那需要具备美德才能做到……"

除个性化和自我意识增强外，这个时期的文学作品更多地表现人内在的满足和反省，倡导自制、安详、安贫、谦卑这样的理想人格。

综上所述，古埃及的文学产生于民间，随着地方贵族进入王室而走进宫廷，在中王国时期进入"古典时代"；随着新王国时期帝国的强盛，文学的形式更加丰富多彩。在其发展过程中，笃信来世的宗教思想、国家从统一到分裂的变迁、王权至上的观念等都留下了深刻的印记，形成了一系列的程式化的表达方式，对文学的发展产生一定的限制。但在这些程式的背后，我们也能看到社会伦理观念的变化，对社会现象的反思，及人的内省。

古埃及人的历史观

古埃及人留下了丰富的历史文献，从早期的年鉴，到后来的王表，以及大量刻在神庙上的记功文字，等等。但审视这些文献，我们发现，一方面这些记载偏重于以王室为中心的社会上层,对大多数人的生活极少提及;另一方面所谓的历史记载与事实有很大的出入。这两种情况在其他地区的古代文献中也或多或少地存在,但在古埃及的史学文献中似乎更为突出。

古埃及人并没有故意歪曲历史,之所以出现上述情况,是由于古埃及人的记事目的与今人不同:为了达到他们的记事目的,在事件的选择上就有了他们自己的标准。另外,受当时历史观的影响,历史事件的记述被程式化了。现在的问题是,必须认识古埃及人的历史观,搞清楚这种历史观形成的深层原因。

有两个因素决定了古埃及人历史观念的独特性,一是以"玛奥特"为中心的自然和社会秩序观;二是循环的而不是线性的时间观念。而这两个因素的形成则与古埃及特殊的地理环境和历史发展进程有关。古埃及人有着相对优越的生存环境,物质文明很早就达到了较高的水平;由于很少受外族入侵和迁徙的影响,政局也相对稳定。在这种背景下,古埃及人认为自然和社会的这种和谐的秩序是神定的,也是完美的,应极力加以维护。即使有了短暂的混乱,也会迅速恢复。历史发展的规律是秩序—混乱—秩序的循环;时间也是循环的,正如墓室壁画中所表现的那样,时间是一条咬住自己尾巴的蛇。

古埃及人对历史事实的夸张和伪造更多的是出于他们特殊的宇宙观和宗教信仰,因此有学者称古埃及人是"虔诚的伪造者"。在古埃及人眼里,过去、现在和未来都是一样的,也只有在这个意义上,过去才有价值。因此,古埃及的历史记载和艺术作品向我们展现的是一个神圣的、仪式化的世界,而不是真实历史的写照。在古埃及的文献中,历史就像许多人共同参与的宗教戏剧,历史事件是人们日常生活中宗教活动的强化,人物有固定的角色,事件也像宗教仪式那样有着固定的作用。

在这些宗教戏剧中,主角是法老和他的敌人。在古埃及人的信仰中,法老是神在人间的代理,为神行使在人间的职责,维护神创造的秩序。法老具有神性但他不是神,其神性通过"拉神之子"这个王衔和神与人结合的神话体现出来,哈特谢普苏特女王享殿中的壁画就具体地描绘了这个神话:太阳神阿蒙来到王后的宫中,与之交媾,女王诞生。古埃及人认为,法老代表的是创世之神——太阳神,正如太阳升起就能驱逐黑暗一样,法老的出现能使所有破坏秩序的敌人溃败。当他驾驶战车驰骋疆场时,他身上的光芒如离弦之箭射向他的敌人,从不迷失方向。这就是古埃及人记载的历史的主旋律。

哈特谢普苏特女王享殿中的壁画（部分）

不仅如此，古埃及的历史叙述还具有宗教功能。从最早的年鉴开始，大规模的宗教节日和国王的庆祝活动都被当做重大的历史事件记载下来；在神庙壁画、浮雕中，祭祀的场面常常与战争和狩猎的描绘同时出现。在神庙塔门上，法老把敌人踩在脚下，使他们远离神庙圣地；在神庙内的墙壁上，动物祭祀的画面象征着对神的敌对势力的镇压，而国王狩猎的情景则是作为战争场景的附属部分。总之，祭祀和史实、伪造的史实混淆在一起。在古埃及人眼里，对真实历史事件的描绘和对一个泛泛的象征性形象的描绘没有什么区别，它们都起到同一种作用，即驱逐一切可能危及圣地的邪恶势力。古埃及人相信，经过神圣的仪式之后，墓室、神庙中的文字和图画就具备了永久性和具有了魔力，能永远地护佑法老及其子民，维护神所创立的秩序。

古埃及人的这种历史观反过来又影响着他们的历史行为。首先，为了追求完美的法老形象，国王们往往以创世者自诩，通过大规模兴建纪念性建筑物来证明自己的身份。因此许多国王在即位之初就开始大兴土木。如拉美西斯二世统治埃及六十六年，但他登基的第一年就完成了一批主要建筑物的筹建：阿拜多斯、阿布·辛布、拉美西斯鲁姆等地的神庙，卢克索神庙的塔门等。此外，他还完成了卡纳克神庙的立柱大厅，并开始动工建造国王谷的王陵。这种行为只能以古埃及人特有的观念来解释。正因为有理想法老的种种模式，才促使国王们不管在位时间长短，都争相在各地留下大批的建筑和纪念物。这些建筑物都以镀金装饰，壁画上那夺目的色彩，在晴空下焕发出太阳般的光泽。这种辉煌神秘的气氛正是法老们刻意营造出来的。他们自以为创造了一个完美的人间天堂，而自己就是这个世界的太阳。

卢克索神庙的立柱大厅

其次,国王们在各地大力兴建纪念性建筑物的行为,也是为了证明他们有能力重复创世主在原始之初所进行的创造活动。对古埃及人来说,创世不是一次性的行为,它需要不断地重复和更新。每个新的王朝都标志着世界一次新的开始,在此之前则是黑暗、混乱的时期,因为那时原来的国王刚去世,国家处于无政府状态,直到新国王即位才会恢复原有的秩序。而这种认识常常与历史现实无关,因为在古埃及历史上,各朝代之间很少出现真正的分裂和混乱。即使出现这种局面,人们也相信新的王朝迟早会出现,会给大家带来繁荣和秩序。作为创世主的代言人,国王的职责就是把无序变为有序,把混乱变成以他为中心的和谐。为了强调他的这种创造能力,即使是在和平的年代他也要不断地进行建设纪念性建筑物的建筑活动,以便让人们重新感受到创世的活力。

虽然古埃及人相信并一直套用秩序—混乱—秩序这种循环的历史模式,但他们也认识到循环的具体过程是不同的,循环并不意味着重复。尽管这种认识还处于萌芽状态,但却是一种真正的历史意识的觉醒。这首先体现为对个体的历史人物的认识。在早王朝时期,古埃及人就在纪念物上表现国王的名字,最著名的例子是纳尔迈调色板和蝎王权标。两个国王的名字写在王宫围墙形状的"王名圈"中，上面是鹰神荷鲁斯的形象。由于古埃及人的绘画传统是不讲透视原则的，所以荷鲁斯实际是在王宫内。王名的出现，使这两座纪念性建筑物从神话般的概况性描述中摆脱了出来，有了具体的历史信息，纳尔迈和蝎王也成了具体的历史人物。

古埃及人还认识到，历史人物只能存在一次。他们在文献中明确地表述到："一个国王在所有的永恒中不会重现。"在新王国时期的王室铭文中，国王为炫耀自己的功绩，更是喜欢强调自己做了前人没有做过的事。

但在众多烦琐、刻板的王室铭文中，也有偶尔的例外，极个别铭文又很好地表现出了国王鲜明的个性。第六王朝大臣哈胡夫的自传中，有一封年幼的培比二世写给哈胡夫的信，信中说道："你在这封信中说你从南方带回了一名侏儒……你告诉我说从来没有人从雅姆带回像他这样的人。你真知道如何讨你的主人喜欢。你真是日夜计划行你的主上所爱、所赞赏、所命令的事。我将给你和你的子孙许多的荣耀……立即北上来到王宫，带着这名你从南方运回来的侏儒，安全、健康地前来，好（让他）跳'神之舞'来娱乐国王的心。当他随你乘船前来时，让可靠的人围在他的四周，以防他落入水中。当晚上睡觉时，让可靠的人躺在他帐篷中围绕着他。每晚检查十次。朕想要见他，甚于见西奈和蓬特来的礼物。如你抵达王宫时，这名侏儒是安全、健康的，朕将重重地赏赐你……"在这封信中，年幼的国王对大臣为他找来侏儒一事表现出的欣喜之情溢于言表，对侏儒的关切和喜爱也没有丝毫的掩饰。这里我们看到的不是神性的法老，而是一个洋溢着童心的孩子。

然而，这种表现法老个性的记载毕竟是极少数，古埃及人的历史意识也被以玛奥特为中心的秩序观所钳制。由于相信神定的秩序是最完美、和谐的，以法老为中心的金字塔状的社会结构不可更改，所以在官方文献中，我们看不到古埃及人对法老之外的个人的详细记载。无论是金字塔状王陵的设计者，还是吉萨大金字塔的建筑师，都没有在王室文献中留下名字。民间文学中表现的群体，都以维护、遵守现有的社会秩序为个人价值的取向，因此为王室效忠尽职是最高的成就，法老所赐予的各种头衔是最大的荣耀。

此外，在尼罗河谷这样一个生存环境中，日月的无穷循环，自然界万物的荣枯，尼罗河的定期泛滥和消退，由地理环境相对封闭而形成的较为稳定的政局，加上以法老为中心的统治秩序的长期延续，使得古埃及人相信历史的发展也如自然界一般是无限循环的,并设想出这种循环过程中所有事件的发展定势。这种历史观在整个法老时期一直持续着。正如国王图坦卡蒙的"复兴石碑"中所说的,法老的终极目标是使"世界又恢复到它初创时的样子"。也就是说,人们现在和未来的努力就是为了达到远古之时、创世之初的那种和谐与完美。古埃及的历史文献所要展现的就是这样一个过程,所强调的就是这样一个主旋律。

总之,从古埃及人的文学和史学作品中,我们既可以看到古埃及文明的特殊历史进程,也了解到这种背景下所形成的独特的对自然、社会、历史的认识。古埃及文明有较大的延续性,但也绝不是停滞不前的,只是较早的文明成就和文明特质决定了其发展方向而已。

古埃及的金字塔

古埃及的建筑最能反映以来世为中心的宗教思想。在留存至今的建筑物中,大部分是墓葬建筑和宗教建筑,居宅建筑极少。即便有,也是从建筑选材到建造质量都很难和墓葬建筑、宗教建筑相比。由于炎热的气候,居宅多用泥砖建成,取材方便、便宜,又有冬暖夏凉的优点,但因为尼罗河的泛滥,这些建筑很难保存下来。

古埃及民间建筑

古埃及人把更多的时间和精力花费在他们的"永久居所"——陵墓的修建上。为实现无限延长生命的愿望，他们选择了本土富产而且经久耐用的建材——石头。如同把死者尸体加工成木乃伊一样，希望肉体的延续与居所的永久坚固结合起来，共筑一个永恒的来世。

对古代埃及人来说，死后的墓葬规格也是生前社会地位的反映，而王陵则是王权强大与否的某种标志。因此，我们选择最具影响力的王陵形式——金字塔，作为研究陵墓建筑的透视点。金字塔也是古埃及建筑史中前期建筑成就最高的形式，能充分体现早期建筑的体系和水平。

古王国时期是金字塔建造的鼎盛期。这一史无前例的大规模石料建筑活动既标志着王权的强盛，也是这一时期物质文明发展的最高体现。因此，古王国时期又被称作金字塔时代。

埃及史上第一个建造金字塔作为王陵的国王是第三王朝的左赛尔。左赛尔的金字塔及其附属建筑与后来的金字塔在建筑原则上有着明显的不同，其构造充分体现出早王朝时期王权观念的留传。其中有一处被发现的可能是用于举行领土征服仪式的场地，或是用于"赛特"仪式的王座，表明那时的王权观念还未摆脱早王朝时期的范畴，即国王以领土征服者的形象出现，在王宫内举行的仪式其内容非常具体化，突出的是国王的世俗行为。

到第四王朝时，王陵的形式发生了重大的变化，说明王权已被神化。在这个时期，锐角尖顶的锥形金字塔（也叫真正的金字塔，由斯尼弗鲁始创）代替了梯形金字塔，同时金字塔也不再居于群体建筑的中心，而是位于东西向的一组建筑的最西端。国王举行特别庆典仪式的场地和建筑都被取消，取而代之的是国王献祭的祭庙及一组雕像。国王开始作为神而接受人们的祭拜，祭庙的规模也逐渐在扩大。同时，金字塔开始以大块石料建造，巍然耸立，给人以坚不可摧、高不可攀的印象，象征着神化了的国王至高无上的地位，也表达了他们死后与拉神结合的愿望。自斯尼弗鲁之后，胡夫、哈夫拉、门卡拉先后在吉萨建造了著名的三大金字塔，使第四王朝成为金字塔发展的鼎盛期。金字塔的周围是许多王室成员及贵族官员的陵墓，在这个时期，人们深信只有通过追随国王才能获得永恒的来生。

真正金字塔的出现和大规模建造活动的开展，标志着专制统治的确立。埃及经常被喻为"金字塔的土地"，这些巨大的王陵是古王国统治者权威的无声证明。古王国时期留存下来的建筑物多数是王室的纪念性建筑，其宏大的规模和高超的技艺至今令人赞叹。而同时期的神庙建筑无论在数量上，还是在规模上都与之相差甚远。这些浩大的工程，意味着要对全国的人力物力资源进行大规模的组织和调用，仅就这一点也足以说明国王至高无上的权威和神性。据记载，至少有十万人参加了建造胡夫金字塔的工程，仅墓室的建造和拖拉石料道路的开通就用了十年，金字塔本身的修建则花费了20年的时间。

事实上，考古学家的研究证明，金字塔本身的修建只是庞大的整体工程中的一个环节，其他部分的劳动量、重要性一点也不次于它。如为拖运大块石料而修建的斜坡，据推算要占金字塔建造总工程的三分之二。关于石料拖运的具体方法，目前有多种假设，但从吉萨的考古现场来看，存在利用斜坡的可能。吉萨平原的地势呈西北—东南倾斜（三大金字塔呈东北—西南方向排列，就是为了能保持在同一地平线上），三大金字塔以此为建造基地，有利用倾斜地势建造斜坡的考虑。目前已在三大金字塔附近发现了采石场，说明部分石料可能是就地取材；而平原东南部的洼地很可能是当时的一个码头，它的用途是停泊运送建筑材料的外地船只（事实上，建造金字塔的石料主要是当地的石灰岩，这些石灰岩可以就地开采，只有那些用于墓室装饰和塔面表层高质量的石料才从河东运来）。依地势而建的斜坡距采石场和码头都很近，从位置上讲，是种方便、实用的设计。而在门卡拉金字塔东南方发现的大量碎石块和泥沙，是金字塔斜坡

建造金字塔所用的石料

的建筑材料，当取自不远处的沙漠采石场。在这些碎石的下面，发现了许多当时劳动者居住的房屋。大多数的工房应在建筑工地以外，虽然至今没有发现（若深埋在冲积平原之下，则很难发掘），但在上述工房的东部和南部，却发现了大量的古王国时期的生活垃圾，证明大批参加金字塔建造的劳动者曾在附近居住。

除规模宏大之外，鼎盛期金字塔的另一个特点是呈群体建筑的形态。建筑群由地上建筑、地下建筑两部分组成，前者包括围墙、金字塔本身、"河谷享殿"

（由金字塔旁边的"上庙"和尼罗河畔的"下庙"两部分组成）、祭庙、带顶通道、王室成员和官员的陵墓等，后者包括墓道、墓室、通风道等，结构常有变化。

第五王朝以后，金字塔的修建进入低谷期，规模缩小、质量下降，同时建筑群的组成成分发生了变化，太阳神庙作为新的成员一度与金字塔媲美。太阳神庙的基本结构是：长方形的围墙、方尖塔、祭坛、砖舫。

第一中间期之后，金字塔的建造中断了约半个多世纪，直到中王国重新统一后才又恢复修建，进入短暂的复兴期。这个时期的金字塔，形式上有了某些变化，如门图荷泰普在代尔—艾尔—巴哈利的王陵依山建在了一个两层平台组成的享殿上面，每层平台都有三面柱廊环绕。从塞索斯特里斯二世开始，墓室结构也有了改变，通道呈直角转折，直通墓室；金字塔的建造技术也更为简化，里面多以碎石泥砖填充，经过千百年的风雨侵蚀，今天只留下一堆堆的废墟，没有太大的研究价值了。

新王国以后，王陵采取石窟墓的形式，不再建造金字塔。

从分布上来看，所有的金字塔都建在尼罗河的西岸，因为古埃及人认为，西方是死后世界所在，正如太阳从西边落下一样。根据王朝的演进，金字塔的分布又呈由北向南延伸的态势。第三王朝在萨卡拉，第四王朝在达淑尔、美杜姆、吉萨，第五王朝在阿布·古拉伯、阿布西尔，而中王国时期则主要在法雍附近。

古埃及壁画、浮雕与雕像

古埃及人的艺术作品有两种功能，服务于宗教或为日常生活之用。因此陵墓和神庙墙上的壁画或者浮雕都有着仪式的作用，极力表现墓主超越时空的理想形象。虽然艺术家是以现实生活中的人物为摹本，但作品往往富有抽象和象征意义，具有明显的程式化倾向和僵硬呆板的特点。倒是在表现普通人和他们的生活时，更为生动，更具有灵性。

埃及学家艾弗森曾说："埃及的造型艺术首先并非为了美和欢娱，巫术实质才是决定性的。"古埃及人用壁画、浮雕描绘理想的现世生活，以期待来世延续、完善今生的幸福。因此他们把种种理想的因素糅合到一起，提炼出系统化的艺术表达模式。

古埃及艺术作品最突出的一个特点是"散视法"的运用，这与我们熟悉的透视法是对立的。这种方法有两个具体的手段。一是用比例处理人物形象，大人物在作品中占大的比例，小人物则占小的比例。因此我们常常看到国王、墓主占据画面的中心位置，形象高大威严，而仆从、妻妾或敌人则作为陪衬，以较小的形象出现。表现儿童时也只是缩小他们的形象比例，而不注重突出其他的特征。如果局部地观察坐在王后膝盖上的幼年王子，他的形象和面部表情与成人毫无二致。

古埃浮雕

散视法的第二个手段是"假想透明"。比如画一个首饰盒，就把里面的各种首饰都画在盒子的盖上，给人以"琳琅满目"的具体、直观的感觉。画一个池塘，就把四面的树全部平铺直叙地展开在画面上。通过这种手法，达到一种"面面俱到"的效果。

散视法的最突出效果是"叠压"。在表现远处的或几排的人或物时，远近一致，大小相同，上下叠压在一起，给人一种眼花缭乱的感觉，使人难以判断画面的层次和真实的序列。此外，古埃及人相信图画和文字的魔力，因此他们竭力避免透视法给人物形象造成的形体残缺，群像中尽量避免互相遮挡，以保证形象的完整，否则意味着复活后躯体不全。

在诸多造型要素中，以下几种较有代表性。一是人物造型的静止状态。不论站立或端坐，多表现人物的正面。站立时通常左腿微微迈出，两臂直直垂下（或持权杖），目光直视前方，面部表情肃穆凝重。表现人物侧面形象时，眼睛和眉毛是用正面手法来画的，嘴却是侧面的角度；双肩和胸部是正面的，腋下到腰却又是侧面的，而双脚则是永远地不分左右。这样做也是为了画面的具体，使观者可以清楚地看到人物的面部和胸部，以及他们服饰的细节。此外，表现上层人物还有一些"法定"的姿势，如呈狮身匍匐于地的国王，盘腿而坐的书吏，手持权杖的贵族等。表现夫妻的典型姿态是妻子站在丈夫身边或稍后一些，身材低于丈夫，一手揽着丈夫的腰，一手搭在丈夫胳膊上，表情温柔娴静。

从具体的技法上讲，也有一整套的规则。如关于人体比例的规则是这样规定的，从上到下共分成18格，从头发到鼻子占1格，再到脖子占2格，等等，人体的每一部分占多少比例有详细的规定。在画面的构成上，用"格层法"安排群体人像，用"中轴线分列""面对面""回首交谈"等姿势把同时活动的人物联系起来，使画面成为一个整体。为强调动作的连续性，又采用在同一层面上表现不同时态的多种动作的方法。

然而，不遵守这些法规的作品也比比皆是。这些"不规范"艺术作品的产生，有着许多不同的情况。有的是因为产生于正统王室风格衰落时期，有的则是由于工匠的技法不够纯熟；有的是由于表现的人物形象有别，比如在表现小人物时。这些倒为我们提供了关于古埃及日常生活的生动画面，因而更具研究价值，是古埃及的艺术宗旨不及之处。

古埃及壁画

由于艺术的宗教政治功能占了主导地位，古埃及没有著名的"艺术家"，只有各种水平的艺匠，他们共同创作，循规蹈矩，墨守成规，成为缺乏个性的群体。当然，其中也有经验丰富者，他们承担总体设计、修改等工作。然而，个别艺匠有时也会根据材料的不同，背景的不同，设计出一些"出格"的艺术品，因此，我们在众多无个性的作品中，偶尔也会发现一些令人惊喜的神来之笔。

与宗教领域的状况一样，古埃及艺术也自始至终存在一种与官方正统风格相左的民间风格，这是古埃及艺术的活力之所在。传统的规则在古王国时已经形成，被称作"孟菲斯风格"。第一中间期的分裂导致地方主义的盛行，中王国时期虽力图恢复、遵循传统，但总感到心有余而力不足。因此，在这个时期，王室雕像中首次出现了表现国王个性的作品，打破了过去那种完美、刻板、威严的模式。最典型的是塞索斯特里斯三世的头像，这个头像是一个年迈的、忧虑的君王形象，深陷的双眼、消瘦的面孔和嘴边两道深深的皱纹，使人看到一个成功的君主其内心是如此的沉重。

新王国时期，由埃赫那吞宗教改革引发的艺术领域的革命更体现了这种个性化潮流对传统艺术的反抗。这些被称作"阿玛尔纳风格"的作品，倡导"写实主义"，从形式上突破传统模式，表现国王的丑陋、病态；从内容上大胆尝试，表现王室成员的家庭生活和天伦之乐，给沉闷的艺术带来了新鲜的空气。虽然埃赫那吞的改革最终失败了，但"阿玛尔纳风格"却为新王国艺术注入了新的活力，使它能在十九王朝时呈现新的繁荣，从而为我们留下大批杰

塞索斯特里斯三世雕塑头像

出的作品，这些作品充分反映出精巧、优雅的传统风格和真实、充满情感与动态的阿玛尔纳风格的完美结合。

古代西亚文明

苏美尔城市国家

在今伊拉克东南部幼发拉底河和底格里斯河下游地区的早期居民是苏美尔人。从公元前5000年中后期到公元前3000年左右，是苏美尔人从原始社会向阶

级社会过渡的时期。当时苏美尔人已发明铜、银等金属的热工冶炼。农业从原始锄耕发展为犁耕,种植大麦、小麦、芝麻、豆类。人们开凿沟渠,兴建堤坝,利用河水进行人工灌溉,初步形成灌溉系统。在畜牧业方面,苏美尔人先后驯养了羊、猪、驴、牛,已知用驴驮载。此外,当时苏美尔人已掌握了纺织、轮制陶器和制造车、船等技术。这一时期遗留下来的文物,可见当时已发生阶级分化。从出土的石膏瓶浮雕中,可看到九个裸体者向穿袍的神、祭司、贵族奉献祭品的场面,祭品包括羚羊、果品、蔬菜等。已出现奴隶但为数不多。奴隶来源于战俘和以收养名义变相买来的孩子(多为女孩),女奴称"吉姆",意为"从山地里来的女人";男奴称"乌鲁",意为"劫掠来的人"。有的奴隶以"不抬眼的人"的图画文字表示。

今日两河流域风光

约公元前3000年,苏美尔开始出现城市国家。从这时到公元前2371年,是苏美尔城市国家统治并互相争霸的时期。先后出现的重要城市国家有乌尔、乌鲁克、基什、拉格什、苏路巴克、乌玛、尼普尔等。

这些城市国家一般以其首脑机关、寺庙的所在地为中心,连同统治者的住宅,构成一个不大的城市。加上周围的一些农村公社，构成一个国家。国家领土一般为方圆一二百里，人口少者二三万，多者十几万。国家的统治阶段是氏族贵族奴隶主，被统治阶级是奴隶、公社农民、手工业者等。国家首脑称为"拍达西"或"恩西"，原意是"带领大家从事建筑的人"，转而具有"首领"的意义。有的首脑自称"卢伽尔"（原意为"大人"，转意为"君主"）。往往因有战功或权势较大才这样自称。拍达西的权力受到贵族会议的限制。有时由拍达西召集人民大会讨论和决定国家大事。各国之间为争夺财富、土地和奴隶，先后发生了一系列争霸战争。

公元前 2700 至公元 2600 年，乌尔比较强盛，史称乌尔第一王朝时期。考古学家发掘了这个城市的废墟和成千的墓葬，从中发现了一批泥板文书、金头盔、嵌着人的群像和驴拉四轮战车像的军旗，以及用金和天青石制作的公牛头等艺术珍品，在一部分墓室中，有一些人殉，几人、几十人不等，最多的达 74 人。人殉多的显然是一些显要人物的坟墓。存在大量人殉的事实，说明奴隶制还很不发达，生产事业还不能利用较多的奴隶。

在苏美尔各城市国家中，历史比较清楚一些的是拉格什。公元前 28 世纪，拉格什与乌玛战争，基什的首领麦西里姆作了调解。在这一时期，苏美尔社会阶级分化加剧。约在前 27 世纪末，拉格什出现了土地买卖的现象。公元前 26 世纪中叶，乌尔·南歇成为拉格什的拍达西，建立起乌尔·南歇王朝，一度在苏美尔称霸。在卢伽立安达统治时，拉格什的领土约 1330 平方公里，人口约 15 万，其中奴隶约两万多人。当时拉格什有 21 个神庙。神庙在社会政治、经济生活中处于重要地位。巴乌（女神）神庙拥有相当一大片土地和劳动人手，为之劳动的公社成员、依附者、奴隶约 1200 余人，其中奴隶一度为 443 人，还有专管商业的人员（达木卡尔）。神庙经济既为僧侣上层人物所掌管和占有，又带有全体自由民共同体经济的成分。当时拉格什的军队有重装兵，由贵族子弟组成；有轻装兵，由公社成员（"苏不路伽尔"）组成。泥板文书中的"依吉路都"，大多为奴隶。

卢伽立安达的统治暴虐，贪婪聚敛。最终在一次人民起义中，他的统治被推翻了，乌鲁卡其那（2378—2371 年）成为拍达西。

乌鲁卡其那（意为"满是诚实人的城市"）执政后，雷厉风行地实行社会改革。现存记载这次改革的铭文，是现知世界上最早记载社会改革的重要文献，同时是现知世界史上最早的立法性质的文献。乌鲁卡其那改革的内容是：撤除了卢伽立安达派往各地的监督和税吏；发还了卢伽立安达强行据为己有的神庙土地和财产；解散重装兵；保护私有财产。规定长官要买公社成员的房屋、驴，必须付

银子；规定僧侣不得强取公社成员的树木、果品；规定公社成员养的鱼，别人不得捞取等。这是以国家立法，给正在发展的私有制"盖上社会普遍承认的印章"。这对当时稳定社会秩序、保护生产的发展，有巨大的积极意义，打击了滥用职权的贵族当权集团。另外，还取消了以"生命借贷"（铭文原文）的制度，可能是取消了债务奴隶制。这些改革顺应当时的历史潮流，有利于社会进步。此外，乌鲁卡其那还开凿了新的河渠，有利于农业生产。改革铭文记载，乌鲁卡其那改革时期，自由民男子扩增为3.6万人（此之前为3600人）。

乌鲁卡其那执政的第二年，乌玛再次入侵，被击退。公元前2371年，乌玛与乌鲁克联合进攻拉格什获胜。此后，战胜拉格什的乌玛统治者路伽里·札吉西征服了苏美尔多数城市，统治二十五年，苏美尔为阿卡德所征服。

古巴比伦王国的统一和衰亡

公元前19世纪初期，阿摩利人以巴比伦为都城，建立了一个国家，史称古巴比伦王国。巴比伦是位于幼发拉底河中游东岸的城市，在两大河流相距最近的地区，处于两河流域的中心，扼西亚商路要冲，战略和经济地位极为有利，古代的整个南部两河流域称为巴比伦尼亚，因此巴比伦的重要性可见一斑。巴比伦在它的第六代国王汉谟拉比统治时期（1792—1750年），将两河流域南北两部统一为奴隶制的中央集权王国。国王一人独揽国家的军政权力、立法权和司法审判权，并建立起一个庞大的官僚机构协助他进行统治。

古巴比伦王国拥有一支常备军，军队中的战士拥有世袭的份地。村社农民在必要的时候也被征召组成军队。

为了强化统治，汉谟拉比制定了世界上古代的第一部比较完备的成文法典——《汉谟拉比法典》。这部法典全文用楔形文字铭刻，除序言和结语外，共有条文282条。包括诉讼手续、损害赔偿、租佃关系、债权债务、财产继承、对奴隶的处罚等，更接近于一部民法和刑法，是现存世界上最早的一部成文法典。它的制定和颁布也是古巴比伦王国奴隶制中央集权强大的表现。

古巴比伦王国时期的农业、手工业、商业都比以前有了进一步的发展和提高。手工业的分工已经相当细，有制砖、缝纫、宝石匠、冶金等。国内外的商业贸易也有了发展，巴比伦、西帕尔等城市都是重要的商业中心。除了王室经济的商业代理人垄断着国内外的大宗贸易外，许多奴隶主私人经营的商业也很繁荣。

刻汉谟拉比法典的石碑

古巴比伦时期的土地使用制度允许份地买卖、抵押、转让和继承，长子的继承份额则为双份。占有村社份地的人必须向国库缴纳实物租税。凡3年不缴纳租税和不服役者，丧失份地的占有权。绝户、逃亡户或3年不纳租税者的份地，都没收归公另行分配。"纳贡人"从王室领得份地、种子、耕畜和农具后，自行经营，每年须向王室缴纳相当的收获物。但是从王室领有的地份不得出卖或抵押，份地可以世袭占有。

汉谟拉比在位42年，公元前1750年去世。他死后，由于奴隶逃亡、贫民斗争和外族入侵，国势渐衰。公元前1595年，北方新兴的奴隶制国家赫梯攻克了巴比伦城，消灭了古巴比伦第一王朝，但赫梯人劫掠一番后旋即退走。同年，南方沿海伊新城的伊路买鲁建立了巴比伦第二王朝（海国王朝，公元前1595—公元前1518年）。公元前1518年，东北部山区的加喜特人入侵，灭海国王朝，建立了巴比伦第三王朝（约公元前1518—公元前1204年）。

加喜特统治者把所占的土地分赐给官僚贵族，形成大土地占有制。分赐土地的界石称"库都路"，上面有关于赐地和免除义务的记载。给寺庙和巴比伦、尼普尔等城市免除赋税、徭役和兵役的特权；把农民组织在"比图"（农村公社）中，在加喜特人统治下，新旧奴隶主逐渐合流。加喜特人将马带进两河流域，对当地的生产、生活发生一定的影响。公元前13世纪末，巴比伦第三王朝在亚述、埃兰人的打击下灭亡。不久，巴比伦兴起了第四王朝（公元前1165—公元前689年）。进入公元前10世纪，亚述帝国兴起。公元前729年，亚述国王提格拉特帕拉沙尔三世兼巴比伦国王。公元前689年，巴比伦第四王朝被亚述人灭亡。

波斯帝国的兴起和大流士一世的改革

波斯人原居于伊朗高原的西南部。在波斯帝国兴起之前，伊朗高原西部曾先后兴起过埃兰和米底两个国家。埃兰位于扎格罗斯山区，公元前20世纪后期曾发展为强大的奴隶制国家，它与两河流域关系密切。公元前七世纪中叶，埃兰亡于亚述。公元前七世纪，伊朗高原西北部兴起米底人的奴隶制国家，它曾与新巴比伦王国结成联盟击灭亚述帝国，成为西亚的一个强国。

波斯人原分为十个部落，其中六个从事农业，四个从事畜牧业。在米底强盛时，他们处于米底王国统治之下。公元前553年，出身于阿黑明尼德氏族的居鲁士（公元前558—公元前529年）兴兵反抗米底，于公元前550年灭米底并建立了波斯王国。随后，居鲁士率兵征服了小亚细亚，又于公元前538年挥师南下灭掉新巴比伦王国，释放了"巴比伦之囚"，允许犹太人以自治神庙城市的形式返回耶路撒冷重建犹太国，为进攻埃及作准备。公元前529年，居鲁士出兵中亚，在一次战斗中阵亡。其子冈比西继位后，于公元前525年出兵征服了埃及。公元前522年冈比西留居埃及时，国内爆发了规模巨大的人民起义，一个米底祭司高墨塔冒充已被冈比西害死的弟弟夺取了政权，冈比西匆忙归国，死于途中。

大流士一世像

出身于阿黑明尼德族的大流士在波斯贵族的支持下，杀死高墨塔，取得王位，称大流士一世（公元前522—公元前485年）。大流士残酷地镇压了人民起义和被征服民族的反抗，不仅恢复而且扩大了帝国的疆域，使波斯帝国东起印度河，西至欧洲的色雷斯地区，南抵埃及，形成了领土空前广阔的奴隶制大帝国。

为建立起对大帝国的统治，大流士实行军政改革，建立起完备的中央集权君主专制的国家制度。中央一切大权集中于国王，下设各种官僚机构；把地方划分为23个省，分别规定纳税的种类和数目；各省由国王委派总督统治。总督身边设有"王室秘书"，国王给总督的命令由秘书宣读；向各地派出"国王的耳目"（侦察官），以监视地方军、政官员的活动。将全国划分为五大军区，下有省军区，军队由国王直接控制，将领由国王任免。地方实行军政分治，省的总督不掌兵权（但也有个别总督兼任军官）。国王另有"无敌"近卫军1.2万人，是波斯军队的核心。其成员从波斯人中挑选。为便于调遣军队，传达命令，大流士下令修筑设有驿站的大路，其中最长的一条由首都苏萨直至小亚细亚海岸的爱菲斯城，全程约2400公里。他还规定只有国王有权制造名为"大流克"的金币，通行全国，各省只能铸造银币，各自治城市只能铸造铜币。这是世界历史上一个大国第一次施行统一的铸币制度。此外，大流士一世还确定琐罗亚斯德教为国教，统一了宗教信仰。琐罗亚斯德教承袭波斯人崇拜火的宗教习惯，把火当做光明的象征，在祭坛上点着"圣火"，长年不熄。公元3世纪萨珊波斯称这个宗教为祆教。此教在南北朝时期传入中国，被称为祆教或拜火教。

大流士一世的改革有利于西亚、北非地区经济文化的发展与交流。但由于帝国各地经济发展极不平衡，这些措施还不足以使帝国形成统一的经济基础。

公元前5世纪初，波斯发动了对希腊的侵略战争，这就是历时近半个世纪的希波战争。结果波斯战败，元气大伤。公元前4世纪中叶后，国势日益衰落，公元前330年，波斯被马其顿国王亚历山大所灭亡。

安息和萨珊波斯

波斯帝国灭亡后，伊朗高原先后被亚历山大帝国和塞琉古王朝统治。公元前3世纪中叶，一支来自中亚的游牧部落进入伊朗东北部的帕提亚，与原有居民一起推翻了塞琉古王朝在帕提亚的统治，建立了帕提亚王国（公元前247—公元226年），我国史书上称为安息。公元前2世纪中叶，安息的疆域包括中亚南部、伊朗高原和幼发拉底河以东的整个美索不达米亚地区。至公元前2世纪末，其东北边界到达阿姆河，以泰西封为首都，成为中亚的奴隶制大国。从公元前1世纪中叶起，由于罗马的不断东侵，安息与罗马之间进行了长期战争，安息曾大败罗马军，双方相持于两河流域和叙利亚一带。安息对西方的罗马长期处于战争状态，对东方的中国却始终和睦相处，关系密切。公元前2世纪末，张骞通西域时曾遣副使访问安息，安息王派大将率骑兵2万到边境迎接。从此双方往来频繁，东西交通有了很大发展，"丝绸之路"成了一条重要的国际商道。公元226年，安息王朝被波斯的萨珊王朝所取代。

萨珊王朝的建立者阿尔达希尔（公元226—公元242年）原是安息属下波斯地区的官员，属萨珊家族，公元224年起兵独立，226年攻占泰西封，建立了新的波斯帝国，史称萨珊波斯，其疆域大体与安息相同，仍以泰西封为首都。萨珊波斯的社会经济状况和奴隶制度比安息国有了进一步的发展。由于统治阶级以袄教为国教，袄教祭司享有免税特权，拥有强大的经济实力，所以人民的反抗斗争也多与反袄教统治的形式相联系。

摩尼教的创始者摩尼于公元216年生于巴比伦附近的农村。他斥责袄教祭司奢侈腐化和社会上的贫富悬殊，认为这些都是恶的表现。他宣称光明与黑暗是善与恶的本源，世界是光明与黑暗斗争的场所，袄教的统治就是黑暗的统治，人人都应当以修行帮助光明战胜黑暗。他要求教徒救济贫困，禁欲独身，过漂泊传教的生活。一时摩尼教在劳动人民中广泛流传，引起袄教祭司的极大恐慌。公元276年摩尼被捕，受到剥皮装草悬于城门示众的酷刑。摩尼教曾传播到中国、印度、罗马等不少国家。

公元491年，萨珊波斯爆发了席卷全国的人民大起义。因由马资达克领导，史称马资达克运动。马资达克也认为有光明、黑暗两神，一善一恶。黑暗的袄教统治是偶然的，光明获胜是必然的。马资达克主张土地、水源和其他财产共同占有，号召人民起来斗争，把富人的财富分给穷人。公元491年，马资达克在泰西封领导起义，杀贵族、夺土地、分财物，斗争烽火烧遍全国。公元529年，起义被国王卡瓦德镇压，被处死的起义者达8万人。马资达克运动扫荡了腐朽的奴隶制度，此后，萨珊波斯进入封建社会。公元642年，萨珊波斯被新兴的阿拉伯灭亡。

古代腓尼基

古代腓尼基（希腊语意为"紫红之国"）的疆域大体上相当于现代的黎巴嫩而略大，境内多山，盛产各种珍贵木材，沿海多种葡萄和橄榄。这里最初的居民是胡里特人，公元前30世纪又有迦南人迁入逐渐与之同化。

公元前30世纪末，在腓尼基先后出现了一些小的奴隶制城市国家，其中最著名的有毕布勒、乌伽里特、西顿和推罗等。这些国家的权力受到由富有奴隶主组成的会议的限制。官吏也由富有奴隶主担任。腓尼基各城市国家长期分立，始终没有形成统一的国家。它们经常受到周围强国的侵略，公元前20世纪中期，它们受到埃及新王国的控制，并成为埃及和赫梯争夺的对象。公元前十世纪前后，周围强国相继衰落，腓尼基各国才有了一段独立发展和安定的时期。推罗一度强盛，国王希拉姆一世（公元前969—公元前936年）进军塞浦路斯，几次远征非洲，并扩张到毕布勒和西顿。公元前8世纪亚述崛起后多次西侵地中海东岸，仅推罗免于被攻占。新巴比伦王尼布甲尼撒二世曾围攻推罗达十三年之久，终以缔和而告终。因此，在古代世界推罗被认为是难于攻破的堡垒。

古代腓尼基的手工业、商业都较发达，盛产葡萄酒和橄榄油，并且利用从远方输入的象牙制造各种物品。特别是紫红色颜料染制的绛红布和玻璃制品盛销远近许多地区。腓尼基商人从事海上贸易，不仅卖出本国商品，转卖从别国买来的货物，而且借商业到处拐骗和贩卖奴隶，也从事海盗活动。腓尼基人又是勇敢而有经验的航海家。早在公元前30世纪初，腓尼基人就开始在东部地中海和爱琴海一带航行。公元前20世纪腓尼基人已开始在中部地中海，在小亚细亚沿岸、塞浦路斯、爱琴海诸岛建立殖民据点。公元前10世纪前期更向地中海西部扩张，著名的北非迦太基殖民地，就是公元前841年开辟的。

腓尼基的手工业、商业和航海业是在奴隶劳动的基础上发展起来的。不仅各种手工业作坊使用奴隶劳动，海港码头用奴隶当搬运夫，而且许多出海贸易的货船也用奴隶做划船的桨手。公元前7~前6世纪，在腓尼基的大城市中，奴隶制经济曾有较大的发展。波斯帝国兴起后，整个腓尼基被并入波斯版图。

古代腓尼基对人类文化的最大贡献，是他们在公元前13世纪创造了一套拼音字母。由于商业和航海事业的发展，需要有一套简便、易懂的文字体系。腓尼基人利用埃及和两河流域文字的某些元素，创造了世界上第一套拼音字母。这是一套共有22个辅音字母的字母文字，后来希腊人在这一基础上增加了元音字母，创造了

腓尼基字母

更为完备的希腊字母文字，这就是现代欧洲各国字母文字的来源。腓尼基字母还是阿拉米亚字母的来源，而阿拉米亚字母后来又是希伯来、阿拉伯、印度、畏吾尔等字母的祖先。

印度河文明的兴起

印度河文明的发端

印度半岛位于亚洲的南部，故又称南亚。印度这个名称来源于印度河，它在梵语中音译为"信度"（意为海洋、江湖）。我国的《史记》称印度为"身毒"，《汉书》称"天竺"。至唐代，玄奘在《大唐西域记》里开始改译为印度。古代印度只是一个地理名称，不代表当时任何一个国家。

南亚的北部以喜马拉雅山为屏障与我国背山相隔，半岛的大部分都濒临印度洋，东靠孟加拉湾，西为阿拉伯海。它在地理上有相对的独立性，故有南亚次大陆之称。次大陆的北部有印度河、恒河平原，土地肥沃，水利资源丰富，宜于农耕和畜牧。这里是古代文明的重要发祥地之一。半岛的南部有一座纵贯全境的德干高原，布满茂密的森林，并有丰富的矿产资源。高原两侧的沿海平原地带，雨量充足，自然条件也较优越，可供垦植。

南亚次大陆远在旧石器时代已有人类居住，已发现许多旧石器、新石器的文化遗址。现知最早的居民是达罗毗荼人和操印欧语的雅利安人。他们是古代印度文明的主要开拓者。

在很长时间里，人们一直认为那些高鼻梁、大眼睛的雅利安人创造了印度最原始的文化。一直到20世纪20年代，随着考古发掘的进行，在印度河流域发现了大量雅利安人到来之前的城市遗址，人们才认识到印度曾经存在过一个发达的土著文明。

该文明属于青铜时代，是典型的城市文明。这些城市沿着印度河延伸，东西宽约1600公里，南北长约1400公里，有共约300个以上的大小遗址，其中多数是村落。由于哈拉巴（Harappa）与摩亨佐·达罗（Mohenjo-daro）两大城市遗址各位于印度河上游及下游，且是该文明的中心，因而成为印度河文明的主要代表。同时，也因该文明最早发现于哈拉巴，因此，学者们将这些城市所代表的文化统称为"哈拉巴文化"。

还在18世纪，人们已经对哈拉巴遗址进行了发掘，发现了大都市的残留遗迹。到了19世纪中叶，印度考古局长康宁翰第二次到哈拉巴发掘，发掘出了一个奇特的印章，但他认为这不过是个外来物品，并没有引起特别的重视。此后五十年，几乎没有人再注意这个遗址。一直到1922年，一个偶然的机会人们发现了位于哈拉巴以南600公里处的摩亨佐·达罗遗址，出土了与哈拉巴遗址相似的物品，才重新重视五十年前哈拉巴出土的印章。通过在这两个地区之间的广泛发掘，终于使印度河流域早期文明大白天下。

印度河早期文明已经是具有规划性的城市文明。哈拉巴和摩亨佐·达罗是两个中心城市，周长都在3英里（1英里=1.609 344公里）以上，都由卫城和下城两部分组成，卫城面积大致相同。摩亨佐·达罗的卫城四周均有塔楼，卫城中心是一个长方形大浴池，可能是举行宗教仪式用的。在浴池东北方有一组建筑群，其中有一座很长的大厅，可能是这个地区最高统治者的住所。卫城大概是城市的行政、宗教中心和防御据点。下城区是居民区，市区的布局规整，街道基本上都是东西向和南北向的，有宽达10米的大街，也有比较狭窄的小巷。最令考古学家惊异的，是其街道的下面有砖砌的下水道，形成完整的排水系统，其完善程度令人很难想象这是几千年前古人的作品。二楼冲洗式厕所的水可经由墙壁中的土管排至下水道，有的人家还有经高楼倾倒垃圾的垃圾管道。从各家流出的污水在屋外蓄水槽内沉淀后再流入犹如暗渠的地下水道。地下水道纵横交错，遍布整个城市。街道两边房屋大

今日印度河

多是用烧砖砌成的，大小、高低和设备也有明显的区别，其中有包括很多房间的二三层楼房，也有十分简陋的房屋或茅舍，表明当时的阶级分化和对立已经十分明显。这两座城市，一个在印度河上游，一个在印度河下游，显然是两个互不相属的国家的都城。稍稍令人不解的是，像摩亨佐·达罗这样发达的文明城市，既没有任何的防御系统和攻击武器，也没有精美夺目的艺术作品，这在已知古代文明中是非常少见的。

从经济的角度来说，哈拉巴文化时期的生产力已经达到较高的水平。已经有了大量用铜和青铜制造的工具和武器，如青铜的鹤嘴锄与镰刀等，居民的重要生产活动是农业和畜牧业，制陶和纺织技术也达到较高的水平。普遍栽种的作物有大麦、小麦、稻、胡麻、豆类以及棉花等，水牛等牲畜已经普遍运用于农业生产中。他们还备有引水道、水库等灌溉或供水设施，金属冶炼、锻造和焊接都已有较高的技术水平。除了农耕经济之外，印度河早期文明还与两河流域文明进行海上贸易。印度河文明因稍晚于两河流域文明，但人种、信仰、印章、器物都发现于双方，说明双方已有密切的海上贸易活动及交流。因此，有人认为印度河文明由两河流域文明所开创，也有认为该文明起源于俾路支斯坦，但似乎学者较倾向由达罗毗荼人（Dravida）所开创。由于仰赖印度河的泛滥农耕经济不足以维系广大的印度河文明，因而与两河流域文明的沿海商业贸易正好满足印度河文明发展所需。

关于该文明的政权形式，并没有明确统一的结论，但学者们倾向于认为是祭司神权与商人政权并行。由于在该文明的遗址中并未发现宫殿或神殿等政权或神权象征，因此无法直接得知是否存在着类似国家的制度、国王的政权或神权政治。但由大浴池、大祭司雕像及宗教信仰推知，该文明可能是由一群祭司所主宰，而大浴池可能是该神权的象征。大浴池的结构类似现今南印度教寺庙中的浴池设施,似乎具有斋戒沐浴的神圣功能。当时此地可能是一种宗教社会,这除了可由祭司雕像推知之外,由出土的陶板与上面所刻山羊及牛的图案经常呈现于火祭遗迹中,也可看出当时普遍盛行火祭。此外,二次葬法、疑似具有灵魂不灭信仰的骨瓮上的图案及小孔设计、疑似万物有灵主义或图腾信仰的印章上的动植物图案、重视孕育及生殖能力的地母神信仰,也都和宗教有关。此外,由于该文明大量使用疑似用于商业活动的印章,以及存在代表农业贸易活动的大谷仓,可以推测可能有一群商人领袖与这群祭司共治印度河文明。换言之,它可能是政教合一、祭司与商人共治的城市文明。

亨佐·达罗城遗址

在遗址上除发现了许多人工制品,包括陶器、金属制品和珠宝饰品外,还发现了大量精美的印章。在这些印章上刻着大象、牛等动物,同时在每一枚印章上都刻有文字。在古代印度河流域,人们使用这样的印章到底做什么?学术界至今还是莫衷一是。因为有一小部分印章上刻有神像,于是有人推测可能是宗教遗物。但也有人反驳说,这完全是家族或个人的保存品,不能说明整个国家具有宗教性质,况且出土的近三万枚印章有神像的只是很小一部分。也有人认为这些印章是进行贸易时签署文件或契约时所用的。但是没有一种说法能够占据优势。但是在这些印章上保留有印度和早期文明的文字,却是大家认同的。印章是文字和雕刻图案结合的形式,由右而左,每枚印章上的符号最多不超过二十个。至今所搜集的印章文字符号大致

有四百多个。只要能够解读印章上的文字，也许就可以解释这个文明的来龙去脉。但遗憾的是，学者们经过多方解读，至今仍然没能成功。一方面是因为这些文字本身没有参照物，认起来相当困难；另一方面是因为这些文字除了保留在印章上之外，并没有在其他地方发现，而印章上的文字数量非常有限，这更为解读增加了难度。

印度河文明发展到公元前1750年左右突然衰落了。如同该文明的许多内容仍然是谜一样，它的衰落原因也引起人们无尽的争论。有人认为可能是由于洪水泛滥、河道改变造成干涸，与两河流域商业贸易的中断导致经济力量衰落，最终造成文明衰亡。也有人认为是地震、火灾等引起文明衰落。这里出土的人骨，都是在十分奇异的状态下死亡的，换言之，死亡的人并非埋葬在墓中，发掘出的人骨大多是在居室内被发现的，有不少居室遗体成堆地倒着，令人惨不忍睹。最引人注目的是，有的遗骨用双手盖住脸呈现出保护自己的样子。如果不是火山爆发和地震，很难想象人们会在毫无防备的情况下瞬间死亡。至于后来的雅利安入侵者摧毁印度河文明的说法则引起质疑，一般认为雅利安人在印度河文明衰亡几个世纪后才进入印度的，他们进入印度之前，印度河城市文明已经衰亡而仅余下零落的部分村落遗址。

印度河文明尽管存在着许多待解之谜，但是它的发现仍具有非常重要的意义。至少，它的发现将印度文明向前推进了几千年，印度文明成为与两河流域文明同时期的文明，彼此有商业往来及文化交流，这为确立印度为世界四大古文明之一的地位具有重要意义。其次，它的发现有助于破除雅利安文化为印度代表性文化的成见，非雅利安人创造的城市文化和农耕文化同样发达，并深深影响了后来印度文明。另外，后来印度宗教中的许多标志，如火祭、菩提树、净水、母神等都可以在印度河文明中找到踪迹。

雅利安文明

印度河流域早期文明衰亡之后，来自外部的雅利安人侵入印度，建立了雅利安文明。从此以后，雅利安文明一统印度天下，印度土著文明反而湮没得无影无踪。

雅利安人是半游牧的北欧白人，最初也许居住在南俄罗斯和中亚的高地，讲目前各种印欧语言最原初的语言。印欧语言，或者说原始的印欧语言是一种已经消失的古代语言，一直使用到公元前3000年左右。在印欧的语言学中，往往把"雅利安"（Aryan）一词用来指称民族，同时也指称语言群，后来"印欧"主要用来指称语言群。这些原来生活在自己家乡的雅利安人和他们的后代，逐渐向外迁徙，一部分到了欧洲，一些人到了印度次大陆，一些人到了近东。雅利安人在从他们的家乡迁出之前，已经有了国王，他们崇拜天空之神，根据父系来确定血缘。他们养牛，使用马拉战车作为进攻武器。很可能他们已经有了三重的等级划分，其中分别为祭司、战士以及牧羊人和耕田者，分别表示为白色、红色以及蓝色和绿色。雅利安人的入侵在公元前4000年左右便已经席卷了欧洲，随着时间流逝，征服者和被征服者成为拥有特殊语言的特殊民族。当代大多数的欧洲居民以及他们的文化，都是不断渗透的雅利安入侵者和他们所征服的民族相互融合、相互通婚的结果。

就印度而言，据说雅利安人大约在公元前1500年从开伯尔山口（Khyber Pass）进入了印度。他们与当地居民混合，并将后者融进自己的社会结构之中。他们接受了定居的农业生活方式，并在旁遮普地域建立了小的农业团体。雅利安人带来了马，发展了梵语。在塑造印度文化方面在三个因素发挥了重要作用。其一，骑兵作战加速了雅利安文化在北部印度的传播，导致出现了大帝国；其二，梵语成为把印度各种主要语言凝聚在一起的基础；第三个因素是宗教，宗教源于吠陀时代，拥有众多神祇，其丰富的神话和传说成为后来印度教的基础。雅利安人分成不同的部落，定居在西北印度的不同地区，部落首领逐渐变成世袭的君王，随着分工的专业化，雅利安社会内部分化成不同的等级。

反映雅利安社会生活的主要原始资料是《吠陀经》（Veda）。"吠陀"是"知识"、"学问"的意思。根据传说，《吠陀》知识先是由至尊主传授给负责创造的神明梵天，再由梵天传给他一个叫纳茹阿达的儿子。纳茹阿达把它传给圣哲维亚萨,而维亚萨在大约5000年前用文字将它记录下来。最初,《吠陀经》是一部极长的著作。为了使该知识更容易被接受,维亚萨把《吠陀经》分成四部。事实上,《吠陀经》是印度最古老的文学作品,收集了反映宗教和哲学的诗歌和赞美诗,经历数代人编辑而成。吠陀用梵文写成,被婆罗门教和后来的印度教奉为经典。吠陀赞美诗反映了主神信仰,也就是说,虽然人们可以崇拜不同的神,但是他们只能敬畏一个主神。

《吠陀经》共由四部不同的吠陀经典组成,包括《梨俱吠陀》(Rig-veda)、《沙摩吠陀》(Sama-veda)、《耶柔吠陀》(Yajur-veda)和《阿闼婆吠陀》(Atharva-veda)。《梨俱吠陀》的历史可以追溯到公元前3000年,包括1028首赞美诗,分别献给33个不同的神,其中最经常出现的神是自然神,如:因陀罗(Indra),即雷神和天空之神;阿格尼(Agni),即印度神话中的火神;鲁达拉(Rudra),即暴风雨神等。《沙摩吠陀》是圣歌集,源自《梨俱吠陀》的第八和第九书,主要为主持仪式的祭司们所用,明确在仪式中要唱哪些赞美诗。《耶柔吠陀》主要是适用于献祭时候的赞美诗。《阿闼婆吠陀》主要讲咒语和巫术。除了这四部吠陀经典之外,还有一些解释经典的著作,如《森林书》《奥义书》

《吠陀经》中记载的因陀罗雷神

《梵书》等。

四部吠陀经也反映了雅利安人早期的历史。雅利安人侵入印度的早期，处于原始社会的父系氏族阶段，这个时期的情况反映在最早的《梨俱吠陀》中，所以这一段时期在历史上称为"早期吠陀时代"或"梨俱吠陀时代"。根据《吠陀经》的记载，这一时期每一个部落由一个酋长来领导，酋长的权力由一个部落议会来限制；每一个部落由一些独立的村落组织结合而成，村落组织由一些族长组成的会议来管制。侵入印度的人们，自称"雅利安人"，意思是"出身高贵的人"，把当地土著居民称为"达萨"，意思是敌人。雅利安人说土著人没有鼻子，皮肤黑色，语言不清，不祭神灵。由此而出现了"雅利安瓦尔那"和"达萨瓦尔那"之分，瓦尔那的意思是"颜色"。雅利安人为保持自己的纯洁性，禁止与其他种族通婚。在本民族中，除了最近的血统不能通婚之外，其余的都不受限制。这一时期，雅利安人仍然过着氏族部落的生活，战争频繁是这一时期的主要特征。公元前10世纪初，印度开始了国家产生的进程。这一时期的历史主要反映在后期的三部吠陀中，在历史上被称为"后期吠陀时代"。此时是雅利安人由部落发展到国家的时期，其最鲜明的特点是产生了瓦尔那制，即森严的种姓制度。并把这种制度编入法典之中，同时也产生了成熟的宗教——婆罗门教。

种姓制度（Caste System）是雅利安人进入印度之后创立的。"种姓"这个词是从梵语"Varna"翻译过来的，原来的字义是"颜色"或"品质"。照他们的说法，肤色白的雅利安人是品质高贵的种族，深色皮肤的达罗毗荼人和其他土著民族是品质低贱的种族。这种制度原来是用以划分雅利安人和非雅利安人，后来随着工作和职业的分化和发展，也开始应用于雅利安人自己内部，于是有了四个种姓的划分。其中地位最高的种姓是婆罗门（Brahmana），是掌握祭祀的僧侣阶级，到后来婆罗门也可以当国王；其次是刹帝利（Ksatriya），是掌握军政的国王和武士阶级；其次是吠舍（Vaisya），是商人、手工业者，也有从事农耕的农民阶级；最下面的种姓是首陀罗（Sudra），是农人、牧人、仆役和奴隶。因为雅利安人身材高大，皮肤是白的，达罗毗荼人则个子矮小，肤色偏黑，所以，"白色"代表地位最高的"婆罗门"，接下来是"红色"的"刹帝利"，第三位"吠舍"是"黄色"，最下层的"首陀罗"为"黑色"。在这四个种姓中，前三者是雅利安人，第四个等级是非雅利安人。各个种姓都有世袭的职业，种姓之间不许通婚，尤其严禁首陀罗和别的种姓通婚。对首陀罗男子和别的种姓女子

结合所生的混血种，订有特别的法律，给予一种贱名。如首陀罗男子与婆罗门女子的混血种名为旃陀罗（Candala），他们的地位最低贱，不能与一般人接触，被称为"不可接触者"。这种人世世代代操着当时认为下贱的职业，如抬死尸、屠宰、当刽子手之类。种姓制度不仅明确写入法律中，而且规定在宗教教义和教条中。1950年的印度宪法废除了种姓制度，但是种姓制度的阴影仍然笼罩印度。

在雅利安人国家产生的过程中，婆罗门教也随之形成了。在早期吠陀时代，雅利安人盛行自然崇拜，如天空、太阳、大地、火、光、风、水等。有一段时期，在吠陀诸神里，火神最重要，他神圣的火焰将牺牲直接送到天堂，他的光亮腾越天空，他是宇宙炽烈的生命与精神。但在诸神中最普遍的神是暴风雨神鲁达拉，他掌握着雷电与暴风雨，带给雅利安人珍贵的雨水，所以被认为是家神中最伟大的神，是能够一顿吃一百头牛，一口喝完一池酒的大英雄。此外还有雷神因陀罗等。到后期吠陀时代，创造了婆罗门教。婆罗门教虽然保留了原始宗教的自然神，但给每个神都赋予了世俗社会的属性，使其同世俗社会的各个方面联系了起来。

婆罗门教的主要教义包含以下几个方面。第一，认为梵天（宇宙灵魂）是宇宙的创造者，是永恒、唯一真实的存在，世界万物只不过是他的影像，都是虚幻无常的。每个人真实的自我——灵魂也来自梵天，人们要信仰梵天，以便超脱虚幻的现世，最后达到"梵我一致"，即重新与梵天合为一体。第二，婆罗门教主张"业力轮回"学说。按照这种说法，人在现世生活中必造业，一造业便有果报，有果报就要轮回转世，而轮回转世的好坏取决于前世的善行或恶行。生在高等种姓的人是前世行善的，生在低等的人是前生作恶的；要想来世不再受苦，最后超脱轮回，首先要严格遵守制度，如不遵守，甚至来世会变成牲畜。第三，婆罗门僧侣还制定了各等级所应遵守的行为规范——法，作为区分善行与恶行的标准。各个等级只有按照法行动才能有好报，才能超脱轮回转世之苦，最终达到"梵我一致"。第四，婆罗门教还将制度本身神圣化。它创造了一个神话，说最初有一个充塞于宇宙的"原人"，后来他的身体分割而成世界万物，婆罗门是从"原人"的口产生的，刹帝利是从手产生的，吠舍是从腿产生的，首陀罗是从脚产生的。通过这个神话，婆罗门教说明四个大种姓的区分是神圣的、永远不变的。

雅利安人婆罗门教崇拜的主神为创造神婆罗摩（Brahma，梵天神），正是他创造了万物；守护神毗湿奴（Vishnu），负责保护宇宙，是善与慈悲的化身；破坏神湿婆（Shiva）则代表破坏的力量，亦为重生、丰饶、舞蹈、艺术之神，这三神又有时俱为一体，为至尊至上之神。婆罗摩在三个形体中代表平衡的力量，另外二者则为相反的力量，此三神象征宇宙间各种事物生、住、灭三阶段。

通过种姓制度和婆罗门教，雅利安人为最初的国家确立了基本的社会秩序和意识形态，也同时确立了雅利安文化在印度的主导地位。

雅利安人崇拜的创造神婆罗摩金像

佛教创立

佛教产生于古印度，是世界三大宗教中最早出现的宗教。既然是宗教，那么它就是包括教主、教义、教徒组织、清规戒律、仪轨制度和情感体验等复杂内容的综合体，也就是由佛教徒及其组织、佛教思想文化、佛教仪式制度等基本因素构成的系统结构。它既是一种信仰实践，又是一种社会力量，也是一种文化现象，在人们的生活中发挥着重要影响。

佛祖如来金像

（一）佛教的兴起与外传

在公元前6世纪至公元前5世纪，古印度迦毗罗卫国净饭王的儿子悉达多·乔达摩，在印度恒河中游流域宣扬缘起、无常、无我、空、苦、解脱等理念，引导人们转述开悟，以实现净化人心、完善社会理想的目的。同时还吸收门徒，制定制度，建立寺院，创立了佛教。创教后，他被尊称为"释迦牟尼"，意为释迦族的"圣者"；又被尊称为"佛"，意为觉悟了真理的"智者"。

释迦牟尼在位时的印度佛教被称为原始佛教。在他去世百年后，佛教传持者之间逐渐出现不同意见和争论，形成部派佛教。公元1世纪前后，又有大乘佛教获得急剧发展，为了争夺佛教正统地位，它把原始佛教和部派佛教贬称为小乘。大乘佛教后来又分为两大派，即中观学派，也称空宗，瑜伽学派，也称有宗。约在公元7世纪，密教出现，并在印度佛教中取得了主导地位。约在13世纪，伊斯兰教势力焚毁了印度仅存的佛教著名圣地超行寺，宣告了佛教在印度本土的绝迹。

公元前3世纪前后，即印度孔雀王朝的阿育王在位时，佛教开始向印度以外的国家和地区传播。佛教的传播大致有南传和北传两条路线，南传是向南传入斯里兰卡，再由斯里兰卡传入缅甸、泰国、柬埔寨、老挝、印度尼西亚、马来西亚等国以及我国云南傣族、崩龙族等少数民族地区。南传佛教主要是小乘上座部佛教，其经典大多是用巴利文编纂的。北传又分为两条支线：一条经中亚传入中国内地，再经中国传入朝鲜、日本、越南等地；另一条经南亚次大陆北部高原传入我国西藏地区，形成藏传佛教，再北传蒙古、西伯利亚等地。北传佛教以大乘为主，其经典大多是从印度的梵文陆续翻译为汉文和藏文的。19世纪末，佛教开始传入欧洲、美洲、非洲和大洋洲。

佛教大约在两汉之际（公元前后）传入中国内地，它在中国的传播和发展始终受到本土传统文化的影响。魏晋时期是佛教在中国发展的第一个高峰，道安和慧远等僧人的佛学活动，标志着中国化佛教的初步建立。南北朝时期佛教在中国得到进一步发展。隋唐时期是中国佛教的鼎盛阶段，形成了中国佛教的宗派。五代两宋之后，佛教逐步走向衰微，但佛教在民间的影响则进一步扩大。清末民初兴起的"佛教复兴"运动是佛教步入近代以后对面临的巨大变化所做出的反应。因此，佛教在中国的流传过程，也就是佛教中国化的过程。所谓佛教中国化，是指佛教日益与中国社会的政治、经济、文化相适应、结合，形成本地区独具特色的宗教，表现出有别于印度佛教的特殊精神面貌和中华民族传统思想的特征。因此，有学者认为中国佛教的根在中国。

（二）佛教的基本教义

佛教是为追求人生解脱而创立的宗教。佛教哲学是为追求人生解脱所作的论证，是出世的、超越的哲学，它着重论述人生的痛苦、现实的矛盾、世间的污秽，探讨摆脱烦恼、排除苦难的途径和方法，否定现实的人生和世界，追求永恒的、幸福的彼岸世界。总的来看，佛教的基本教义有"四谛""缘起论""三法印"等理论。

"四谛"也作"四圣谛"，是指佛教中四个最基本的真理。

1. 苦谛，指现实存在的种种痛苦现象

苦的种类很多，有二苦、三苦、四苦、五苦、八苦乃至一百一十种苦。在佛教典籍中最常见的是八苦，即生苦、老苦、病苦、死苦、爱别离苦、怨憎会苦、求不得苦、五取蕴苦。佛教认为这些苦是与生俱来的。人生皆苦的命题奠定佛教超脱世俗的基本立场。

2. 集谛，主要探讨苦的原因

佛教认为苦的根源在于人有种种烦恼，尤其是有"贪""瞋""痴"这三种最根本的烦恼。烦恼使人迷于事理，害得人不断造业，故有三界轮回之苦。

3. 灭谛，指在明白集谛道理的基础上，灭绝痛苦的根源——业和烦恼

灭烦恼得解脱，是佛教的最高境界。

4. 道谛，指灭苦的道路和达到涅槃境界的方法

释迦牟尼把解脱的方法归结为八种，是为"八正道"。

后来随着佛教的发展，又增加了四念处、四正断、四神足、五根、五力、七觉支，合称为"七科三十七道品"。也就是说，证得涅槃的途径，共为七类三十七项。在七科中，最重要的是八正道。八正道又可归为戒、定、慧三学。三学通常被认为是学佛者修持的全部的内容，戒是纯洁行为，庄严操守，为定、慧打下基础，再通过定即调练心意的功夫，而生起智慧。这也就是所谓依止于戒，心乃得定；依止于定，智慧才生。三学中，慧是根本，以慧为主体，戒、定为方便。后来大乘佛教又将以个人修习为中心的三学扩充为具有广泛社会内容的"菩萨行"——"四摄""六度"。四谛有两重因果，苦为果，集是因，由苦集二谛成为世间生死因果；灭是果，道是因，灭、道二谛为出世因果。即由造集有漏业因而感有漏苦果，

由修有漏道因而证灭谛涅槃。如《涅槃经》卷十二："有漏果者则名苦，有漏因者则名为集，无漏果者名为灭，无漏因者则名为道。"此即知苦断集，证灭修道之义。

缘起论是全部佛学的理论基石。佛教的缘起论主要是以人生问题为中心来谈的。对人生问题一般说十二缘起。"十二缘起"亦称"十二因缘""十二有支"。此说实为四圣谛中苦谛与集谛的发展，目的在于说明众生之所以为众生，是由无明、行、识、名色、六处、触、受、爱、取、有、生、老死十二种因缘会合而成。它们的相互关系是，无明（对佛教真理不能自觉）为缘引起行，行缘引识（识别作用），识缘引名色（身心），名色缘引六处（眼、耳、鼻、舌、身、意六根），六处缘引触（反应），触缘引受（感觉），受缘引爱（妄执），爱缘引取（追求执著），取缘引有（存在），有缘引生，生缘引老死。上述十二个环节，辗转感果，所以称为因；互为条件，所以称为缘。合称十二因缘。十二因缘是说明众生生死流转的因果联系的，因而又和轮回说及神灭神不灭说相联系。当然，由于立论的侧重点不同，还有其他的缘起论思想，在此不再一一阐述。从缘起理论加以推延，就有"无常""无我"的学说。为了论证人生的无常、无我，佛教还提出了三法印说。

所谓"三法印"，是指佛教用以判断是否为佛法的三个标准，是佛法教义之"正"的标记。这三个标准的具体内容是：诸行无常，诸法无我，涅槃寂静。所谓"诸行无常"，是指按照佛教的缘起说，世界上一切事物均由各种因素和条件因缘汇合而生，处于一定的关系之中，既因一定关系的会合而产生，也会因此种关系的分解而消失。也就是说，世间一切事物和现象无一不是迁流转变、没有常性的。这些没有常性的东西又称"有为法"，和非因缘所生的、无造作的"无为法"相对应。所谓"诸法无我"，是说世间一切事物和现象，既是因缘和合而成，因而就没有一个独立、永恒的自性或实体。"我"是自性和实体之意。佛教反对印度传统宗教中每每以为人生乃至世间万物都有一个"真我"体现的观点，主张"人无我"、"法无我"。"人无我"是说人与万物一样，也是由五蕴（色、受、想、行、识）和合而生的，会随五蕴的离散而消失，不能自己主宰自己。对事物来说，时刻在变，也就没有一定的自性、自体，这就是"法无我"，也就是人空，法空，一切皆空。总之，建立在缘起论基础上的人无我和法无我是佛教区别于其他宗教派别和哲学流派的根本之点。所谓"涅槃寂静"，是指从性空方面说，诸法既因因缘而起，则不生不灭，本性空寂，无累自在。涅槃寂静属"无为法"，它作为佛教的最终理想，是大小乘佛教和各种佛典所着重论述的问题。要达到这一境界，

一般的智慧是不行的,只有佛教的般若智慧才能证悟此境界。"三法印"一直被认为是大小乘佛教的三大纲领,整个佛学的理论枢纽,佛法中不可动摇的根本原则。

孔雀王朝与佛教传播

从公元前6世纪开始,西北部的印度河流域渐渐失去主导地位,政治经济和文化中心转移到恒河流域。这时也是印度遭到外族入侵的时期。先是在公元前518年,伊朗高原的波斯帝国侵入印度,占领印度河流域,将这里纳入波斯的版图。此后,在恒河流域诸国中摩揭陀国强盛起来,到了难陀王朝时期统一了恒河流域和恒河以南次大陆中部的一些地区,并建立了强大的军队。公元前327年,马其顿国王亚历山大在灭亡波斯帝国以后侵入印度次大陆西北部,由于这里小国林立,强大的马其顿军队很快就征服了印度河上游地区,并试图渡河进攻恒河流域。由于士兵厌战和恒河流域强大的难陀王朝的抵抗,亚历山大不得不于公元前325年顺印度河而下返回巴比伦,而印度西北部则交由傀儡政权管理。马其顿人撤离以后,印度西北部马上陷入混乱之中,起义不断。这时候出身低微的旃陀罗笈多(Chandragupta,约公元前324年—前300年在位)乘机崛起,成为这场驱逐马其顿入侵者和推翻难陀王朝的人民大起义的首领。驱逐马其顿侵略者的战争进行得非常顺利,大约在公元前324年,旃陀罗笈多在西北自立为王,而后又推翻了难陀王朝的统治,攻下了摩揭陀国的首都华氏城,杀死了难陀王朝最后的国王。到公元前317年马其顿人全部撤离,这样整个次大陆北部就在旃陀罗笈多的领导下统一起来,由于他出身于孔雀家族,因此该王朝便被称为孔雀王朝,定都于华氏城。到了公元前305年,西亚的塞琉古王国侵入印度,但显然没有成功,双方签订了和约。根据和约,塞琉古王国把今天阿富汗一带的土地割让给孔雀帝国,而孔雀帝国则给塞琉古王国500头战象。这样,孔雀帝国的版图又扩大了很多。

到第三代国王阿育王(Asoka,公元前268—前232年在位)时期,孔雀王朝达到鼎盛。阿育王是旃陀罗笈多的孙子,阿育王的意思是无忧王,大约在公元前270年左右继承王位。关于他的身世有各种各样的传说。据说他年轻的时候就非常凶猛残暴,富于进攻性。在成为国王之前,他作为王子被任命为比尔沙的总督,在那里与一个富商的女儿结了婚。在听到父亲奄奄一息的消息后,他匆匆赶往首都华氏城,占领了首都,将所有的敌对王子都一一杀死,只留下了自己的亲生弟弟，通过这种血腥的手段夺得了王位。但是他的这种残暴行为也遭到人们的反对，因此他花了四年时间肃清反对的势力后，才于公元前270年正式登上王位。他至少在位三十六年，其中头八年统治非常残暴。传说阿育王专门命人建立"地狱"对犯人施刑，除了强迫那些拒不认罪、态度恶劣的犯人进行重体力劳动外，还进行严刑拷打。登基后的第八年，他大举进犯印度南部，在进攻羯陵伽时，屠杀了十万人，俘虏十五万人。这一地区被征服后，除了南部迈索尔地区外，整个次大陆和今天阿富汗的主要部分都归入了孔雀帝国的版图。至此，孔雀帝国已经成为一个幅员辽阔的大帝国。

在孔雀帝国时代，南亚次大陆真正开始建立起统一的奴隶制君主专制制度，国王是国家的最高行政代表，也是最高的军事统帅，同时还亲自处理一些重大的司法案件。国王也开始被神化，被称为"诸神的宠爱者"，神圣不可侵犯，说他是带有人之外形的伟大的神，像太阳一样。国王之下设有庞大的官僚机构。中央有名目繁多的掌管各个部门的大臣和长官，还有供咨询的大臣会议。地方划分为许多省，设总督统治，阿育王时期至少有五个省。地方的基层组织是村社。军队是国家的支柱，通常分为象兵、战车兵、骑兵和步兵四个兵种，此外还有海军，数量非常庞大。阿育王统治时期是孔雀王朝的极盛时代，但是这个庞大的帝国的各个地区，在经济、政治和文化上还保持着很大的独立性。阿育王死后，帝国即宣告分裂，持续到公元前187年，孔雀帝国灭亡。

阿育王的一生可以明显分为两个阶段。第一阶段他使用武力获得政权并用武力扩张自己的势力，血腥的屠杀伴随着他的前半生。但在历经数次残酷的战争后，阿育王开始改变过去的统治方式和残暴形象。尤其是公元前261年进攻羯陵伽，使那里血流成河之后，他深感痛悔，开始倾听摩揭陀国的高僧们宣讲佛法并皈依佛门，开始大力宣扬达摩教义和佛法。

到阿育王时，佛教已经在印度流传了将近三百年，并进行过两次佛教僧侣的大集结，就一些佛教的教义初步达成了一致。但是，佛教从来也没有在印度占有压倒性的优势，其中耆那教、婆罗门教仍然有广大的信徒，而且佛教也并没有传播到印度之外的地区。但是自阿育王之后，佛教获得了长足的发展。

阿育王皈依佛门后，宣布此后不再发动战争，即使不得已进行战争也要减少伤亡，同时宣布佛教为国教，并颁布了许多鼓励佛教思想传播和佛教发展的政策。他派出官员周游全国推行佛教，颁布了许多关于宗教的敕令，并将这些敕令全部刻写在石头和石柱上。石刻的敕令分布于全国各地，而石柱则沿着朝圣者容易聚

集的大路两旁竖立。在这些敕令中,阿育王主张所有人都要按照佛教的法则和道德行事,任何分裂佛教的僧侣都将被逐出庙堂。他宣传对人仁爱慈悲、孝敬父母、善待朋友和他人、尊重动物、多做善事等佛教主张。同时他还敦促要对所有的宗教实行宽容,并在财政上给予支持,主张所有的宗教都应该停止自我夸耀和谴责他人。统计起来,阿育王时代总共在印度各地树立了三十余根纪念碑式的圆柱。这些石柱一般都高达十几米,重约50吨,不仅其刻写的内容见证了阿育王对佛教的倡导,而且其本身又是著名的佛教艺术品。其中最著名的是贝拿勒斯城外鹿野苑的石柱。在其柱头上刻有四只背对背蹲踞的雄狮,咆哮的巨口和外露的獠牙刻画得非常逼真,腿部紧绷的肌肉和遒劲的足掌钩爪塑造得雄浑有力,充溢着印度雕刻特有的生命感。中间层是饰带,刻有一只大象、一匹奔马、一头牛和一只老虎,这四种动物间都用象征佛法的宝轮隔开,下一层是钟形倒垂的莲花。整个柱头华丽而完整,并且打磨得如玉一般的光润。在传播佛教方面,阿育王还以身作则,在他统治20年后,拜访了佛陀的诞生地蓝毗尼,也参观了佛陀悟道之处菩提伽耶,以及佛陀首次传教的地方鹿野苑。

阿育王除广泛宣传佛教的教义之外,还在物质上给予佛教僧团大量支持。他向佛教僧团捐赠了大量财产和土地,为人民甚至动物建造了许多医院,送给佛教僧团大量礼物。阿育王的慷慨甚至吸引了许多非佛教徒的食客和某些声名狼藉的人加入进来。他还在全国各地大量兴建佛教建筑,据说他总共兴建了84000座供奉佛骨的舍利塔。由于该时代是印度文化与

印度阿育王石柱

波斯、希腊文化交流的时代，因而其建筑引进了波斯和希腊的技术，具有融合的风格。为了消弭佛教不同派别的争论和矛盾，他邀请了著名的高僧和1000名比丘，在华氏城进行了第三次大集结，讨论和整理了经典，编撰了《论事》，确立了真正的佛教教规，驱除了外道和那些不遵从教规的人。

在佛教大集结之后，阿育王着手向印度之外的其他国家传播佛教。他决定派使团出使其他国家，其中包括希腊、克什米尔、喜马拉雅地区、印度南部的迈索尔、锡兰、缅甸、马来亚、苏门答腊等。他派遣自己的儿子和女儿前往锡兰，直到今天斯里兰卡还在公共节日里庆祝他们的来访。他的13块石碑敕令记录了他努力将佛教传播到安条克、叙利亚、埃及、马其顿、伊庇鲁斯等地。在阿育王的统治下，几乎整个印度大陆在历史上第一次统一起来。在阿育王看来，佛教律法意味着道德、积极的社会关怀、宗教宽容、生态意识、遵守道德戒律和放弃战争，所有这些都非常有利于他对庞大帝国的统治。

公元前236年，阿育王去世。他的帝国在他死后只延续了半个世纪便告终结，印度又重新陷入了分裂割据的局面。但是在印度历史上阿育王作为帝国繁荣的创造者和佛教的倡导者一直名垂史册。

绝无仅有的印度长诗

《摩诃婆罗多》和《罗摩衍那》是印度最著名的史诗，是世界文学殿堂中的瑰宝，也是深刻的宗教和哲学作品，后人在其中汲取了无尽的营养。由于这两部史诗篇幅很长，内容很多，所以也被称为世界上"绝无仅有的长诗"。

据现代学者考证，《摩诃婆罗多》（Mahabharata）的成书年代约在公元前4世纪至公元4世纪之间。在这漫长的800年的成书过程中，《摩诃婆罗多》大致经历了三个阶段：最初是8800颂的《胜利之歌》（Victory），后来演变成2.4万颂的《婆罗多》，最后扩充为10万颂的《摩诃婆罗多》（《大婆罗多》），成为古代文明世界中最长的史诗之一。它是《圣经》长度的四倍，是《荷马史诗》长度的八倍。

《摩诃婆罗多》书名的意思是"伟大的婆罗多族的故事"。全书共分十八篇，以列国纷争时代的印度社会为背景，叙述了婆罗多族两支后裔俱卢族和般度族争夺王位继承权的斗争。婆罗多族的国王有两个儿子花钏和奇武。花钏很早就死去了。奇武有两个儿子，一个叫持国，一个叫般度。持国是个瞎子，但他有以难敌

为首的100个儿子。般度虽然只有以坚战为首的5个儿子，但个个武功出众。持国百子（Kauravas 俱卢族）和般度五子（Pandavas 般度族）从小就产生了竞争和矛盾，长大后又开始争夺王位，最终双方爆发了战争。难敌和坚战都联络了许多国家做他们的支持者，当时印度半岛上的国家几乎都参加了这场大战——俱卢大战。大战进行了18天，死伤无数，难敌的99个兄弟都被杀死了，只有难敌一人逃脱了。他躲进一个湖里，用一根芦管呼吸，但被坚战五兄弟发现了。他们用语言羞辱他，逼得难敌从湖里冒出来和他们决斗。难敌寡不敌众，也被杀死了。难敌的战士们决心为难敌报仇，他们夜袭坚战五兄弟的军营，把酣睡的战士都杀死了，幸好五兄弟当时不在，得以逃生。坚战回国做了国王，想到兄弟家族间的残杀给人民带来了那么严重的灾难，心里感到很愧疚。不久，他把王位交给了孙子，带着妻子黑公主到喜马拉雅山去修道，最后升入天堂。

这部史诗的基调是颂扬以坚战为代表的正义力量，谴责以难敌为代表的邪恶势力。在史诗中，坚战公正、谦恭、仁慈。而难敌则相反，贪婪、傲慢、残忍。后者的倒行逆施不得人心，连俱卢族内的一些长辈也同情和袒护般度族。在列国纷争时代，广大臣民如果对交战双方有所选择的话，自然希望由比较贤明的君主而不希望由暴虐的君主统一天下。《摩诃婆罗多》正是这种希望的形象化表达。

毗耶娑（Vyasa）既是这部史诗的作者，又是这部史诗中的人物。按照史诗本身提供的故事，毗耶娑是渔家女贞信在嫁给象城福身王之前的私生子。贞信和福身王生下的两个儿子花钏和奇武先后继承王位，都没有留下子嗣就死去。于是，贞信找来在森林中修炼苦行的毗耶娑，让他与奇武的两位遗孀行房，生下两个儿子持国和般度。此后，毗耶娑仍然隐居森林，但他目睹和参与了持国百子和般度五子两族斗争的全过程。在般度族五兄弟升天后，他用三年时间创作了这部史诗。关于这部史诗的创作有这样的传说：象神（Canesh）在毗耶娑的要求下抄写这部史诗的手稿，当时象神提出的条件是毗耶娑要一刻不停地讲述，而毗耶娑也提出象神必须始终明白自己所讲述的内容。于是毗耶娑有时会使用一些特别难以理解的词汇，好利用这样的间隙喘口气。而象神不停地抄录，手中的笔坏了都没有时间调换，便折断自己的左牙来代替笔，因而它的形象是缺失左牙的。

《摩诃婆罗多》的中心故事至多只占全诗篇幅的一半，围绕这个中心故事，穿插进大量神话传说和寓言故事。除了这类文学性插话外，还有大量有关宗教、哲学、政治和伦理等的理论性插话。史诗本身采用的话中套话、故事中套故事的框架式叙事结构也为这些插话的出现提供了方便。因此，对于《摩诃婆罗多》的

内容，我们必须兼顾两个方面：它既是一部英雄史诗，以婆罗多族大战为核心内容，即如书名所表示的那样，是"伟大的婆罗多族的故事"；同时又是一部"百科全书"，即如史诗结尾部分所宣称的那样，这部史诗囊括了人生"四大目的"，即正法、利益、爱欲和解脱，并说"这里有的，其他地方也可能会有。这里没有的，其他地方也不会有"。里面充满了印度教因缘报应和解脱的内容。

这部史诗在印度古代享有宗教经典的崇高地位，是古代人印度完整保存传统文化的一种特殊方式。

《罗摩衍那》（Ramayana）意思是《罗摩传》，该诗篇比《摩诃婆罗多》要短，只有2.4万颂，共七篇。成书时间约在公元前4世纪至公元前3世纪，在公元2世纪定型，用梵语写成，被称为"最初的诗"。传说该诗的作者是蚁垤（Valmik）。据说，蚁垤曾经是一名强盗，名字叫拉特纳卡拉（Ratnakara），是一名婆罗门。在他遇到印度哲人纳拉达（Narada）之后，便改过自新，诵读神圣箴言《罗摩》。历经数年，他坐在同一个地点，蚂蚁们在他的身上筑巢，由此他得到了蚁垤这一名称，意思是"蚁山"。一天，他看到一个猎人杀死一只鸟，而鸟的配偶陷入痛苦之中，他感到非常难过，便诅咒猎人，

《摩诃婆罗多》中塑造的象神像

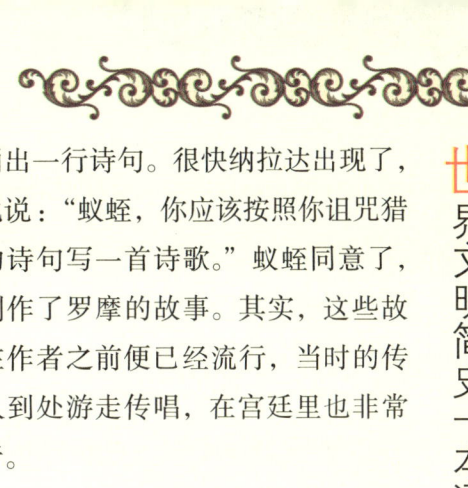

咏诵出一行诗句。很快纳拉达出现了，对他说："蚁蛭，你应该按照你诅咒猎人的诗句写一首诗歌。"蚁蛭同意了，便创作了罗摩的故事。其实，这些故事在作者之前便已经流行，当时的传唱人到处游走传唱，在宫廷里也非常流行。

这部史诗的故事开始于外昆塔，那里神和哲人们聚会，祈祷毁灭生活在楞伽的恶魔之王拉伐那，因为他压迫和折磨圣人和调戏妇女。毗湿努神答应对抗拉伐那并杀死他。所以他化身罗摩（Rama），即阿瑜陀国的太阳王，他的妻子化身悉达（Sita），即罗摩的王后。接下来讲述阿瑜陀国（Ayodhya）的十车王（Dasaratha）统治贤明，人民富足，他的长子名叫罗摩。罗摩有狮子般的胸膛、硕大的臂膀，荷花般的眼睛。同时临近有一个国家，国王有一个可爱的女儿悉达。为了给女儿找一个好丈夫，国王决定比赛拉弓进行竞争，最后只有罗摩拉开了他的弓。罗摩和悉达成婚，悉达深受王国百姓的爱戴，但由于罗摩是王储，遭到十车王第二个妻子的嫉妒，她要求十车王把罗摩放逐十四年。十车王曾经允诺答应她的任何要求，无奈把自己心爱的儿子放逐到森林中，悉达坚决要求同去，罗摩的弟弟布哈拉特也要求陪伴他。于是他们到了森林，以野果为食，以树叶为衣。这时楞伽城的公主在树林中闲逛时遇到罗摩，对其产生好感，在引诱没有结果时，便唆使他的哥哥罗刹王拉伐那劫走了悉达。罗摩借助神猴哈努曼的力量，攻打楞伽城，杀死罗刹王，救出悉达。然后罗摩回国当上了国王。

《罗摩衍那》不仅讲述了一个神话传说，也包含着关于古代印度社会的信息，涵盖文化、政治、经济、宗教、哲学和教育等诸多领域。《罗摩衍那》也是印度教的圣书。其中罗摩、悉达、罗什曼那和布哈拉特等所有主角都代表着一种理想，包括敬神、关心臣民、忠于丈夫、兄弟挚爱等。因此，《罗摩衍那》不仅是史诗和英雄传说，也为印度人的各种生活提供了指导。印度人相信，只要诵读史诗，就能获得文学的愉悦和道德的感召，并能得到宗教教益，只要诵读《罗摩衍那》便能够洗净一切罪恶。

《罗摩衍那》对印度文学和语言的影响甚大。无数的作家和艺术家都受到这部史诗的启发，创作了诗歌、戏剧、绘画和故事。这部史诗在印度之外也被人们广泛阅读，其中在斯里兰卡、缅甸、泰国和印度尼西亚非常流行，那里许多传统的舞蹈和绘画艺术都是基于这部史诗诞生的。

古代非洲与美洲文明

古代西非文明

（一）古代西非社会概况

西非是非洲进入文明社会较早的地区，是大部分非洲农业的发源地。尼格罗人发明了发达的热带锄耕农业，辅之以比较发达的传统手工业和畜牧业。高粱、油棕等都是西非的固有作物，历史遗留在撒哈拉沙漠的一些雕像和洞穴壁画是西非人祖先放牧和田园生活的写照。他们通过多条商道与北非、地中海地区进行频繁贸易往来，形成了早期的市集和城镇。西非早期社会分层比较明显，大多形成了奴隶制国家和城邦。伊斯兰教传入后，居民大多信仰混合宗教，有些地区还吸

纳了阿拉伯字母,创制了书写文字。早在公元前就出现了精制的赤陶雕塑品,这里的艺术以木刻面具、陶塑和青铜像最为著名,其特点是用夸张变形的几何图形来表现人们对现实和灵魂的抽象思考。公元前3世纪左右西非地区进入铁器时代,先后出现过诺克文化(公元前900—公元200年)、萨奥文化(公元前约425年—公元1700年)和伊费—贝宁文化(公元约6世纪—16世纪)等一系列区域文明,其中尤以诺克文化最为著名。

(二)撒哈拉商道上兴起的文明古国

加纳帝国(700年—1200年)、马里帝国(1200年—1500年)和桑海帝国(1350—1600年),都是受撒哈拉商道影响而曾经盛极一时的西非文明古国,这里的文明带有显著的商贸特色。

撒哈拉商道是古代西非与北非人民交往的主要通道。研究表明,早在撒哈拉地区沙化前,这种交往就已经存在。撒哈拉地区沙化后,这种交往并没有停止,人们避开纯沙漠地区,穿梭于干旱或半干旱地区,使贸易活动继续进行。

撒哈拉商道遗址

撒哈拉商道贸易在长期发展过程中，逐渐形成了一张纵横交叉的商道网。它以沟通南北为主，分为中部、西部和东部三大商道。阿拉伯商人带去了食盐、布匹和贝壳，用以换取西非的黄金、象牙、鸵鸟毛和可拉果等。

撒哈拉商道贸易的兴盛，对于西非古代国家的发展具有重要影响。在西非赤道以北地区，由于受到穿越撒哈拉沙漠的贸易活动的推动，从公元3世纪起，撒哈拉沙漠以南的地区，曾有许多大大小小的王国起起伏伏，其中最著名的就是在西非中部先后兴起的加纳、马里和桑海。三国都是地处撒哈拉商道的要冲，因而便于控制南、北之间的贸易。此外，它们还掌握了西非的产金地。依靠垄断同北非的贸易而获得大量利润，国力日趋强盛，最终成为西非强国。三国除了商业贸易十分兴旺外，农业和手工业也得到了很好的发展，文化欣欣向荣。马里帝国的富足甚至名扬欧洲。

1. 古加纳王国

古加纳王国兴起于公元初期，全盛时期约在公元8世纪—11世纪。"加纳"一词原为该国统治者的称号，后传作国名。地处今毛里塔尼亚和马里的交界处，即尼日尔河和塞内加尔河上游地区。加纳的主要居民是曼丁戈族的索宁克人。加纳在兴盛时，不但控制了撒哈拉商道南端的通商据点，而且控制了黄金的重要产地（万加腊）。

据11世纪的阿拉伯作家阿尔·巴克希记载，加纳王国以盛产黄金著称。国家规定金块归国王所有，但金砂可以自由买卖。金价由国王控制。王国政府还控制着穿越撒哈拉沙漠的贸易。这种贸易主要以撒哈拉沙漠的盐和地中海地区的铜、干果、贝壳等商品换取西非的黄金和奴隶，贸易税收成为王国的重要收入。黄金生产和撒哈拉贸易促进了加纳王国的繁荣。到加纳访问过的人都盛赞其宫廷中服饰之华丽，不仅国王及大臣的衣服上带有贵重的金饰，就连卫士手中的盾牌、宝剑也都镶有黄金。王宫中狗戴的项圈都是金或银制的。通过撒哈拉商道贸易，加纳获得大量财富，当时有人称之为"黄金之国"。阿拉伯人伊本·豪卡勒在公元10世纪中叶访问过古加纳，他说：加纳国王"是世界上最富有的国王，就是因为他有黄金。"加纳王国除了商业贸易十分活跃外，农业和手工业也同样发达。农产品有高粱、棉花和黍子，手工业生产陶器和铁器。到11世纪，加纳王国进入全盛时期。其在全盛时期拥有军队20万，其中有4万名弓箭手。这支军队东征西伐，迫使周围小国称臣纳贡。1076年，摩洛哥的阿尔穆拉比特王朝征服了加纳，伊斯兰教开始在西非得到传播。摩洛哥对加纳的统治虽然只维持了十多年，但破

坏了加纳王国的农牧业生产及其同北非的贸易关系，使加纳的藩属相继独立，加纳王国从此一蹶不振。1200年，苏苏族的国王苏曼古鲁征服了加纳的残余部分，把它变为自己的藩属。约1240年，加纳原属国马里吞灭加纳，古加纳王国从此销声匿迹。

2. 马里帝国

马里位于西非尼日尔河上游，原为加纳属国。1230年，松迪亚塔继承父位，成为马里国王。他大胆改革，首先把自己的氏族成员，按年龄等级组成军队，使军队的战斗力大大增强。在此基础上，他积极向外扩张，征服邻国。松迪亚塔重视经济发展，充分利用尼日尔河上游谷地水源充足的自然条件，鼓励百姓扩大生产。除种植稻谷、高粱和蔬菜外，他还引进了棉花种植和纺织技术。对于外来商人，他提供各种便利和安全。在松迪亚塔统治时期，马里经济繁荣，贸易兴盛，社会稳定。

1235年，已有五百年历史的马里王国在松迪亚塔的率领下击溃了苏苏族国王苏曼古鲁的军队。马里逐渐控制了原加纳王国的土地，成为一个更强大的、更富裕的国家，并于1240年占领加纳王国。松迪亚塔威望大增，人们称他为"伟

今日马里风光

大的君主"。

14世纪上半叶,穆萨在位期间,马里达到鼎盛时期。它的疆域覆盖了今马里、科特迪瓦、塞内加尔、几内亚等国家,并且控制了这一地区产盐区、采铜矿和产金区。穆萨实行中央集权制,国王拥有绝对的权力,他可以任命所有的官员,也可以对行政、司法事务行使最终否决权。穆萨拥有一支强大的军队,全国有9万名步兵分驻各地,另有1万名骑兵作为机动力量,经常巡查全境。1324年—1326年,穆萨去麦加朝圣,其队伍之盛大和豪华,其行为之慷慨和大方,震惊了世界。穆萨邀请了许多穆斯林学者同他一起回国,马里的许多城市逐渐发展成为学术中心,廷巴克图的散科尔清真寺成为当时驰名阿拉伯世界的大学。马里和穆萨的名字四处传扬,穆萨被称为"金矿之王",于1337年去世。

在穆萨统治时期,马里虽然在一定程度上受到了伊斯兰教的影响,但它还是形成了自己独特的发展模式。母系继承制依然保持,妇女比男子享有更多的社会尊敬;食盐贸易在马里占据了重要位置,是官员们获得报酬的主要源泉。在贸易发展的同时,工业也有一定发展。

1360年以后,马里王国因出现争夺王位的内战,开始衰落。国土萎缩,内讧不断。1375年欧洲绘制的地图上,出现了马里国。马里在1885年沦为法国殖民地,称"法属苏丹"。1904年并入"法属西非洲"。1956年成为"法兰西联邦"的"半自治共和国"。1958年成为"法兰西共同体"内的"自治共和国",定名为苏丹共和国。1959年4月与塞内加尔结成马里联邦,联邦于1960年8月解体,9月22日马里宣布独立。

3. 桑海帝国

桑海是位于尼日尔河中游地区的一个小王国,始建于7世纪中期。后于11世纪初迁都加奥。加奥处于南北交通的要塞,商业贸易极为活跃。贸易的兴盛使桑海日益富足。

公元15世纪60年代初,索尼·阿里登上王位。他竭力开拓疆域,使桑海日渐强大。索尼·阿里去世后,其部将穆罕默德·杜尔自立为王。杜尔废除了过去全民皆兵的传统,精心组建了一支强大常规军,经过十余年的征战,建立起了一个疆域广大的庞大帝国。

杜尔为了使桑海帝国强盛采取了许多措施:首先是实行中央集权制,在中央成立若干个职能部门,全国划为10个省。国王拥有绝对权力,所有官员均由他任命。其次是重视经济发展。15世纪末,桑海的农业十分繁荣,农业生产技术(选种、深耕、水利和灌溉）得到发展，建筑、纺织和造船相当发达。以造船业为例，在沿尼日尔河的许多城市都建立了造船厂，有的船厂已经能够建造30吨的船只。再有是尊重学者，发展文化。廷巴克图是桑海帝国的文化中心，也是当时伊斯兰世界最著名的文化中心之一，16世纪中叶，它已经有150～180所讲授古兰经的学校。在廷巴克图，散科尔清真寺发展成为一座大学城，来自伊斯兰世界的学者们集聚一堂，除了研究古兰经外，还研究法律、文学、历史、地理、数学和天文等学科。

公元1528年后，杜尔年迈失明，被自己的儿子放逐。桑海帝国内部不断发生权力之争，逐渐走向衰亡。

4. 贝宁王国

贝宁王国地处西非中南部，在今尼日利亚的西南部尼日尔河三角洲附近，贝宁城是古贝宁王国首都的所在。1897年英国殖民者入侵，将其并入尼日利亚。今日贝宁共和国，旧名达荷美，1894年法国殖民地，1960年8月独立，成立达荷美共和国。1975年11月改国名为贝宁人民共和国，1990年3月又改为贝宁共和国。今天的贝宁共和国与古代的贝宁王国，不仅所在地域不同，也没有承袭关系。

贝宁王国是非洲黑人文明的发源地之一，始建于10世纪，曾经兴盛一时，存在时间长达八百年，在非洲乃至人类文明史上占有重要地位。

作为中世纪形成的一个黑人王国，它一直是非洲大陆发达的文化中心之一。而青铜艺术正是在这种特有的文化氛围中逐渐发展成熟，进而达到艺术的顶峰。贝宁王国的青铜艺术品造型优美，栩栩如生，是贝宁文化的代表，也是贝宁古代社会生活的真实记录，是贝宁王国文明的象征。有人认为可以同意大利文艺复兴时期的青铜艺术品相媲美。有趣的是，西非地区并不产铜，早先贝宁人所用的铜是骆驼商队从遥远的北非运来的。当时在西非，铜

贝宁青铜艺术

曾是一种极为罕见的贵重物品。后来随着葡萄牙人的到来，铜通过海上从欧洲大量运入贝宁王国，这为能工巧匠们施展才能提供了更为广阔的空间，使非洲特有的艺术从而融入到青铜作品之中。贝宁文化的杰出代表除青铜雕刻外，还有象牙雕刻、木雕等。

贝宁王宫，又称奥巴宫，是古代贝宁王国建筑与艺术的杰作，它始建于公元10世纪左右，迄今保存完好。王宫建筑风格独特，高大的宫殿和众多的宝塔组成和谐的建筑群体。宫殿大厅的梁柱和回廊上装饰有青铜雕像和浮雕，其内容多为描述战争场面和狩猎情景。宫内还有圣殿和神龛等。宝塔的顶端有大鹏展翅状的青铜制品。王宫四周以红色围墙环绕。围墙上有众多的浮雕，其内容多为描绘重大的历史事件，精雕细刻的人物形象逼真。王宫的大门采用橡木板镶嵌而成，庄严高大，坚固实用。贝宁王宫已成为古代贝宁王国的重要遗址，具有极高的历史文化价值。

1897年，贝宁文明因英国殖民者的入侵和大肆掠夺而被破坏。存放在王宫和神庙中的5000多件文物被掠走，贝宁文化遭到了灭绝性的损失。如今，在世界一些博物馆里，人们仍可以看到各种各样贝宁古王国的文物。

古代东非文明

东非濒临印度洋东海岸，自古商业贸易就极为繁盛，早在公元前就有了铁和盐的交易。15世纪上半叶，非洲东海岸已发展到能派使者远渡重洋到中国访问。

（一）从东北非文明到东非文明

东北非尼罗特人亚文明地处交通要道，是西非、北非、东非和南非文明交流的枢纽。在尼罗河上游，人们从事灌溉锄耕农业，社会分层明显，曾建立了王国。在东非高原上，人们主要进行游牧生产。牛不但代表财富，还象征着社会地位。主要社会组织是各种形式的年龄等级集团。人们普遍信仰传统宗教，伊斯兰教的影响由北向南逐渐减弱。班图人文明是在班图人大迁移过程中形成的，班图人进入刚果河流域以后，茂密的原始森林提供了充足的天然食物，使之有更多的时间从事舞蹈、音乐和雕刻艺术；同时也阻碍了不同部落间的交流，星星点点的班图人农业仍然停留在原始锄耕阶段，没有形成成熟的畜牧业。15世纪，才在刚果河下游建立诸如刚果这样的小国。班图人到了东非高原和南非草原后，适应环境，

形成了牧农混合经济，在沿河湖和通往印度洋的商道上形成许多较大的王国。在沿海地区形成了东非城邦。班图文明、阿拉伯文明、印度文明相互融合形成了斯瓦希里文明。

（二）当时非洲唯一的基督教帝国——埃塞俄比亚

埃塞俄比亚是个有着三千年文明历史的古国。从阿拉伯半岛南部移入的含米特人是最早的居民。公元前975年，孟利尼克一世称王；公元前8世纪，建立努比亚王国；公元前后，在北方的阿克苏姆建立埃塞俄比亚帝国，又称阿克苏姆王国。该国王以阿克苏姆城为中心，统一了周围的土地，其疆域直至大海，在极盛时期甚至统治着大海对面的阿拉伯半岛西部。阿克苏姆城内有126座高大的方尖碑，在其长廊环列的古代宫殿中陈列着27个石雕王座，城市的四周散布着水库、石碑和陵墓。早期的历史参考资料描绘了这个重要的世界性城市。公元64年，希腊的一位无名作者曾把阿克苏姆城的统治者称作"一位卓尔不群的王公，通晓希腊语"。几百年后东罗马皇帝查士丁尼的大使朱利安也用华丽的辞藻描述了阿克苏姆城，说它是"全埃塞俄比亚最伟大的城池"。当时它已经成了罗马帝国与波斯之间最重要的国家，其商船队航行到埃及、印度、斯里兰卡和中国。

公元4世纪至5世纪，阿克苏姆的皇帝们开始信奉基督教，在政治上和宗教上逐渐与东罗马帝国控制下的埃及和努比亚结合在一起。在公元451年的卡尔西顿宗教公会上，来自阿克苏姆的埃塞俄比亚教士们追随埃及和叙利亚教会代表，信奉阿里乌斯神父提出的一性论观点，同罗马天主教会和希腊正教会发生分歧，这一派基督教徒被称为"科普特教派"。后来应东罗马皇帝查士丁尼的要求，阿克苏姆帝国曾出兵红海对岸的萨巴王国，讨伐信奉犹太教、迫害基督教徒的国王祖尔·诺瓦司，使信奉基督教的希米亚王朝重新恢复统治。埃塞俄比亚人还在也门修建了一座宏伟的基督教堂，号称"奈芝兰的克尔白"，试图与麦加的克尔白争胜。

公元540年前后，全球气候出现紊乱，也门境内被称为"现代史以前人类最大、最壮观的土木工程"的马里卜大坝因暴雨而崩塌。即使对于远隔红海的埃塞俄比亚人来说，这也是一件惊天动地的大事。马里卜大坝的溃决导致也门的生态环境被彻底破坏，而那里一千年来一直是阿拉伯半岛的政治和文化中心。一些人向北迁移到犹太教古城麦地那，其中包括伊斯兰教创始人穆罕默德的曾祖父。

随着岁月的流逝，阿克苏姆帝国成为一个内陆国家，变得与世隔绝，成为基督教世界在非洲内陆的一块飞地。976年，为了抵抗不断向南扩张的基督教传教

士，一个叫古迪特的犹太教女王发兵北上，进攻阿克苏姆。她烧毁了许多教堂，夷平了阿克苏姆城，逼得阿克苏姆皇帝从一个山谷逃到另一个山谷。这次起义后来变得无法控制，最后终结了存在于世近千年的阿克苏姆帝国。

13世纪在埃塞俄比亚地区建立的阿比西尼亚王国，仍信奉基督教。它与葡萄牙、威尼斯、西班牙和罗马教廷互有往来。当1535年阿比西尼亚受到来自索马里地区的伊斯兰教"圣战"大军入侵时，葡萄牙还提供了一批火绳枪。1542年，400名葡萄牙火绳枪手在阿比西尼亚北方的阿散季湖附近打败了伊斯兰军队，但是不久之后即被土耳其、阿尔巴尼亚和阿拉伯雇佣兵击败。不过，当受到葡萄牙和西班牙支持的耶稣会试图在属于科普特教会的阿比西尼

今日埃塞俄比亚居民

亚树立起天主教绝对权威、导致阿比西尼亚爆发内战的时候，被吓坏了的苏斯尼约斯皇帝在1623年发布公告，驱逐葡萄牙人，恢复了传统的宗教。17世纪之后，所罗门王朝走向了"拜占庭化"的模式。到19世纪上半叶，阿比西尼亚帝国已经瓦解为一系列独立的或半独立的王国，"万王之王"的头衔像神圣罗马帝国皇帝一样成为尊贵而空洞的称号，而"埃塞俄比亚"这个名词已经像俾斯麦之前的"德意志"或加里波第和马志尼之前的"意大利"一样成为地理名词。

1889年，孟利尼克二世称帝，统一全国，建都亚的斯亚贝巴，奠定现代埃塞俄比亚疆域。1890年，意大利入侵，排挤英国势力，宣布埃塞俄比亚为意"保护地"。1896年，孟利尼克二世率兵在阿杜瓦大败意军，意大利被迫承认埃塞俄比亚独立。

（三）斯瓦希里人的城邦国家

从7世纪末开始，善于经商的阿拉伯人开始迁到东非沿海的各个城市居住。

在长期的交往过程中，阿拉伯人和当地非洲人通婚，产生了一个新的民族——斯瓦希里人。斯瓦希里人吸收了阿拉伯文化、波斯文化、印度文化、东亚和东南亚文化、当地文化，创造了具有鲜明商业城邦文明特征的斯瓦希里文化。斯瓦希里人主要从事农业和渔业，不少人居住于城市和港口，经商或从事各种手工业（制瓦陶、编筐帘、织网、木刻等）。住宅多为有双斜面屋顶的正方形草舍，前庭、室内陈设多为阿拉伯式样。妇女身着缠身布。11世纪起曾介入阿拉伯人奴隶贸易。13世纪—15世纪，斯瓦希里文明达到了鼎盛时期。中国明朝初年，郑和下西洋时，就曾多次到达非洲东海岸，与斯瓦希里人进行贸易。

16世纪起先后受葡萄牙、德国、英国殖民者侵略、分割和统治。在奴隶贸易和欧洲人势力深入东非内陆期间，斯瓦希里语作为商业语言扩散于大湖地区，目前使用斯瓦希里语的人数达5000万，其中不少人往往自称斯瓦希里人。

总之，古代非洲居民用自己的智慧创造了属于自己的文明。随着欧洲人的到来而发展起来的商业，仅在规模方面使这些先进的非洲人感到新奇。商业活动本身对古代非洲人并不陌生，因为长期以来，他们一直同遥远的摩洛哥和埃及地区保持着贸易关系。因此，非洲人对葡萄牙人的反应完全不同于美洲印第安人对西班牙人的态度。美洲土著对那些从海上来的白皮肤欧洲人和他们那发出巨大声响的火器，感到十分惊奇。因而，西班牙人在美洲所引起的混乱和分裂，在葡萄牙人到非洲时却没有发生。甚至，非洲人还按照他们自己提出的条件同欧洲人进行贸易。几个世纪以来，沿海地区的酋长不准欧洲人进入内地，因为他们试图继续保持他们作为欧洲买主和内地生产者之间的经纪人的有利地位，努力保持着既有生产和生活方式，使自己的文化传统得以留传。

古代美洲玛雅文明

提起美洲，欧洲人习惯称之为"新大陆"。其实，早在哥伦布发现美洲之前，当地的印第安人在此已经生活和劳动了数万年时间了。他们先后创造了举世闻名的玛雅文化、阿兹特克文化和印加文化。

（一）最早的美洲居民——印第安人

印第安人是美洲大陆上最早的居民。印第安人属于黄种人，原先生活在亚洲。大约五万年前，在第四纪最近一次冰期来临时，海水大量蒸发并以下雪形式转移

今日印第安人

到陆地。这样，出现了海面下降。结果，白令海峡的海底山脊露出了海面，成为可以通行的"桥梁"。印第安人的祖先就是通过这座"桥梁"，告别了亚洲，进入了美洲。他们由阿拉斯加走向美洲各地。

印第安人在长期的生产和生活实践中，不断开发美洲，同时繁衍生息。玛雅人、阿兹特克人和印加人统称美洲印第安人或美洲土著，他们创造的文化是印第安人聪明和智慧的结晶。

1500年，在中美洲（今墨西哥东南部、危地马拉和尤卡坦半岛）出现了印第安人最古老的文明——玛雅文明。墨西哥盆地是印第安人的另一个文明中心。5世纪—12世纪，托尔提克人进入当地，他们在吸取玛雅文明的基础上，创造了托尔提克文明，后来他们被阿兹特克人征服。阿兹特克人形成了独具特色的宗教文明。14世纪—16世纪，安第斯山区的印加人崛起，建立了庞大的印加王国。大量生动的史实表明，美洲印第安人充满了活力和创造力，他们在没有任何外来因素影响的情况下独立自主地创造了光辉灿烂的古代文明，为人类文明作出了巨大贡献。

（二）失落的玛雅文明

玛雅文明是拉丁美洲众多古代文明中最昌盛、最发达的文化，有"美洲的希腊"之称。玛雅人尚未进入铁器时代，生产工具为木器和石器，然而他们却是出

色的农艺家，培育出了许多作物；为发展农业生产，他们经过长期摸索，制定了太阳历；创造了自己的象形文字；他们在建筑方面也达到了很高的水平。3世纪末至10世纪是玛雅文化的繁荣时期。

玛雅人在农业方面有许多成就。他们培植了许多独特的植物新品种，例如玉米、西红柿、南瓜、豆子、甘薯、辣椒、可可、香兰草和烟叶等。他们还养蜂采蜜，饲养狗和火鸡。在水利方面，玛雅人也有很深的造诣，例如，在一个位于深山之中的城市提扎尔四周有13座水库，其蓄水量达214500立方米。

玛雅人培植的玉米

他们在历史上创造的先进文明，被视为美洲印第安文明的摇篮和典型代表。但是，从公元9世纪开始，玛雅人忽然放弃了自己生活的家园，集体向北迁移。玛雅文明衰落的迹象出现在玛雅世界的各个地区，其中尤以南部低地最为典型。这种衰败随着商业贸易的中断而更为明显。到公元10世纪，玛雅文明突然神秘消亡了。玛雅文明为什么会消亡这一问题，人们至今仍不得而知。因此，当15世纪欧洲殖民者到来时，繁荣鼎盛的玛雅文明已经不见了。

直到1892年一位英国画家在洪都拉斯的丛林里，发现了玛雅古城的废墟，玛雅文明才重新展现在世人面前。玛雅文明是谜一般的文明，它留给后人无穷的想象。

在玛雅文化中，最吸引我们的，便是那些遗址中高耸入云的金字塔．那处于丛林荒野中的繁华城市。在建筑方面，玛雅人的建筑艺术达到很高水平。公元4世纪建造的一座神殿，分成15层，高达60多米，在第一、五、八、十一层，均有一间精美的小石屋。这座建筑由几万块花岗岩砌成，每块重达1吨。在玛雅人生活过的城市中，至今为止发现了170多处城市遗址。玛雅人生活的城市中，有用于祭祀的高大的金字塔，有雄伟的陵墓和巨大的石碑，有用于交易的市场，有坚固的围墙。城与城间还有道路相通。当时城市规模较大的有科班、迪卡尔、帕伦克等。玛雅人为了天文研究和祭祀建造了许多平顶金字塔，金字塔用一块块磨平的巨石筑起，巍峨耸立，雄伟壮观。塔的四周有阶梯，塔顶是祭神的庙坛。在通往金字塔顶的阶梯、房屋、柱子和石碑上，还装饰着浮雕和石刻。

从墨西哥中部高原的特奥提华城、尤卡坦半岛南端乌苏乌辛塔河流域的科班城和尤卡坦半岛北部的乌斯马尔城等玛雅文明遗址来看，玛雅文明建立了奴隶制城邦。

考古探测表明这些城邦的中心城市规模宏大，有的城市长宽均达数公里。城内耸立着许多金碧辉煌的神庙和宫殿。在建筑物的墙壁、柱子、梯阶和石碑上有精美的雕刻。有的地方还发现了栩栩动人的壁画，描绘庆祝游行、呈献贡赋、押送战俘、争夺格斗等场面，表现出玛雅人高度的艺术成就。

玛雅的金字塔与埃及金字塔不同，它代表着美洲印第安人对世界的认识和工艺水平。多层次、台阶式的玛雅金字塔代表了什么？这种金字塔真的会发出鸟鸣声吗？玛雅金字塔是台庙式建筑，光怪神奇，令人赞叹。乌斯马尔城的几座多层次金字塔，反映了玛雅人对地球的原始观念。他们将地球的上部分成若干层，每层有13个世界；地球的下部也是如此，每层有9个世界。各层分别由"界神"掌管。玛雅人信仰太阳神、月神、蛇神、风神、雨神、地神和农神，尤以崇拜玉米神为最。他们用占卜沟通人与神的联系。玛雅人祭神的规模很大，祭品除牲畜、飞禽、瓜果外还一度盛行人祭。据美国《国家地理》杂志报道，有研究员发现，如果你在古玛雅奇岑伊扎城的羽蛇神金字塔前拍掌，这座有一千一百年历史的金字塔会用神秘的回声来回应你。来自美国加利福尼亚的声学工程专家大卫·鲁伯曼说："我听过这种回音，真的是很神奇。"他相信，玛雅人在建造他们的金字塔时创造出了特殊的音响效果。至于这种声音是如何产生的至今没有统一说法。

玛雅人在公元前后创造了古代美洲唯一的文字——玛雅象形文字。这种文字

主要由图像组成，同时也有许多符号、音标和音节，它们一般用小毛笔书写在无花果树皮上。玛雅象形文字的文字体系与古埃及、巴比伦和中国的象形文字体系一致。这些文字主要刻在建筑物或陶器上，也写在纸上，但在西班牙人入侵时遭致严重破坏，已无人认识。至今，有些文字已被研究者破译，但大多仍无从考证。

科班城建筑群中著名的"象形文字梯道"，是玛雅人特有的具有纪念意义的建筑物。然而，遗留到今天的玛雅文字，多是镌刻在石碑、陶器、骨器上的铭文，而且迄今无法辨认。

在艺术和宗教方面，玛雅人有很高的艺术成就，他们绘出的壁画十分漂亮。在博南帕克遗址中留下的一些大约公元8世纪时创作的古代战争壁画，里面人物千姿百态，栩栩如生，是当今世界著名的壁画艺术的宝藏之一。

玛雅人有完整的宗教信仰。他们崇拜自然神，特别是天神。他们相信天堂和地狱的说法，认为主宰世界的是自杀女神伊斯塔（Ixtab），地狱之神弘豪（Hunhau）和天神伊查姆纳（Itzamna）。玛雅人建造高大的金字塔，就是为了祭祀而用。

在自然科学方面，当欧洲还处于中古时期，玛雅人已经有了比较精确的历法。早在公元初的几个世纪里，玛雅人就创立了以地球围绕太阳旋转一周为一年的"太阳历法"。这种历法把1年分为18个月，1个月20天，再加上5个忌日，共365天，每4年再加1天，这比古代希腊、罗马的历法还要精确，至今为世人沿用。

玛雅人对天文学的研究也很深入。他们掌握了金星的运行规律，并计算出金星绕太阳运行一周所需的时间为584天，而今天测算出的金星绕太阳运行周期为584.92天！玛雅人也掌握了月亮的运行规律，并计算出了日食和月食的时间。他们建造了世界上最古老的天文台，天文台内有一个旋梯直通塔顶的观测台。塔顶有观测星体的窗孔，与现代的天文台很相似。

玛雅人在数学方面的贡献也很大。他们利用人的手指和脚趾发明了20进位的记数法。他们记数只用三个符号，即用圆点表示1，用短线表示5，用贝壳图形表示零。他们很早就知道了零这个概念，并用于计算，比欧洲要早八百年。

古代美洲阿兹特克文明

阿兹特克——崇拜太阳与血的民族。阿兹特克人也是美洲土著。公元1200

年前后，阿兹特克人进入墨西哥河谷和邻近地区。14世纪初，阿兹特克人通过征战建立了当时辉煌强大的帝国。

阿兹特克人在吸收了托尔提克文化的基础上，形成了具有自己特色的阿兹特克文化。在建筑上，特诺奇蒂特兰城代表了阿兹特克人的最高水平。特诺奇蒂特兰城建于湖中岛上，有三条道路与陆地相连接，另有两条人工的石槽供水系统。该城十分繁华，城内绿树成荫，街道宽敞，两个小岛用长堤连成一体。全城居民有6万人，城内的市场上，商品繁多，贸易活跃。特诺奇蒂特兰城的建筑颇具特色。它以宗教建筑为核心，城内建有金字塔形的坛庙多达40座，其中最大的一座是太阳神和战神辉齐罗波齐特里的坛庙，

阿兹特克人雕刻的印第安人像

前有144级台阶，高达35米，占地约0.8公顷，其雄伟壮观可见一斑。在医学上，阿兹特克人已经学会使用奎宁、毛地黄等药物。此外，他们还掌握了原始的麻醉术。在艺术上，阿兹特克人的雕刻作品具有一定的艺术水准。有一尊印第安人雕像，屈膝蹲坐，两手环抱于膝前，两眼注视前方，给人以栩栩如生之感。

阿兹特克文明光辉的另一面有着骇人听闻的血的文化。据说阿兹特克人对时间存有一种特殊的看法。起初是混沌未开，诸神在火前聚集，其中一神舍身向火扑去，变成了太阳，由此开始了人的纪元。时间轮替循环，周而复始。在这个纪元以前存在过四个太阳，也就是四个纪元，世界也曾经毁灭过四次。为了避免宇宙的灭亡，保证太阳天天从东方升起，阿兹特克人向神献出人体中最宝贵的东西——血。于是在人祭仪式和祭祀中有了食人的习俗。

阿兹特克文明在欧洲人扩张与挤压下走向覆灭。1519年2月，西班牙人科尔特斯率领一支拥有11艘船只、500多名士兵的远征队向尤卡坦半岛进发。8月，

阿兹特克首领蒙特苏马出于对"白神"的迷信，把西班牙人迎入首府特诺奇蒂特兰，科尔特斯伺机囚禁了蒙特苏马，强迫他向西班牙国王宣誓效忠，并挟持他对印第安人发号施令。1520年5月，阿兹特克人发动武装起义，包围科尔特斯军队，切断其粮食、弹药和饮水的供应。6月30日晚，科尔特斯率部队突围，遭到伏击，损失惨重。1521年5月，科尔特斯再次向特诺奇蒂特兰发动围攻。阿兹特克人在夸乌特莫克的领导下顽强抵抗3个月。8月城陷，居民惨遭血腥屠杀，城市被夷为废墟。科尔特斯率军继续征服墨西哥和中美洲北部，不到两三年工夫，把一个帝国彻底摧垮，阿兹特克人几乎被赶尽杀绝。

古代美洲印加文明

印加文明是南美洲古代印第安人文明。印加人居住在崇山峻岭之间，其中心在今秘鲁的库斯科。其遗址主要分布在秘鲁和玻利维亚。"印加"为其最高统治者的尊号，在印第安语中的意思为"太阳之子"。印加人是安第斯山区的印第安人。13世纪，印加人在秘鲁高原崛起，14世纪—15世纪，印加人征服了周边各部落，建立起中央集权制的国家。印加势力日益强盛，极盛时期的疆界以今秘鲁和玻利维亚为中心，北抵哥伦比亚和厄瓜多尔，南达智利中部和阿根廷北部，首都在秘鲁南部的库斯科。16世纪，印加进入全盛时期，随后开始衰落，1532年被西班牙殖民者灭亡。

印加文明遗址

印加文化是南美安第斯山古代文化的最高结晶。印加人在农业生产、冶金技术、交通工程等领域达到了印第安文明的顶峰。在农业生产中，印加人培植了40余种农作物，其中最著名的是马铃薯，今天已经成为世界各国人民广泛食用的食物。在长期的生产实践中，印加人学会了用鸟粪作肥料，学会了修建梯田和灌溉系统。印加人还没有自己的文字，他们创造了一种被称作"葵基布"的结绳文字。所谓结绳文字，就是在一根主绳上系上许多不同颜色的小绳，以小绳打结的多少和形式表示数目，用颜色、长度的不同来表示不同记事内容（如褐色代表马铃薯，白色表示白银，黄色表示黄金等）。用这种方式，印加人记录了当时的人口、税收和发生的事情。结绳文字代表着南美安第斯山区域文化的最高成就。在医学领域，印加人在外科手术和药物治疗方面取得了可喜的成就。他们学会使用奎宁和可可豆治疗疾病，并学会了使用麻醉剂。据说，印加人已经能够进行开颅手术。根据对天象的观察，印加人制定了自己的太阳历，每年为365天零6小时。印加人尚不会冶铁，但是他们已经学会制造和使用铜、青铜、金、银和铅等多种金属制品。值得称道的是，这些金属制品不但用途广泛，而且具有很高的艺术水平。在首都库斯科的花园里，印加人用金、银制成的各种花朵，几乎可以乱真。用几十公斤直至几百公斤金、银制成的各种器皿和装饰品，在当地的考古发掘中时有发现。

根据研究，这个社会当年还保持着用活人做祭祀品的习俗，而且是用男女儿童。用少年儿童做祭祀品，是因为他们代表纯洁，容易被神接纳。用于祭祀的孩子是根据相貌和智力挑选出来的，他们的父母都引以为荣。据认为，被选中的孩子们知道自己的命运。从被选中到送上祭坛，这中间一段时间他们自己为自己做祭祀的准备工作：编织布料，制作陪葬品等。祭祀仪式在高山上进行。司祭在启明前点起篝火，给即将成为贡品的孩子服用古柯叶和玉米酒。研究人员没有发现尸体颅骨有被打击的痕迹，也没有被勒死的痕迹，因此他们猜测，这些孩子在古柯叶、酒精和高山缺氧的综合作用下，已经失去知觉。司祭们就这样把他们活埋在1米见方，1.7米深的墓穴里。用现代人的眼光来看，这是极其残忍的事情。然而在那个社会里，人们认为被当作贡品奉献给神是幸福，而且他们死后受到崇敬和膜拜。科学家们还没有对已发现的几具孩童古尸做外科检测。现在这些古尸被保存在萨尔塔天主教大学高山科学研究所的一个实验室里。

综观非洲和美洲的古代文明，我们可以得出如下结论：第一，在资本主义登上世界历史舞台前，非洲、美洲等地区虽然没有建立四大文明古国那样持久、完

整和系统化的发达文明体系，但却是独立自主地发展着。非洲和美洲人民依靠自己的智慧和力量，创造了光辉灿烂的古代文明；第二，非洲和美洲人民创造的古代文明，在当时已经达到了很高水平，它们与世界各地文明一起共同构成了世界文明，丰富了文明发展的多源性和多样性。

中世纪的欧洲文明

中世纪骑士

中世纪也是一个骑士的世界，骑士不但是当时的主要军事力量，构成一个明显的社会阶层，而且代表着一种风度、一种制度和一种精神。在中世纪后期，骑士甚至成为贵族的代名词。

从起源上，骑士来源于骑兵，骑兵在日耳曼人灭亡罗马过程中发挥了重要作用。双方经过长期的较量，最终日耳曼骑兵取得了对罗马步兵的优势。从此之后，骑兵便主宰了中世纪战场。骑兵之所以能够取得这样大的成功，是因为骑兵同步兵相比有不可比拟的优越性，它移动快且攻击力强，在追击上作用特别大，优秀的骑兵甚至在难以行走的地形上也能前进。以骑兵猛追溃敌，是彻底巩固战果的好办法。378年，阿德里亚堡战役中骑兵的胜利决定了步兵衰败的命运，在这场战役中，罗马帝国的军队几乎全军覆没，皇帝也战死疆场。

但仅靠骑兵的灵活性和作战力的轻微优势还不足以保证其能取代步兵，是技术的进步大大提高了它的有效性。其中最重要的是马镫的使用，马镫使骑兵更容易保持平衡。另外长矛和长盾也出现了，长矛可以反复使用，而不像标枪那样一掷了事。骑兵骑着装有蹄铁的马能穿越险恶的地形，这在以前是力求避免的。这些发明促进了战事上的革命，使骑兵增强了战斗力。虽然这时期的骑兵队并非就是真正意义上的骑士，但这时候确立的骑马作战的优势，为骑士阶层的产生和生存提供了丰厚的土壤。然而，随着法兰克王国社会经济制度的变动，尤其是自由民的逐步减少，骑兵这一装备负担很重的兵种出现了向一部分人集中的趋势，为骑士这一特殊阶层的出现和骑士制度的形成奠定了最终的基础。

法兰克部落原来实行马尔克制度，所有土地属公社共同所有，军队实行义务兵制。国家规定，每个自由民都有服兵役的义务。到9世纪初期，大封建主对农民份地的侵夺具有特别广泛的性质，这样，原来自由法兰克人的义务兵制遭到破坏，并非所有的自由人都能应征作战了。委身于大地主的自由人仍要服兵役，不过现在的征召者不是国王而是领主了，他们由主人供应膳食、马匹、武器以及其他装备。这样，加入骑兵作战的资格逐渐集中到一部分人手中，骑兵队在社会上具有了明显的阶层性特征，这些人也就成为最早的未被授封的骑士。

中世纪欧洲骑士（电脑模拟图）

骑士与骑兵并非只是字面上的差异，两者有联系，又有着根本的不同。骑士的形成，代表着一种根本性制度的改变。在职业上，骑士是一名骑马的士兵，但他并不仅仅是新装扮下的早期骑兵，骑士只是在骑马作战时，才是一名骑兵，在和平时期，他却是土地所有者。因此，他是一个具有双重身份的角色。只有符合这两个标准，才算得上是一名真正的骑士。如果说前者是对早期骑兵传统的承袭，那么，后者则是通过采邑制与封臣制而形成的。领主要保证骑兵的忠诚和随时被征召，仅仅靠宣誓是不够的，还需要更具有实质性的联系，那就是以经济为纽带，把骑兵真正纳入封建制度效忠与附庸的链条之中，从而保证骑兵的固定性，并保证骑兵随时有效地装备自己。赫斯塔尔·丕平最先找到了一条解决的途径：他以土地而不是金钱来付给骑兵报酬，骑兵反过来履行骑马打仗的义务。其子查理·马特时，这条途径进一步制度化，他实行了采邑改革。

714年，查理·马特继任法兰克王国的宫相，他找到了一种有条件的新的土地占有形式——采邑——以代替墨洛温王朝所实行的完全私有的土地赐予。凡是领有采邑的人，都有为国家服兵役的义务。通过这项改革，结果形成一个以土地

为纽带的骑士贵族制度。"骑士"正式成为骑马作战人员的称号。每一骑士从领主手中领有土地,并向其直接领主效忠,履行骑马打仗的义务;每一骑士靠耕种采邑土地的农民献纳的赋税和劳动而生活。

骑士作为一个阶层在社会上出现后,具有了特殊的集团特征。这具体体现在他们社会地位的确定、成为骑士的资格以及他们的社会作用等方面。

军事上,骑士首先是一名士兵。中世纪人们之所以对一名装备精良的骑兵那样敬重,骑士作为一个阶层能够在封建统治秩序中占有一席之地,同当时人们对战争的态度是分不开的。现代人视和平为正常状态,而战争则是不正常的,是不道德和罪恶的。中世纪人的态度则全然不同。骑士视战争为人类的正常状态,按照骑士的观点,战争是解决争端最正常的方法。在社会没有定型、战争频繁的中世纪,社会需要骑士

查理·马特像

来维持和扩张势力,而骑士又依靠战争获得自己的经济地位和政治地位。因而,军事活动是骑士最主要的活动,他们应领主之召,驰骋疆场,攻击对手,保卫城堡;在战争之余,他们也进行比武大会,进行军事训练,也会经常参与私战。在西班牙抗击穆斯林、十字军进攻阿拉伯和西欧镇压异端的军事行动中,骑士都是重要的军事力量。

经济上,骑士是封建体制的组成部分。骑士从领主那里领有土地,反过来为领主服兵役及其他义务。领主与骑士互相宣誓,领主保护骑士,骑士对领主效忠。

在封建制度的鼎盛期，骑士是这一体制的基石，尤其是在战争渐渐减少，骑士与贵族阶层合而为一时，骑士渐渐淡化了其武士的功能，而更像一个拥有特权、占有土地的小封建主。

骑士与教会的关系相对而言更为紧密。骑士的好战行为虽然与早期基督教的传统相悖，但后来两者出于利益需要，逐渐结合。教会可借助骑士之剑来宣扬教会的威力，同时也使自己在世俗事务中站稳脚跟，使教皇成为军队的号召者和战争的领导者，从而在世俗政治中取得统治地位。而骑士由于其经济原因也自愿加入教会的麾下。两者结合发展到最高峰导致军事修会的形成。维护宗教信仰成了骑士的天职，而教会也成为骑士培养、骑士授封和骑士军事行动过程中不可或缺的存在。

并不是所有有财产和作战能力的自由人都可授封为骑士，一般来说，要成为一名骑士，从小就要接受骑士的训练。一般六七岁时要到权势较大的领主家中充当扈从，平时照顾和侍奉女主人，男主人外出打仗时则随侍身边，负责看守盔甲。一直到21岁，才取得成为一名骑士的资格，而且要经历一次授封仪式。仪式结束后，新任骑士有时到教堂去，把他的剑放到祭坛上，标志着对神圣教会的献身。这时，全场雷动欢呼跳跃，亲朋好友围拢过来，为新骑士热烈祝贺，并把他拥至训练场，举行比武大会。这些庄严神圣、气势恢弘的仪式，洋溢着骑士道的精神，涌入青年人的大脑，浸透他们的神经，激荡他们的情怀，形成他们的忠心。此后一生他以征战为业，骑马持矛随封君作战既是他的职责，又是他的特权。骑士的技艺和训练以及军事职责使得他与其他社会阶层区别开来。

十字军东征

从1096年到1270年，西方的基督教世界发动了一场针对伊斯兰教徒的东征战争。这场战争以教皇为领导，以各国的封建领主和骑士为主力，甚至下层的农民也卷入其中。由于参与东征的部队士兵胸前都佩戴着十字架，所以西欧的部队被称作"十字军"。十字军东征标示着骑士文化黄金时代的到来。

这场战争表面的起因并不复杂，主要是西方借口塞尔柱突厥人占领了基督教徒心目中的圣地耶路撒冷，占领了主耶稣的坟墓。据说前往耶路撒冷朝圣的基督徒遭到回教徒的迫害，因而这次十字军东征的目的就是解救"主的坟墓"。这种借口看似顺理成章，但其实有点牵强附会。因为耶路撒冷早在638年就已经落入

了异教徒之手,在长达几个世纪的时间里双方相安无事,并没有激起那么大的仇恨。其实,在宗教借口背后涌动着各种世俗的社会因素,这源于东西方一系列的变化。

就西方而言,十字军发动前夕,正是西欧发生剧烈变动的时期:人口不断增多,土地已经不够使用,出现了西欧内部的开拓,也出现了失去土地的人;西欧的长子继承制使贵族的次子们失去了赖以生活的依据;西欧公国和郡的力量相对均衡,使封建主们在内部没有机会互相征服;而西欧发布的禁止私战的命令使得这些破落的骑士们很难在西欧内部找到活动的空间。在这样的情况下,西欧存在着诸多不安定的因素,有进行国外冒险的内在渴望,在这种渴望背后更多的不是

十字军(电脑模拟图)

宗教虔诚的因素，而是非宗教的世俗因素。这种积累起来的不安和力量，只要有着合适的宣泄口，只要给他一个正当的名义，就会迅速爆发出来。

从宗教方面来讲，11世纪，西方教会又从衰落走向兴盛，教会在西方，无论在政治上还是在经济上都有了很强的实力，教皇一心想统治1054年分裂出去的东方教会，在运用外交手段不行的情况下，便想诉诸武力。

就东方而言，1055年塞尔柱突厥人占领了巴格达，1071年又打败了拜占庭，并在以后10年中，占领了埃及和巴勒斯坦，而距离君士坦丁堡近百公里的尼西亚，亦成为突厥小国罗姆苏丹国的首都。突厥人在征战和内讧中，毁灭了一些教会和修道院。但并没有完全断绝基督徒朝圣者的道路。但到11世纪80年代，拜占庭领地已经非常小，佩彻涅格人与波洛伏齐人联合在多瑙河附近击溃了拜占庭皇帝阿历克塞一世，追兵直抵君士坦丁堡城下，而突厥人亦积极准备进攻君士坦丁堡，拜占庭岌岌可危。于是，阿历克塞皇帝向西方求救，甚至向教皇乌尔班二世派出使臣，请求他招募诺曼、撒克逊、丹麦人雇佣军，以对付穆斯林，这便为十字军东征找到了切实的借口。

第一次十字军是由两个部分组成的：一次是正式组织的十字军，一是在正式十字军出发之前，由一些迫不及待的农民和城市贫民组成的"农民十字军"。这些农民并不怎样懂得教皇宣传的意义，但是他们知道十字军远征可以使自己摆脱困顿和窘况，于是他们并没有等到有组织的十字军组成，便迫不及待地自行组织出发了。当时教皇所定下的出发的日期是1096年8月，但是这支杂牌军在同年3月份便在"隐士"彼得以及"穷汉"瓦尔特的带领下上路了。他们分别从法国、日耳曼和莱茵河西部地区分三路出发，向东方行进。他们似乎不是前去作战，去同基督教的敌人进行搏斗，而是举家移民。他们的武器装备简陋，携带的食物和经费短缺，也没有有效的组织。但就是这样一支看似令人可怜的队伍，却做出了非常残忍的事情。他们的抢劫活动，从西欧出发的时候就开始了，首先遭殃的对象就是散居的犹太人。他们在德国的出发地和沿途对犹太人大开杀戒，公开抢劫。这支十字军在经历了沿途烧杀抢掠以及许多艰难困苦后，终于到达了君士坦丁堡，半数以上的人在途中死去。东罗马的皇帝见到这群乌合之众后，迅速把他们打发到博斯普鲁斯海峡对面，去面对精锐的阿拉伯军队，结果一场战役就使这支穷人十字军几乎全军覆灭。

由伯爵、贵族、骑士等组成的正规的十字军则在1096年秋天开始出发，全部人数大约在3万至4万人，分四路向君士坦丁堡进发，并于1097年在君士坦

丁堡城下集合。这些十字军骑士们初来君士坦丁堡，第一次见到东方的富庶，在利益的诱惑下开始了零星的抢劫，甚至曾经产生过攻打君士坦丁堡的念头。东罗马皇帝接待了他们之后，便帮助他们渡过了博斯普鲁斯海峡，攻打被阿拉伯人所占领的城市和领土。在阿拉伯世界四分五裂的局面之下，这支十字军取得了相当的进展。他们先是围攻尼西亚，在拜占庭皇帝的谋划之下，守城军队向皇帝投降；接着他们去进攻安提阿，在经过长时期的围攻之后，安提阿失守。此后，十字军先后占领了爱德沙和安条克，并于1099年6月7日到达耶路撒冷城下。经过40天左右的围攻，耶路撒冷城在7月5日陷落。在攻陷耶路撒冷城时，十字军进行了大肆的屠杀。十字军不但对阿拉伯士兵毫不留情，对普通民宅都不放过，他们抢劫了一切可以抢劫的东西。因此，从十字军的行为来讲，他们与其说是去解救圣墓，还不如说是从事掠夺的战争。

第一次十字军东征的过程，也是西欧首次尝试在外部建立殖民地的过程。十字军占领了耶路撒冷之后，依照西方封建制度的样式建立了国家，即耶路撒冷王国。由于这个地区很早脱离了拜占庭的统治，因而新建立的王国是完全独立的，是完全按照西欧的国家方式而建立的，也不信仰东正教，而是受基督教会及教皇的管辖，是地地道道的拉丁国家。这个国家也同西方一样，分成4个采邑，分别是耶路撒冷、安条克、的里波黎和爱德沙，这些公国和伯国都具有相对的独立权。同时，雅法、推罗、阿克和贝鲁特等地则割让给意大利的威尼斯等城市，作为他们支持十字军的回报。殖民地建立后，大量进入而常驻的居民并不是教士，许多贵族或者因为任务已经完成或者运气不佳而返回了，源源不断进入的反而是商人、朝圣者，以及社会最底层的人。1144年，突厥的摩苏尔总督攻陷了爱德沙伯国，并对安条克形成包围。在这种情况下，西欧开始了第二次十字军东征。

西方组织的第二次十字军，虽然有法国国王路易七世（Louis Ⅶ，1137—1180年在位）和德国皇帝康拉德三世（Conrad Ⅲ，1138—1152年在位）的指挥，但是最终还是以失败而告终。之后，埃及阿尤布王朝的创立者萨拉丁却势力越来越大，很快就收复了包括耶路撒冷在内的被十字军占领的土地，于是，西欧在德国皇帝红胡子腓特烈、法国国王奥古斯都腓力（Philip Augustus，1180—1223年在位）和英国国王狮心王理查（Richard Lionheart，1189—1199年在位）的率领下组成了声势浩大的第三次十字军，但是由于德皇在河中被淹死，法王中途而返，十字军势力大减。仅剩下的理查势单力薄，一无所获，只与萨拉丁达成了一个和解条约。应该说这次十字军东征最终也是无功而返。

但是萨拉丁在1193年的早逝，以及英诺森教皇在1198年的上台，促成了第四次十字军东征的进行。

第四次十字军东征最初确定的目标是进攻埃及，直捣阿尤布王朝的心脏。但十字军没有船只过海，请求威尼斯给予帮助。威尼斯人愿意给予帮助，但是作为一个传统的商业共和国，他们所希望的东西更加直接，那就是利用十字军拓展自己的商业范围。当时威尼斯总督对帮助十字军渡海的要价甚高，共计

萨拉丁像

8.5万银马克，并要求平分侵略的土地和战利品，把支援战争当作一种商业交易。十字军同意了这些要求。但1202年十字军在威尼斯会合时，无法交足所约定的款项。于是，威尼斯便从自己的商业利益出发，提议十字军攻打同样参加十字军的天主教城市扎拉城，以此来弥补所亏欠的款项，因为扎拉城是威尼斯的商业劲敌。尽管这项行动遭到英诺森三世教皇的谴责，并威胁要把参与这场行动的人全部开除教籍，但是十字军还是接受了这一提议，野蛮地攻占和劫掠了同宗兄弟，平分了所抢夺的战利品。接着，威尼斯总督又与十字军首领密谋改变十字军的进攻方向，不去攻打埃及，因为威尼斯与埃及是贸易伙伴，而去进攻君士坦丁堡，而此时拜占庭由于王位之争所发生的混乱正好为这一密谋的实现提供了难得的契机。

当时拜占庭的皇帝伊萨克二世（1185—1195年，1203—1204年在位）被其弟亚历克修斯三世篡夺了王位，而且眼睛被弄瞎，伊萨克的儿子跑到威尼斯，请求威尼斯和十字军出面干涉，并答应为十字军提供20万银马克的费用，装备一支1000人的军队供十字军使用来攻打回教徒，还答应东正教服从罗马教皇。教皇对十字军准备攻打君士坦丁堡非常气愤，宣布将参加者全部开除教籍，但是十字军还是踏上了征服君士坦丁堡的征程。1203年6月，十字军抵达君士坦丁堡城下，开始围攻。篡位者亚历克修三世逃跑，十字军恢复伊萨克二世的帝位。但是，十字军的到来，不但没有能够稳定拜占庭的局势，反而引起更大的混乱。教会和贵族都反对十字军，他们起来反抗和推翻了新政权。同时，十字军进入君士坦丁堡后也始终没有能够得到承诺过的报酬，于是，十字军从维护秩序的角色变

成了疯狂的抢劫者,君士坦丁堡遭受了灭顶之灾。事后,威尼斯商人分得了拜占庭的许多领土,威尼斯总督被称为"拜占庭帝国八分之三的君主"。拜占庭也成为在法兰德斯伯爵鲍尔温领导下的拉丁帝国,被肢解和分裂为许多部分,一直到1261年8月,尼西亚皇帝才重新夺回了君士坦丁堡,灭亡了存在57年的拉丁帝国。

第四次十字军东征是整个东征进程中的一个转折点。第四次十字军以对拜占庭露骨的侵略而告终,此后十字军出现低潮,虽然教皇以"收复耶路撒冷"的神圣战争为借口进行煽动,却再也形成不了大规模的十字军。1212年,出现了所谓的"儿童十字军"。当时广泛流传着一种荒谬的说法,认为成年人有罪,不能解救主的坟墓,儿童能够凭借虔诚信仰,感动上帝施行奇迹,从穆斯林统治下解放耶路撒冷。这些儿童被骗到马赛港,分乘7艘船出海,有两艘船在暴风中沉没。许多儿童葬身鱼腹,另外的儿童被运到北非,全部在奴隶市场上出卖了。第二批儿童十字军由一个骑士骗子煽动组成,他利用自己10岁的儿子尼古拉斯煽动儿童组织十字军,共有两万名儿童参加,由德国的科隆出发,沿着莱茵河南下,越过阿尔卑斯山,一路上死亡殆尽,最终溃散。

儿童十字军失败后,英诺森三世却利用儿童的死亡来煽动第五次十字军。英诺森临死前一年(1215年),组织招徕了第四次拉特兰宗教会议,宣布组织新的十字军东征。1217年,匈牙利国王及德国、奥地利、荷兰贵族领主率领军队进攻埃及。开始时攻陷了达米埃塔,打开了通向埃及的门户,但后来由于指挥失当,节节失败,不得不退出埃及。第五次十字军失败后,骑士们再也不愿远征东方。此时教皇正在和日耳曼皇帝争权,因此,他把第五次十字军东征的失败归咎于日耳曼皇帝腓特烈二世(Frederic,1212—1250年在位)没有践约参加远征,并把腓特烈二世开除教籍。腓特烈二世为向东方扩张势力,于1228年组织了第六次十字军。教皇格利高里九世宣布禁止这次十字军。腓特烈不予理睬,前往东方,他利用大马士革总督与埃及苏丹的矛盾,与埃及苏丹谈判缔结和约,保证支持苏丹,反对他的一切敌人,并互通贸易,埃及苏丹则把耶路撒冷及其他城市交与腓特烈二世。教皇出兵进攻腓特烈在意大利南部的领地,迫使腓特烈班师回朝。此后,十字军之间纠纷不断。1244年,埃及苏丹重新出兵占领了耶路撒冷。不久,教皇英诺森四世于1245年在里昂宗教会议上又号召组织发动第七次十字军东征。当时法国势力正在巩固,与东方的贸易关系到法国的繁荣,因此法国国王路易九世(Louis Ⅸ,1226—1270年在位)积极从事向东方扩张。在他亲自率领下,1248—1254年进行了第七次十字军东征,其直接目标是埃及,结果遭到失败,

路易九世也做了俘虏，最后以巨款赎身才被释放回国。1270年，路易九世又亲自率领部队进行第八次十字军东征。当时的欧洲人已经对十字军失去了信心，不得不雇用骑士出征，这次的目标是突尼斯。在突尼斯登陆后不久，十字军内便染上了瘟疫，造成大量人员死亡，路易九世本人亦死于瘟疫，残存的十字军返回欧洲。

从此之后，教皇再也组织不起十字军，而十字军的领地一个个转到穆斯林手中，1268年，埃及占领了安条克，并于1291年夺取了十字军在东方的最后一个据点阿克，耶路撒冷王国灭亡。

十字军东征总体上说是失败的，但它给世界历史带来了重大影响。首先，十字军东征促进了西方军事技术的发展。如西方人开始学会制造燃烧剂、火药和火器；懂得使用指南针；海军也有新的发展，摇桨战船开始为帆船所取代；轻骑兵的地位与作用得到重视等。其次，十字军东征在客观上打开了东西方贸易的大门，使欧洲的商业、银行和货币经济发生了革命，并促进了城市的发展，造成了有利于产生资本主义萌芽的条件。东征还使东西方文化与交流增多，阿拉伯数字、代数、航海罗盘、火药和棉纸，都是在十字军东征时期内传到西欧的。这些在一定程度上促进了西方文艺复兴的产生。

路易九世像

西欧封建制度的产生

公元476年,西罗马帝国的灭亡标志着西欧奴隶社会的结束和封建社会的开始,但封建制度的最后确立还要经历几个世纪漫长的时间。

西欧封建制度的标志,有它自己的历史特点。西罗马帝国晚期,奴隶制已经开始瓦解,隶农制的出现是封建因素萌芽的表现;而日耳曼人的征服及其与原罗马居民的融合,则加速了这一变化过程。西欧封建制的产生,是在被征服者先进生产力的影响下,与征服者日耳曼人公社解体的因素互相融合的基础上发生和发展起来的。这是西欧封建制产生的一个特点。

日耳曼人诸王国在征服西罗马帝国的过程中,直接控制了三分之一至三分之二的土地。除大部分分给日耳曼人各公社外,一部分被国王直接占有。国王根据原来的以军事组织分配战利品的原则,把这些土地连同那里的奴隶、隶农分配给自己的亲兵和其他下级首领。这些分得土地的人成了新的大土地所有者。这些新地主日益熟悉罗马隶农制的剥削形式,与他们原来对下属的"比较温和的隶属形式"相适应,于是封建的生产关系(人身依附关系与上述土地关系)逐步形成。地主把土地分成小块,由原来的"奴隶"或隶农独立经营,但他们必须向

土地所有者纳租服役，而保留下来的原罗马大地主，也改用交纳地租的自由佃农和依附佃农来耕种。因此，奴隶和隶农的处境，较前有了一定的改善。封建制比奴隶制进步、优越，促进了生产力发展。

法兰克人原来住在莱茵河中下游。公元476年前后分成两大支：在莱茵河三角洲滨海一带的称"萨利克法兰克"（意为"滨海法兰克人"）；在莱茵河中游平原一带的称"里普利安法兰克"（意为"沿河法兰克人"）。趁西罗马帝国衰亡之机，法兰克人逐步深入并终于占领了大部分高卢。公元481年，萨利克法兰克的一名军事首领克洛维领导法兰克人在高卢北部建立起法兰克王国。公元486年，克洛维定苏瓦松为首都（510年迁都巴黎）。克洛维为取得天主教会的支持，于496年率三千亲兵一道皈依了天主教。由于他只是没收原罗马皇室、元老及其他反对者的土地，因此得到了天主教会和罗马一般富有隶农主人的支持。在对外扩张的过程中，克洛维以巴黎一带为根据地稳步发展，逐步击败了其他部落，建立了包括高卢北部和莱茵河右岸的统一的法兰克国家。他所建立的王朝，以他家族的名称被叫做墨洛温王朝（公元481—公元751年）。

克洛维像

墨洛温王朝统治的二百多年是封建制逐步形成的时期。从现存法兰克人的《萨利克法典》中可以见到公元5世纪至6世纪法兰克人的社会状况。这部法典形成的时间是公元5世纪末到公元6世纪初。《法典》表明，这时法兰克社会的基本经济组织仍是"马尔克"，但已进入马尔克存在的后期阶段。原来，马尔克（农村公社）的基本特点是：土地公有，但已分成份地交给各个家庭耕种，收成归各个家庭私有，份地定期重新分配。到了这时，土地所有权虽仍属于公社，但

宅基已归私有，耕地也不再定期重新分配，而是交由公社成员世袭使用。《法典》规定，土地的使用权只允许男性亲属继承，如死后无男性后裔则由公社收回。这时的血缘关系已进一步瓦解，如允许氏族成员脱离本氏族。经全公社同意，或持有国王敕令的外来户，可以成为新的公社成员。《法典》对偷窃、抢劫和放火者皆有详细的惩罚规定，偷一只小猪罚款3个金币；放火烧掉法兰克人的住宅罚63个金币（如果烧掉的是罗马人的住宅，罚金仅为上述数额的三分之一）；罗马人侵袭并抢劫法兰克自由人的财产罚63个金币，等等。这些规定说明法律已在保护私有财产。

《法典》还规定，杀人的赔偿金因被杀者的身份差异而数额不同。如杀死一个国王的官吏或亲兵，赔偿六百金币；杀死一个自由法兰克人为200金币；杀死一个半自由人或被释奴隶为100金币。如杀死的是一名奴隶，则不交赔偿金，而仅交30金币的罚金。这些不同的金额，表明法兰克社会已经出现明显的阶级分化和等级观念，也表明氏族制下血亲复仇的制度已基本消灭，杀人罪已改由国家用公法来处理。

法兰克王国封建制生产关系逐步形成的过程，一方面是法兰克建国后，国王曾把没收的罗马皇室、元老、反对者的土地赐给自己的亲兵、官吏和教会，这些人和教会便成为新的大土地占有者——地主阶级。另一方面是法兰克人内部的进一步分化。大部分法兰克自由农民地位下降并逐渐破产而成为农奴。从六世纪到九世纪法兰克封建制确立的过程大体经历了三个阶段。首先，原来（5世纪末到6世纪前期）法兰克自由农民的份地，到6世纪后期已变为自主地。这种土地已可以买卖、转让，也可以由儿女继承。

随后，从公元6世纪末到公元7至8世纪，是法兰克封建化迅速发展的时期。法兰克王国在克洛维死后到613年，两度分为四个小国，638年后，又三次分成两个国家。此后，国内也还有种种纷争和战乱。在这一阶段，由于小农无法承受种种剥削、压迫以及战争的破坏而纷纷破产。这个时期遗留下来的契约和其他文书，说明了大批小农丧失人身自由和土地的状况。农民或因贫困，或因不堪压迫而向教、俗封建主进行"投托"，对封建主承担一定义务，形成对封建主的人身依附关系，以便得到"保护"。"投托"的一般条件，是将土地献给主人，然后再从主人那里租种这块土地（或另加一块地，或换租一块地），这种地称为"恩地"。主人取得了土地的支配权，接受"恩地"者不得不接受主人出租土地的种种苛刻条件。而他们的子孙后代，由于失掉了自主权利，便成为被束缚在土地上的农奴。

与此同时，贵族（一般又是官吏）则利用其掌管行政、司法、军事的权力来争夺劳动人手和土地，教会也以骗取捐献、伪造遗嘱等手段夺取土地和依附者。在7世纪到8世纪初，教、俗贵族的势力大大膨胀，墨洛温王朝的势力却削弱了。农民破产、"投托"，使王室兵源、税源大为减少；原来国王手中的土地陆续赐给贵族官员，这时已经无地可赐。7世纪中叶，国家政权落到了宫相的手中。宫相原是为国王管理财产和收支的宫廷总管，因接近国王而逐步取得了大权。8世纪前期，查理（后称查理·马特，马特意为"锤子"）任宫相（公元714—公元741）时，进行军事和土地制度的重大改革，实行采邑制度。

公元714年后，阿拉伯人的势力从西班牙向北推进。公元732年，查理与阿拉伯军在普瓦提埃激战，双方均损失惨重，阿拉伯军退走。此后，查理因步兵已不适应时代要求，于是大力扩充骑兵，使军队从以步兵为主转变为以骑兵为主。由此法兰克王国封建骑士制度正式形成。查理改变赐地制，实行采邑制。他没收了一部分教、俗封建主的土地，将其划为采邑，授予承担骑兵义务的人，并且规定：采邑不能遗授子孙，如不承担兵役，国王则将采邑收回。采邑制的实行加速了法兰克封建化的进程，对整个社会发生了重大影响。采邑的大小和负担骑兵义务多少的等差相当，形成了封建的等级隶属关系和土地的等级占有制；一批小封建主、富裕农民成为骑士（一些大封建主的次子等也成为骑士），形成了一个骑士——小封建主阶层；一部分农民（特别是采邑上的农民）摆脱了兵役义务，也失去了士兵所能享有的政治权利，地位进一步下降。

与此同时，查理·马特也借此暂时加强了王权和国家的统一。

查理曼帝国及其分裂

公元741年，查理·马特的儿子矮子丕平继任宫相，公元751年丕平在罗马教皇支持下夺得了王位，自此开始了加洛林王朝（公元751—公元987年）的统治。为了报答教皇对他的支持，丕平两次率兵攻打教皇的敌人——伦巴德人，并把夺来的从拉文那至罗马的土地奉献给教皇，历史上称之为"丕平献土"。自此出现了教皇国。公元768年查理即位，他在教皇支持下积极向外扩张，征服了伦巴德人王国，吞并了巴伐利亚和萨克森地区，向南从阿拉伯人手中夺得了科西嘉和撒丁岛。此时，查理统辖的领土，东起易北河和多瑙河，西南至厄布罗河；北自北海，南迄意大利中部，已相当庞大。

公元799年，罗马教皇立奥三世被罗马贵族逐出，查理应教皇之请进军罗马，帮助教皇复了位。为了报答查理，教皇在公元800年圣诞节时给查理加冕，宣称其为"罗马人的皇帝"。因此，查理被称为查理曼，即查理大帝，其国家也称为查理曼帝国。首都定于阿亨（又译亚琛）。全国分为九十八个郡，各郡由皇帝派伯爵治理，查理每年还派两名官吏到各地巡视，监督伯爵，通过这些措施，王权进一步得到加强。

在查理曼统治时期（公元768—公元814年），查理以不断封赐土地换取支持，故而从未停歇过对外掠夺土地的战争。他在位四十多年共进行大、小五十多次对外战争，大大扩大了查理曼帝国的疆域，同时也加速了自由农民的贫困与破产。

为了取得封建主的支持，查理曼又广赐"特恩权"，这就是第三阶段。国家规定，凡是取得特恩权的教、俗领主，在自己的领地内具有独立的行政、司法、经济和军事特权，国家官吏不得进入领地征税和干预其他事务。由此，凡享有特恩权的领主及其领地，实际上成为一个"国中之国"。这样，原来由采邑制所造成的封建分裂因素，由于"特恩权"的广泛赐予而日益扩大和加重了。同

查理大帝像

时，广大农民在国家重税和繁重的兵役负担的压迫下，纷纷破产。这些农民不得不向拥有特恩权的领主奉献自己的土地（"投托"）以换取领主的"保护"。广大自由农民一经陷入这种境地，经几代之后，便实际上变成了领主的农奴。

公元9世纪法兰克王国的封建制度确立。西欧封建制度确立的基本内容，是农奴制形成、庄园制形成和等级制的建立。

大体说来，农奴的社会政治经济地位的基本点是：第一，农奴因人身依附而成为主人的"人"，不经主人允许，没有迁徙自由，他们被强制束缚在土地上。第二，

农奴要向主人缴纳人头税，以表示农民也像牲畜一样，按"头"隶属于他的主人（英国除外，到14世纪始征人头税）；农民结婚，需得到主人的许可，如果女方是属于另一个主人的农奴，则需交纳结婚税；农奴死后儿子继承份地，需交继承税，亦称死手捐。开始是砍下死者的手交给主人，以说明他作为主人的人已不能再为主人服务，由儿子的手继承，后来常用一件最值钱的东西代替"死手"，通常是一头牲畜，但各领主规定不一。第三，农奴要向主人交纳劳役地租，即农奴每周必须以三至四天的时间，带着自己的工具与耕畜，在属于主人自留的那块土地上劳动，收获归主人所有。除此而外，农民还要为主人负担各种无偿杂徭和季节性的劳动。第四，农民只能在领主的法庭上进行诉讼，接受领主法庭的判决，领主法庭有权传讯、拷打、凌辱、关押和惩处农奴。

依靠军事征服而迅速建立起来的查理曼帝国，内部没有统一的经济基础，王室的内讧更加速了帝国的分裂。公元814年查理大帝死后，帝国很快分崩离析。公元840年，他的三个孙子为争夺王位开始内战，公元843年他们在凡尔登签订了"三分天下"的条约。条约规定：莱茵河以东，居民讲日耳曼语的地区，归日耳曼人路易，称东法兰克王国；些耳德河、缪斯河以西，居民讲罗曼语的地区，归秃头查理，称西法兰克王国，两国中间的狭长地带和意大利的大部分属长孙罗退尔，并由他继承帝号。凡尔登和约大体上奠定了近代德、法、意三国疆域的基础。帝国的分裂和封建割据，削弱了对外防御的力量。

西欧的封建庄园和等级制度

查理大帝统治时期，法兰克的农村公社在名义上仍存在，但除边远地区外，其实质已转变为封建庄园。封建庄园大小不等，通常一个村庄就是一个庄园，各级封建主都拥有不同数量的庄园，同一领主的庄园也不一定都连成片；庄园里有主人的住宅、教堂、农奴的茅舍和主人设立的各种小手工业作坊。耕地分为领主的直辖地和农民的份地两部分。因土质好坏不等，分配份地时，把耕地分成许多条田，交叉搭配起来分配；实行二圃制或三圃制的耕作法。收割完庄稼的土地仍作为公共牧场（亦称敞地），归集体使用。山林草场和水源都由领主管理，农民需交出一定代价才能使用；庄园里设有磨坊、油坊、面包坊等，农民的食物用品在这里加工也要向主人交纳加工费。除盐、铁和贵族需要的奢侈品之外，庄园可生产本身所需要的一切产品，它是一个农业和手工业相结合的、自给自足的经济

单位。庄园中的每一个农户，也以家庭手工业与农业相结合，生产着自己所需用的布匹等日用品。很少需要对外交换。因此每一个农户以至每个封建庄园，都基本上是一个自给自足的自然经济的细胞。

领主剥削农奴的基本方式是劳役地租，此外，农奴还要为领主承担修桥、铺路、建屋、酿酒等徭役。封建教会还要向农民征收"什一税"。在教、俗封建主共同残酷剥削下，农奴虽然终年劳动，却依然过着贫困的生活。但农奴的生活和地位较之奴隶还是有所提高，所以农奴制比较奴隶制，还是一个进步。

在加洛林王朝统治时期，随着土地分封的发展，封建等级制度逐渐建立起来。国王仅仅是名义上的全国最高土地所有者，其实他除直辖的一部分土地外，绝大部分已作为封土（由采邑发展而来，封土是世袭的）分封给他的附庸——公爵或伯爵等大封建领主贵族。这些大封建主又把土地分成小块，授予众多的小贵族——骑士。这样，以承担兵役义务和土地为纽带的由大、小封建贵族组成的封建等级制度就系统完整了。每一个分封给他人臣属土地的大贵族称为封主，而每个下级领受土地的人，则称为封臣。这就构成了以国王为塔尖，往下越来越大的金字塔形的封建统治结构。封主和封臣关系的建立有一定的仪式，称为誓忠礼。封臣是封主的附庸。附庸的义务是：保护领主，随同领主作战，应召参加领主法庭，如果领主被俘要献纳赎金；领主的责任是保护附庸不受侵犯，裁决附庸之间的纠纷。对不服从的附庸，有权以武力制裁。封建庄园和封建等级制度的形成也是西欧封建制度最后确立的重要标志。

西欧封建制度的发展

由于封建制度的确立，西欧的社会经济发展较快。公元10至11世纪，农业已普遍使用铁犁深耕细作，三圃制广泛流行，园艺业也有很大发展，农产品除农民自身消费外，还有一部分可以拿到市场上出卖。手工业越来越专门化，并开始和农业分离。农业和手工业的发展，为城市（作为经济中心）的产生准备了物质基础。农奴和手工业者为了逃避领主的压榨，往往逃出领地。因为各领地之间互不相属，所以一旦逃出来，便不易追捕。他们在城堡、寺院、关隘、渡口等交通方便的地方集中起来，从事小商品生产。为了防止被掠夺，他们把居住地先用栅栏围起来，后来又筑起了城墙，这样一来新的城市就产生了。这种城市最早是由农奴兴建起来的，所以，农奴和手工业者反对封建主的阶级斗争，是城市兴起的重要原因。

在新城市大量涌现的同时，原来罗马帝国时期的旧城市也开始复兴，如威尼斯、佛罗伦萨、罗马、马赛、奥尔良等。随着西欧封建化的完成，封建主积累了大量财富，他们中的一部分人不满足于庄园提供的产品，而渴望获得更多的东方的商品和奢侈品。为此，封建主便在自己的领地上招徕商人和手工业者，建设城市，给工商业者一定的保护。不过，这时的城市规模都很小，一般只有几千人，万人以上就算大城市了。

威尼斯风光

西欧这时兴起的城市一开始就是生产性的。手工业者占城市居民的多数。他们自己采购原料，自己生产和销售。不同行业的手工业者，分别组成封建行会（"行会"，英文音译汉字为"基尔特"）。手工业行会产生的原因，一方面是由于需要联合起来对付强盗贵族，保证市场安全和防止其他逃亡农奴的竞争；另一方面也是由于交换和市场狭小，商品需要量小，为避免自由竞争，协调生产和保证质量的现实需要。行会产生的初期，对维护脆弱的小手工业的存在和发展，维护新兴城市免遭洗劫等，发挥了一定的积极作用。

行会是同行业作坊主行东的组织。他们选出若干人为管理者，再从其中推选一人为首领——行头，行会成员仅包括行东，帮工和学徒不在其内。它是一种保守、闭塞的封建性组织。它阻止外来者经营同类手工行业，在发展中还逐渐变成阻挠帮工成为行东的组织。因此行会建立后不久，就发生帮工、学徒同行东之间的矛盾与斗争，并愈演愈烈。

由于城市商品经济的发展，城市中又逐渐形成了一个商人集团。他们为了垄断贸易，往往也结成商人公会，以维护商人的利益。最初，一个城市往往只有一个商人公会。因为商品货币经济日益发展，其地位也逐渐处于手工业行会之上，并与封建主、大房产主等一起，剥削广大的城市居民。

新出现的城市都建立在封建领主的土地上，城市居民受封建主的司法和行政管理。领主不仅可以随意增加捐税、强征劳役，有时甚至公开抢夺市民的财物，所以12世纪以后，许多城市掀起了反对领主、争取自治权的斗争。它们通过武装起义和用金钱赎买的办法，纷纷取得自治权，少数城市甚至成立了自治共和国，例如威尼斯、热那亚、佛罗伦萨等。在这多种多样的斗争中，具有典型意义的是琅城公社的起义。其经过比较曲折、复杂。

琅城是法国巴黎以东的一个城市，古罗马时代曾是一个重要的主教区。11世纪以后，随着生产力的发展，成为新兴的城市之一。公元1106年，诺曼人加居里担任琅城主教，同时是琅城的执政。加居里横征暴敛引起广大市民的不满。市民们集中大量钱财，从主教和封建主手中赎买到了自由，成立了琅城公社。同时花钱从国王那里买到了特许状。

公元1112年，加居里已将大量赎金挥霍干净。他与教俗贵族一起邀请国王到琅城共度宗教节日，企图借国王之名剥夺琅城公社的自治权，市民们闻讯后向国王表示愿赠400锂（每1锂合银20两）给国王及其随从，但加居里和教、俗贵族向国王送上了700锂，从国王那里换回了宣布废除琅城公社特许状的公告。

这一行动激怒了琅城各阶层人民，在国王到达琅城的第四天，市民举行了起义，他们手里拿着长矛、弓箭，口中高呼："康缪！康缪！"（意为，"公社"）对主教和封建主进行了武装袭击。冲进教堂的起义军在搜查中找到了藏在大酒桶里的加居里，将其活活打死，抛尸街头。还杀死了少数教、俗贵族，焚烧了主教的宅邸。为了避免国王惩罚，市民们另请贵族托马斯任琅城执政。但托马斯任职不久即作恶多端，国王重新任命了一名新主教兼执政。

公元1128年，琅城市民又以更多的财物买通主教，再次从国王那里赎买了自由特许状，使琅城再次取得自由公社的政治地位。1175年和1194年，市民与主教、教士、骑士又曾发生争端，这时的主教又企图取缔公社，由于国王从琅城获得大量赎金而不予支持，公社才得以存在下去。

这段史实，不仅说明城市与封建主之间存在着尖锐的矛盾，而且使人们看到：由于城市中商品货币经济的飞速发展，城市在掌握大量货币的前提下，金钱不仅成为城市与教会斗争的重要手段，同时是城市和国王能够结成联盟的主要原因。

除法国琅城外，还有德国的科隆等城市通过武装起义取得了自治权。但也有一些城市只取得半自治权或仍在贵族领主管辖之下。

自治城市的居民全部变成了自由民，逃亡农奴在城市住满一年零一天，便受到城市的承认，获得自由。此后，法国和英国的国王也先后承认了这一条。这样，就吸引了更多的农奴逃往城市，以致出现了一大批市民和城市平民。

自治城市有市议会，管理人员由选举产生。有自己的法律、货币，有的还有自己的军队。但城市的政权一般都掌握在少数富商、高利贷者、大房主和富有的行东手里，他们因长期担任公职、把持市政而成为城市贵族。因此，13世纪以后，行会手工业者反对城市贵族的斗争便不断发生，历史上称为"行会革命"。这种斗争几乎在所有西欧城市都曾发生过，但斗争的结果各不相同。在手工业特别发达的城市，行会往往取得胜利（例如在斯特拉斯堡），但大多数城市政权依然掌握在城市贵族手里。城市的兴起，是西欧封建社会进入发达阶段的标志。

城市的兴起对西欧社会历史的发展具有重大的意义：它是生产力发展和阶级斗争取得积极成果的产物，又成为促进生产发展的条件。它为手工业发展提供了集中、方便的场所，为农业发展开辟了新的市场，因此又促进了商业、交通运输业的发展；它部分地改变了西欧封建社会内的阶级结构和阶级关系。因城市兴起而产生了城市贵族（担任一定公职的大行东、大商人、大高利贷者等）、市民（一般行东、商人等，资产阶级的前身）和城市平民（帮工、学徒、短工、小商贩等）；城市贵族、市民都与旧封建领主有一定的矛盾。市民在一定条件下是农民反封建的友军，城市平民则是农民反封建的同盟军；它促进政体的改变，是西欧国家形成等级君主制的阶级基础之一。在公元13至14世纪，英、法国王和旧的教、俗贵族不得不允许城市代表参加政权，从而形成了英国的国会（1295年）和法国的三级会议（1302年），加强了，国家的力量；它为文化、科学的发展和冲破教会统治创造了条件。城市兴起后，经营工商业需要文化、科学知识，大学、专业学校和城市文学逐渐产生并得以发展，学校培养了一批新型的为市民服务的知识分子。这些知识分子后来成为反封建、反宗教迷信的先锋。这一切，都是西欧最早进入资本主义时代的历史前提。

英法封建统一集权国家的建立

法国在百年战争以后，工农业逐渐复兴，商品经济也有了很大发展。以制造大炮和刀剑为主的冶金业和金属加工业发展很快，还出现了养蚕业、丝织品和细毛织品的制造业。里昂作为南北两地经济联系中心的作用增强了。1481年马赛并入法兰西以后，很快成为法国地中海沿岸的主要港口。诺曼底的卢昂市集批发贸易繁盛，它和马赛之间，经由塞纳河、梭恩河和罗尼河建立了经常的贸易联系。法国东北部的葡萄酒，北部的呢绒，南部的橄榄油都行销全国，法国统一的国内市场初步形成。巴黎发展为全国的经济中心。和经济基础相适应，在政治和文化上也日渐统一。这时王权逐渐加强，在查理七世统治时期（1422—1461年），国王不经三级会议同意可以征收经常税，另外还建立了一支直属国王的两万四千人的军队。路易十一统治（1461～1483年）初期，反对王权的大封建主联合起来，组成"公益同盟"，勃艮第公爵大胆（绰号）查理是同盟的首领。他的领地不仅包括勃艮第本土，15世纪初根特和布鲁塞尔也被他兼并，以后洛林、莱茵河上游地区、格尔登恩、皮尔卡迪和尼韦尔内也先后被其吞并，他企图建立一个独立的王国。

因此，在15世纪，勃艮第公国是法国统一的一大障碍。路易十一利用各种手段瓦解了"公益同盟"。1477年大

路易十一像

胆查理死去。他在法国的主要领地——勃艮第和毕加底转归法国国王。17世纪,南佛兰德尔、洛林、萨瓦和鲁西永也置于法王的统治之下,法国的政治统一至此基本完成。在民族语言方面,随着国家经济、政治的统一,以巴黎方言为基础,逐渐形成了法兰西语,法兰西民族国家初步形成。

百年战争以前,英国王权比较强大,但在约翰统治时期(1199—1216年),由于对法战争失利,对内又肆意增加捐税,1215年大封建主乘机联合不满的骑士和城市上层,强迫国王签署了《自由大宪章》。大宪章规定国王不得随意向大封建主征收贡赋和没收他们的财产,国王要确保城市自治权和人身自由,否则他们有用武力反抗的权力。大宪章的基本精神是限制王权。

1295年英王爱德华一世为了筹集战费而召开了国会,参加者除教俗封建主外,每郡还有两名骑士和自治城市的两名市民代表参加。史称"模范国会"。从此英国也成为等级君主制的国家。

15世纪时,英国的经济发生了很大的变化,中、小贵族以及一部分大领主贵族已改用雇工劳动,从事养羊业,其经济与市场关系日益密切,他们已开始成为卷入商品货币经济范畴中的一种"新贵族"。同时,仍有不少依靠征收地租的守旧的封建贵族,他们的经济地位日趋没落。

工商业经济方面的发展变化也很大,特别是毛纺织业渐趋发达,从前以羊毛作为主要输出品,而现在则越来越多地输出呢绒,并出现了诺里季、波士顿、纽柏里等呢绒纺织业中心,城市行会开始解体。手工业中的资本主义因素开始在农村出现,许多从事手工业的农民依靠商人供给原料和包销商品,实际上成为商人的雇工。国内经济联系的增强和资本主义因素的增长,为英国民族国家的形成奠定了物质基础。

百年战争结束以后,由于战争失败而加深了贵族之间的矛盾和分裂。经济比较落后的北方贵族支持兰开斯特家族,经济比较发达的南方贵族支持约克家族。双方为了争夺英国的王位,进行了三十年的混战。因兰开斯特家族以红玫瑰为族徽,约克家族以白玫瑰为族徽,故历史上称这次战争为红白玫瑰战争(1455—1485年),或简称为"玫瑰战争"。

1485年兰开斯特家族的远亲、都铎家族的亨利在双方的支持下取得王位,称亨利七世。他娶约克家族的女继承人伊丽莎白为妻,把红、白玫瑰两个家族结合起来,结束了内战。从此,英国进入都铎王朝统治时期(1485—1603)。经过玫瑰战争,英国的大贵族几乎消灭殆尽,这对英国新王朝的统一和资本主义的发

展，具有重要意义。

经过数百年的融合，在伦敦方言的基础上，形成了英格兰语言。这样，到15世纪末，英国的民族国家初步形成了。

黑死病肆虐欧洲

1348年，欧洲发生了一场前所未有的瘟疫——黑死病（Black Death），这场瘟疫传播速度快、范围广、持续时间长，它不但给欧洲造成了人口的大量死亡和物质损失，而且给人们的精神和心理带来了巨大的创伤，同时使得社会秩序发生了深刻的变化。

该瘟疫在1331至1332年活跃在中亚地区，然后开始向南进入中国和印度，向西到达波斯，并在1345至1346年到达南部俄罗斯，包括阿斯特拉罕（Astrakhan）。此后，这种疾病迅速沿着重要的商路传播。就欧洲而言，当时主要的传播线路是沿着陆路到达克里米亚，然后通过热那亚在黑海的商业中心经海

黑死病肆虐欧洲

洋到达意大利。1343年意大利的商人在加法（Caffa）受到鞑靼人围攻，为染上瘟疫的鞑靼人所感染。这些染病的热那亚人在1347年逃到君士坦丁堡，并于同年到达意大利。从地中海开始，黑死病向北传播到法国，在1348年洗劫了阿维农，并于6月到达了法国。与此同时疫病向西传播，穿过图卢兹和波尔多，于1348年夏天到达英国。瘟疫迅速从英国港口传遍了内陆，并于秋天到达伦敦。这场瘟疫断断续续直到1349年才结束，但是很快接连发生了几次同样的瘟疫，只是没有第一次严重。黑死病给欧洲带来了前所未有的恐慌和灾难，几近三分之一甚至半数的人口死亡。

对中世纪时期的人们而言，黑死病是突如其来和无法解释的。一方面是黑死病势不可当地肆虐欧洲，吞噬无数人的生命；另一方面是人们面对死亡，感到恐惧、困惑和手足无措。普遍的恐慌是基于人们对这场瘟疫的无知。但是死亡的迫在眉睫首先要求对这一疫病的发生做出某种合理的解释，而且这种解释本身会立即为所发生的事实所验证。因此，对黑死病的因缘解释就不仅仅是对当时人们所掌握的有关瘟疫知识的检验，而且是对长期以来的传统知识和传统信仰的考量，或者说是对某种已经确立的传统标准的思考。当时的绝对标准主要是教会所设立的神学标准和教会监管下的医学标准。对黑死病成因的解释也首先是在这两个层面上展开。面对死亡，教会告诉人们，瘟疫是上帝的行动，是人类的罪恶引起了上帝的震怒，他以此来惩罚人类，劝告人们悔改并走上行善的道路，所以扭转这场瘟疫的唯一有效办法就是向上帝求助。人们要祈祷并唱赞美诗，要忏悔、朝圣和积极地向教会奉献。教会向人们解释了一种普遍认知的神学原则，但是这种笼统的解释并不能宽慰那些正为黑死病的恐惧所煎熬的人们。教会并没有能力向人们解释到底是什么行为引起了上帝的愤怒？为什么有的地方儿童死亡率特别高？为什么这场瘟疫对所有人会不加区别？为什么教士本身都无法幸免？医学解释也只是依照他们所接受的古希腊解释方式，用星象学、元素说来阐释黑死病的成因。

在当时的医学家们看来，地球上的任何东西和围绕他们的空气都由四种元素组成，即地、火、水、风。每种元素都有相对的一面，即热和冷、湿和干。地是冷的和干的，人也具有这样的性质，这种性质是在出生时来自天上的构造。因此，当某一种星星占据主导地位的时候，就会给人带来相应的影响，人体元素的不平衡则会导致疾病。但是这样的医学解释同教会的神学解释一样，是一种太笼统的原则，看起来似乎能够自圆其说，但是无法向人们具体解释瘟疫如何传播和通过什么传播，以及通过什么办法可以阻断这种传播。这些标准解释的笼统和模糊与现实的紧迫不可避免地使人们对教会的解释产生质疑，因为教会虽然给人们带来某种拯救的希望，但是这种希望需要大多数人受难，教会的教导只能是让人们变得冷漠和对宿命屈服，并不能够提供更有希望的制服黑死病的办法。人们对医生的解释产生疑问，因为医生的职责不应该只是关心"天空"，而是要集中精力研究病人的症状，并采取措施治愈他们。

既然教会不能解释到底人们犯了什么错误惹得上帝对人类进行如此严重的惩罚，那么人们只有通过自己的思考寻求其中的原因。在英格兰，有人认为瘟疫的到来和人们服装的改变有关。在后来的黑死病流行中由于死的小孩比较多，人们认为是因为小孩不服从父母，所以招致了上帝的不悦。有的人更愿意把这场瘟疫看成是末日到来的先兆，因为按照《圣经》的记载，在耶稣第二次降临的时候，必然伴随着干旱、灾荒和瘟疫，以此人们把对黑死病的焦虑化解在末日即将到来的宽慰中。在维也纳，人们认为瘟疫挥舞着手来感染人们，它化作蓝色火焰在空中飞翔。在立陶宛，人们更愿意相信瘟疫是一位少女，她通过向门内或者窗户内挥舞红头巾来感染居民。这种传说虽然荒谬，但是给了人们想办法制服它的机会和可能。有些地方的人们相信瘟疫的源头是医生解释的腐败的空气，但是他们不相信是那些遥远的星球的作用，而是看得见摸得着的东西的作用，比如死尸、排泄物和不流动的水，以及来自屠宰房、制革车间的臭气等，这些地方发出的难闻的气味正是污染空气的原因。如果这种说法成立，那么人们只要把这些污染空气的源头彻底清理就可以实际地抵制黑死病。人们开始相信瘟疫传播速度之快完全是一种相互感染的结果，不但是人与人之间的传播，而且可以在人与物之间传播，甚至有的人认为用眼睛看同样能够造成传播。德国人则愿意相信更实际的原因，认为这场瘟疫完全是人为破坏的结果，其罪魁祸首便是犹太人。犹太人怀着仇视的心理，组织了一场国际性的阴谋，在基督教徒用来取水的井里撒上了剧毒的粉末，从而导致了黑死病的流行。

对黑死病因缘解释的混乱和不确定性，必然造成人们应对措施和应对标准的混乱。具体到应对措施方面，教会除了教导人们进行祈祷、忏悔和行慈善之事以外，再也没有什么有效的措施，而且它从根本上反对人们采取任何措施，既然瘟疫是上帝对人类所实施的惩罚，那么采取措施进行抵抗或者逃避就是与上帝作对。最好是承认瘟疫是神圣的惩罚，并寻求精神上的再生。

教会也反对人们诉诸药物，因为不管药物有效果与否，都是与虔诚相悖的。

教会在应对措施方面的无所作为，首先为本来由他们所控制的医生们走向前台创造了条件。尽管当时的医生大部分都是教士，但是他们在普遍承认上帝干预的前提下，还是给人们提供了许多的方法。医生告诫人们要在能够避开风的低洼处居住，不要选择沼泽地；人们要经常在自己所居住的地方燃烧某种带有芳香味的木头，从而防止污染空气的侵入；人们要在房间里栽种植物和花朵，并经常使用香水；人们要避免过分运动，因为运动会使毛孔张开，从而会增加有毒气体侵入的机会；在饮食上，医生也建议人们多吃云香和榛子，使用芦荟、没药等药物，同时避免吃污水里的鱼类以及煮的鸡蛋，多吃蔬菜和水果，并建议人们节食。同时医生也指出一些治疗的方法，包括放血、拔火罐以及卧床休息等。令人惊讶的是，医生们也认识到一个人的心情和疾病的关系，教导人们平和的心境是抵御瘟疫的良好武器。如果这些方法都没有效用，医生们还给人们开出了最后的药方，那就是逃跑，逃离这个是非之地。

教会权威的丧失也使救赎本身溢出了教会所能控制的轨道，伴随着应对黑死病的社会需求，个人救赎行动成为一种新的社会潮流，它从另一种意义上削弱了传统的社会秩序，显示出一种自我救助的渴望和行动。这方面表现最明显的便是源自德国的鞭笞游行团体。相对于教会要的消极和漠然，他们主张以积极的态度自发地迎接世界末日的到来。这些人从一个城镇到另一个城镇进行游行，得到许多人的欢迎和拥护。教皇宣布把他们列为异端，而他们所到之处却受到了民众的欢迎，充分表明了人们对正统教士的不满，以及对教会所控制的精神范围的突破，对虔诚的追求走上了自主的道路。除了鞭笞游行这种极端的方式之外，我们还可以看到，人们出于对教会的失望而转向对圣人的寻求和崇拜。首先，在黑死病流行的一个世纪里，圣母玛丽亚崇拜非常流行。因为，在上帝的震怒和末日即将到来的惶恐中，人们认为作为慈悲母亲的玛丽亚形象可以庇护人们免遭灾难。

如果说上述的思维和行动标志着对正统宗教的失望和偏离，那么还有许多行为明显体现了人们的理性思考和应对，其中最典型的便是对隔离措施的认知和卫生意识的增强。为了阻止黑死病的传播，威尼斯总督和议会任命的三人小组建议，在某一个地方建立诸多站点，专门用来隔离从东方归来的船员，隔离期是40天，同时严格控制移民，违反者之船只则要被焚毁。另外，专门在远离城市的岛上设立新的墓地，集中埋葬那些因黑死病而死的人，而且要求埋葬的深度都要达到5英尺（1.524米）。在米兰城，则采取了更加严厉的措施，一个人感染了黑死病，则相关的3个房间的人都要被用围墙隔离起来。在皮斯托，政府专门颁布条例，禁止任何人前来，并禁止外来商品进入，规定了参加葬礼的人数、专门的埋葬地点和埋葬深度。在佛罗伦萨则推举了八个最有智慧和最受到人们尊重的市民，实行某种独裁。这是当时的第一个公共卫生机关，专门负责把城内腐败的东西和受到感染的人们运到城外，并负责监督市场。在卢卡，则颁布法令宣布禁运，威尼斯人和加泰罗尼亚的任何人都不能进入卢卡城，任何违反法律的人都要被没收财产和受到处罚。

这种颇具现代色彩的认识和措施，尽管对抵御当时突如其来的黑死病没有起到多大的作用，但是从长远来看，它们把人们对瘟疫以及瘟疫与环境的关系的认识提高到一个新的层次。在这次大瘟疫之后欧洲所爆发的瘟疫中，人们再也没有回到过去的认识标准。

黑死病严重冲击了原有的社会秩序和思想秩序，使它变得残缺不全和不成系统。不但给从黑死病的灾难中恢复过来的人们留下了重新健全秩序和整理思想的任务，而且给已经萌芽的新思想以继续成长的机会和空间。首先，黑死病对当时思想和文化层面的冲击是显而易见的。黑死病之前支撑思想和文化秩序的主要机构是教会和大学，但这两个机构都遭到了很大的打击。就教会而言，黑死病对它的直接冲击便是大批教士死亡，所剩的教士已经远远不能满足精神生活的需要，许多教会职位空缺，许多教堂处于空无一人的状态。教士人员的大量死亡是不能在短期内补足的。在没有合适的人选可以补充的情况下，教会只好把那些不够资格，甚至根本不适合当教士的人招纳进自己的队伍。这种局面造成教会纪律松弛和信仰薄弱，从总体上说，这些仓促杂凑起来的队伍已经远远不能成为精神的引导者。其次，经历了黑死病的冲击，原有的大学有些已经完全消失了，有些则极度衰竭。瘟疫使大学的学生人数大幅度减少。但是许多人死亡也导致出现了大量慈善遗产，这些遗产使穷学者、未来的教士和培训他们的机构有了资产，也促成了新学院和大学的建立。这些新的大学脱离了原来的传统科目，也打破了一些国际中心的文化垄断，把民族主义文化带到了欧洲。再次，经历黑死病的洗礼，医疗体系同样受到很大的冲击，开始走向一个全新的方向。过去的医疗体系主要是固守已有的传统和知识，尤其是希波克拉底和盖伦等的理论知识，不求实践和研究新问题。但黑死病后，医学开始走向职业化。医学的进步首先表现在医学哲学和机构开始发展，医药学逐渐专业化；第二个变化便是外科和外科医生的兴起，与此相关，方言医学文献兴起；第三个变化是医院的新作用。以前医院的功能主要用于隔离而不是治愈，现在则主要用于治愈疾病，新的管理和组织技巧发生了

变化，医院的药物也发生了变化。公共卫生和健康状况开始改善，公共机构报告流行病的情况，负责实施隔离，出现了专门对付瘟疫的医生。

在这种文化的真空中，新的观念和新的原则开始渗透。在这种新观念中最突出的便是享乐主义。薄伽丘笔下的人物崇尚与大多数前辈不同的品质。他们不再热衷于虔诚、军事技艺和机械技艺，而认为智慧和灵活对成功来说是必要的；受到斥责的不再是骗子、说谎者、或者懦夫，而是戴绿帽子的男人；受到奖赏的不再是虔诚的教士或勇敢的骑士，而是色情骗子。报酬和胜利属于那些活跃的或者自助的人。在享乐主义的影响下，社会的奢侈之风盛行，人们开始注重穿着打扮，任何清规戒律都已经破除，男人们身上穿的新衣服既短又紧身，女人们则戴教会所厌恶的假发，穿领口开得很低的上衣，把胸口挺得很高。在对待爱情方面，人们变得非常现实，那种虚幻的对妇女的爱慕已经为真正的肉欲所取代，开始认可身体的热烈表现，希望最充分地享受实在的生活，而不愿意漏掉任何一点点短暂的快乐。尽管许多国家通过颁布《禁止奢侈法》来进行压制，但是几乎没有任何效果，根本无法阻止所发生的变化。伴随着这种享乐主义的是强烈的个人主义的出现。黑死病带来的是城镇和乡村集体制度的动摇，传统的社会、宗教和家庭纽带的松弛，地主和贵族社会声望的降低，以及他们管理法律和秩序的能力衰微。

欧洲经历了黑死病的冲击，旧的传统思维和思想秩序失去了其原有的优势，为更加现实的思想留出了空间，在这样的空间里成长出了理性主义、享乐主义、个人主义甚至科学的萌芽，从中我们已经能够真切地看到文艺复兴的影子。尽管文艺复兴的促成不可能是黑死病爆发的结果，但是至少在一定程度上为其提供了某种思想的准备和基础。

蒙古人对欧洲的征服

13世纪的欧洲，为了统一所有基督教国家，使其服从教皇的统治，进行了一系列莫名其妙而毫无成效的斗争，此时亚洲正在发生一些更为重大的历史事件。发源于中国北部的鞑靼人突然崛起，完成了史无前例的一系列扩张活动，这些鞑靼人就是蒙古各部。13世纪初，蒙古人还是骑在马背上的游牧民族，其生活方式与其祖先匈奴人十分相似，他们主要以肉和马奶为食，住在毛毡帐篷里。但是他们已经从中国的统治下挣脱出来，跟数量众多的土耳其各部结成了军事联盟。他们的大本营设在蒙古的喀喇昆仑。

当时中国正处于分裂的状态之中。强大的唐朝到了 10 世纪开始衰败，经过分裂与战乱，只剩下了三个主要的国家：北方的金国（首都在北京），南方的南宋朝廷（首都在南京），中部的西夏。1214 年，蒙古人首领成吉思汗发动了对金国的战争，并于当年占领了北京。接着，他又挥师西进，先后占领了土耳其斯坦的西部、波斯、亚美尼亚、印度，直到拉古尔和俄国南部以及匈牙利和西里西亚。到他去世的时候，他已经拥有了一个从太平洋到第聂伯河的疆域广阔的大帝国。

他的继承人窝阔台汗继续了这种惊人的征战生涯，他的军队装配精良、训练有素，并且已经把中国人发明的火药用于野战炮了。他完全征服了金国以后，立即率军横扫亚洲，直指俄国（1235 年），进军之神速令人叹为观止。1240 年基辅被摧毁，整个俄国几乎都成了蒙古人的附庸国。波兰也惨遭蹂躏。1241 年，波

成吉思汗像

兰和日耳曼联军在下西里西亚的利埃格尼兹战役中全军覆没，皇帝弗里德里希六世似乎没有付出多大努力来抵挡这股猛进的浪潮。

"直到最近，"伯里在注释吉本所著的《罗马帝国衰亡史》时说，"欧洲的历史才开始懂得，1241年春天那支蹂躏了波兰、占领了匈牙利的蒙古军队之所以赢得胜利，是因为完善的战略，而不仅仅是由于数量上的压倒性优势。但是这个事实还没有得到普遍的承认。那种把鞑靼人描写成是一群野蛮的游牧民族，只是凭人数众多才处处得手，说他们毫无战略计划地跨越东欧，全靠蛮力冲破一切障碍等这样一些庸俗的见解，还是占据着主导地位。"

"在维斯瓦河下游延伸到特兰西瓦尼亚的军事行动中，指挥官的部署那么得当并得到有效的贯彻执行，确实令人称奇。这样的战役完全超出当时欧洲的任何一个军队的作战能力，也超出了欧洲的任何一个指挥官的想象力。在欧洲，上至弗里德里希二世，下至他的部下，在战略上与窝阔台比较，没有一个将军不显得幼稚和浅薄。我们还应当注意到，蒙古人是在充分了解匈牙利的政治形势和波兰的状况后发动这场战争的。他们用组织极好的密探系统取得情报，而匈牙利人和基督教诸国，却像幼稚的蛮族人一样，对自己的敌人几乎一无所知。"

虽然蒙古人在利埃格尼兹取得了胜利，他们却没有继续西进。他们注意到前方将是不适宜运用他们战术的森林和丘陵地带。因此他们转向南方，准备在匈牙利安顿下来，屠杀或同化与他们有血缘关系的马扎尔人，就像当年马扎尔人屠杀和同化以前的斯基台人、阿瓦尔人和匈奴人的混血后裔一样。从匈牙利平原出发，他们也许会向西方和南方侵袭，如同9世纪的匈牙利人、7世纪和8世纪的阿瓦尔人以及5世纪的匈奴人那样。但是由于窝阔台突然死亡，1242年又发生了关于继承问题的纠纷，这支所向无敌的蒙古军队被召回，他们横越匈牙利和罗马尼亚回到东方。

这以后，蒙古人把主要精力放在对亚洲的征服上。13世纪中叶，他们征服了中国南宋王朝。1251年，蒙哥汗继窝阔台成为大汗，并任命他的弟弟忽必烈管理中国事务。1280年，忽必烈正式成为中国皇帝，国号元。元朝统治一直延续到1368年。当宋朝的残余被渐渐消灭时，蒙哥的另一个弟弟旭烈兀正在侵略波斯和叙利亚。蒙古人对伊斯兰教表现出了极端的仇恨，不仅在占领巴格达时屠杀了这座城市的居民，而且还破坏了苏美尔人自远古以来就一直使用的使美索不达米亚平原繁荣昌盛、人丁兴旺的灌溉系统。从此，美索不达米亚平原就成了废墟和沙漠，至今仍人烟稀少。1260年，埃及苏丹在巴勒斯坦彻底击溃了旭烈兀

的部队，蒙古人征服埃及的计划最终落空。

这次失败以后，蒙古的势力开始走下坡路，蒙哥汗的领土分裂成若干个国家。东方的蒙古人像中国人一样成了佛教徒，而西部的蒙古人则皈依了伊斯兰教。1368年，中国人推翻了元朝的统治，建立了明朝。这个朝代一直持续到1644年。居住在西伯利亚大草原上的俄国人，一直附庸于鞑靼游牧部落，1480年，俄国大公拒绝对他们的臣服，为近代俄国的建立奠定了基础。

14世纪，在成吉思汗的后代帖木儿的率领下蒙古人在一段时期里恢复了活力。帖木儿在土耳其斯坦西部建立了自己的国家，1369年自封为"大汗"。他先后征服了从叙利亚到德里的广大地区。他是蒙古征服者中最勇猛最具破坏力的一个，他所建立的帝国随着他的去世而宣告结束。帖木儿的后代中出了个名叫巴布的冒险家，他集结了一支用枪炮武装的部队，于1505年扫荡了印度平原。之后，其孙阿克巴（1556—1605年）完成了对印度的征服。这个蒙古人的王朝（阿拉伯人称之为"莫卧儿王朝"）建都德里，几乎统治着整个印度，一直到18世纪。

13世纪，蒙古人第一次侵略狂潮所造成的结果之一，就是把土耳其部落的一支奥斯曼土耳其人从土耳其斯坦赶到了小亚细亚。这个部落在小亚细亚扩展和巩固自己的势力，渡过达达尼尔海峡，袭击了马其顿王国、塞尔维亚和保加利亚。最后，占据了君士坦丁堡周围的领土，使君士坦丁堡成了一座"孤岛"。1453年，奥斯曼苏丹穆罕默德二世以猛烈的火炮，从欧洲方面发起进攻，夺取了君士坦丁堡。这给整个欧洲以强烈刺激，重组十字军的浪潮一时喧嚣四起，但十字军的时代毕竟过去了。

16世纪，奥斯曼的苏丹们还先后征服了巴格达、匈牙利、埃及和北非大部分地区，他们的舰队称霸于地中海。维也纳差点被占领，罗马皇帝也要向他们进贡。15世纪似乎只有两件事可以掩盖基督教国家在统治上的颓势。一件是莫斯科公国的复兴和恢复独立（1480年）；另一件是基督徒重新夺回了西班牙。1492年，西班牙半岛最后一个伊斯兰国家格林纳达，落入了阿拉贡国王斐迪南和王后卡斯提尔的伊萨贝拉手中。一直到1571年的勒潘多海战，基督教徒狠狠打击了奥斯曼人的傲慢，地中海又回到了基督教的统治之下。

基督教会统治的形成和发展

从496年克洛维皈依基督教正统派教会以后，教会在法兰克王国逐步发展，渐渐从城市深入乡村，在乡镇也建立起教堂。八世纪前期，查理·马特曾抑制教会，但矮子丕平、查理大帝都支持教会。查理大帝征服萨克森后，萨克森人被迫放弃了原来的多神教，基督教在精神统治方面基本统一了西欧大陆。公元597年，基督教正式传入英国。这一年，由罗马教皇格里戈里一世（公元590—公元604年）派遣的传教士奥古斯丁进入英格兰，肯特、东撒克斯、东盎格里亚国王先后皈依基督教。随后一批批居民接受洗礼。到九世纪，基督教在英格兰已成为唯一的宗教。

随着西欧封建制度的确立和发展，基督教会也与其相适应而日益封建化。

传教士奥古斯丁像

教会不仅成为封建社会的精神支柱，而且是西欧的大封建主。西欧不是统一的国家，但却有统一的教会。在西欧封建主分裂割据的时期，教会的权力不但高于诸侯，有时甚至凌驾于国君之上，教会通过各种手段，从经济、政治、文化各方面加强自己的势力。

在经济上，教会是最大的地主。它通过国王、各级封建主的赠与和贫苦农民的"贡献"，兼并了大量土地。据统计9世纪时西欧有三分之一的土地掌握在教会和寺院的手中。又由于教会享有免税特权，却又向所有的教徒征收什一税，所以教会又是从不会破产的封建主。

基督教会也是西欧最大的政治团体，有参与国政、调用军队、制定法律、设立法庭等政治大权。教会仿照世俗封建等级制度，建立了一套相对应的教阶制。最高的宗教首脑是罗马教皇。其下分大主教、主教、神甫等。男女修道院院长和宗教骑士团首领直接由罗马教廷任命。

在思想文化领域，教会处于完全垄断的地位。教会宣称，教会是上帝在人间的代表，教徒的灵魂得救要靠教会，教徒的善行、忏悔也要靠教会转达给上帝。因此，教会就统治着所有教徒的"灵魂"，并借此敲榨教徒的奉献，以及从政治上控制教徒。但同时，正由于中世纪早期教会对文化的垄断，所以古代中世纪的

许多文化遗物通过教会保存了下来。教会为了扩大宣传，培养教士，也陆续兴办了一些学校。后经查理大帝提倡，地方上的学校才较快地发展起来。初级学校主要学习拉丁语，以便阅读圣经，中级学校除神学外还学习文法、修辞、逻辑、算术、几何、天文、音乐等"自由七艺"。全部课程虽然都贯穿神学的内容，但部分教士和修道院对传授文化知识，也起了一定的积极作用。

中世纪欧洲文学的发展

文学是现实社会的一面镜子，又是为现实服务的。所以中世纪早期的文学，多出自僧侣之手，内容都是歌颂上帝、圣者、圣徒的诗歌、祷词、赞美诗、故事等宗教文学。

11世纪以后，封建社会进入繁荣阶段，各国王权开始加强，骑士是王权的支柱，因此产生了忠君思想浓厚的骑士文学。最著名的代表作品是法国的《罗兰之歌》、西班牙的《熙德之歌》、德国的《尼卜龙根之歌》和关于英国亚瑟王圆桌骑士传奇的诗文等。此外，还有用散文形式叙述骑士历险故事的小说和骑士与封建贵族妇女爱情的抒情诗。

和统治阶级文学相对立的是人民的文学，包括神话传说、英雄史诗、民间故事、歌曲、戏剧等。内容多揭露教俗封建主的虚伪、贪婪、残暴和放荡，歌颂劳动人民的智慧和斗志。由于多是口头流传，因此保存下来的很少。13世纪，英国有关于侠盗罗宾汉的歌曲和叙事诗盛行一时。罗宾汉成长于破落贵族之家，因不堪封建主的剥削和压迫，逃往森林，和其他穷苦人一起打击教俗封建主，帮助被压迫的群众，他的事迹一直被人民群众传颂至今。

随着城市的兴起，又产生了市民文学。市民文学从一开始便具有反封建的

侠盗罗宾汉的故事油画

性质，它揭发、讽刺教俗封建主的愚蠢和丑行。比较著名的有法国的"寓言"和德国的"谐谈"，代表作品是13世纪产生的法国寓言诗《列那狐的故事》。故事用凶残的狼代表世俗封建主，用愚蠢的驴代表僧侣，用狡猾的狐狸代表市民，用小动物代表普通人。在故事里尽情地嘲笑了封建主和教士们的种种丑行，而市民则战胜了一切，成为胜利者。市民文学虽然反对封建，主张平等，但也不支持劳动人民的武装斗争，因此是有局限性的。

俄罗斯的统一与扩张

（一）基辅罗斯公国的建立

斯拉夫人是罗马帝国东北部的"蛮族"之一。6世纪时，他们分成三大支，在东欧平原西部的叫西斯拉夫人（今波兰和捷克斯洛伐克人）；在色雷斯和巴尔干半岛北部的称南斯拉夫人（今南斯拉夫、保加利亚等国）；人数最多的是东斯拉夫人，他们分布在辽阔的东欧平原上，西起第聂伯河，东至顿河、奥卡河和伏尔加河上游，南抵黑海，北至拉多加湖一带。

直到9世纪以前，东斯拉夫人依然处于原始氏族公社的末期阶段，但生产力已有明显提高，出现了铁制工具，轮耕制也日益普遍，家庭逐渐成为生产单位。耕地开始分给家庭使用，农村公社逐步代替了氏族公社。贫富分化加剧，酋长的职位由选举变为世袭。9世纪后，在部落联盟的基础上形成许多国家。这些国家开始都是比较小的以城市为中心的公国，其中以第聂伯河中游的基辅和北部的诺夫哥罗德为最大。

东斯拉夫人进入文明时期不久，便遭到

瓦兰吉亚人的首领留里克像

诺曼人的一支（瓦兰吉亚人）的进攻。公元862年，瓦兰吉亚人的首领留里克，趁诺夫哥罗德内讧之机，推翻了斯拉夫人公爵的政权，自己成为这个国家的大公。公元879年，留里克死后，他的亲属奥列格做了留里克的幼子伊戈尔的摄政王。公元882年奥列格沿水路南下征服了基辅，并把统治中心移到这里。接着又先后征服了东斯拉夫其他各公国，形成一个以基辅为中心的幅员辽阔的国家，史称基辅罗斯公国。由于瓦兰吉亚人的文明程度低于东斯拉夫人，人数也较少，因此，几代以后，瓦兰吉亚人便融入东斯拉夫人之中，失去了自己的语言、文化和民族性。

东斯拉夫人在原始公社解体以后，基本没有经过奴隶制社会，而直接跨入了封建社会。这是因为：第一，他们居住区的地理条件很差，除南方草原适于畜牧业外，中部和北部多为森林和沼泽地带，所以一直到9世纪，渔猎仍占重要地位。使用奴隶生产很难使他们创造出自身消费以外的更多剩余产品，因此，虽然已经有了战俘奴隶，却多半从事家内劳动，数量也少。第二，基辅罗斯建国初期，农业的主要生产者是农村公社的自由农民。大公的剥削方式是通过"索贡巡行"向公社农民征收皮毛、粮食、蜂蜜等贡物。大公酬劳亲兵的方式是分配贡物。10世纪以后，铁制工具普遍应用，由于生产力的提高和贫富分化的加剧，王公贵族和少数富户开始兼并自由农民的土地建立庄园，失去土地的农民降为依附者。他们被强令履行各种义务，这种剥削关系只能是封建的。第三，斯拉夫人南边的游牧民族，如波洛伏齐人和佩彻涅格人，常常掠夺斯拉夫人为奴隶，斯拉夫人经常处于防御状态，不可能掠取大批战俘变为奴隶，所以也很难发展奴隶制。另一方面，拜占庭帝国封建关系早已确立，基辅罗斯在建国前和拜占庭已有频繁的交往。公元988年，基辅大公弗拉基米尔宣布东正教为国教，并和拜占庭联姻，拜

占庭的先进生产方式和文化传入基辅罗斯。因此，就当时的外部条件而言，也有利于封建关系的确立。东斯拉夫人建国不久，封建关系就逐渐形成了。

11世纪，智者雅罗斯拉夫（1019—1054年）统治时期，大公捐赠给各地教堂、寺院大量土地，并支持教会兼并农民土地，王公贵族也依势强取豪夺自由农民的土地，他们逐渐形成了教俗大封建主。为了巩固这种封建关系，大公颁布了《雅罗斯拉夫法典》。法典承认世袭领地占有权，规定封建主有权对领地内的农民进行司法审判；地主杀死农民只付少量赔偿金；农民死后无嗣，地主有权没收其财产，从而巩固了封建领主奴役农民的特权地位。

随着封建制度的发展，地主贵族势力不断扩大，到12世纪，基辅公国分裂为十二个小国，各国之间经常进行封建混战，因此削弱了对外防御能力。1237年，拔都率领蒙古军队侵入基辅罗斯，1240年占领基辅，基辅罗斯灭亡。同年拔都建立金帐汗国（钦察汗国），1242年定首都于萨莱，金帐汗国的统治正式开始。

蒙古人对原基辅罗斯公国的统治接近240年，使这里的经济、文化、发展停滞不前。蒙古人的统治越来越不能被这里的人民接受，随着各地王公势力的兴起，他们迫切需要取得独立地位。教会势力和商人、农奴主想获取收税权力，平民百姓也把自己的苦难原因归结为蒙古人。蒙古人成为众矢之的。

十四世纪中后期，随着中国明朝的建立和蒙古人在中亚、印度等地遭到重大失败，金帐汗国开始分裂衰落，莫斯科公国开始兴起。莫斯科偏处欧洲，远离金帐汗国统治中心，又有森林沼泽的掩护，大批原基辅罗斯公国人在这里找到避难之地。莫斯科大公伊凡三世又用权谋从金帐汗国取得了凌驾于其他大公之上的权力，极大加强了自己的国家力量。1480年，伊凡三世最终击败了蒙古人，建立了统一的俄罗斯。

（二）俄罗斯中央集权国家的建立

俄罗斯统一初期，国内经济联系非常薄弱，大贵族的势力十分强大。伊凡四世（1533—1584）即位时年仅3岁，大贵族乘机争权夺利，互相倾轧，使俄重新出现分裂局面。1547年，伊凡四世成年加冕，开始用沙皇称号（"沙"是罗马皇帝恺撒的俄文音译）。为了加强王权，实现统一和打击大贵族，他在中小贵族支持下，于1550至1556年进行了一系列改革。在司法方面，公布了惩治贪污条例，统一全国法律，在各地设立司法机关，任用中小地主担任各级法官；在行政上，废除总督制，提拔中小贵族充任国家官吏；在军事上，颁布了军役法，规定

封建主每150俄亩的土地必须出一名全副武装的骑兵,从而取消了大贵族在这方面的特权,并使国家的骑兵人数大大增加。在步兵中加备了火器,增强了炮兵组织,因而提高了军队的战斗力。

伊凡四世像

以上改革虽然有利于加强皇权,但大贵族手中仍保有大片土地,构成了对皇权潜在的威胁。而中小地主对土地的要求又非常强烈。为了摧毁大地主反抗中央的经济基础,1565年伊凡四世又采取了新的重大措施。他把全国土地划分为由"杜马"管理的普通区和由沙皇直接管理的特辖区两部分。特辖区包括土地富饶、工商业发达的中部地区和军事要地。凡在特辖区内原属大贵族的土地一律收归国有,然后由沙皇分给服军役的中小贵族,作为军事采邑。国家以边远的普通区的土地补给被剥夺土地的大贵族。这一措施,遭到大贵族的强烈反抗,但沙皇利用获得好处的中小贵族组成的特辖军团,镇压了反抗的大贵族。大批大贵族被杀。所以,人们称伊凡四世为"恐怖的伊凡""伊凡雷帝"。通过以上措施,沙皇专制政体牢固地树立起来。

伊凡四世在巩固了国内统治以后,便积极向周围各少数民族地区扩张。十六世纪中期,他两次用兵消灭了喀山汗国,不久,兼并了阿斯特拉罕汗国,占领了整个伏尔加河流域,使这里的鞑靼人、玛里人、楚瓦什人、乌德摩尔特人、巴什基人、摩尔多瓦人全部臣服于俄国。从此俄罗斯开始成为多民族国家。

(三) 沙皇俄国的领土扩张

伊凡四世统治时期,沙皇俄国还是一个内陆国家,国土只占东欧的一隅,面积约280万平方公里。为了取得波罗的海的出海口的控制权,1558年1月,伊凡四世借口立窝尼亚骑士团和立陶宛联合反对俄罗斯而挑起战争。立窝尼亚在波罗的海沿岸,具有重要的战略价值,沙俄的侵略威胁波罗的海沿岸各国的安全。因此,波兰、立陶宛、瑞典、丹麦都参加了反对沙俄的战争,使战争具有了国际性质。

1582年俄国被迫和波兰签订十年停战条约,次年又和瑞典签署停战协定,各国疆域维持原状。历时二十五年的立窝尼亚战争最后以沙俄的失败而结束。伊凡四世夺取西部出海口的计划未能得逞。

1648年春,乌克兰人民在波格丹·赫米尔尼茨基的领导下,掀起了反对波兰统治者的斗争。1653年,沙俄应赫米尔尼茨基的请求,以"保护和支持乌克兰"为名,向波兰宣战。1667年,沙俄

波格丹·赫米尔尼茨基和他的军队

策划并支持了乌克兰愿意接受沙俄统治，"自愿归并"俄国的活动。在没有乌克兰代表参加的情况下，沙俄和波兰签订的"安德鲁索沃条约"中规定：白俄罗斯的一部分，斯摩棱斯克和第聂伯河东岸的乌克兰土地划归俄国。1686年又把基辅也划了过去。这样，乌克兰便与沙俄合并了。

在南方，从16世纪中叶起，伊凡四世为夺取黑海的出海口，通过阿斯特拉罕，不断染指高加索。1557年，沙俄在北高加索的中心要地松孟河与捷列克河的汇合处，设立哥萨克军屯，并觊觎格鲁吉亚。它又利用北高加索各部落之间的矛盾，策动一些部落上层人物提出"自愿归并"俄国或隶属俄国的主张。1595年3月，沙皇自行颁布诏书，宣布哈萨克归属俄罗斯。

在东方，1581年哥萨克惯匪叶尔马克秉承沙皇伊凡四世的旨意，纠集了840名侵略军，首先侵入失必儿汗国，他们杀人掠地，无所不用其极。因此，叶尔马克被沙皇召见，并赐重赏，誉为英雄。然而，侵略者遭到失必儿汗国军民的坚决抵抗。1584年，入侵者一度被打败，叶尔马克也在逃跑中掉进河里淹死。失必儿汗国坚持斗争17年，到1598年最终失败。

沙皇俄国扩张的另一种手段是用"探险"、"考察"、"旅行"等名义进行"地理发现"，所到之处就宣布为俄国的领土。当时西伯利亚的许多民族尚处于氏族公社阶段，互相之间联系很少，不利于反抗沙俄的扩张。1601年，康德拉特、库罗奇金沿着叶尼塞河下游驶至大海，侵占了皮亚辛河河口一带。1633年，伊凡·勒布罗夫和伊里亚·彼尔菲列夫沿勒拿河顺流而下抵达北冰洋。在十一年中，完成了对西伯利亚北部沿海一带的扩张。1632年，为了继续向东方侵略，沙俄在雅库次克建立城堡作为根据地，然后不断向东方侵犯，把魔爪伸到鄂霍次克海一带。随后更把扩张矛头指向我国黑龙江流域。

欧洲人对美洲的征服与殖民

近代早期，美洲经历了翻天覆地的变化。欧洲人带来的天花等瘟疫造成土著人口急剧减少，侥幸存留下来的印第安人或者被迫给殖民者服劳役，或者被殖民者驱赶到荒僻偏远地带。很多部落因此而灭绝了，古老的土著文化逐渐丧失。欧洲人在他们霸占的土地上建立起殖民地，使用强制劳动或是奴隶劳动的方式开辟种植园，采掘各种矿藏，收购和贩卖当地特色物产，开展大规模海上贸易。美洲"开发"的过程，浸透了印第安人和黑人奴隶的血泪和汗水，欧洲人却从中获得了巨额财富和各种实际利益。

（一）欧洲人对美洲的征服

欧洲人首先进入的是加勒比海地区。

加勒比地区的印第安土著居民以泰诺人（一称阿拉瓦克人）为主，他们大约在公元元年前后从南美北部沿奥里诺科河进入加勒比海，以后逐渐散居各个岛屿。泰诺人在公元 900 年前后已经过着定居的农业生活，土地由酋长分配给各个家庭耕种，栽培的作物以树薯为主。泰诺人天性淳朴，当西班牙人到来时，他们未做任何抵抗，还给予热情接待，对西班牙人带来的玻璃、珠子和金属工具感到十分新奇。

泰诺人的食物——树薯

西班牙人在加勒比地区最早的立足点是伊斯帕尼奥拉岛（今海地岛），他们在岛上东南部建立起殖民据点——圣多明各。至 1509 年，岛上的西班牙人已有 1 万～1.2 万人。本来西班牙人想从这一地区获得欧洲市场紧缺的香料等物产，但毫无收获，因此他们转而开采金矿。采矿需要大量劳动力。西班牙殖民者人数既少，又不愿做苦工，于是他们呼求西班牙国王在 1503 年颁布了"监护征赋制"法令，允许殖民者向当地土著居民征发劳役和收取贡物。此后西班牙人便在矿山和种植园里残酷地役使土著劳工，很多劳工因劳累和鞭打致死。印第安人曾试图反抗，但立即被殖民者的钢枪火炮打败了。1518 年天花传入加勒比地区，印第安人对这类传染病毫无抵抗力，于是疫情迅速蔓延，土著人口遽减。1492 年加勒比地区土著居民约有 600 万之众，但是到 16 世纪 40 年代时仅余数千人，以后这些人也渐渐湮没在移民大潮中。如今英语中还有少量来自泰诺语的词汇，如独木舟（canoe）、吊床（hammock）、飓风（hurricane）、烤肉（barbecue）、玉米（maize）、烟草（tobacco）等，但是创造这些词汇的民族已经彻底消逝了。

加勒比海地区的贵金属储量极为有限，因此在墨西哥和秘鲁发现大银矿之后，西班牙人放弃了这一地区。此后英国海盗曾在加勒比岛屿上藏身，利用地形特点伏击西班牙船只。16 世纪后半期开始，一些西欧移民徙居加勒比地区，发展种植园经济。这里出产的甘蔗、烟草等在欧洲市场上十分畅销，种植园主获利丰厚，因此引来更多的欧洲移民。土著居民死亡殆尽造成的劳动力短缺，通过从非洲贩入黑人奴隶得到补充。1700 年前后这一地区已经形成了新的社会结构：社会上层是来自欧洲的种植园主，下层是非洲黑人奴隶。

西班牙人在加勒比地区站住脚后，即分两路向美洲大陆进发。

1519—1521 年，科泰斯率领仅有 450 人、16 匹马、13 支步枪和几门小炮的军队征服了阿兹特克帝国，占领墨西哥。西班牙人征服成功的原因，一是印第安人内部存在严重内讧，很多印第安部落由于遭受阿兹特克帝国的压迫而不惜支持入侵者，为西班牙人提供兵力、营地和给养。二是印第安人过于轻信，阿兹特克首领曾把科泰斯当做贵宾热情接待，当发现这位"贵宾"暗藏祸心时已经来不及组织有效的抵抗了。西班牙人将特诺奇蒂特兰城围困起来，切断了城里居民的食物供给。三是在围困特诺奇蒂特兰期间，西班牙人带来的天花病开始在城里迅速传染，造成数万人死亡，阿兹特克军队严重减员，无力守城，被迫投降。以后天花在整个墨西哥蔓延，人口的大量死亡使得阿兹特克社会彻底毁灭。

1532—1533 年，毕萨罗率军征服了印加帝国，占领秘鲁。毕萨罗所率兵力最初只有 180 人，后来加上援兵也不过 600 人，他的成功征服，同样是利用了印第安人的内讧和轻信。凡被印加人征服、成为印加"属民"并被迫纳税的印第安人都痛恨印加人，而把西班牙人看成是由神派遣来帮助他们摆脱印加人压迫的使者。直到西班牙人进入印加首都库斯科，盗窃墓葬中死者的珠宝首饰，抢劫神庙里的金银嵌板和神像上的金银饰品，印第安人才认清西班牙人的强盗面目。在秘鲁，传染病同样是侵略者的帮凶，其蔓延比侵略者的脚步还快，早在毕萨罗到来之前，天花就已经造成了当地印第安人的大量死亡。

科泰斯和毕萨罗的征服属于个人冒险行为，并非西班牙政府所派遣。征服之初，他们仿照西班牙人对加勒比海殖民地的治理方式，在墨西哥和秘鲁实行"监护征赋制"，西班牙政府也未加干涉。但是不久，西班牙政府意识到了美洲殖民地的重要性，于是开始加强对美洲的政治控制。代表西班牙王室利益的官吏、法官和军队相继被派往美洲，早期征服者手中的权力逐渐被分割。科泰斯等人虽然心有不甘，也曾进行抵制，但最终不得不让步。1570年左右，国家殖民体制取代了征服者的个人统治。

墨西哥和秘鲁都有悠久的文明史，15世纪已经形成幅员辽阔的帝国，农业经济比较成熟，以城市为中心的政治系统已经建立。所以，西班牙人在这里不能像在加勒比地区那样"捞一把就走"，而是扎下根来，建立了稳定的殖民政府。

西班牙国王在美洲设立了两个总督区，一称"新西班牙"，统辖以墨西哥城为中心、包括今墨西哥全部和美国南部直到佛罗里达的北部殖民地；一称"新卡斯提"（秘鲁辖区），统辖以新建城市利马为中心、北到巴拿马、南至智利中部康塞普西翁和阿根廷布宜诺斯艾利斯的南部殖民地。两位总督都由西班牙国王任命并对国王负责，在美洲殖民地拥有最高行政权。为避免总督搞"独立王国"，西班牙国王建立了检审厅，由受过高等教育的律师组成，专门受理对总督的诉状，必要时可直接向国王禀报。总督任期届满，检审厅要对其履职情况进行考评，考评不合格者会受到严厉的惩罚。但是，这些措施并不足以遏制总督的为所欲为。由于美洲殖民地与西班牙本土相距遥远、联络不便，有时总督向王室提交的报告要在两年之后才能得到回复，这就使得总督有充分的理由自行其是，甚至故意抗命。

大约1500年，葡萄牙探险家卡布拉尔率船队远征印度途中，偶然在南美大陆中东部一处海岸登陆。根据1494年西班牙和葡萄牙签署的《托德西利亚斯条约》，以佛得角群岛以西2056公里处经线为界，该线以西新发现区域归属西班牙，以东则归属葡萄牙。卡布拉尔登陆的海岸位于分界线以东，因此他在这里树立起刻有葡萄牙王室徽章的十字架，宣布此地为葡萄牙所有。由于当地生长着一种能够提取红色染料的树木，葡萄牙人便借用东方一种相似的树木——红木的名字，称之为"巴西"（葡萄牙语，意即"红木"）。最初葡萄牙当局对这块遥远的土地并无兴趣，但是后来其他欧洲国家的船只频频造访巴西沿岸，葡萄牙国王感到有必要"捍卫主权"，于是他派遣大臣前往巴西，代表国王监管巴西殖民地的事务。他又把巴西沿海土地划分成大块，赏赐给贵族们，鼓励他们进行殖民开发。16世纪中叶，一些葡萄牙殖民者在巴西沿海地带试种甘蔗获得成功，从此葡萄牙人对巴西殖民地的兴趣骤然增加。

巴西甘蔗林

西班牙和葡萄牙是最早在美洲建立殖民政府的国家，由于这两个国家都位于伊比利亚半岛，所以历史上也把它们在美洲的殖民地称为"美洲的伊比利亚帝国"。在1800年以前的三个世纪中，大约有50多万西班牙人和十多万葡萄牙人漂洋过海来到美洲。

西班牙人来到美洲的首要目标是攫取贵金属。在将印第安人的金银饰品、祭器和神庙洗劫净尽以后，他们开始采掘金银矿藏。西班牙殖民者在美洲的白银开采主要集中在两处，一是墨西哥北部人烟稀少的萨卡特卡斯，一是安第斯高原中部储量丰富的波托西。采矿需要大量劳动力，殖民者沿用印加帝国的强制劳役制度，向印第安部落摊派名额，强迫各部落定期挑选壮劳力到矿场服劳役。西班牙人在美洲大量开采白银产生了世界性的影响。首先，为西班牙王室带来了巨额收入，使其得以维持庞大军队和臃肿的政府，继续追寻建立世界性帝国的美梦。其次，美洲的白银充实了欧洲投资者的腰包，刺激他们进一步投资，促进了欧洲的经济发展。再次，大量白银流入市场，穿梭于各大洋上的"马尼拉大帆船"将美洲的白银运到东南亚，当时处于亚洲贸易中心位置的中国实行银本位制，所以廉价的美洲白银在这里具有超常的购买力，买来的丝绸、香料和瓷器等亚洲商品被运到欧洲和美洲高价销售。在欧洲商人利用亚、美之间的白银差价牟取暴利的同时，亚洲商品市场也是产、购、销兴旺，极大地刺激了亚洲对外贸易的发展。最后，在美洲，采矿业的发展带动了其他生产部门的进步。1545年发现银矿时，波托西还是一片荒凉的旷野，但到1600年已经发展成15万人口的大城市。矿区城市对食品、酒类、服装、工具、家具和生活用品的需求，推动了农业、畜牧业和手工业的发展，很多殖民者来到矿区，在其周围建立庄园，从事种植业、酿造业和手工业生产，为矿区人口提供各类消费品。

西班牙殖民者不仅在矿场强制使用印第安劳工，在他们以及其他欧洲国家移民建立的庄园、种植园和牧场里也使用土著印第安人作为主要劳动力，此外也使用少量黑奴。最初殖民者对从事农业劳动的印第安人也实行"监护征赋制"，任意摊派劳役。后来在印第安人反抗之下，16世纪晚期殖民当局用"分派劳役制"替代了"监护征赋制"。新制度在肯定殖民者有权役使土著居民做苦工的同时，也规定了劳工的工作时间和酬金，使劳工待遇略有改善。但是，这种强制劳动体制仍然无法调动印第安劳工的生产积极性，庄园、种植园和牧场里的劳动生产率十分低下。一些西班牙殖民者开始主动寻求新的劳动力使用方式，尝试用较高酬金吸引劳工"自愿出力"。17世纪早期，殖民地出现了自由劳动力市场，17世纪中叶开始，强制劳动制在西班牙殖民地逐渐废止。

在葡萄牙的殖民地巴西，情况有所不同。葡萄牙人在这里主要经营甘蔗种植和制糖业，这一行业所需生产要素更为复杂，除土地、人力、畜力外，还需要厂房和榨制设备以及甘蔗栽培和制糖的技术，因此必须投入更多资金，而回报周期却相对较长。资金有限使得殖民者不可能用较高酬金雇用劳工。而且，巴西的印第安人与墨西哥和秘鲁的不同，他们尚未进入农业社会，不习惯定居生活和从事生产，总是千方百计逃进森林去游猎。加之16世纪60年代天花和麻疹袭击整个巴西，印第安人大量死亡，劳动力更加缺乏。在这种情况下，葡萄牙人转而使用奴隶劳动，80年代以后大规模地从非洲进口黑人奴隶。葡萄牙殖民当局对奴隶不提供任何法律保护，任由其主人随意处置。而在奴隶主看来，一个奴隶只要能够劳动6~7年就足以创造出两倍于身价的价值，把小孩子养育到具有劳动能力却至少需要12年，相比之下，改善待遇以延长奴隶寿命，或是让奴隶成立家庭生儿育女，都是不合算的。于是奴隶主完全不顾奴隶死活，残忍地榨取奴隶血汗。恶劣的劳动条件，超强度的劳动负荷，严重的营养不良以及热带的酷暑天气和横行肆虐的瘟疫，造成黑人奴隶的死亡率常年保持在5%~10%，平均每生产1吨糖就要有1名奴隶失去生命。由于奴隶死亡率高，因此巴西对非洲黑人奴隶的需求几无止境。

与印第安劳工和黑人奴隶的悲惨境遇形成鲜明对照的，是殖民地城市的繁荣和富裕。在"美洲的伊比利亚帝国"有很多新建城市。其建立原因，一是移民都抱着对美好生活的向往来到美洲，无论故乡是城镇还是农村，来到美洲他们都希望成为"城里人"，于是纷纷仿照家乡城镇的模样建立新的城市；二是被王室和政府派驻殖民地的官吏、法官和军队数量日益膨胀，由这些人形成的殖民地管理网络也必须以城市为基地；三是远离家乡的殖民者把城市作为他们保持"欧式社会生活"的中心，在城市里修建了教堂、剧院、医院、酒吧、餐馆、学校和豪宅，殖民者在这里挥霍他们从印第安人和黑人身上榨取来的财富，灯红酒绿，歌舞升平，人们的服饰、语言、社交活动和生活方式都同在欧洲一样。

在远离城市的地方，特别是在亚马逊流域、巴拉圭盆地、安第斯山区和南部高原等地区，由于自然条件不适宜农业，不能开发种植园，也没有什么矿藏，交通亦不方便，因此除少数探险家偶尔涉足，几乎没有欧洲移民到此定居。也正因为如此，这些地区的印第安土著居民得以保持其原有的生活方式和文化传统，一些印第安土著部落语言，也在这些地区一直保留至今。

（二）欧洲人在北美的殖民活动

西班牙探险家曾经试图向墨西哥和加勒比海以北地区扩张。他们沿着北美东海岸，从佛罗里达一直前进到弗吉尼亚，留下了一些房屋、村坞和教堂的断壁残垣，个别人甚至到达了缅因和纽芬兰。在北美西海岸，西班牙人最远到达温哥华，在那里建立了据点。但是西班牙人并没有在北美站住脚，他们很快就被来自西欧的移民驱逐回南方了。

北美的欧洲移民主要来自英国、荷兰和法国。最先到达北美的是探险家，1497年英国人约翰·卡波特父子发现纽芬兰岛，1534年法国人雅克—卡蒂埃登上了拉布拉多半岛。接踵而至的是追逐渔汛的渔民。在拉布拉多半岛、纽芬兰、新斯科舍（Nova Scotia）和新英格兰以东的北大西洋水域有着丰富的渔业资源，渔民们在这里捕捞到大量鳕鱼，一些人干脆就在这里安家立业。由此开始了西欧国家对北美大陆的大规模移民和开发。

1604年和1608年，法国移民在新斯科舍和魁北克建立了永久性定居点。1607年和1630年，英国人在詹姆斯敦和马萨诸塞湾建立起永久性定居点。1623年，荷兰人开始定居在新阿姆斯特丹（今纽约）。大致说来，在17、18世纪，法国移民大多集中在今加拿大东部地区，也有些商人和探险家沿圣劳伦斯河—大湖—俄亥俄河—密西西比河水路南下墨西哥湾，沿途设置了一些据点。而来自英国的移民则大多集中在今美国东海岸，从新英格兰直到南部的萨凡纳河流域，建立了十几个殖民地。

为捕捞鳕鱼而来到北美东海岸的西欧人很快就发现，在这一地区经营皮毛贸易比捕鱼更加有利可图。于是，从纽芬兰、哈得孙海峡、哈得孙湾一步步深入到内陆，到处都建立起了收购和转运皮毛的商栈。经营皮毛商栈的除了商人和冒险家之外，还有王室代理人。提供皮毛的是当地印第安人，他们用自己捕获的各种猎物的皮毛从欧洲人那里换取毛毯、铁锅、火枪和酒精。海狸皮在欧洲市场上最受欢迎，因此欧洲移民居住区附近的海狸很快就被斩尽杀绝了。来自欧洲不同国家的移民，原来就由于政治、历史、宗教、民族等原因而不睦，如今加上商业竞争，彼此更加对立，向不同国家移民提供皮毛的印第安人也因此而产生纠纷。各国移民之间、各商业阵营之间、印第安各部落之间不时发生武装冲突。

北美印第安人的社会发展水平低于墨西哥和秘鲁的印第安人。在他们当中，阶级分化并不明显，社会组织比较松散，国家尚未出现。虽有零星的作物种植，但基本上仍以狩猎和采

208

集为生。欧洲移民初到北美,定居在今加拿大地区的移民主要以捕鱼、制作渔业产品出售谋生,以后开始经营皮毛以及木材、沥青、焦油贸易,并不着力发展农业,也不谋求占有土地,食物供给基本依靠欧洲运来。定居今美国东部地区的移民虽大多从事垦殖,但因人数有限,所需土地不多。因此最初欧洲移民与土著印第安人的关系还算融洽。虽然欧洲人认为印第安人"野蛮""落后""愚蠢",看不起他们,甚至在货物交易中故意坑骗他们,但是天性淳朴善良的印第安人仍以友好的态度对待欧洲移民,当遇到灾荒或是欧洲供应船只误期,移民们食物短缺时,印第安人常常主动救济他们。

由于供应短缺的情况经常发生,一旦不能及时得到印第安人的救济,移民们就有饿死的危险。1609年冬季,詹姆斯敦的500多名移民有近90%因饥饿致死。有的移民定居点甚至发生因饥饿难耐而不得不吃死尸的情况。为了生存,为了能在北美长期定居,移民们开始努力发展粮食生产。他们砍伐森林,开垦农田,种植小麦。起初,从欧洲带来的小麦等作物品种在北美生长不良,收成很低。还是印第安人,送来玉米和南瓜种子,帮助移民掌握栽培技术,北美肥沃的土地也给予移民丰裕的回报,最终解决了粮食自给

17世纪时仍以狩猎为主的印第安人

问题。随着生活条件改善，北美大陆对欧洲人越来越有吸引力，移民人口快速增长。17世纪，仅英国一国就有大约15万人移居北美，来自法国、荷兰、德意志和爱尔兰的移民也成倍增加。

随着时间推移，在粮食供应越来越充足之后，移民们开始将殖民地农业生产与大西洋贸易圈联系起来，即种植能够进入欧洲市场的经济作物。此后在北美殖民地，特别是在切萨皮克湾（位于今美国弗吉尼亚州）以南地区，开始发展起种植园经济，烟草、靛蓝和稻米是主要种植品种。烟草的种植量尤其可观，弗吉尼亚和卡罗来纳一带种植园很多都种植烟草。仅弗吉尼亚一地，1616年烟草出口量为2300磅，1624年上升为20万磅，1638年达到300万磅。

发展农业生产需要不断扩大耕地面积，殖民者对土地的需求迅速增长，这使得他们与土著居民的关系逐渐变得紧张。北美印第安人没有建立庞大的帝国，因此殖民者无须动用军队进行大规模征服战争，他们只需一块一块地把印第安部落的土地巧取豪夺过来即可。起初印第安人对此并无警惕，但是随着移民的定居点、农场和种植园越来越多，印第安人的生存空间受到挤压，他们开始捍卫自己对土地的权利。这时欧洲人露出了狰狞的面目，开始用暴力手段驱赶和屠杀印第安人，抢夺他们的土地。印第安人被迫反抗，袭击殖民者的种植园和定居点，但是受到殖民者更加残酷的报复，很多印第安人被杀害，他们的房屋、粮仓、船只被烧毁，其余的人被迫放弃家园，迁徙到遥远荒僻的地方。据估计，在今美国境内，15世纪末叶有500万~1000万印第安人，而300年后，欧洲移民及其后裔的人数达到500万，来自非洲的奴隶也达到100万，而印第安人口仅剩下60万。殖民者的野蛮杀戮无疑是印第安人口急剧下降的原因之一。生存环境不断恶化，造成灾害和饥荒频仍，是印第安人人口锐减的另一个原因。还有一个重要原因，就是瘟疫，16世纪中叶天花等传染病传入北美，在毫无抵抗力的印第安人当中迅速蔓延，病死者不计其数。

英属北美殖民地的管理模式与"伊比利亚帝国"有所不同。因为最初来到北美的探险家都是个人筹资进行探险活动的，并未得到王室的支持与资助。后来的移民很多是因为在国内遭受宗教迫害，或是圈地运动中失去了土地，或是躲避绵延不绝的战祸兵役，他们移居北美完全是个人行为，并非受官方派遣。而且由于英国本身的政治传统，推崇公民自由和地方自治，殖民地居民同样享受这些权利。由于以上原因，北美的欧洲移民对殖民地事务有着更多的自主权。虽然他们口头上声称服从宗主国，忠实于王权，但实际上各个殖民地都有独立的行政会议，在

选任殖民政府官员方面也有较多发言权。"伊比利亚帝国"中实行的总督制和监察制在北美殖民地都不存在。

英属北美殖民地开发同样面临着劳动力短缺问题。对此，北美殖民地最初的解决方式是在欧洲招募契约劳工。招募来的契约劳工成分复杂，既有用卖身的办法筹措移居北美的路费的人，也有缺少谋生技能因而卖身学艺者，还有失业者、流浪汉、残疾人、轻罪犯人和卖身还债的人，他们一般与招募者，即船东、种植园主、农场主、作坊主等签订4~7年的劳役契约，期满后即可离开种植园开始新生活。对于那些在欧洲生活无着、走投无路甚至失去人身自由的人来说，到美洲充当契约劳工不失为一条"新生"之路，他们中大部分人最终都获得了自由，有些人后来还事业有成，甚至成为殖民地社会的领袖人物。但是也有相当数量的契约劳工命运悲惨，由于生活条件恶劣，劳动负担沉重，未及契约期满就死去了。

另一种解决方式是使用非洲黑奴。北美英属殖民地使用黑奴始于17世纪初，1619年第一批黑人到达弗吉尼亚。此后半个多世纪，北美的黑奴数量一直不多。17世纪后期，种植园经济蓬勃发展，对廉价劳动力的需求骤然增加，而契约劳工相对不足，于是北美殖民地的种植园主们开始大规模买进黑人奴隶。1750年，仅切萨皮克地区（包括今马里兰州和弗吉尼亚州）和卡罗来纳地区的烟草和稻米种植园里就分别有黑奴12万和18万人。

贩卖到美洲的非洲黑奴

北美殖民地经济的发展与黑人奴隶密切相关。这不仅是由于黑人奴隶为开发北美贡献了劳动力，而且由于殖民地经济对奴隶贸易的依赖。在新英格兰，有很多商人积极从事贩卖黑奴的买卖，他们在新英格兰—非洲—加勒比地区之间从事三角贸易：朗姆酒是新英格兰地区出口货物的大宗，他们把这些酒运到非洲海岸，用来交换黑奴；交换来的黑奴被运到加勒比地区的奴隶市场上，出售给从美洲各地赶来的种植园主；接着，他们又从加勒比当地市场上购买蔗糖，运回新英格兰作为生产朗姆酒的原料。17世纪晚期，从纽波特（位于今美国罗得岛州）驶出的商船绝大多数都是贩奴船。建造和装备贩奴船、从事奴隶贸易，成为支撑纽约和费城两地经济的支柱。

（三）美洲的殖民地社会

16、17世纪，随着欧洲移民和非洲奴隶大量涌入美洲，美洲成为不同种族、不同文化互相遭遇、冲突和融合的舞台。欧洲白人、美洲印第安人和非洲黑人之间相互通婚，导致大量混血儿出现。但是种族融合并不意味着社会平等。在政治、经济和文化各个方面，欧洲人都占据着统治地位，来自欧洲的基督教也逐渐成为美洲的主要宗教。

1. 多元文化、种族与等级

尽管在15世纪末叶欧洲人就登上了美洲大陆，但是直到19世纪以前，他们的主要活动区域还是在沿海地区、城市、矿场和适宜农业的平原地带。美洲内陆的大部分地区，特别是热带雨林区、山区、高原和荒漠地带，绝少有欧洲人涉足。即使有个别探险家曾经深入这些地区，也由于不适应当地的气候和环境、缺乏食物并遭受土著居民的敌视而难以生存。这些地方因而得以保持其原始的自然生态环境，居住在这里的印第安土著居民也保持了他们原有的生活方式和文化传统。

但是在欧洲移民活动的区域内，传统的印第安文化逐渐消失，被新近形成的多元文化所取代。来自欧洲不同国家和民族的移民，生活在美洲各地、各部落的印第安人，以及来自非洲不同地区和部族的黑人奴隶，共同成为这种多元文化的创造者。

在"美洲的伊比利亚帝国"，男性移民明显多于女性。西班牙移民中男性占到85%，葡萄牙移民中男性所占比例更高。这些男性移民绝大多数都是青壮年，他们只要解决了基本的生存问题，紧接着就会产生"性"的需求，于是与其他种族的女性发生性关系或是通婚就成为不可避免的事情，其结果就是有大量的混血

儿出世。在西班牙男性移民最为集中的墨西哥，有相当多的西班牙人娶印第安妇女为妻。因此一段时间之后，在人种学意义上，墨西哥已经在相当大的程度上成为"混血社会"。在秘鲁，女性移民多集中于城市，住在城市的男性移民较易在本族内解决婚姻问题，因而"城里人"通常有着较为纯粹的欧洲血统。但在女性移民很少的矿区和农村，西班牙移民就只能与土著妇女结婚，他们的后代都是混血儿。在巴西，不同种族之间通婚的情况更为普遍，因此巴西人混血的程度高于墨西哥和秘鲁。这里的葡萄牙移民的婚配对象不仅有土著印第安妇女，也有黑人女奴；印第安人与非洲黑人的结合亦为数不少，因此造成后世巴西人的血统相当复杂：不仅他们自己，而且他们的双亲，甚至双亲的双亲都有可能是混血儿，他们根本搞不清自己的血液中包含着多少个种族的成分。

在"美洲的伊比利亚帝国"这个混血社会中，人们因为血统而分成等级。最高等级是出生于伊比利亚半岛的白人移民"半岛人"；其次是出生在美洲的伊比利亚人后代"克列奥"或称"土生白人"；再次是欧洲人和印第安人的混血儿"梅斯提佐人"，他们的人数相对较多，对殖民地社会发展的贡献也最大；最后是欧洲人与非洲黑人的混血儿"穆拉托人"；处在最底层的是印第安人与黑人的混血儿"桑布人"。

北美殖民地的情况与"伊比利亚帝国"大为不同，这里的欧洲移民中有大量的女性，英国移民尤其如此，大多数人都是拉家带口、投亲靠友一大家人一起来到美洲的，因此北美的欧洲移民基本是在本族内寻找配偶，很少出现混血儿。早期法国移民大多从事毛皮贸易，与土著印第安妇女接触较多，因此在法国移民的定居点和商栈附近混血儿稍多一些。而法国移民集中的城市，如魁北克等，混血儿并不多见。英国移民则极少与异族通婚，这既是因为他们身边有足够多的本族妇女，也因为英国移民极端鄙视土著印第安人和非洲黑人。英国移民从种族主义立场出发，把自己和印第安人、非洲人严格区分开来，认为他们野蛮落后、懒惰愚蠢，既一无所有，也不懂得自尊，因此坚决反对白人与之通婚。对那些与印第安人或黑人通婚的人以及他们的混血后代极度蔑视。

但是，即使是英国移民，他们能够阻止不同种族之间相互通婚，却不能阻止不同文化之间相互交流。殖民地流行的英语当中就出现了很多源自印第安语言的词汇，例如浣熊（racoons）、负鼠（opossums）、山胡桃树（hickory）、山核桃树（pecan）等。在适应美洲的气候和自然条件、种植适合在美洲生长的农作物和经济作物、驯养美洲特有的家禽家畜等方面，他们也从印第安人那里学习了很多东

美国黑人歌手

西。非洲黑人文化也为欧洲移民文化注入了很多新鲜的成分,例如非洲黑人音乐,再如稻米的栽种技术。

2. 基督教和原始宗教

传播基督教是欧洲人冒险出海远航、开辟新航路的重要动机之一。在最早到达美洲的欧洲探险家当中,就有相当数量的传教士。随着越来越多的欧洲人移民美洲,基督教在美洲的传播也越来越广泛,最终使基督教成为美洲的主要宗教。

西班牙是欧洲最保守的天主教国家之一,西班牙教会的传教热情也最高。费尔南多·里奥斯在《西班牙在美洲的行动》一书中说:"在那个重大的历史时代,西班牙以两种富于战斗性的行动向前推进。一种是军事上的,一种是精神上的。二者都十分热衷于征服事业。前者的目的在于攫取权力,占领土地和掠夺财富;后者的主要目的则在于赢得基督信徒。"西班牙的方济各会、多明我会和耶稣会等各个基督教教团都向墨西哥和秘鲁派出了传教士,他们以王室代表的身份出现,而且都有官职,其职责就是使美洲印第安人皈依基督教。到1545年,以圣多明各、墨西哥城和利马为中心,西班牙传教士已经建立了三个大主教区,仅墨西哥一地,在被征服后的十五年内，就有 400 万以上的印第安人被迫接受了洗礼，有的教士一天就要给 1500 人施行洗礼。1523 年，方济各会传教士戈尼特·彼得（1480—1572）在墨西哥城建立了西半球第一所学校，招收印第安人的男孩入学，向他们讲授西班牙语和基督教教义，并进行绘画、雕刻等为装饰教堂而必需的技艺训练。以后这种模式的宗教学校在西班牙殖民地各处得到推广。为了更好地与印第安人沟通，为了以更准确的语言、更容易理解的方式向印第安人解释教义，传教士们努力学习印第安人的语言，收集整理了大量有关印第安人风俗习惯和历史文化的资料。方济各会传教士贝尔纳编纂的有关古代印第安人语言、文学、历史、习惯和信仰的著作，迄今仍是关于阿兹特克帝国的最权威的史料。

在传教士们的努力之下，基督教在西班牙殖民地的印第安人当中赢得了越来越多的信徒。特别是在征服战争和瘟疫横行的年代，许多印第安部落酋长感到自己的部落已经被神所抛弃，于是转向基督教传教士请求帮助。广为流传的"瓜达卢佩圣母"传说是基督教在墨西哥获得普遍传播的例证。在传说中，圣母玛丽亚曾于 1531 年降临墨西哥城附近村庄瓜达卢佩，该村庄一个农夫曾亲眼目睹。此后瓜达卢佩成为圣地，西班牙移民、欧—印混血儿和皈依基督教的印第安人都来这里朝拜。"瓜达卢佩圣母"传说也是一种预示，表明基督教即将在殖民地的宗教和文化中取得主导地位。

但是，传统的力量是巨大的。无论是在基督教的强势传播面前，还是在殖民政府想方设法取缔异教信仰时，印第安人都没有轻易放弃自己古老的宗教传统。一些印第安人躲在隐秘的山洞里或是高峻的山顶上礼拜本民族、本部落的神灵，甚至继续举行人祭仪式。一些印第安人即使在皈依基督教之后，仍然保持对本族神祇的尊崇，将印第安

广为流传的"瓜达卢佩圣母"像

神祇的一些品质赋予基督教圣徒，在基督教的节日庆典当中也采用了很多印第安原始宗教的仪式。

在北美殖民地，基督教传教活动不像在墨西哥和秘鲁那样成功。这既与北美印第安人仍然过着流徙不定的游猎生活，传教士们难以进入他们当中开展活动有关，也与北美殖民者对土著居民的蔑视态度有关。例如英国殖民者，就对在印第安人当中传播基督教缺乏热情，他们不反对印第安人皈依基督教，但绝不主动劝导他们皈依，对于已经皈依基督教的印第安人，英国殖民者也不欢迎他们加入自己的社团。与英国殖民者相比，法国传教士在圣劳伦斯河—五大湖区—俄亥俄河—密西西比河水路沿线进行的传教活动相对积极和有效得多，他们成功地使一些印第安部落加入了基督教会。

就总体而言，北美殖民地的印第安人皈依基督教者为数不多。但是，即便如此，由于欧洲移民人数的快速增长和印第安人口的急剧下降，基督徒在北美人口中的比例仍在上升，这使得基督教文化在北美殖民地文化当中同样取得了统治地位。

 文艺复兴与启蒙时代的欧洲文明

文艺复兴

文艺复兴的意思是再生或使人恢复对久已遗忘的许多事物的兴趣，首先是恢复对古希腊、古罗马文明和思想的兴趣。但实际上，这是人文主义者在继承古典文明的基础上，冲破神学统治而获得思想解放的一次运动。

（一）背景

13世纪以来，意大利城市的物质文明远远

文艺复兴时期的绘画

超过欧洲其余地区。这里的达官贵人和市民阶层对精神食粮的渴求也在增长。而在中世纪，经院哲学和禁欲主义统治着人们的思想，神职人员的腐化更加暴露出教会的虚伪。这些市民在失望和厌恶之余，自然把目光转向世俗的文化和思想。

从12世纪以来，**东西方学者从希腊文，尤其是通过阿拉伯文把古代典籍译成拉丁文的工作一直在进行**。1453年君士坦丁堡的陷落，迫使大批学者携带古代典籍流亡意大利，"**给惊讶的西方展示了一个新世界。**"（恩格斯）

另外，15世纪以**来地理大发现的成就，激发起勇敢者对未知领域的好奇心和想象力**。这种社会气氛有助于培育艺术家的创造力和学者的探索精神。德国金匠古登堡发明活字印刷**的全套设备，排印过《圣经》等书**。这一发明的推广，对繁荣文艺与学术，普及文化知识具有划时代的作用。

（二）人文主义

文艺复兴时期形成的思想被称为人文主义。人文主义者主张一切以人为中心，肯定物质享受和今生今世的幸福，追求个性解放，歌颂爱情，反对禁欲、来世和蒙昧主义。

人文主义者从古希腊、罗马文化中发现了以人为本、勇于追求、乐观向上的精神；又从《圣经》里找到了早期基督教的理想：人们不分种族无论贵贱，在上帝面前一律平等，彼此以仁慈、宽恕、博爱相待。因此，人文主义是对古典文化和中世纪基督教文化的继承和发展，是人本精神与早期基督教精神的融合与创新。

人文主义用人性取代神性，用个性解放否定禁欲主义，拥护中央集权而反对封建诸侯。但是，限于当时新旧思想的力量对比和人文主义者的认识水平，他们还不可能直接、公开地把斗争矛头指向天主教会和封建制度。

总之，人文主义思想反映新兴市民阶层对光明、进步和文明的渴望，表现出蓬勃的朝气，坚定的乐观精神和非凡的创造才能。"这是一个需要巨人而且产生了巨人的时代，在思维能力、热情和性格方面，在多才多艺和学术渊博方面的巨人的时代。"（恩格斯）

（三）成果介绍

在艺术界，绘画和雕塑是文艺复兴时期成就最大的两个领域。这些艺术家继承了古希腊、罗马的传统，创造出透视绘画的原则和方法，使西洋美术的创作技巧趋于成熟。他们的创作题材虽然多取自宗教和神话，但其艺术构思、色彩调配、人物表情和画面布局却展示出人的裸体美和丰富的内心感情。这些具有永恒魅力的艺术品，同薄伽丘的《十日谈》等文学作品一样，已成为全人类的共同遗产。莎士比亚在《哈姆莱特》中写道："人是一件多么了不起的杰作！他的理性多么高贵，他的力量多么伟大，他的仪表多么优美，他的举动多么文雅。他的行为像一个天使，他的智慧像一位天神。人，是宇宙的精华，万物的灵长！可是，在我看来，这个泥土塑成的生命算得了什么！"

在自然科学领域，哥伦布和麦哲伦经过海上探险发现了地球，伽利略在刻普勒、哥白尼和布鲁诺的基础上，用望远镜发现了宇宙。自然科学家们发现了我们周围的客观世界；人文学者们则发现了我们自己的主观世界。

在人文科学中，对欧洲君主专制制度的研究作出过重要贡献的人物是马基雅维利。他的著作以《君主论》（1532年）和《论泰特斯·李维的前十卷》（简称《论述》，写于1513至1515年）最为著名。

16世纪的欧洲社会有两个特点：一方面罗马教皇已从灾难性的大分裂（1378—1417）中重新恢复了权威。另一方面，一个重要的历史趋势是西欧各地王权普遍得到强化，而贵族、教会、等级议会和自治城市的传统特权受到削弱。从事远距离贸易的商人和银行家开始控制国内外市场，进而控制生产。他们给王室提供税源和信贷；君主则鼓励商人参与国际竞争。王朝战争和商业经营都需要君主在行政、司法、税制、市场管理（如统一度量衡、取消或减少内地关卡）、尤其是军队控制方面把权力集中到自己手里。法国国王就是在百年战争期间，于1439年集中军权的。西欧这些新兴的民族国家日益强盛，并向外扩张。而意大利人还在"流落四方，既没有首领，也没有秩序。被人征服，受人掠夺，任人宰割，以致满目疮痍"（《君主论》）。佛罗伦萨曾经十分富有而且高度文明，是文艺复兴时期的学术、文化中心，这时却备受内讧频仍、强邻入侵和商业萧条之苦。马基雅维利在该市市政厅做秘书的长期经验使他深信，意大利要想复兴，必须像西欧各国一样建立统一的民族国家。这两本书就是他对国家盛衰原因的考察和政治家治国方略的探索。《君主论》讨论专制君主或其他专制政府，而《论述》则评述罗马共和国的扩张。

在《论述》中，他认为罗马教皇是意大利四分五裂的"唯一原因"。教皇虽无力统一意大利，却有足够的能量阻止其他统治者去统一。作者虽然把共和制

马基雅维利像

看成比较好的政体，但又认为必须具备某些条件，而在立国之初或为了改造腐败不堪的国家，如意大利，则必须采取专制政体，"才能遏制权贵们的野心和腐化堕落"（《论述》）。在他看来，当时法国的君主专制就是君主政体的典范。

马基雅维利的政治观点是：

非道德的政治观：马基雅维利从人性论出发，认为人类最初与动物一样，是分散活动的。追求权力和财富是人的主要欲望，但权力和财富有限而欲望无穷。为了防止互相

争权夺利，人们便从中选出领袖，颁布法律，产生了国家。国家是分散的个人为其生命和财产安全而建立的组织。国家的根本问题是统治权。这样，他就把政治与伦理道德区分开来，把政治的本质归结为一个世俗问题，使它与中世纪神学中的来世幸福和千年王国互不相干。此后，权力被看做国家机器和法律的基础。他最早用人的眼光来考察国家，从理性和经验中而不是从神学中引申出国家的自然规律。他是最早尝试用阶级斗争观点解释历史的学者。

政体思想：他认为人类历史上依次出现君主政体、贵族政体和共和政体，这是三种正常的政体类型。它们的变异形式是暴君政体、寡头政体和"群氓"统治。他反对世袭君主制，只把君主专制看做挽救意大利的临时措施。国家统一后，还是要实行共和制度。

统治术：他写《君主论》就是要献给当时佛罗萨统治者洛伦佐公爵的。该书主要讨论统治者维护权力的方法。他是近代第一个注重统治术的思想家。他认为，维持国家政权的基础是军队和法律。他厌恶雇佣军而赞赏法国的常备军。因为雇佣军为了更好的价钱随时会背叛雇主，他们给意大利带来的只有恐怖。统治者建立一支由公民组成的军队并忠于他本人，就可以维护其权力并开拓国土。他主张统治者应把"如何才能保全国家的生存和自由"放在一切其他考虑之上（《论述》）。至于这样做"是否公正、人道或残忍、光荣或耻辱都可以置之不顾。"这种"只要目的正当，可以不择手段"或"目的说明手段正当"的政治权术，即所

谓马基雅维利主义。

马基雅维利用如此冷漠甚至冷酷的语调鼓吹统治术而毫不顾及信用、正义和道德，一直引起人们的争议。对此可以作出的解释是，与其说他邪恶，不如说他坦率。他反映了当时"坏蛋和冒险家"到处横行无忌的社会现实，而不是在鼓吹道德沦丧。在研究政治学的时候，他把政治从道德等社会领域中抽出来单独加以考察，这是无可非议的。（罗素《西方哲学史》）

还应指出，既然他主张统治者应把国家安危置于一切考虑之上，那么，军人和公民（臣民）忠于统治者就等于忠于国家。由此可见，马基雅维利心目中的专制君主，不是暴君而类似后来的开明专制政体：军队和人民忠于这样的统治者只能是基于民族感情和爱国主义。

（四）评价

"在人文主义的伟大思想光辉和永恒的艺术魅力面前，中世纪的幽灵消失了。"（恩格斯）这是人类从未经历过的最伟大的进步的变革，它为欧洲随之而来的商业革命、政治革命、近代民族主义思潮奠定了基础。从方法论的角度看，人文主义学者大都在各自学术和文学艺术领域表达以人为本的观念，只有布鲁诺等少数人把矛头直指天主教会。

文艺复兴有没有历史局限和阶级局限性？没有，这些"给现代资产阶级统治打下基础的人物，绝不受资产阶级的局限；相反，成为当时时代特征的冒险精神，或多或少地推动了这些人物。"至于人性、人道主义、个人主义这些在历史上起过进步作用的社会思潮，后来尽管滋生出诸多弊端，但那主要是后人在理解和应用中的偏差造成的。

到16世纪末，文艺复兴在意大利已经衰落，审美感堕落为色情刺激，追求外表美的本性转化为轻薄与媚俗。崇尚古风的热情被歪曲为新的异教信仰。总之，它在追求个人幸福的同时忽视了伦理道德对自己和对别人的应有约束。后期，只有荷兰和英格兰还保持着文艺复兴的优良传统。

欧洲宗教改革

（一）马丁·路德宗教改革

中世纪以来，在欧洲的中部、西部和北部，逐渐形成了一个罗马教廷统治下

的基督教文化共同体。在这个共同体中，无论属于哪个国家和民族，无论语言和习俗如何不同，所有的成员都尊奉同样的宗教信仰，服从同一的宗教权威。但是到 16—17 世纪，这种已经持续五百余年的思想信仰大一统局面被打破了：经过轰轰烈烈的宗教改革运动，由路德教、英国国教和加尔文教为代表的新教与以罗马教廷为首的天主教会彻底决裂。新教具有民族教会的性质，新教的建立有利于民族国家的巩固。正因为如此，继之发生的新教与天主教会的对立必然带有国家冲突的色彩，从而造成近代早期欧洲社会的全面紧张。

推动宗教改革的有三种力量：其一是下层民众。地位卑微、生活困苦的劳动人民和衣食无着、朝不保夕的无业者们历来对宗教满怀期待，希望从虔信中获得拯救，希望教会保护他们。然而当时的教会显然只能让他们失望，天主教高级教士享有特权，生活奢华，和封建主一样剥削人民。因此下层民众对天主教高级教士怀有天然的仇恨，盼望教会中出现自己的代言人。他们对教会的不满实际也是对社会的不满，其宗教主张与其社会诉求是一致的。下层民众的力量在德意志的宗教改革以及随后发生的农民战争中表现最为活跃。其二是城市中的市民阶级，特别是拥有自治权的城市的市民。他们希望能够像独立管理自己的经济事务那样，完全自主地处理有关自己宗教信仰的事情，以教皇和高级主教为代表的天主教会等级制度如同世俗社会的封建等级制度一样令他们难以忍受。他们的宗教理想在加尔文宗教改革中表达最为鲜明。其三是国王和诸侯们。长期以来，世俗统治者与天主教会在经济、法律、政治权力等方面一直存在矛盾和争夺，他们希望有朝一日能将政权凌驾于教权之上，能将本国的财富留在国内而不必履行向教廷进贡的宗教义务。路德教和英国国教都体现了国王和诸侯们的意志。经过将近一个世纪的宗教改革运动，到 17 世纪初，城市市民和国王诸侯的政治愿望都得到了不同程度的满足，只有下层民众一无所获。

轰轰烈烈的欧洲宗教改革运动是从德意志的马丁·路德宗教改革开始的。16 世纪初，德意志的社会矛盾错综复杂，其中两大矛盾尤为突出，一是当西欧各国的农奴制已经普遍衰落时，德意志的农奴制依然顽固存在；二是当西欧各国都已走上统一的君主制民族国家之路时，德意志却反其道而行之：四分五裂，混战不息，帝国皇帝形同虚设，帝国议会无所作为，国内统一市场无法形成，经济发展受到严重阻碍。这两大矛盾都与天主教会有关：教会的贪婪掠夺加重了农奴的负担，教皇权力过大妨碍了世俗权力的集中与统一。这样，当社会矛盾激化之时，天主教会势必成为众矢之的。

马丁·路德（1483—1546）原是虔诚笃信的修道士，性格内向而敏感。他常常痛感个人在魔鬼面前的无力无助，为自己将下地狱而忧心如焚。为摆脱痛苦，他参加各种宗教活动，祷告、忏悔、做弥撒等，却丝毫不能缓解恐惧。一次他无意中读到圣保罗"义人必因信得生"的训诫，顿觉彻悟，心情也豁然开朗。此后他便极力倡导"因信称义"，宣称信仰的本质是内心活动，而不是外在的行为或形式；上帝将皈依的权利直接赋予每个灵魂，每个人都可以直接与上帝沟通，而不必通过教会的中介；教会所提倡的祈祷、施舍、捐献、赎罪等"善行"都是灵魂得救后的表现，并不能导致灵魂得救。由于这样的认识，在他心目中，教会就成了多余的机构。

1517年，为筹集修缮罗马圣彼得大教堂的款项，教皇授权给托钵僧特策尔，让他到德意志来兜售赎罪券。特策尔声称，凡募捐者必将灵魂得救，其亲属也将免遭炼狱之苦。目睹同胞们纷纷受骗捐款，时任维登堡大学教授的路德决定不再沉默。他按照当时的学术习惯提出了《九十五条论纲》，表示愿意就"赎罪券有无救赎作用"问题与任何人展开辩论。从此路德从一名隐修者变成了公众人物，他在《论纲》及随后进行的辩论中全面阐述了自己的宗教主张。他说，每个信徒

马丁·路德雕塑

都可以通过阅读《圣经》来理解上帝的真意，并根据自己的理解来行动，个人理解是支配自身行为的唯一指南和最高权威。他明确指出，信徒只能通过内心的感悟来寻求解脱，教会的赦免是无济于事的，因为信徒可以直接与上帝沟通，根本不需要教会的中介。路德并没有提出取消教会，但是呼吁对教会进行全面改革，比如摒弃"善行得救说"和"炼狱说"，将"七礼"减少为"二礼"（洗礼和圣餐礼），允许教士结婚，关闭修道院，用本民族语言传教，否认包括教皇在内的各级教士的权威，等等。路德认为，教会不可能自我改造，教会的改革必须由国家来推动。

一石激起千重浪。路德的《论纲》惊世骇俗，引起很大反响。15世纪中叶即已在西欧出现并且蓬勃发展的印刷业此时起了重要作用。《论纲》及路德的其他言论被制成印刷品到处流传，美因茨大主教把这些印刷品送到了罗马，深感震惊的教皇要求路德收回《九十五条论纲》并深刻忏悔，但是路德严词拒绝："我不能、也不愿收回任何东西，因为违心行事既是罪恶的，也很危险。我除了坚持己见，别无选择。上帝将保佑我！"教皇威胁要将他革出教门，而且后来果真这样做了，但是路德仍不屈服，继续写作和争论，进一步阐释自己的观点，并且在隐居期间把《圣经》翻译成德文。路德的观点和言论风靡整个德意志，越来越多的人被这些新颖大胆的言论所鼓舞，表达各种宗教主张的印刷品在民间广为散发，社会局面开始动荡不安。

农民将宗教改革引向了社会革命。1524—1525年间，以士瓦本、法兰克尼亚、萨克森和图林根地区为中心爆发了大规模的农民战争，中心地区有2/3以上的农民都揭竿而起，他们要求废除农奴制和什一税，减免农民的租税负担。市民阶层也一度加入斗争行列，他们提出的要求包括国家统一，建立衡器与币制的统一标准，取消商税和过路税，等等。由于农民和市民们的这些要求威胁到封建统治者的根本利益，所以农民战争遭到封建统治者的通力镇压，最后以失败告终。

路德反对激烈的社会运动。他虽然主张宗教改革，但是主张由世俗统治者充当改革者。面对蓬勃兴起的农民战争，他更加坚定了与世俗统治者合作的信念，他的立场越来越保守，越来越强调国家对宗教的领导权。他认为，必须进行教会改革，但同时必须保留教会，改革后的教会必须服从于世俗权力，这些逐渐成为路德宗教改革主张的主旋律。而这些主张正好迎合了相当一部分德意志诸侯的心理，他们既觊觎教会的财产，又谋求扩大自治权力。这样，路德教就在部分诸侯国中获得了世俗统治者的承认和保护。罗马教廷、神圣罗马帝国皇帝和固守天主

教传统的诸侯们联合起来,试图以异端罪名扼杀路德教。路德教派的诸侯和信徒愤起而抗争。双方的对立导致德意志内战。1555年,内战双方签订《奥格斯堡宗教和约》,根据"教随国定"原则,确定德意志北部等地区的诸侯国和自治市可以将路德教立为唯一合法宗教。《奥格斯堡宗教和约》的签订,不仅标志着路德教的胜利,同时也标志着路德教的核心观念——世俗权力高于宗教权力——得到了实现。

到16世纪中叶,已有一半以上德意志人口信仰路德教。路德教的影响并不仅限于德意志境内,在尼德兰地区和整个斯堪的纳维亚半岛,路德教都拥有广泛的信众;瑞士的苏黎世、巴塞尔和日内瓦等城市都建立了路德教会;甚至在天主教的大本营——意大利和西班牙也有路德教传播,只是在那里遭到严厉的镇压。

(二)英国宗教改革

从某种意义上说,英国宗教改革是路德宗教改革的成功翻版。英国宗教改革也是在世俗君主领导下进行的,其进程是与罗马教廷决裂在先、修改教义在后,这种改革形式和程序本身就体现了英国宗教改革的政治色彩以及世俗权力高于教权的宗旨。

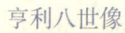
亨利八世像

英国宗教改革的发动者是都铎王朝国王亨利八世(1509—1547)。亨利八世曾是正统的天主教徒,路德教刚刚传入英国时他曾亲自撰文驳斥,因此被教皇赞许为"信仰的捍卫者"。但是一起离婚案使他转向了宗教改革。亨利八世已届中年仍无男嗣,出于江山社稷需要后继有人的考虑,同时也因个人感情转移,他决意休妻再娶。按照当时的教会法,他向罗马教皇提出了离婚的请求。通常情况下这种请求都能顺利得到批准,可是此时亨利八世打算休弃的妻子是神圣罗马帝国皇帝查理五世的姨母，而教皇是无论如何也不敢得罪查理五世的，所以亨利八世的离婚请求迟迟得不到批准。失去耐性的亨利八世遂决定与英国议会中的改革派联手，以议会法的形式宣布英国教会不再接受罗马教廷管辖，以便让英国教会按照他的旨意来解决他的婚姻难题。1534年，英国议会颁布了《至尊法案》，宣布英国教会断绝与罗马教廷的一切关系，尊英国国王为"英国教会和教士的唯一最高元首和保护者"，英国教徒必须宣誓服从国王的权威。随后亨利八世解散了修道院，将教产拍卖给新兴贵族，使其改革行动在国内获得了广泛而有力的支持，为英国国教会的建立奠定了坚实的政治基础和社会基础。伊丽莎白一世女王（1558—1603）即位后，从维持国家稳定这一根本政治利益出发，又从教义、教仪等方面进一步完善了英国国教。她奉行中庸之道，仿照路德教的做法，既坚持世俗君主掌握教权的原则，实行允许教士结婚、用民族语言做礼拜之类改革措施，又保留了一些天主教传统，例如主教制度、什一税、高级教士出席上院会议制度、有关婚姻、遗产的诉讼提交宗教法庭审理，等等。

（三）加尔文宗教改革

约翰·加尔文（1509—1564）出生于法国，14岁即进入巴黎大学学习神学和法律，期间受到文艺复兴人文主义影响，参加了激进的改革运动。这个运动主张通过学习原始语言的《圣经》，按照经典的和古代的模式来改造基督教会和社会，为此加尔文专门学习了古代基督教所用的三种语言——希伯来文、希腊文和拉丁文。1533年末，因其宗教主张在法国受到压制，加尔文出走瑞士。他在那里写作了《基督教原理》这部阐述新教信仰的重要著作以及其他大量论著，并且在日内瓦成功地实践了他的宗教社会理想。

加尔文教与路德教相比，有如下两点主要区别：

第一，加尔文赞同路德的"善行无用论"，在此基础上又进一步提出"先定论"，认为人死后是进天堂还是入地狱都是出生前就已经由上帝安排好的，包括教会在内的任何人都不可能改变上帝的意志。但加尔文并不是宿命论者，尽管他认为被上帝选中进入天堂的"选民"只是极少数，但他把成为"选民"的希望给予了每个人。根据他的理论，无论什么人，只要按照上帝的教导去做，经受住生活的考验，战胜了诱惑，就有理由相信自己是上帝的"选民"。这样就使"先定论"成为了一种鞭策，一种催人奋进的力量，一种"只要努力，上帝就与我同在"的坚定信仰。这种理论对于那些谋求进取和发展的个人或阶层，特别是对当时新兴的资产阶级具有巨大的吸引力。

加尔文像

第二，加尔文反对路德的"教会从属于国家"的观点，不承认世俗政权有权干预宗教事务，但在同时，加尔文也不赞成教会独立于国家和社会之外。他的理想是"国家基督教化"，即将社会本身改造为宗教团体，实行政教合一。他主张由牧师和选举出的虔诚信徒组成教务评议会管理教会，而由牧师和长老组成宗教法庭治理国家。应日内瓦的宗教改革者之邀，加尔文将他的这些主张在日内瓦付诸实践。在这个城市国家里，教会组织和行政司法组织重叠，全都处于民选会议的管辖之下。整个国家都被置于严格肃穆的宗教式气氛之中，一切轻薄放纵的行为方式都遭到禁止，甚至在宗教仪式中摒弃了所有能够引起感官愉悦的色彩、音乐、图画和香味，牧师们脱下了颜色鲜艳的法衣，改穿黑色礼服，蜡烛取代了燃香，赞美诗代替了圣歌，器乐包括钟在内都被当做"教皇制度"的奢侈品搬出了教堂。

日内瓦作为当时的新教中心和宗教社会楷模，一时间成为"新教徒的罗马"。英格兰、苏格兰、法国、德意志、尼德兰、波兰和匈牙利等各国的宗教改革者纷纷前来学习和观摩，城内到处都可以听到加尔文教徒在传道解惑。加尔文教因此广为传播，在很多城市、地区和国家都建立起了加尔文派的教会组织。

（四）欧洲天主教改革

在新教兴起和蓬勃发展的同时，天主教会也正经历着一场深刻的变革。天主教会将这场变革称为"天主教改革"，意在突出改革的自觉性；新教则称之为"反宗教改革运动"，意在强调新教对天主教的猛烈冲击。事实上，双方都有一定道

理。一方面，天主教会的变革确实开始于宗教改革运动发生之前，所以不能说变革的起因是由于新教的冲击。但另一方面，天主教会在变革过程中革除的那些弊端，也确实大多为新教人士所诟病。特别是在宗教改革运动发生之后，面对新教的攻击，天主教会确实采取了一些应对措施。而且，由于新教具有民族性、国家性指向，因此天主教会愈发强调宗教信仰的普世性和国际性。从这个角度看，说天主教改革与新教的冲击毫无关系也不准确。无论如何，天主教会本身进行的这场变革，是一种面对危机的自救行动，其宗旨和结果都是与新教划清界限。

天主教改革的呼声最早出现在15世纪末叶。在当时文艺复兴人文主义的影响下，意大利和西班牙的一些基层教会人士提出，应当按照基督教原始教义以及古代的教会组织模式，对现行的教会制度以及神职人员的思想道德进行整顿和重建。一些著名的人文主义者，例如伊拉斯谟和托马斯·莫尔等，也提出了同样的主张。这些最早的改革主张虽然来自基层，来自民间，来自罗马教廷之外，但是道德重建和制度改革确实是以后天主教会改革的两个主要的内容。而改革过程中的两大标志性事件，一是16世纪中叶召开的特兰特宗教会议，一是耶稣会的建立。

特兰特小镇位于阿尔卑斯山麓、德意志与意大利交界地带，1545—1563年，天主教会高级神职人员在这里召开了一次断断续续持续近二十年的会议。这次会议作出的决议此后一直被天主教会严格执行，直到20世纪60年代第二次梵蒂冈会议为止。因此一般人都认为，特兰特会议决定了天主教会在近代和现代的命运。在特兰特宗教会议上，与会者首先承认，在教会人士中的确存在着道德沦丧、愚昧无知、兼领圣俸等腐败问题，正是这些问题的存在，致使许多信徒对天主教会失去了信心，因此必须对此加以改革。特兰特宗教会议根据阿奎那的神学理论，对教会的组织制度、教仪和教规的每个细节都认真地进行重新规范，并且严令各级教会组织和所有神职人员严格遵守。事实证明，这次会议在端肃纪律、纠正陋习方面是成功的。同时，会议还对天主教教义进行了阐释，在这方面几乎没有作出任何让步，而是坚决地否定了仅从《圣经》当中就可获得真正信仰，否定个人判断，宣布善行与信仰结合就可释罪，确认炼狱存在，赞成使用偶像、圣物和朝觐，规定礼拜用语只能是拉丁文，维护教士独身和修道院制度，等等。但是，这次会议也证明，在民族国家已经普遍建立的历史背景下，国际性的宗教组织和宗教会议已经不再具备有效管理各国宗教事务的能力。这次会议本身的冷清就说明了这一点：1215年第四届拉特兰宗教会议和1415年康斯坦茨宗教会议召开时，到会的高级教士都有500人左右，而特兰特会议的到会人数远没有这么多，有些时候只有20～30人出席。出席率低是造成会议时断时续的重要原因。而且在开会时，各国主教都只对与本国有关的内容感兴趣，其发言常常代表本国君主的意志，许多主教甚至直接提出约束教皇权力的要求。尽管特兰特宗教会议最终维护了教皇的权威和天主教会的统一，但是，在号称国际性、普世性的宗教内部出现这种"不和谐音"仍是不寻常的。

　　如果说，特兰特会议是以被动和防守的姿态捍卫天主教会，那么耶稣会的建立就是以主动进攻的姿态扩张天主教的势力范围。耶稣会的建立者是罗耀拉（1491—1556），他出生于西班牙，早年曾从军，1512年因伤结束军旅生涯。罗耀拉在养伤期间苦修神学，立志余生要为信仰而战斗。1540年他与少数同道者创建了耶稣会并得到教皇的批准。该会的入会标准十分严格，只有证明确有超常毅力和智力的信徒才能加入。在16—17世纪，耶稣会士以信仰虔诚、纪律严明、忠于职守而享誉天主教世界。耶稣会认为基督教是世界性宗教，因此反对具有民族国家性质的"民族教会"，鼓吹教会高于国家、献身教会比献身民族事业更为崇高。他们把天主教会本身视为神圣机构，把罗马教廷视为世界首脑，所有耶稣会士都宣誓绝对服从教皇。耶稣会名为修道团体，实际上并不甘于隐居静修，而是热衷世俗事务。他们一方面致力于劝说新教徒"回心转意"并取得一定成功，一方面设法成为欧洲各国世俗君主的幕僚，以便影响他们的宗教决策。该会在欧洲兴办了数百所学校，除讲授神学、培养教士之外，也进行科学、古典文化、文明举止等文艺复兴式的人文主义教育。新航路开辟以后，耶稣会又致力于向欧洲

以外的国家和地区传教，会士们的身影出现在美洲、非洲和亚洲。为基督教成为名副其实的世界性宗教而奔波劳碌。

通过这些改革，天主教在一定程度上革除了陋习和弊端，重塑了自身形象，从而能够继往开来，最终成为世界性宗教之一。但是，天主教会希望通过自我改造而重新振兴，像中世纪那样在欧洲一统天下的目标并没有能够实现。

排巫运动与宗教战争

（一）排巫运动

在近代早期，欧洲人完全有理由认为，世界突然变得匪夷所思了：大西洋彼岸突然"出现"了一块新大陆，那里居然还生活着数百万在欧洲人眼中"非我族类"的人民；统一的基督教世界突然分崩离析，昔日奉为圭臬的神圣教条遭到无情的批判和嘲弄，势不两立的宗教纷争引发了无尽无休的腥风血雨；高高在上的世俗权威突然受到挑战，曾使低眉顺目的子民们动辄揭竿而起，斗争矛头直指尊贵的君主；真理失去了标准，道德和传统也失去了约束力，仿佛谁都可以自行其是。欧洲人在混乱中寻求秩序，在迷惘中寻求解释，而当这种寻求毫无结果时，他们因为失望而对一切都产生了怀疑和恐惧。在这种背景下发生了排巫运动。

排巫运动发生在近代早期的欧洲，是由于迷信而发生的大规模迫害无辜群众的事件。从中世纪延续下来的欧洲文化中，一直相信巫术和巫婆、神汉的存在。欧洲人认为，那些精通巫术的人平时就混杂于人群当中，表面上与常人无异，实际上却具有超常的魔力，可以任意摆布别人，甚至控制别人的命运。15世纪欧洲知识界出现了关于巫术的讨论，甚至还形成了比较一致的说法，比如说精通巫术的人多为女性，她们在夜间骑着扫帚、草叉或动物等飞到远方，与魔鬼幽会"苟合"之后返回人间，再按照魔鬼的意志加害于世人。由于这些说法流传甚广而且人们深信不疑，以致1484年教皇英诺森八世批准罗马的宗教裁判所，可以采用包括刑讯逼供在内的一切手段，严厉查办隐藏在人群中的巫婆。到16、17世纪，当人们对突然面临的变局感到难以忍受的痛苦和迷惘、产生了无法解脱的怀疑和恐惧时，他们就会不由自主地把一切灾难和痛苦都归因于巫婆作祟。

两大因素加剧了对"巫婆"的迫害。其一是新教的兴起。在迷信巫婆作祟方面，新教徒比之天主教徒有过之而无不及，他们坚定地认为巫婆是撒旦的化身。

路德和加尔文都说过，对那些被怀疑是巫婆的嫌犯，必须严密搜捕，严厉审讯，从速处决。在他们的鼓吹之下，新教徒都以极大的积极性投入排巫行动。其二是民族国家的建立。一方面，经过宗教改革运动，人们对祈祷、佩戴护身符、泼洒圣水等传统的避邪手段不再相信，转而相信只有国家才能保护人民的安全。另一方面，民族国家的统治者同样迷信，也将巫婆视为一切灾难和动乱之源，因此大力支持排巫运动，所有对巫婆的检举、起诉、审讯和判决都在世俗法庭中进行。正是在国家、教会和民众的合作下，排巫运动成为一场名副其实的大屠杀。

在16、17世纪，大约有11万人受到"施行巫术"的指控，约6万人被处以极刑。1580—1660年间是排巫运动最狂热的时期。在德意志，17世纪20年代维尔茨堡和班贝格两个城市平均每年烧死100名巫婆神汉，沃尔芬比特尔城内一度"绞架林立"。被迫害致死者中95%是女性，多为衰老贫困的单身女人，她们生活在社会边缘，既没人保护，又无力反抗，因此最容易受害。

进入18世纪以后，排巫运动开始降温。但是持续一个多世纪的排巫运动表明，即使是在经历了文艺复兴和宗教改革运动之后，欧洲距离理性时代仍然十分遥远。

（二）宗教战争

宗教改革运动之后，西欧思想信仰大一统的局

16世纪的欧洲巫师

面结束，出现了信仰分裂的新局面。但是最初，无论各个宗教派别还是各国君主，都不能接受这种新的局面。因为大一统的局面延续了一千余年，已经成为社会的常态和人们的习惯，只要出现与正统宗教不一样的思想见解，就会被当做"异端"受到压制。君主们则坚信，"王位与祭坛"相辅相成，信仰分歧必然导致国家分裂。基于这样的心理和认识，各个宗教派别都不能容忍对方的存在，各国君主不仅强求国内宗教统一，而且视不同信仰的国家为敌国，势不两立。在民族国家已经初步形成的背景下，宗教的冲突与国家利益、民族利益交织在一起，愈发显得尖锐和激烈，其结果便是发生了一系列大规模的宗教战争。在1540—1660年宗教战争期间，欧洲大多数国家都受到波及，从农民、市民到国王都被裹胁其中，新教徒和天主教徒相互视对方为"撒旦的走狗"，必欲赶尽杀绝而后快，受压制的宗教派别发展为颠覆国家政权的力量，国内的教派冲突往往演变为国家间的战争。当这场旷日持久、耗费巨大的战争终于结束时，欧洲人不得不接受了一个此前他们无法想象的现实：实行宗教宽容是欧洲唯一的出路。

较大规模的宗教战争共有三次：德意志内战、胡格诺战争和三十年战争。

神圣罗马帝国皇帝查理五世是虔诚的天主教徒，他不能容忍路德新教在德意志大行其道，也不能容忍新教诸侯因此而获得更大的自治权，于是他与罗马教廷和天主教诸侯联手，试图以异端罪名扼杀新教。路德派诸侯则于1531年组成"施马尔卡尔德同盟"与之对抗，双方的对抗在16世纪40年代演变成为内战。内战初期，皇帝的军队一度所向披靡。但是后来由于领土纠纷查理五世又同法国发生了战争，两线作战分散了兵力。加之天主教诸侯也担心皇权过于强大会威胁到自身的独立性，因此对皇帝的支持逐渐减弱，有的甚至暗中援助新教诸侯。经过一段时间的相持，查理五世不得不放弃消灭新教的目标，同意签署《奥格斯堡宗教和约》。和约确定了"教随国定"的原则，承认各国诸侯有权自行决定本人及其臣民的信仰。这即是说，诸侯有权将路德教确立为本国唯一合法宗教，该国臣民必须服从诸侯的选择，否则必须迁居他国。《奥格斯堡宗教和约》标志着路德教的合法性获得了承认，因此具有宗教宽容色彩。但是和约并未承认加尔文教，也不允许在一个诸侯国内存在两种宗教派别，所以这个和约并不能真正消除德意志境内宗教纷争的局面。

胡格诺战争发生在法国。16世纪上半期，加尔文教在瑞士兴起的同时也传播到法国，尤其在社会上层传播迅速。妇女对此起了重要作用，很多贵族转向新教都是被妻子说服的，而这些贵族往往身居高位，手握重兵，在国家政治生活中举足轻重。法国信仰加尔文新教的人被称为"胡格诺教徒"。至16世纪六、七十年代，法国已有30%~50%的贵族加入了胡格诺派，他们力主在法国进行宗教改革，希望借机扩大自己的政治权力，而这是国王和天主教贵族所不能容忍的。1559年，国王亨利二世意外身亡，其子弗兰西斯二世（1559—1560年）、查理九世（1560—1574年）和亨利三世（1574—1589年）先后继位。由于三位国王继位时年龄尚幼，母后摄政，因此出现西南部拥有强大势力的胡格诺派贵族集团和以北方为根据地的天主教贵族集团激烈争夺国家最高权力的局面，导致1562年爆发战争，血雨腥风弥漫法国。1572年，正当交战双方刚刚萌生和解意向，在圣巴托罗缪节（8月24日）前夜，天主教集团突然背信弃义，在巴黎大举屠杀胡格诺教徒，胡格诺派头面人物大多惨遭杀害，同时遇难的还有两三千名毫无戒备的胡格诺教徒。此即"圣巴托罗缪之夜"事件。以后屠杀蔓延至外省，死者数以千计，幸存者拼死抵抗，内战愈演愈烈。

"圣巴托罗缪之夜"油画

惨烈的现实教育了人们，两派内部都出现了主张和解的声音。主张和解的人认为，无论信仰方面分歧多大、无论孰是孰非，都不值得付出如此惨痛的代价；对于人们的生活来说，最重要的是国家而不是教会；只要忠于国王，安分守己，那么信仰什么宗教都应该受到宽容；只要不影响社会稳定，两种教会并存也未尝不可。政治学家让·博丹（1530—1596）是这种主张的代表，他提出"国家主权论"，认为在每个社会中都必须有一种权力强大到足以将法律强加于所有人，这种至高无上的权力应当归于国家以及代表国家的君主，王权专制是有效地执行国家权力、维护国家利益的重要保证。显然，他把结束法国无政府状态、恢复社会秩序的希望寄托在了国王的身上。

1589 年，国王亨利三世和天主教集团首领、吉斯家族的亨利先后被暗杀，第三个亨利，即纳瓦尔的亨利登上王位，称亨利四世（1589—1610 年），建立波旁王朝。亨利四世原为胡格诺派首领，因此天主教集团拒绝承认他。而亨利四世认为，"为了巴黎是值得作弥撒的"，为巩固王位，加强自己的权力，他于 1593 年公开宣布放弃新教信仰，皈依天主教会，以此消除了在国民中占多数的天主教徒的对立情绪。接着，他又在 1598 年颁布《南特敕令》，在规定天主教仍为国教、恢复天主教会原有特权的同时，也给予胡格诺教徒一定的政治和宗教权利，如准许胡格诺派贵族在其领地内保留新教仪式，胡格诺教徒享有与天主教徒同等的公民权利，可以担任官职、上大学、建立设防城市和城堡等，从而安抚了胡格诺教徒。

《南特敕令》结束了法国的宗教战争，在制度上向宗教宽容又迈进了一步。但从实践效果看，"南特敕令"并没有带来两种宗教之间真正的和解，而是把国家按信仰分成了两部分，即西南部的胡格诺派区域和北部的天主教区域。如果一个胡格诺教徒来到北部，他未必能够真正享受到平等的公民待遇。

三十年战争的起因是捷克人反抗神圣罗马帝国哈布斯堡王朝的统治。1618 年神圣罗马帝国皇帝任命天主教徒斐迪南为捷克国王，引起捷克新教贵族的强烈反对。他们采取暴力手段进行抵制，冲入皇帝在布拉格的行宫，按当地惩罚叛逆的习俗，将皇帝派来的两名使节从窗户扔了出去。这一著名的"掷出窗外事件"成为三十年战争的导火索。最初战争仅限于德意志境内，皇帝和支持他的天主教诸侯与新教诸侯两大集团之间作战。但是不久丹麦、尼德兰、瑞典、法国、西班牙等国相继加入战争，英国、俄国、教皇和波兰等则因支持不同的集团而纷纷介入，三十年战争遂演变为国际战争。这是宗教战争当中规模最大的一次，也是 20 世纪以前欧洲发生的最残酷的一场战争。战争暴行的残忍程度令人发指，主战场德意志惨遭蹂躏，仅人口损失就达 1／3 以上，整个欧洲的社会经济都遭到严重破坏。

虽然名义上是宗教战争，但参战各方并不都是根据信仰来选择自己的立场。事实上，世俗利益方面的考虑在选择时发挥着更重要的作用。1630 年瑞典国王以新教支持者的身份出兵，却受到德意志天主教诸侯的欢迎，因为后者此时发现皇帝的权力过于强大，威胁到他们的自治权，因此希望靠外来势力制衡皇帝。瑞典国王的出兵不仅得到信奉新教的尼德兰人的资助，还得到法国的秘密津贴，而法国是天主教国家，当时操弄权柄的正是在本国竭力压制胡格诺教徒的红衣主教黎塞留（1585—1642），他之所以支持瑞典和新教一方，是因为当时神圣罗马帝国的哈布斯堡王朝也是西班牙的统治者，而西班牙是法国最强劲的竞争对手，他希望借助瑞典和新教诸侯的力量削弱哈布斯堡王朝。1632年瑞典国王阵亡，法国不惜赤膊上阵，公开加入战争，而且在1635年正式向西班牙宣战。此后十多年里，战争实际上以法国和瑞典为一方，以哈布斯堡王朝和西班牙为另一方，双方都为国家利益而战，宗教分歧降到了次要地位。而德意志诸侯，无论信奉新教还是天主教，此时似乎都不再支持瑞典人和法国人。

1648年，交战各方经过协商共同签署了《威斯特伐利亚和约》，从而结束了三十年战争。这一和约开创了通过国际会议解决国际争端的先例，重新划定了欧洲大国的边界。哈布斯堡王朝和西班牙蒙受重大损失，法国成为最大的赢家，为其此后维持两个世纪的欧洲霸主地位打下了基础。《威斯特伐利亚和约》第一次正式承认了加尔文教的合法地位，同时确定了新教与天主教权利平等的原则，罗马教皇"唯我独尊"的地位从此一去不返。

16、17世纪发生的各次宗教战争，虽然大多起因于宗教改革引发的教派分歧，但是随着时间推移，宗教的色彩愈来愈淡薄，而世俗的、政治的色彩愈来愈增强。作为这一趋势的自然结果，当战争高潮逐渐平息之后，宗教宽容的局面开始出现，民族国家更加巩固。

资本主义的产生

（一）意大利资本主义的产生

13世纪后半期，意大利已摆脱德意志皇帝的控制，但它一直处于封建割据状态，没有形成为统一的中央集权的封建国家。各地经济发展不平衡，北部经济发展很快，中部和南部落后。北部兴起了封建时期欧洲最早的工商业城市，随后形成了一些城市共和国。热那亚和威尼斯是著名的商业城市共和国，米兰和佛罗伦萨是著名的工业城市。13—15世纪，它们达到极盛时期，地处亚得里亚海西北角的威尼斯，一时号称为"亚得里亚海各国的首都"。威尼斯成为西亚和西欧贸易的中间站。威尼斯人不但经营商业，也兴办工业。威尼斯生产的毛织品、丝织品、玻璃器皿、武器行销全欧，在亚洲也有很大销路。

意大利工商业城市的兴起主要得益于商业和贸易等方面的经济发展。商品经

意大利著名商业城市威尼斯

济的高度发展是资本主义产生的前提。资本主义经济的产生需要一定的条件，即对立的双方：一方是拥有货币、生产资料和生活资料并采用购买别人的劳动力来增加自己的财富的资本家；另一方是靠出卖劳动力为生的劳动者。一般的商品经济不需要这样的条件。市场的扩大，商品需求不断增加是资本主义发展的重要条件，由于意大利地处地中海欧亚贸易的重要商贸通道上，商贸的兴盛使富有商人打入生产领域，成为包买商人。他们从包买原料到包销产品，直接控制了独立经营的手工业者。失去独立经营的手工业者成了包买商的雇佣工人，促进了不同以往的、新的资本主义式的生产关系的萌芽。以此为起点，兴起了新的手工业生产形式——工场手工业。例如，14世纪中期，意大利佛罗伦萨的工场手工业规模很大，约有200家工场生产呢绒。在城市近郊为毛纺织企业主干活的达3万人。那些开设手工工场的场主，同城市的富商、银行家等一起开始形成新的阶级——资产阶级。

14世纪和15世纪意大利工场手工业的兴起和发展，标志着地中海沿岸的某些城市已经稀疏地出现了资本主义生产的最初萌芽。

（二）英国资本主义的产生

16世纪，英国处在封建关系解体和资本主义生产发展的过程中。新航路开辟后，欧洲的主要商路和贸易中心从地中海区域移到大西洋沿岸，对英国工商业的发展起了推动作用，毛纺织业成了英国的主要工业部门。为此，英国发生了"羊吃人"的圈地运动——由于毛纺织业的发展，羊毛的需求量不断扩大，价格不断上涨，养羊比种植谷物更加有利可图。从15世纪晚期起，贵族地主用暴力把农民从小块租地上赶走，同时霸占了原来农民公用的草地、山林、沼泽，赶走原来的农民，用篱笆圈围大片土地，让那里生长牧草，用以养羊。"圈地运动"强行使农民和土地脱离，造就了资本主义生产所需要的、可以自由支配自己的、一无所有的劳动者，也为资本主义原始积累、国内市场的进一步扩大等提供了条件。靠圈地起家的贵族成为资产阶级化的新贵族，农民反圈地斗争不断，但都遭到英国政府的镇压，破产农民被迫到手工工场当雇佣工人，接受资本主义的剥削。

与意大利不同的是，英国资本原始积累的迅速完成还主要得益于近代早期的殖民掠夺。新航路开辟后，英国一下子成了西欧各国海外贸易的必经之处。从16世纪起，英国利用它处于大西洋航路中心的优越地位，积极开展对外贸易，开展殖民活动，进行殖民掠夺。英国对外殖民扩张主要采取三种手法，一是建立海外贸易公司，垄断市场，如勒凡特公司、东印度公司等；二是建立殖民地，如北美十三个殖民地；三是发展海上走私贸易，建立海盗船队，打击海上劲敌西班牙。1588年英国舰队在敦刻尔克海面与西班牙"无敌舰队"持续激战两周，最后以西班牙失败而告终。从此西班牙海上舰队一蹶不振，英国登上海上霸主的地位。

（三）中国明清时期的资本主义萌芽

明朝中后期，在中国开始出现了资本主义萌芽，并在清朝前期得到了缓慢的发展。

明朝中后期的资本主义萌芽是在商品生产发展，农村封建生产关系发生某些新变化的情况下发生的。

首先，在明朝中后期，由于生产力的发展，开始出现生产资料、生活资料与生产者相分离的现象，出现了可以自由支配自己劳动的无产小民，农业雇工开始涌现，人身依附关系出现松弛。江南一些地主除了使用佃户、僮仆之外，还使用大量雇工，并有长工和短工之分。"无产小民投雇富家力田者，谓之长工"，长

工一般"计岁受值"。短工一般只在农忙时受雇,一般计日受值,也有计时受值。雇工的人数在江南一些地区已有相当数量,"一里或二十名,或二十五名"。雇工与雇主之间基本是一种契约关系。明政府新定律规定,长工中"立有文券,议有所限者,以雇工人论",即受雇期间是"主仆关系";"止是短雇日月,受值不多者,依凡人论",即"短工人身与凡人一样自由。"大部分佃户对地主的人身依附关系都有所松弛,一般来说,今年佃耕,"明年可以弃而不种"。

第二,班匠制度发生变革,商人进一步控制手工业。明代名隶官籍的民匠中,班匠约有23万,约占工匠总数百分之八十。但是,不论是论班匠还是住坐匠,因不堪官府奴役,纷纷用怠工、避班、隐冒和逃亡等方式进行反抗。迫使明政府只好改变剥削方式,实行以银代役,于是就出现了"匠班银"或叫"班匠银"。他们对封建政府的人身隶属关系大为削弱,有利于民营手工业的发展。

第三,商业资本进一步发展,商人进一步控制手工业生产,手工业者对商人的依赖关系加强。江南棉纺织业发达的松江等地,有许多身带数万甚至几十万资本的富商巨贾,前来收购棉布。他们的足迹深入到乡村市镇。在纺织业发达的江南地区,商人还控制了加工丝棉纺织品的染坊和踹坊。有的商人干脆自己开设染织作坊。徽商阮弼曾在芜湖"立局召染人曹治之",染出的纺织品远销吴越、荆梁、燕豫、齐鲁之间。万历时,苏州染坊工人有几千人。

在商品经济进一步发展的基础上,明代中后期的江南丝棉纺织业中产生了资

中国明清时期的铸铁作坊

本主义萌芽，其标志通常是"设局""机户"的产生，"机户出资，机工出力，计时授值"生产关系的萌芽。明政府为控制江南丝织业生产，在南京设立内织染局、神帛堂和供应机房，在苏、杭等地设织染局。这些官办织染局，内设织机，役使大批工匠织造。嘉靖时，苏州城内织染局就有机173张，各色工匠600多名。同时，江南各地又有大批从事丝织业的民间机户。苏州城东长洲县"比屋皆工织作，转贸四方"。在江南一些地方出现了开张二十余张或三四张织机的大机户。"机户出资，机工出力"的劳动力买卖关系基本确立。在松江地区加工棉布的署袜业中，资本主义生产关系表现得最为明显。万历以来，松江西郊署袜店达百余家，经售用洁白尤墩布缝制的尤墩暑袜，极其轻美，四方争购，"合郡男妇，皆以做袜为生，从店中给筹取值"。这些合郡男女实际上都是袜店的雇佣工人。

处于萌芽时期的资本主义生产关系并不能完全摆脱封建生产关系，其特点是嫩弱、稀疏，只发生在少数地区和少数行业，其生产力发展水平都处于机器大工业产生之前的简单协作和工场手工业阶段，表现形式多为分散的手工工场形式。

清朝的统一和商品经济的继续发展，使中国资本主义萌芽有了缓慢滋长，其发展主要表现在：①范围扩大。江宁在明代远不如苏州发达，但在清代却大大超过了苏州。②部门增多。在江西景德镇的制瓷业中，在广东、陕西等地的铁矿开采和冶炼业中，在云南的铜矿生产中，都出现了私营的、规模更大的、分工更细的生产方式。③手工作坊、手工工场规模增大。手工作坊主和工场主拥有的织机数量有较大增加。原来清政府规定丝织业机户织机拥有量不得超过百张，后经江宁织造府的曹寅奏免，"自此有力者畅所欲为，至道光间，遂有开五六百张机者"。不过绝大多数还是拥有数张至数十张织机的中小作坊。④包买商人直接或间接控制手工业生产的现象比过去有明显发展。从康熙到道光年间，江宁、苏州等地出现了许多由大商人开设的"帐房"，他们拥有大量资本、原料和织机。如江宁的"大帐房李扁担、陈草包、李东阳、焦洪兴者，咸各四五百张"织机。

清代资本主义萌芽虽有了进一步发展，但这种发展十分缓慢和不平衡。主要原因大致有：①封建剥削沉重，农民极端贫困，无力购买手工业品；②地主、商人剥削所得钱财，多购置田产，影响手工业扩大再生产；③中央集权的君主专制政权历来执行"重农抑商"，"重本抑末"的政策，特别是明清时期，这种专制还有所加强，政府在国内设立许多关卡，对商品征收重税，对贸易实行垄断或限制，严重阻碍了商业资本的正常发展和向手工业、制造业资本的转化；④清政府实行闭关政策，几次下令禁止海外贸易，使中国的海外贸易和市场受到严重影响；

⑤封建行会严格控制手工业生产的规模。总之，腐朽的封建制度严重阻碍了资本主义萌芽的成长，致使中国直到鸦片战争，资本主义经济仍然处于极其微弱的地位，无法让中国完成向资本主义社会的转型。

尼德兰资产阶级革命

尼德兰原指莱茵河、马斯河、斯海尔德河下游及北海沿岸一带地势低洼的地区，相当于今天的荷兰、比利时、卢森堡和法国东北部的一部分。中世纪初期，尼德兰是法兰克人王国的一部分，法兰克人王国分裂后，它分属于德意志皇帝和法兰西国王。1516年，西班牙国王斐迪南死后，他的外孙查理一世即位。查理已经在1506年从他父亲（神圣罗马帝国皇帝之子）手里继承了尼德兰，这时又以西班牙国王的身份领有这片土地。从此尼德兰成为西班牙的属地。

早在13—14世纪，尼德兰南部地区的佛兰德斯便以呢绒加工闻名欧洲。新航路发现后，欧洲商贸中心从地中海转向大西洋沿岸，更加促进了尼德兰的经济繁荣。到16世纪，这个不足10万平方公里的低洼地共有300万人口，分17个省，大小城市200余座。从1501年第一艘葡萄牙香料船在安特卫普卸货时起，这里就取代布鲁日成为欧洲商业中心，其交易所在1485—1531年间由讲各国语言的人来经营。它还成了欧洲后期文艺复兴的学术中心。后来因港口泥沙淤塞，被阿姆斯特丹取代，后者在17—18世纪成为欧洲最大的转口贸易港与金融中心。据统计，1560年阿姆斯特丹所在的荷兰省有1000艘船。

但西班牙当局对这块殖民地横征暴敛，其国库收入的一半（约250万弗罗林）来自尼德兰。为了镇压新教徒（他们占居民大多数），1550年查理五世颁布法令，严厉惩治宗教"异端"。继位的菲利普二世更加严厉。从1521年到1566年，因异教"罪行"被杀害、被驱逐多达5万人。在财政方面，菲利普一世一登基就宣布国家破产（1557年），拒付国债，给尼德兰银行家带来巨大损失；他还提高西班牙羊毛出口税，致使尼德兰羊毛进口量减少40%，同时中断尼德兰与西属美洲殖民地、与英国的贸易。这对于以转口贸易和呢绒加工为生的尼德兰是致命的打击。商业萧条，工人失业，宗教与民族矛盾十分尖锐。1565年，尼德兰一批贵族在奥兰治·威廉支持下成立"贵族同盟"。1566年4月5日，该同盟成员身穿乞丐服装，请求政府停止迫害新教徒，立即召开三级会议，遭到拒绝。有些官员还讥讽他们是乞丐，后者便自称乞丐，开展秘密革命活动。这时弗兰德斯一些城市公开爆发革命，遍及尼德兰 17 个省中的 12 个。他们在短期内捣毁 5550 所天主教堂，毁坏各种"圣物"，史称"破坏圣像运动"。

1567 年西班牙国王派阿尔瓦公爵为总督并命令他率 1.8 万军队前来镇压，广大革命者分别在海上和密林里组织游击队（"海上乞丐"和"森林乞丐"）打击敌人。到 1572 年，荷兰和其他地区都获解放。7 月，荷兰 12 个城市代表开会选举奥兰治·威廉为总督。10 月，威廉就任总督，北方宣布独立。

北方的胜利鼓舞了南方群众的革命斗志。1576 年 10 月，尼德兰南北 17 个省代表在根特召开三级会议，通过"和解协定"：废除阿尔发政府的法令，但仍忠于菲利普二世。广大群众在威廉支持下继续战斗。

奥兰治·威廉像

1568 年有几艘热那亚商船为西班牙把金银运往尼德兰，给阿尔瓦军队作军饷，这些船在普利茅斯请求避难。英国女王对这批金银实行"保护性监管"，此后两国实际上已处于战争状态。1579 年北方 6 省与南方安特卫普、布鲁塞尔和根特代表成立"联省共和国"。1580 年菲利普二世宣布剥夺奥兰治·威廉公民权。1581 年 7 月 26 日威廉在海牙宣布联省共和国正式成立，并任执政。1584 年 7 月威廉被暗杀后由其子莫里斯继任执政。1588 年西班牙无敌舰队被歼灭，英国公开支持尼德兰新教徒。1609 年，西班牙与荷兰缔结休战协定，承认荷兰独立。

尼德兰革命是世界上第一次取得胜利的资产阶级革命，建立起了历史上第一个资产阶级共和国。尼德兰人民摆脱西班牙殖民统治，也是近代民族解放运动的光辉起点。

尼德兰独立后,工商业发展很快。来登呢绒年产7万~12万匹,哈勒姆成为欧洲亚麻布主要产地,其他工业也有很大发展。荷兰农业生产水平很高,渔业发达。荷兰造船业当时居世界首位,其商船总吨位占欧洲总数的3/4,被称为"全世界的海上马车夫"。法国财政大臣柯尔贝尔估计,欧洲远洋航船1660年共约2万艘,尼德兰人就拥有1.6万艘。

英国内战与克伦威尔执政

1637年,英国处于查理一世统治时期。查理一世不仅要在英国实行封建专制统治,还想把专制制度推行到苏格兰。他强制苏格兰接受英国国教仪式和主教制,从而激起苏格兰人民的愤怒。1638年,苏格兰的贵族与资产阶级发动了全面的反英战争。1639年,苏格兰军占领了英吉利北部。为了平息苏格兰人的起义,查理一世于1640年4月召集议会,要求增加新税筹措军饷。议会开幕之后,以皮姆等为首的下院激进派议员坚决要求国王停止没有经过议会同意所实施的一切非法税收,还要求惩处其宠臣斯特拉福与威廉·劳德,查理一世拒不接受,并于5月5日解散了议会。可是,伦敦市民及其他城乡劳苦大众经常举行暴动,苏格兰军又不断进攻,查理一世处境窘困,被迫于1640年11月再度召集议会。这届议会存在13年之久,史称"长期议会"。

"长期议会"开幕后,资产阶级与新贵族便以议会为阵地同封建王权展开了激烈的斗争。他们通过了几项重要决议:废除国王在无议会统治时期颁布的一切法律;取消刑事法院与高等法院;审判斯特拉福与威廉·劳德。国王虽然百般阻挠,但在群众的压力下,只得处死斯特拉福。

1641年1月,爱尔兰人民举行了民族起义,英国的革命形势更加高涨。12月,"长期议会"通过了《大抗议书》。其主要内容是,要求工商业自由发展,组织长老派教会和建立对议会负责的政府等。《大抗议书》是革命开始时期资产阶级与新贵族的政治纲领,它要求建立君主立宪政体,以便保障资本主义经济的发展,并不想推翻君主政体。

"长期议会"在讨论《大抗议书》草案时,领导革命的新贵族与资产阶级议员争论非常激烈。在讨论中形成两派:一派是大资产阶级与新贵族上层分子的代表。他们主张建立长老派教会,使教会从属于议会,故称"长老会派";另一派是中小新贵族与资产阶级的代表,他们反对教会从属于议会,主张信仰自由和教区或圣会的完全独立，故称"独立派"。当时在"长期议会"中占统治地位的是长老会派。在革命初期，两派虽有矛盾，但在反对封建专制统治的总目标上，还能团结在一起，共同对敌。但在革命胜利后便逐渐分裂了。

查理一世拒绝批准《大抗议书》。1月3日，国王亲自率军队进入下院，企图逮捕反对派领袖皮姆等人。当时，下院已将皮姆等5名激进派议员领袖隐藏起来，国王未能得逞。这时，伦敦市民纷纷武装，声言要用武力捍卫议会。郊区农民也积极支援，革命声势不断扩大。国王见势不妙，便于1月10日暗自离开伦敦。国王到北方以约克郡为基地组建反革命武装，准备讨伐议会。同时议会也开始积极地做军事准备。1642年8月22日，国王在诺丁汉誓师讨伐议会，内战开始。

内战开始后，国内立即分裂为两个敌对阵营，即国王阵营与议会阵营。拥护国王的多半是封建贵族、天主教徒、国教僧侣及与王权有关的财政家和商业家。他们身佩长剑，头戴披肩假发，称为"骑士党"；拥护议会的多半是新贵族、工商业资产阶级、城市平民、自耕农、工人、小生产者等。他们多半都是发短不掩耳的清教徒，称为"圆颅党"。议会阵营内部阶级关系异常复杂，所以革命进程十分曲折。

1642年10月23日，议会军与王军首战于埃吉山。结果，议会军失利，王军乘胜占领牛津，并准备向伦敦进军。伦敦市民与城郊农民闻讯奋起保卫首都，王军才未能如愿。1643年夏，王军向北部进军，占领了林肯、约克和德比诸郡；在西部占领了布里斯托，还包围了格洛斯特城。同年年底，王军几乎占领了英格兰土地的五分之三，议会处境极其困难。

英国议会在军事上节节失利之后，便同苏格兰长老会派取得联系。1643年9月，双方缔结《庄严同盟和圣约》，该约规定英国议会与苏格兰采取共同军事行动，一致对国王作战。此后，苏格兰便从北部进攻，英国议会军从南向北夹击，战局始有转机。1644年7月2日，奥利佛·克伦威尔率领一支议会军在马斯顿草原大会战中，击溃王军，获得辉煌胜利。从此扭转了战局。

奥利佛·克伦威尔，1599年出生于英格兰东部的汉丁顿一个家道中衰的乡绅世家。他从小就受到清教思想的熏陶，读起《圣经》来废寝忘食。17岁时，克伦威尔进入被称为"清教保育院"的剑桥大学锡德尼·苏萨克斯学院学习法律。大学毕业后，他回乡经营土地和牧场。1628年，他被选为汉丁顿市议员；1640年，又被选为议会议员，参与了反对国王的《大抗议书》的起草工作。他外表严峻虔诚，俨然一副清教徒的模样，讲话时常常引用《圣经》。

1642年，英国国内形势紧张，议会和国王之间的内战一触即发。克伦威尔说服议会，让他回家乡组建一支军队。

克伦威尔一回到家乡，就马上组织军队。他认为自耕农刻苦耐劳，十分痛恨封建制度，又大多信仰新教，反对封建教会。所以，他以自耕农为主，组建骑兵队。因此，内战一开始，正当议会军节节败退时，克伦威尔的骑兵队一上战场，马上就扭转战局，以少胜多，大获全胜。因此，人们称之为"铁骑军"。

克伦威尔的军队虽然在北战场打了胜仗，但是南部战场的议会军仍然败退。因此，克伦威尔在议会中提出改革军队的建议。1645年1月，"长期议会"通过了改革军队的议案，建立了"新模范军"，任命费尔法克斯为总司令，克伦威尔为副总司令，实权掌握在克伦威尔之手。与此同时，议会通过了《自抑法》，规定两院议员不得担任军队指挥官，唯克伦威尔例外。根据此法，许多贵族被解除军职。在新模范军中，除了最高统帅部还有少数贵族外，中下级军官几乎都是从下层群众中选拔的。新模范军的社会成分、宗教信仰和军纪均同克伦威尔的铁骑军一样，自耕农是其中的骨干。此外，许多手工业者、徒工和工匠都纷纷参加了新军，增强了新军的力量。由此可见，新模范军可谓是一支既勇敢又革命的军队。

克伦威尔像

1645年6月14日，新模范军在著名的纳斯比战役中，痛歼王军主力，接着势如破竹地攻克了王军控制的其他的一些地区。1646年5月，新模范军占领国王的大本营——牛津，国王逃到苏格兰，议会终于取得决定性的胜利。1647年2月，苏格兰议会以40万英镑的代价将查理一世交给英国议会。英国议会将他监禁在霍姆比堡。至此，第一次内战结束。

长老会派的政治主张是在英国建立一个君主立宪政体，保留国王。因此，在内战结束后，他们唯恐革命深入，立即宣布结束内战，准备同国王谈判。与此同时，长老会派控制的"长期议会"宣布长老会为英国国教，实施征收日用品消费税，把军事和其他一切负担都转嫁给人民；实行借款和没收保王党的财产，并将没收的土地高价拍卖。"长期议会"宣布取消骑士捐，取消领主对国王的封建义务，但仍保留了农民对领主的封建义务。此外，还废除了土地继承税和土地购买税，保留了对教会交纳什一税和担负的其他封建义务。

"长期议会"的上述政策只是维护新贵族和资产阶级上层的利益，因此激起城乡劳动群众的无比愤慨，于是便出现了代表城乡小资产阶级利益的平等派，其领袖是约翰·利尔本。利尔本在政治上主张实行普选权和建立资产阶级民主共和国；在经济上，提出工商业自由，改革税制和取消圈地，但他不反对私有财产。他提出的普选权并不彻底，既没有提出妇女的选举权，还反对工人、雇农、仆役和乞丐有选举权。平等派代表小资产阶级的利益。但利尔本的思想在士兵群众中特别受欢迎，也得到军队以外的广大小生产者的拥护。

"长期议会"面对人民不满和士兵革命情绪的高涨非常不安，于1647年3月宣布解散军队。这一决定遭到了士兵的强烈反抗，也遭到了独立派的反对。为推翻长老会派的统治，克伦威尔加紧笼络士兵，控制军队。1647年6月，成立了由高级军官和士兵代表组成的全军会议。克伦威尔首先派兵将国王从议会的保护下夺过来，押解到由军队监视下的纽马凯特堡。同年8月6日，军队再进伦敦，用武力从议会中驱逐了11名长老会派议员，许多长老会派分子仓皇逃跑。从此，独立派控制了议会。

独立派控制议会之后，军队内部的独立派高级军官同多属于平等派的下级军官和士兵围绕政权形式和普选权的问题，展开了激烈斗争。独立派企图建立以独立派占优势的君主立宪政体。1647年6月，独立派提出一个"建议要点"，主张保留君主和上院，要求根据财产资格选举新议会；而平等派则主张建立民主共和国，取消君主和上院。同年10月间，平等派提出《人民公约》要求废除国王，取消上院，对于年满21岁的男子实行普选权，并在普选的基础上建立一院制的议会，作为全国最高的权力机关。1647年10月底至11月初，在伦敦附近的普特尼教堂举行全军会议。在这次会议上，两派展开了激烈辩论。1647年11月中旬，有几个团队的平等派士兵举行武装示威，要求实行《人民公约》。克伦威尔用武力镇压了这次示威，并逮捕和处死某些首要人物。平等派的斗争失败了。

长老会派乘独立派同平等派正在斗争之机，加紧了同保王党勾结。1647年底，长老会派右翼分子帮助国王从囚禁中逃出，到了怀特岛，但不久即被扣留。1647

年12月,国王暗中与苏格兰议会长老会派右翼分子签订密约,准备消灭英国革命。1648年3月初,英国各地到处发生保王党暴动。4月间,伦敦还出现过王党与士兵的冲突。在爱尔兰,王党也积极地进行活动。与此同时苏格兰的勤王军已向英格兰推进并即将越境。所有这些,说明内战已经开始。

为了对付反革命进攻,克伦威尔被迫接受了平等派的《人民公约》,团结了军队。1648年8月,在普雷斯顿战役中,克伦威尔粉碎了苏格兰的勤王军。9月间,英军占领苏格兰首府爱丁堡,改组了苏格兰议会。苏格兰长老会派的左派议员取代右派掌握了政权,第二次内战胜利结束。

克伦威尔凯旋回师首都之后,立即派普莱德上校用武力从"长期议会"中清洗出150名长老会派分子,并且宣布取消上院,没收王室、保王党、教会和长老会派分子的土地,加以拍卖。普莱德清洗以后的"长期议会"史称"残阙议会"。此后,政权便落到独立派手中。

1649年1月27日,议会与军队共同组织特别法庭,审判查理一世。1月30日,将查理一世判处死刑。1649年3月,议会宣布废除君主制,取消上院,成立国务会议。5月19日,议会宣布建立英吉利共和国,行政权属于国务会议。此后,英国确立了一院制的议会制度。这时期的英国没有国王和贵族院。以克伦威尔为首的独立派在共和国中掌握了实权。

英国虽然建立了共和国,可是,国内外形势仍然十分严峻。查理一世被处死后,保王党分子极端愤怒,许多贵族和伦敦的长老会派分子都投向了王党。他们同法国勾结,在爱尔兰与苏格兰宣布查理一世之子为英国国王,史称查理二世,积极进行复辟活动。1649年,英国国内经济状况异常恶劣,连年战争和农业歉收,引起物价高涨,工商凋敝,工人失业。共和国不仅没有改善人民处境的任何措施,反而加重捐税,增加人民的负担。人民对共和国的政策极为不满。1653年,英国各郡时有暴动发生,使得新贵族与资产阶级坐立不安。他们为了巩固其政权和经济利益,便紧紧地依靠克伦威尔的军事力量,并想拥戴他建立军事独裁,甚而有人还希望他称国王。克伦威尔也有这种野心。1653年4月,克伦威尔强制解散了"残阙议会"。7月初,他召集了"小议会",出席的代表均由克伦威尔亲自圈定。但是,"小议会"并不驯服,于是克伦威尔同年12月又解散了它。后来,由将军们领导的委员会把全部政权交给了克伦威尔,并拥戴他为英格兰、苏格兰和爱尔兰的终身护国主,兼陆海军总司令。从此,英国的共和政治转变为护国政治。

1655年4月,克伦威尔把英国划分为11个军区,每个军区设1名少将主持军务和政务，直接对克伦威尔负责，开始了军事独裁统治。但好景不长，克伦威尔于1658年9月因病去世。死后被葬在威斯敏斯特墓地。三年后查理二世复辟，克伦威尔的尸体被挖出吊在绞架上，头颅也被割下挂在旗杆上。但是，克伦威尔在英国资产阶级革命中所起的作用是无法抹掉的。

欧洲启蒙时代

（一）启蒙与理性主义

启蒙在这里指人们用理性的光辉照亮千年黑暗，用理性主义取代信仰主义。18世纪的欧洲历史，进入了以法国为中心的启蒙时代。这场伟大的思想解放运动，提供了哲学史上最为完整的机械唯物主义体系、战斗的无神论学说，以及更为系统的人本主义历史观。这些唯物主义者"使18世纪成为主要是法国人的世纪。"（恩格斯）

文艺复兴以来，文艺与学术的世俗化潮流一直在发展；宗教改革导致信仰自由或理性宗教，这不但动摇着天主教会的根基——经院哲学，还直接推动了近代哲学与近代科学的诞生。这一过程始于16—17世纪。其间起过主导作用的学者有英国的弗·培根、霍布士和洛克，他们形成唯物主义经验论。在欧洲大陆，有笛卡尔、斯宾诺莎、莱布尼茨，他们形成唯理主义认识论。尤其是洛克和笛卡尔，他们两人的思想分别统治着英、法哲学。笛卡尔相信，公认的常识受到怀疑是因为感觉的天性是主观的，故提出"我思故我在"，确立了哲学的独立自主性而无须再到神学那里乞求思维的权利。近代哲学家对问题的提法大都接受笛卡尔这种强调认识主体的演绎式推理方法。霍布士直接得出"哲学排除神学"的结论，当时在思想界引起很大震动。英国经验论哲学的功利主义和个人主义，反映出英国商人阶层追求自由的精神和对未来充满信心的乐观情绪。近代哲学就是在这两大流派的演变、争论和渗透的思想基础上建立的，其中牛顿的科研成果最为突出。于是，源于英国的机械唯物论也就成了18世纪整个欧洲自然哲学的共同特征。总之，牛顿的成就和洛克的思想给法国启蒙学者提供了灵感、理论依据和思想方法。

18世纪的法国社会已经摆脱宗教战争的狂热和偏执，进入以路易十四为代表的开明专制时期。从1740年起，书报检查制度有所放松。1750年，政府对出

牛顿雕塑

版物检查的制度实际上已经取消,曾经繁荣一时的秘密文学遂告消失。报纸杂志数量大增,正统思想的偏见在新杂志里已经很少。法国与外国的文学、科学交流广泛开展,"巴黎的沙龙成为欧洲的大学",给上流社会传播新思想提供了场所。到1787年,新教徒获得完全的公民自由。法国虽然是欧洲典型的封建国家和最大的天主教国家,大贵族的人数、政治特权和守旧倾向远大于革命前的英国,但法国的工商业和外贸是大陆各国中最发达的,自由化贵族也是德意志、俄罗斯当时所没有的。法国农民的处境也比大陆别国要好,然而正是这种已摆脱农奴制度又备受贵族压迫的处境,使农民更为不满,尤其是城市资产阶级,他们在这个重商主义社会里代表着财富、进取心和文明教化,但他们在军、政和宗教界的晋身之阶都被特权等级堵死了,连经商都受到旧制度的刁难和限制。启蒙思想集中体现了资产阶级的不满、利益和愿望。

(二) 五位启蒙思想家

1. 伏尔泰

当时整个欧洲知识界的领袖和导师。1791年立法会议在他的骨灰柩车上写道:"诗人、哲学家、历史学家。你使人类理性迅速发展并教导我们走向自由。"雨果称赞他的名字"代表了整整一个时代。"他的全集有70多卷,共1500万字(含两万封书信)。主要著作有《哲学通讯》、《牛顿哲学原理》、《路易十四时代》、《查第格》(《命运》)等。

伏尔泰出生在巴黎一个公证人家庭里(法国路易·勃朗和国内一些教材都笼统地说他出身于资产阶级家庭)。在巴黎上过一所耶稣会办的中学,"我在那里学会了拉丁文和愚蠢。"在社交场合，他以言辞犀利，妙语连珠而引人注目。但是当他讽刺到奥尔良公爵时，立即被赶出巴黎。1717年因揭露宫廷淫乱的作品被关进巴士底狱，后被驱逐出境。他去了英国，参加牛顿葬礼时，他感到惊奇的是，一个数学教授的葬礼仪式竟像国王那样隆重。他在《英国来信》一书中赞叹英国人的自由："他们自行选择通往天堂之路……这里的贵族一点也不傲慢。"这本书在法国被政府和教会下令烧毁，但禁令却起了商品广告那样的作用，更多的人反而要看个究竟。

有一天，他正在剧场里谈笑风生，一位贵族德·罗甘（法国最高贵的姓氏之一，但本人毫无成就）走过来傲慢地问："伏尔泰，你的真名实姓是什么？"伏尔泰未加理会而继续谈话，罗甘吼叫起来："我想知道你的名字！"他反唇相讥："我的名字没有您的尊姓高贵，但我至少为它带来了荣誉。"罗甘悻悻而退。第二天夜里，伏尔泰遭到罗甘手下人毒打。他愤而向罗甘提议决斗，罗甘担心他的剑术会像他的舌头那样锋利，便通过他的表兄、巴黎警察局局长把伏尔泰关进巴士底狱，罪名是谋反的谈话和不法行为。

伏尔泰头像

由于伏尔泰的介绍，法国人才知道牛顿："既然宇宙万物都受万有引力支配，地球上那个只有五英尺（1.52米）高，用两条腿走路的渺小动物难道还能例外吗？"他并不推崇政治家和征服者，"他们不过是一群大名鼎鼎的坏蛋罢了。我们应当尊敬那些凭真理的力量征服人心的人，而不是依靠暴力奴役别人的人……说到底，牛顿才是真正伟大的人物。"

牛顿的万有引力定律动摇了上帝在自然历史中的地位，为自然神论提供了理论依据。伏尔泰就是一个自然神论者。但是他所有的敌人和大部分读者都把他看成无神论者。这是因为他对新旧教会的无情揭露、嘲讽和批判，往往超出宗教范围，直接导致无神论的结论。

在政治上，他深信自由是每个人的天赋人权，它只受法律的约束。法律面前人人平等，而法律是自然的女儿。关于政府，他认为专制政权是专断的，共和政体崇尚平等自由，但也可能产生暴政。因此，开明专制或英国君主立宪是最好的。它保存了专制政体中有用的部分和共和政体中必需的部分。伏尔泰称赞英国政治体制在从善方面具有无限权力而在作恶方面则被捆住了手脚。他首次在历史著作中把世界各大文明中心作为连续考察的一个整体，并把历史从传统的政治、军事方面扩大到文化领域；他还摆脱了西欧中心论，把历史视野扩展到印度和中国。他文思敏捷，才华横溢，嬉笑怒骂皆文章。他的著作拥有广泛的读者群，也给文坛带来清新的文风。他深信人类不断进步，社会不断发展。历史是一门以事实为依据的哲学。他认为以往的历史编纂有两大弱点：一是用神话解释历史事件，二是崇拜英雄。他的《论各民族的风俗与精神》是一本通史哲学提纲，标志着近代史学的一个里程碑，它用文化和思想史代替政治—军事史。

伏尔泰把宽容和自由看得高于一切，"我一点儿也不同意你的观点，但为了保卫你自由表达观点的权利，我愿肝脑涂地。"他用赞叹的语气写道。在英国 30 多个不同教派中，每个人都可以沿着他喜欢的道路进入天堂。"宗教狂热在英国与内战同时告终。"然而他对犹太民族却充满偏见。卢梭死后，他竟在信中说他"死得其所……像一条狗那样死去。"

2. 孟德斯鸠

法国启蒙思想家、资产阶级政治理论和法学理论奠基人之一。给他带来不朽声誉的著作主要是《论法的精神》，1748年出版后，18个月内就再版20多次。这是亚里士多德《政治学》之后最好的一本综合性政治理论著作。

孟德斯鸠的法主要指由事物的性质产生出来的必然关系。"法的精神就是符合理性。""在这个意义上，一切存在物都有它们的法。"这里指自然法则，相当于我们常说的客观规律。他为人类社会列举出四条自然法：（1）和平；（2）个人生存的欲望；（3）人们之间自然的爱慕；（4）愿意过社会生活（合群）。法律与各种自然因素、社会因素有关，这些关系就是法的精神。

这本书的学术价值在于：

排斥宗教神学的理性主义：笛卡尔把合乎理性当做检验一切知识的最后标准，这就把人与上帝完全分开，把神学逐出自然科学领域；孟德斯鸠在笛卡尔思想的基础上把神学与历史分开，把神学逐出社会科学领域。

关于政体分类学说，他在柏拉图、马基雅维利、博丹、洛克等人的基础上，把政体分为共和、君主和专制政体。他着重批判专制政体而肯定前两种，但又认为君主政体中的贵族如果专横、傲慢或世袭权力和特权时，政治也会腐化；共和政体是民主的，但公民追求权力和财富的极端平等，也会腐蚀民主。

分权理论。要防止专制君主滥用权力，防止政治腐化，必须以权力约束权力。为此，权力要分开掌握和使用。他在洛克分权的基础上把国家权力分为立法、行政和司法三部分。他设想三权分立，既合作又彼此制约。而三权之中任何两种权力一旦掌握在一人或同一集团手中，民主便不复存在，专制则不可避免。他认为三权之中立法权更大一些，这是1688年以来英国政体的现实。这是一种阶级分权，反映了新兴资产阶级的参政要求。他赞扬共和政体，拥护英国式君主立宪政体，反对革命手段而主张与贵族妥协，自上而下地改革。宗教上他是自然神论者。

关于自由和法律。政治自由仅指"做法律所许可的一切事情的权利"。法律保证自由，自由必须守法。自由不能转让，因此他反对战俘奴隶和天生奴隶论。公民自由主要靠良好的刑法来保证。刑法应该明确、固定，判决应该共同商议。判案应复审，要惩罚诬告者。废除子罪父坐或殃及子女，免除所谓大逆罪。如果以言论定罪，自由将无踪无影。绝对服从意味着服从者也是愚蠢的，甚至下令者也是愚蠢的。

主张男女平等。因为男女的天赋并无优劣之分。男尊女卑违反两性平等的自

孟德斯鸠像

然法则，是一种家庭奴役制，它与君主专制相辅相成。

关于气候等地理环境对历史的影响。如果人们的气质和感情因气候不同而异，法律就应当和这种气质、感情相适应。作者从人体生理组织对外界不同气温的反应出发，得出一个普遍性结论：炎热国家的人民像老人一样怯懦，而寒带居民像青年一样勇敢。作者注意到中国北方人比南方人勇敢，日本人的性格很残酷……因此，热带民族常沦为奴隶而寒带民族则能维护其自由。土地贫瘠使人勤劳、俭朴、勇敢和适宜于战争，而土地丰腴则使人因生活宽裕而怠惰、贪生怕死。贸易正在使野蛮的风俗日趋典雅与敦厚。

孟德斯鸠把法律和社会生活、政治改革、自然条件等因素联系起来加以考察，这就把法学研究置于更广阔、更坚实的基础上，把法学理论推进了一大步。当然，他上面这些具体结论虽然有趣，但学术价值有限。不过该书文笔优美，结构宏大，在罗列事实和平铺直叙中不时闪耀着思想火花，因而广为流传。西方史学中的地理学派，多奉他为祖师。

古希腊医师、西方医学奠基人希波克拉底就已经注意到周围环境对人的身体和性格有影响。博丹认为地理环境对历史发展有决定性影响。孟德斯鸠和英国史学家巴克尔共同奠定了西方史学中的"地理环境决定论"。巴克尔在《英国文明史》中系统论证这一思想，认为欧洲人就因为地理环境优越，才达到较高的文明水平。德国地理学家拉采尔认为人是地理环境的产物，地理环境是人地关系的主导因素。在《政治地理学》一书中他把国家与社会比做附着在土地上的生命有机体，提出"生存空间"概念。纳粹分子后来以此作为领土扩张的理论依据。

地理史观为寻求历史，尤其是在经济史中的因果关系开阔了视野。古希腊人常用欧亚草原证明环境对西亚人、尼罗河对埃及人体质、性格和社会组织的影响。但这种影响并非一成不变，在文明演进过程中，大自然在世界发展的每一个阶段递减其支配能力（米什莱）。人类社会进入工业文明以来，地理条件对近代文明社会的促进或制约已经相对减弱了。当代发达国家更多地依靠高科技产业和人才优势，而不在于本国自然资源的丰富。不过，历史和地理始终是人类社会的纵坐标和横坐标。地缘政治和区位优势永远不可忽视。

在启蒙时代，由于大量中国商品运往欧洲，传教士介绍中国的200种著作在西方流传，法国文化界掀起一场长达几十年的中国热。当时谈论中国不但是一种时髦，简直成了有教养的标志。这是因为那些对天主教的弊端早就深恶痛绝的人们，如今忽然听说远东有这么一个历史悠久、爱好哲学又勤劳智慧的大国，竟然存在于天主教文明之外而且其他宗教观念也很淡薄。这给法国知识界以极大的吸引力，为他们的反叛情绪提供了证据。

伏尔泰赞叹中国人"完全不需要我们，而我们则需要他们"。魁奈从重视农业的角度说："不管哪个时代的人都不能否认，这个国家是人们所知的世界上最美好的国家。"他以中国周朝天子每年立春时亲自耕田为榜样，劝路易十四行籍田仪式，以示重农。而孟德斯鸠对中国有清醒的认识，他把中国列入专制国家一类，但承认有其特殊之处，专制国家本无法律或有法不依，中国却融法律、习俗、道德、伦理于一体，使之成为社会规范。儒家经典是道德和法律准绳，规范并维系着整个社会，且有监察制度，"它虽然愿给自己戴上锁链，但也徒劳无益。它用这锁链武装了自己，而变得更加凶暴"。他看到中国社会以家长制模式建立起来。皇帝有绝对权力，动辄以大逆罪惩治臣民。而何谓大逆却无明文规定。中国的专制还表现在刑罚的酷烈上。"子罪父坐这一事实说明，'荣誉'在中国是不存在的。"

当欧洲人结束了拿破仑战争，重新面向海外时，启蒙学者笔下理想化的中国形象消失了。

孟德斯鸠代表资产阶级主流派观点，对欧美和世界各国的革命和改革都有深远影响。

3. 卢梭

法国哲学家、启蒙思想家、教育学家、文学家。他早年失去父母，自立谋生，备尝艰辛和世态炎凉。老板见他秉烛夜读，便施以棍棒，嫌这个学徒浪费了他的蜡烛。个人经历以及社会下层的苦难使他一生都在苦苦思索贫富对立问题。读了古今政治学名著后，他得出"一切源于政治"的结论。

他的社会政治观点是：

人类不平等的起源。他也主张幸福的自然状态说，与霍布士"可怕的自然状态"说正相反。卢梭把性善论引申到了人类有一种自我完善的能力上。这种欲望和能力使人发明工具、共同谋生，有了多余的生活资料。这些剩余物使人服从他

卢梭像

人有了可能，甚至有些必要：如不首先迫使某人处于必须依赖他人才能生存的地步，便不可能奴役这个人。"谁第一个把一块土地围起来并说'这是我的'，而且让一些头脑简单的人相信他的话，谁就是市民社会的真正奠基者。"结论：私有权是社会发展的必然产物，又是社会不平等的唯一源泉。

社会不平等的过程。这种不平等经历了三个阶段：贫富分化与对立；设置官职强化了对穷人的奴役；专制和暴政使主人与奴隶的对立达到顶点。他认为，在专制君主面前，一切人都是平等的，因为他们已经一无所有了。在专制政体下，谁也不知道明天会发生什么事。结论是，既然暴君仅靠暴力统治全体臣民，并把表面上公正的政府契约破坏殆尽，人们对他也就没有义务可言。"以绞杀或废除暴君为结局的起义，与暴君前一天任意处置臣民生命财产一样合法。暴力支持他，暴力也推翻他。"（《论人类不平等的起源和基础》）他预言："危机和革命的时代已经来临。"（《爱弥尔》）他猜测历史的发展是一个螺旋式上升过程，他把社会文明和不平等的产生看成一种退步又看做一种进步。

社会契约论。人类通过签订社会契约从自然状态转入文明状态，这是格劳秀斯等学者阐述其观点时常用的方法，卢梭也不例外。霍布士把政府的建立，看成是君主与全体社会成员签订契约的结果，一旦契约成立，全体人民就毫无保留地把自己原先在自然状态下的自由全部转让给君主。君主成为合法的最高统治者利维坦，由他确保臣民的自由、个人利益和私有财产，确保社会安宁。洛克主张契约签订后，人民还保留一部分自由。可见霍布士是专制君主论者而洛克是立宪君主论者。卢梭设想人们彼此都以平等身份共同签订契约，毫无保留地把自己和自己的一切权利都转让给整个集体而非任何个人。于是，人们就可以从集体那里得到"自己所丧失的一切东西的等价物"，把自然状态下的平等发展为道德与法律的平等。"人民作为整体来说就是主权者，"拥有"至高无上的权威"。人民主权通过"公意"来体现。全体公民投票形成公意。虽然并非一致通过，但"最普遍的意志往往就是最公正的意志"，持反对意见的少数人也必须服从，否则就强迫他服从公意。卢梭把这叫"强迫他自由"。

卢梭认为人民主权不可分割，即人民拥有直接的立法权，政府只是执行法律的办事机构。他批评英国人"只有在选举议会议员时才是自由的；议员一经选出，他们就是奴隶，他们就等于零了"。

卢梭彻底否定君权神授说，认为小国适合直接民主制，大国适合君主制，中等国家用贵族制。他的政治理想是由小私有者组成的社会，"在那里人人都有一些财产而又没有人能有过多的财富"。

卢梭思想的影响：在启蒙学者中，卢梭首创"人民主权"这一口号。卢梭的政治学说通过罗伯斯庇尔等领袖人物的实践，深刻地影响到法国大革命的方向和进程。共和八年以前的所有法国宪法，都起源于卢梭的社会契约论。美洲等地的革命文件中都有卢梭思想的痕迹。

卢梭把政治共同体强迫少数人服从"公意"说成是强迫他"自由"。据他说多数人的意见最公正。这未必万无一失，因为真理有时在少数人手里。在他这些悦耳动听的辩证法术语后面，我们不禁联想到雅各宾恐怖统治的冷酷现实。哪些具体观点代表"公意"？谁能确保这些公意不被寡头集团或独裁者肆意篡改？罗素把卢梭视为政治浪漫主义之父是有道理的。西方资产阶级民主的重要原则是：多数人的意志起决定作用，但这种意志必须合理才是公正的；而且少数人享有同等权利，这种权利同样受到法律保护；如有侵犯，便是压迫（杰弗逊总统就职演说）。总之，以整个集体的名义行使主权，在上层表现为专制权力；在下层群众中表现为无政府主义。这种统治从形式上看可能是完美的，实际上却有致命危险。

4. 狄德罗

法国作家、哲学家，法国《大百科全书》总编辑。孔德认为在18世纪启蒙思想家中间只有狄德罗预见到（革命的）破坏之后必然是重新组合。他的《大百科全书》集中体现了科学性、综合性和条理性。他在哲学、伦理、戏剧、小说、政治学、文学批评、科学探讨等领域都有开创性贡献。狄德罗生于朗格里城一个颇受尊重的刀具工匠师傅家庭里，生活富裕。13岁成为僧侣，但他因违背父亲意愿，并未进入天主教堂。他在当地一所耶稣会学校接受启蒙教育，1732年在巴黎大学取得文学硕士学位。后来遵照父命学习法律，但是他对语言、文学、哲学和高等数学更有兴趣。1733年已经小有名气，此后他的信仰逐渐转向自然神论，最后他的思想达到公开的唯物论和战斗的无神论高度，"认为上帝不存在的思想从来没有使任何人感到恐怖。"（《哲学随想录》）他父亲在失望之余，不再提供学费。在巴黎10年流浪生活期间，他当过家庭教师，为书商搞翻译，给传教士写过50篇布道文，有时甚至被迫与乞丐为伍。虽然备尝艰辛，但一直坚持自学，广泛结交进步学者，形成自己独立的哲学与政治观点，积累起宽厚的知识面和学术功底。为编辑辞书打下了坚实的基础。

狄德罗像

1745年，出版商布列特向狄德罗提议把钱伯斯的百科全书译成法文。与他一起工作的两名翻译不久辞职，狄德罗邀请数学家达兰贝尔合作，全力以赴投入这项工作，其他核心人物有霍尔巴赫、爱尔维修等人，他们也是无神论者和唯物主义哲学家。西方哲学史著作把这些同一时代的志同道合者称为"百科全书派"，实际上伏尔泰、孟德斯鸠也撰写过不少词条。卢梭参与过前六卷政治、音乐词条的写作。当他看到达兰贝尔为第七卷所写的《日内瓦》一文后，因观点分歧与狄德罗的矛盾加深了。最后卢梭宣布与《百科全书》决裂，达兰贝尔迫于当局政治压力也退出编辑部。面对经费和人员短缺、反动舆论的诽谤、诬告以及当局的查禁，包括对狄德罗的三个月监禁（原因是他在1749年出版的书中写道："若要我相信上帝，就得让我用手指触摸到他。"），但这一切都没有动摇他的信念。到1772年出版了28卷，1780年增至35卷，但只能秘密销售。百科全书全名是《百科全书，或科学、艺术、技艺详解辞典》，这部卷帙浩繁、图文并茂的宏伟巨著，是对当时所有领域里全人类已达到的学术水平和技术成果的全面总结。在传播科学知识的同时，还反映了法国社会面貌，是启蒙学者反对封建制度、倡导科学、民主的建设性成果的全面展示。理性主义借助这些成果得到广泛传播，它的学术价值今天虽已过时，但其启蒙作用却是永存的，其文献价值也是其他工具书无法比拟的。总之，《百科全书》在人类文明宝库中占有特殊地位。"如果说有谁为了'对真理和正义的挚诚'……而献出了整个生命，那么，例如狄德罗就是这样的人。"（列宁）

5. 魁奈

重农学派创始人。曾任路易十五的御医。重农学派以启蒙时代的"自然秩序"为哲学基础，是以"纯产品"学说为核心的理论体系。他认为财富是指"有使用价值又有出卖价值的东西。""纯产品"是从土地取得的盈余，扣除一切支出后所剩下的产品。既然一国全年的纯产品以地租形式交给了土地所有者（地主）。因此，把政府税制简化为单一的土地税，对君主和全体国民甚至对地主都有好处。

法国重农学派是作为西欧重商主义对立物而出现的，它的财富观、贸易和赋税理论本质上与亚当·斯密相同，同属古典经济学派。

启蒙时代在近代科学与哲学基础上，用源于自然法理性原则、宗教宽容、政治平等、经济自由和进步观念，打破了人们对上帝的迷信和对"高贵"血统的敬畏，最终结束了信仰时代，崇尚知识、提倡科学成为新的时代精神。

启蒙学者在人文主义和理性宗教的基础上前进了一大步。他们之中最激进的一派（如狄德罗）直接走向无神论，卢梭则用人民主权把中世纪的教权神授和15世纪以来的君权神授一概否定了。人们在淡化宗教感情、从宗教感情转向民族感情之后，又把民族感情的归属对象，从忠君爱国的旧传统中解放出来，变成忠于宪法的近代

魁奈像

民族主义，使君权至上的专制国家变成人权至上的近代国家，即资产阶级民主和法治国家。法国大革命又把这种近代民族主义传播到欧洲和全世界。

18世纪法国战斗的唯物主义在政治上是反封建专制的革命武器，在理论上是"第一个自然哲学体系，是上述各门自然科学完成过程的结果。"（恩格斯）但这种唯物主义带有机械论的缺点。启蒙学者心中的"理性王国"只是在大革命的恐怖年代才得以"实现"。

在文艺复兴时期，任何怀疑古代希腊和罗马历史真实性的说法几乎都被看成亵渎神明的行动；而启蒙时代的史学家则用理性原则审视历史，认为罗马王政时代的历史并不可靠，伏尔泰把中世纪史贬得一文不值，这后一点同文艺复兴时代的学者是一致的。新教史学家则用理性思维方式把早期基督教会理想化。

启蒙时代同文艺复兴一样，都是把欧洲社会从中世纪神学时代转变为近代文明（以近代科学为重要特征）的重要标志。宗教改革在这长达400年的思想解放运动中起了承前启后的作用：马丁·路德等宗教改革家深受人文主义思想影响，而18世纪启蒙学者的工作可以看做理性主义从宗教领域向世俗领域的扩展。

欧洲工业革命

（一）工业革命的准备

1. 政治前提：责任内阁制

1688年政变巩固了英国资产阶级革命的胜利成果，重新确认议会高于国王、司法独立于王权的原则。

18世纪以来，英国政治制度最大的变化是内阁制的形成。从组织形式看，内阁源于王国的中央行政机构。在爱德华一世时期，中央行政机关是宫廷会议或御前会议，它起着摄政委员会的作用。都铎时期改称枢密院，这是一个由贵族组成的最高咨议机关。到斯图亚特王朝时期，枢密院成员越来越多，机构臃肿，效率下降。1688年以后，国王从枢密院20多名成员中挑选少数人组成一个小集团。国王根据这个小集团成员的建议制定政策。到威廉三世和安妮女王时期，国王（女王）经常与这个小集团成员一起开会。会议在一个秘密的小房间里举行，人们逐渐称这种会议为内阁会议。在内阁会议上，安妮女王很少过问政事，而来自德意志汉诺威的乔治一世在位时年事已高，且因多年住在德国，对英国事务既不熟悉又无兴趣,尤其讨厌会议中无休止的争吵。从1718年起干脆不再出席内阁会议,而指定一位大臣(通常是财政大臣)代为主持。于是,会议主持人逐渐成为事实上的政府首脑。主持人初无固定称谓,辉格党领袖沃尔波尔任财政大臣期间,是政府实际领导人。他的政敌称他为首相,意在贬损他过分突出自己,违犯了宪法精神。

沃尔波尔雕塑

1731年,英国一艘走私船船长詹金斯被西班牙人俘虏,吊上桅杆并割去耳朵。这导致国内一批强硬派迫使沃尔波尔于1739年对西班牙宣战,史称"詹金斯耳朵之战"。结果英国失败。一些城市商人批评政府无能。沃尔波尔遭到议会七次否决后被迫于1742年辞职。但这只是他个人的失败,而内阁多数成员继续留任。这被看做内阁制的萌芽。

乔治三世不断给其"国王之友"封官晋爵,给某些议员和选民滥发赏金,广泛培植亲信,致使国王年金开支在18世纪中期高达98万英镑。七年战争期间,首相老皮特因为不同意国王与法国媾和,被迫于1761年辞职,此后8年间换了6名首相,直到俯首听命的诺斯1770年被任命为财政大臣后,托利党政府靠国王收买无党派议员以维持一个微弱的多数,才得以长期执政。但乔治的专断统治引起辉格党人的反对,他们在罗金罕带领下成立"宴会俱乐部"(1762),形成英国历史上第一个有固定组织的反对党。1765 年,国王被迫任命罗金罕组织内阁,罗在议会里要求取消对北美的"印花税条例",结果于 1766 年被国王罢免,其他大臣也一起退出政府。国王越过议会解散政府(内阁)的做法使辉格党人感到忧虑。为了遏制王权,辉格党理论家伯克于 1770 年发表小册子《论政党的作用》,认为一个无足轻重的党员要比一个伟大的"孤独者"的作用大得多。所谓政党,就是那些"根据一致同意的特定原则去促进国民利益的人们的联合体。"这是关于现代政党的最初定义。

伯克公开鼓吹政党应把追求公职作为第一需要。说这并非谋求一己之私利,而是为了占据"强大的政府堡垒",以便实施其有益的计划。他澄清了以往人们对政党的误解,说明结党未必营私,党派对立不会导致内战和流血。政党不是邪恶之物,而是一个充分协调政府、议会和全体选民之间关系的中介性政治工具。针对英国宫廷和政府界限不清的状况,伯克主张把宫廷和政府部门完全分开。伯克的上述观点同洛克的《政府论》一样,奠定了君主立宪体制的理论基础。

在 18 世纪六七十年代,以罗金罕为首的辉格党议员逐渐形成一支强大的政府反对派队伍,由督导员负责其组织工作,并在议会外建立起正规的院外活动组织,经常召集大小不等的会议,反对政府对北美殖民地的高压政策,倡导财政改革以削减国王年金。1782 年建立起以罗金罕为首的混合内阁。罗金罕这一年病故,国王又指定托利党人谢尔本为财政大臣,重建政府。1782 年,罗金罕派的福克斯与诺思联合攻击政府在允许北美独立时让步太多,8 月下院通过了对政府的不信任案,托利党政府垮台而由福克斯—诺思联合政府取代。联合政府提出"印度改革议案",被上院否决。国王乘机罢免诺思首相(1782),大部分阁员也跟着辞职(未随诺思辞职的蒙里奇招致同伙谴责),开创了内阁集体辞职的先例。1783 年任首相的托利党领袖小皮特依靠国王支持,于 1784 年解散议会,提前大选。结果政府获胜,100 多名反对党议员落选。由此开创先例:政府首相失去议会多数议员支持时,可以不辞职而是解散议会,提前大选,直接寻求选民支持。至此,政府对议会负责的责任内阁制已经形成。皮特为首的托利党代表土地贵族利益,而反对党辉格党代表工商业资本家利益。1784—1830 年间托利党人把持着内阁,许多辉格党议员对反政府的议会活动感到厌倦,便纷纷离开议会下院,到乡下打猎消磨时光,这对政府来说本是一件好事。但是,当福克斯一伙于1801年重返议会时,托利党人反而批评他们擅离职守。这说明反对党不但为其政敌所接受,而且表明"一个积极、可敬、符合宪法的反对党"对于保护英国人的自由已变得不可缺少。至此,反对党实际上已成为"国王陛下政府的一部分"。

1832年议会改革后,下院逐渐划分为界限分明的两大集团,辉格党改名为自由党,托利党改名为保守党。两党通过竞选获得议会多数席位以便组织政府,成为执政党;而议席较少的另一政党作为"国王陛下的反对党"在宪法和法律范围内监督政府、批评政府政策和内阁成员的言行。如果反对党的不信任案在议会获得多数,则内阁必须集体辞职或解散议会,提前大选。而国王从1766年以来也从未超越议会解散过政府。至此,英国国王成了统而不治的虚君。英国这种责任内阁制和现代政党制度,就是通常所说的资产阶级议会民主制。现在,议会的职权主要是立法、监督财政和政府。这些职权主要由下院行使。根据1911年议会法,财政议案和国家预算只有在下院提出和通过才能生效;上院无权过问,也无权加以否决。但实际上国家预算和政府财政的决定权在内阁手里,因为下院讨论预算的期限只有26天,不可能逐项讨论并逐一询问。如果议会否决国家预算,就等于不信任政府,这时内阁必须全体辞职。因此,下院也不轻易否决内阁编制的国家预算。预算通过后,交给财政部具体执行。

德国、俄国和日本开始工业革命时,其政体并未达到英国式君主立宪和责任内阁制的程度,但是对于世界上首先开始工业革命的国家来说,这一政治前提却是不可缺少的。因为工业革命最初只是一个自然历史过程,即由私人投资者在市场机制比较成熟、在价值规律的作用下自发地推动这一过程。这就要求政府依法维护市场秩序和社会秩序,又能充分保障个人财产和个人自由,而这只有在自由放任的英国式君主立宪体制下才有可能。

2. 经济前提:资本原始积累

(1)圈地运动。前文已有述及。1688年革命后,那些流亡西欧大陆的英国贵族回国时带来尼德兰和别国的先进农业技术和新的农作物。在18世纪,从事耕作和饲养在贵族中间蔚然成风,"回到自然中去"给人以富裕和体面的感觉,提高产量就是充实钱包。从市场需求看,英国人口在1710—1810年间增长一倍(1801年首次人口普查,共1050万人),开始成为粮食净进口国。1760—1815年间有一半年份处在对外战争中,拿破仑大陆封锁期间(1804—1814年),来自波兰和普鲁士

的粮食无法进口，加上工业革命引起城市人口剧增。小麦价格从1760年起开始上涨。1801、1812、1813年农业歉收，1／4英担小麦突破100先令大关，几乎等于大饥荒时的价格。在市场价格信号的引导下，英国农业革命进入高潮，开垦荒地、改良土壤（为此而延长土地租种期限）、排干沼泽的规模扩大了。选育优良牛、羊品种，种植萝卜和苜蓿作物做饲料。采用轮耕方法提高土地利用率，大量使用改良农具和天然矿物肥料如磷酸盐、硝酸盐，推广农业科学知识并提高经营管理水平，使单产、总产和牲畜出栏数大幅度提高。到19世纪，英国某些地区小麦、燕麦和大麦产量已接近现代水平。显然，所有这些做法只有在大规模经营的农牧场才能有效地发挥作用。当时国内市场大部分农产品是由100~500英亩（1英亩约等于0.4公顷）的租地农场主提供的。总之，农业革命和规模效益给圈地运动以新的推动力。

　　这一时期圈占的土地大都用做农场耕地。围圈公有土地时，当事人向议会提出申请，通常都能得到议会批准，成为法令。当地农民只好放弃在公有地上砍

英国产优质燕麦

柴、放牧等权利。1801年议会通过一项《总法令》，规定地主或代理人不得担任圈地委员，还命令圈地委员接受指控，以确保受损失者得到补偿。但实际上农民得不到补偿也只得忍气吞声，有些人离开自己土地远走他乡。至于佃农，更是被随意驱逐。据统计，1727—1845年年间，按议会法令围圈的土地共计176万英亩。1730—1820年议会共通过了3500项圈地法令。另一个材料显示，1760—1815年间共圈地600万英亩，约占全部耕地的1/5或1/4。因圈地而流浪在外的人数，从1688年的23489人变成1759年的13418人，而1801年则增至179718人，分别占英格兰、威尔士总人口的1.7%、0.9%和8.2%。可见19世纪初圈地的规模远大于17和18世纪。到19世纪中期，英国自耕农消失了。

圈地运动是资本原始积累的典型方式。因为它既为工业资本家积累资金，又给大工业准备好足够多"飞鸟般自由"的劳动者，起到"一箭双雕"之功效。

（2）其他资本原始积累方式。"资本原始积累的不同因素，多少是按时间顺序特别分布在西班牙、葡萄牙、荷兰、法国和英国。"

对殖民地的掠夺，包括增长极快、顺差很大的对外贸易，是英国资本原始积累的重要来源。英国16世纪打败西班牙、17世纪打败荷兰以后，18世纪主要同法国竞争，在西班牙王位继承战争（1701—1714）、奥地利王位继承战争（1740—1748），尤其是在七年战争（1756—1763）中，英国都打败了法国，建立起世界上最大的殖民帝国。英国在1757—1857年间仅从印度掠夺的财富就高达10亿英镑，以至英语中出现了一个名词nabob，专指18世纪那些从印度发财后衣锦还乡的英国人。正如笛福1726年所说："简言之，英国的贸易造就了绅士，使这个国家绅士济济。因为商人子孙逐渐成了高雅的绅士、政治家、议员、法官、主教、贵族和枢密院成员，他们与那些出身高贵，最古老家族的绅士毫无二致。"

多年以来英国争夺世界商业和殖民霸权的战争，尤其是持续了20多年的拿破仑战争，使国家花费15亿英镑。1783年英国失去它在海外最繁荣的北美殖民地时，国债高达2.385亿英镑。利率虽只有3%，每年付息仍高达730万英镑以上，而1770年以来外贸盈余已微不足道。国内外许多人担心国家信用即将破产。但英国的有利条件在于它的商业和外贸一直在扩大，其中工业品出口，尤其是军需品出口增长迅速，按1700年英国工业品出口值为100计算，1800年为544，1800—1820年不列颠本土的出口额又增长83%。从1814年起外贸顺差每年超过1000万英镑。对外战争都不在本国领土上进行，而且每次都以胜利告终（北美

除外）。另外，国家通过英格兰银行发行国债券，而把债权人的利息转嫁到全国纳税人身上，使巨额国债成为信用扩张的工具，这给工业革命提供了宽松的信贷环境；工业革命又把债券转化为真实资本。在这一坚实的财力基础上，英国金融系统经受住了战时财政和投机风潮的考验。

南海公司是1711年成立的一家私人合股贸易公司，主要经营西班牙美洲的奴隶贸易，为期8年。1719—1720年年间，英国新出现190多家新公司，他们单独或合伙经营股票交易，股市价格猛涨，南海公司也参与股票交易。在法国约翰·劳经手的皇家银行股票和英国股市行情的刺激下，南海公司原来每股值100英镑的股票到1720年7月上升至1050英镑，英格兰银行和东印度公司的股票只分别涨到260和445英镑。而早在这一年春天法国东印度公司已将其股息定为2%，这促使人们抛售股票。南海公司担心那些新建的公司会把公众的现金吸引过去，便促使议会于1720年8月通过了泡沫法案：未经批准的公司不得发行股票。这一反投机法令反而加快了泡沫的破裂速度，南海公司股票立即跌至175英镑，英格兰银行股票10月14日也降至135英镑（9月1日为227）。结果发生了一系列自杀和没收财产事件。1721年政府清理南海公司财务时，发现它共欠股东1400万英镑债务，还不算1711年成立时的股金。这一丑闻甚至涉及乔治一世，但被沃尔波尔开脱。8月，议会把该公司债务缩减到800万，其余由议会偿还。1722年英格兰银行接收了南海公司价值420万英镑的股票，付给股东5%年息；东印度公司也收购了南海公司一部分股票。该公司和英格兰银行各自用其原始股票价值的一半兑换政府年金，总算使这场危机得以平息。经过这次教训，英国广大股民的风险意识有所增强，政、商不分的现象也得到抑制。此后政府总是按期支付所有国债利息，加上财政大臣沃尔波尔理财有方。1717年政府把英镑含金量固定为每盎司（纯度为0.9）3英镑17先令10.5便士（此后只有1797—1819年间暂时中断）。1742年当政府给英格兰银行换发新执照时，该行像以往一样向政府提供新贷款，并获得在英格兰发行银行券的垄断权，这使该行具有中央银行的基本功能。1844年银行法正式确定英格兰银行为中央银行。以上这些措施增强了国债信誉，债券持有人同荷兰国债持有人一样乐于收取股息而不愿意让政府偿还债务本金了。甚至股息稳定在4%的南海公司股票1730年也超过其票面值。英国股票市场恢复正常。所有这些，同西班牙国王16世纪多次宣布政府破产（赖账不还或停止支付国债利息）相比，说明近代国债制度及相应的金融制度在英国基本上已经建立起来（19世纪60年代以前，国债券代表交易所的主要部分。股

原英格兰银行旧址

份银行和铁路等工业股票还比较少)。

英国工业革命期间,国内外技术发明之所以很快得到商业应用,形成新的产业部门,借贷资本成本低廉(贷款利息低)是一个重要原因。而这与英国市场机制,尤其是资本市场机制比较成熟有很大关系。

3. 技术前提

(1)分工。英国呢绒加工和其他工业兴旺发达,一个重要原因是采用工场手工业生产方式。手工工场的生产率高于手工作坊,主要得益于劳动分工。第一种是工场内部分工。生产缝衣针的手工工场,把生产过程分解为彼此衔接的一系列简单的重复动作(工序),总共92道工序,人均日产2400根缝衣针;而把这92道工序交给一个工人从头干到底,只能日产20根成品。换句话说,分工比不分工提高工效100多倍。第二种是行业分工。这种分工引起生产工具的专门化和手工工场的专业化。伯明翰一家工场使用的锤子,按用途和性能区分共有500种。

过去生产马车的作坊,几乎包揽了马车上所需的全部零件和配件,涉及的工种有木匠、铁匠、油漆和钣金工等;现在则由这些不同行业的工匠在各自专门的工场里按统一规格加工马车上的几十种零配件,最后装配而成。这不但提高效率,降低了成本,还生产出质量稳定的高中低档系列成品。这两种分工带来了经济效益,还有助于技术进步:简单而重复的生产工序,促使有才能的技工选择最合适的专用工具并加以改进,最终为机器取代这一手工工序提供可能。

(2)简单机械与工具。机器与工具有时只有效率和大小的差异,并无本质区别,如手摇钻与简易钻床。机器通常由三部分组成:动力机、传动与调速装置(齿轮组或皮带轮)和工具机。现在还有自动控制装置。

社会需求对技术进步的推动力超过了所有大学。中世纪中期以来,欧洲各商业城市纷纷兴建大教堂,都铎时期英国贵族新别墅的兴起和持续几个世纪的农业革命,都给技术发明和推广以持久推动力。建筑工程中广泛使用滑轮、杠杆和其他工具。在16—17世纪,尼德兰的风车超过别国总和,人们用它排干内海,扩大耕地11万英亩。水车、手压水泵、意大利钟表技术、金属加工中使用的手摇钻,以及车床、磨床、拔丝机、延压机等简易机器的雏形已经陆续出现。16世纪已有人使用脚踏纺车和织布机。所有这些简单机械和工具的发明、推广、改进和配合使用(如组合滑轮),是何时由谁在何处首先做出的,已经很难一一作出准确考证了。对于我们来说,更重要的是培育这些发明的沃土,即市场经济的发育和市场的扩大,因为首先采用新技术的经营者,可以得到更多的利润。从全局来看

18世纪的英国船厂

也是如此,例如造船技术和航海工具的进步就直接得益于世界市场的出现。另外,14世纪以来中国火药传入欧洲,欧洲射击火器(步枪、火炮)由于战争而得以改进——军事上的需要成为技术进步的另一个推动力。

4. 有利于技术进步的社会氛围

(1)英国与大陆学者思维方式的差异。17世纪的欧洲哲学有两大流派:英国唯物主义经验论,以F.培根为代表,牛顿也属于这一派;另一派是以笛卡尔为代表的唯理论。前者是经验主义的,后者是理性主义的。培根和牛顿重视实验和数据,推崇归纳法。"纯理智的好奇心并没有什么重要性,"培根还认为知识的价值仅仅在于它能"促进人类福利"。他提出科学实验的概念。他的《新工具》《新大西岛》和《随笔录》等著作把英国人从中世纪狭窄的思维模式引向现代。培根的学说构成皇家学会组织的基本原则。笛卡尔等大陆学者则强调逻辑推理和数学公式的完美性,推崇演绎法。在18世纪的技术条件下,英国人那种重视实验和社会效用的思维方式,显然比大陆学院式哲学思维方式更有利于技术进步。

(2)崇尚科学、追求自由的社会风气。培根的一些追随者从1654年起每周在伦敦聚会一次,讨论学术问题,并约定不涉及神学和政治。1660年他们正式成立"无形学院"。1662年这个学院得到查理二世颁发的特许状,并正式命名为皇家学会。1665年《皇家学会哲学杂志》作为一种定期学术刊物问世。1624年,政府颁布的垄断法给技术发明以14年保护期,开创了近代专利保护制度。17世纪末,英国成立邮政总局,用于传递私人信件。当时上层阶级送儿子出国留学或去大陆旅游已成为一种风气。16世纪,约一半英国成年人能读书写字。教会已失去其文化中心的地位。革命后的英国人已从教会和专制王朝的精神束缚中解脱出来,"自由地追求自由精神",在17世纪末成为一种时代特征。

牛津和剑桥两所大学这时已成为英国学术中心。它是绅士们理想的堡垒,是未来政治家和议员的摇篮。詹姆士一世曾感叹:"要不是王位在身,我是很想成为牛津大学学生的。"

虽然当时的学术研究从整体上说未能直接指导技术发明,但这种社会氛围无疑有助于技术创新。

5. 自然条件:位置优越,资源丰富

自然条件对社会经济发展的影响力,同社会文明程度成反比。在当代,像日本那种工业原料主要依赖进口的国家,同样可以成为世界上高附加值制成品的重

要出口国。但在 18 世纪和 19 世纪初，法国缺乏炼焦煤和优质铁矿石始终是制约其工业发展的一个因素：进口焦炭和铁矿石使其钢铁工业缺乏竞争力。而英国煤铁资源数量多、品位高、开采成本低。直到工业革命完成，煤炭仍是英国重要的出口商品。

英伦三岛位于西欧沿海中部，处在当时世界航运中心——大西洋航线的十字路口。30 多公里宽的海峡和岛国位置，在和平时期给英国外贸提供了方便；而每当大陆发生战争，英国总处在进退自如的有利战略地位。1066 年以来，英国独树一帜的历史进程及其传统就不曾中断过。这是大陆诸国所没有的。

英国地形北高南低、西高东低，奔宁山脉从北向西南延伸，其东侧山势平缓，消失在广阔平原上。加上雨量充足，河流虽短但能通航，也便于修筑运河，在铁路出现前就在廉价运输煤、铁矿石等笨重货物。海岸线长达上万公里，平均每 31 平方公里面积就有一公里海岸线，堪称世界之最。海岸之曲折也举世罕见，适宜于建设港口。潮汐落差大，有利于船舶出入，并向海外扩张。

除了以上五个方面的正面论述外，读者还可使用反证法，用意大利、西班牙、荷兰和法国的正反条件，与英国对比，找出前几个国家不可能首先开始工业革命的原因。

（二）工业革命的过程

1. 纺织工业：世界上一切近代工业的摇篮

大多数国家的工业革命，都从纺织工业开始，只有阿拉伯产油国、瑞士等国例外。为什么呢？第一，从市场需求看，衣服是人类仅次于食品的第二大生活必需品。而棉布柔软舒服，色彩鲜艳，经久耐穿又价格低廉，市场前景无限广阔。第二，从技术条件看，棉纺织是劳力密集型工业。任何一位农村男女青年甚至童工，只要经过短期培训或以师带徒，都能上岗操作，而且机器效率是手工纺织的几十倍。第三，资本有机构成低，即人均投资少，资金周转快。第四，棉花纤维的自然属性，如长度、粗细和弹性都很一致，便于机器加工。第五，棉花比重小，且适于长期储存，运输和仓储成本低。

对于英国来说，印度棉布从 17 世纪中期以来就是主要进口商品之一。它价廉物美，图案新奇而艳丽，穿在身上使人显得四季如春，永远年轻。而印度织工高超、熟练的手工技艺和低廉工资，使英国人除非采用大机器生产，否则永远无法与之竞争。英国商人从 1700 年起就一再要求政府禁止印棉进口。1720 年政府给印度棉布课以重税。但东印度公司能从中获利,且国内市场消费需求大,故效果有限。

2. 工具机的发明

1733年,凯伊发明飞梭。织棉线的梭子不用手抛而能自动往复,棉布幅面比手工更宽,速度提高一倍。织布机械化造成棉纱供不应求,以前需要3~5名纺纱工才能供一名织布工,这时差距更大了。

1751年,皇家学会出奖金50英镑,悬赏人们"发明一部最好的、同时纺6

凯伊和他发明的飞梭

根棉线……而只需要一人照看的机器。"1764年,哈格里夫斯发明珍妮纺纱机,上面有8个纱锭。1769年,理发匠阿克莱特发明水力纺纱机并申请专利。1779年,克隆普顿发明缪尔纺纱机,兼具珍妮机和水力纺纱机的优点,纺出的纱线更细更牢固。1771年阿克莱特用水力驱动缪尔机,建立起世界上第一座机器纺纱厂,雇工300人。1785和1790年他又安装了两台蒸汽机,1792年他去世时已有资产50万英镑。他被称为英国工厂制度之父。纺纱机的使用和推广,使纱线产量猛增,反过来又要求发明更有效的织布机。不久,织布机又有重大改进,加上印花机等设备的发明,白棉布、印花布、斜纹布加工都实现了机械化。

3. 蒸汽机

纺纱和织布实现机械化加工后,人均效率比手工提高几十倍。这些工具机效率提高、数量增加,人们迫切需要一种功率大、能源稳定、不受水力资源限制而且成本低廉的动力机与之配套。从1712年起，纽可门与约翰·卡利，又名考利就在应用他们于1698年发明的蒸汽机了，但仅用于排干矿井内积水。

瓦特20岁就去格拉斯哥大学校办工厂工作，22岁已"完全学会了法语、意大利语和德语，以便读外国的科学著作"。他旁听化学家布莱克教授的课，并与布莱克、卡文迪什等学者一起从事科研，参与过一些重要发现。从1761年起他开始研究蒸汽压力，1763—1764年在修理纽可门蒸汽机期间作出了以下改进：①根据布莱克的潜热原理，在汽缸旁边安装分离的冷凝器，以减少汽缸热量损失；②把单冲程变成双冲程，使活塞杆来回都做有用功；③安装离心调速器，使机器平稳运转；④仿照磨刀匠的踏轮，瓦特把活塞杆的往复直线运动通过连杆和偏心轴，变成圆周运动。这样，原来只能垂直提升矿井积水等重物的纽可门蒸汽机变成了普遍适用的"万能的动力机"（瓦特专利申请书用语），1784年获得专利权。后来，他与别人合作，用镗床加工汽缸体内壁与活塞孔，以提高精度、光洁度和同心度，减少活塞运动阻力，增加机器运转时的稳定性和汽缸体密封程度。经过这一系列重大改进，热效率提高到3%，为纽可门蒸汽机4倍以上。加工方法的改进还降低了蒸汽机成本，有助于零配件互换。瓦特蒸汽机很快在纺织厂、冶金厂、面粉厂得到广泛应用。1833年英国拥有8.5万台蒸汽机。

4. 冶金工业的技术改造

英国原来也用木炭炼铁，造成森林面积锐减，早在1540—1640年间，伦敦木柴价格就上升近3倍。1700年以后，英国森林已所剩无几，每年都从瑞典、俄国进口大量生铁。1709年，达比（1678—1717年）父子发明用煤炭烧制焦炭的技术，并用焦炭炼铁获得成功。但此后40年间却未能推广，原因是木炭成本低于焦炭。直到1775年，英国45%的生铁仍用木炭炼成。但此后焦炭炼铁得到广泛应用。这是冶金技术的一场革命。加上用瓦特蒸汽机带动鼓风机，炼铁炉容积更大，成本降低了。1815年戴维爵士发明安全矿灯，大大减少了煤矿因瓦斯爆炸引起的事故。

5. 交通运输革命

棉纺、冶金和矿山采掘的发展，迫切需要大运量、快速度、低运费的运输工具，把煤炭、矿石和棉花及时送到用户手里。

（1）运河。1761年英国建成第一条7英里长的运河，把沃斯利的煤运往曼彻斯特，使这座新兴工业城市的煤价下降一半。到1830年，英格兰共有1927英里运河，苏格兰有813英里运河。运河与内河船运费只及陆上马车运费的1/6

到 1/10。

（2）硬面公路。千百年来，陆地上的道路总是"晴天一身土，雨天一身泥"。在泥泞不堪、高低不平的路上马车往往一再受阻。

1750年，有一批道路工程师修成第一条硬面道路：路基底部垫以大石，中部小石，表层铺上碎石和沙子，并且夯实，形成中间隆起的拱形路面，路两边有明沟，用于排水。这种公路平、直、硬，马车风雨无阻并可夜间通行。爱丁堡至伦敦的路程，过去马车要走14天，这时只要44个小时。此后全国兴起修运河和硬面公路的热潮。由私人公司集资，向政府申请工程项目，政府允许这些公司在工程完工后收费，期限通常为15—25年。

（3）铁路。19世纪30年代以来，英国内河、运河和硬面公路在运输市场上开始受到铁路的挑战。1804年，一位矿井工程师史蒂芬逊（他14岁才开始学习英文字母，自学成才）发明的铁路机车以14英里的时速在利物浦至曼彻斯特之间跑完31英里全程。由于铁路运输成本低廉而速度超过水运，因此铁路客运、货运很快超过了马车和帆船。1838年英国有500英里铁路，1850年达6600英里，1871年2万英里。1859年铁路投资累计24.4亿英镑。铁路建设与设备还促进了冶金、机械、煤炭工业的发展。

（4）轮船。1807年，美国人富尔敦在哈德逊河上用蒸汽机驱动船只，从纽约到奥尔巴尼150英里河道上试航成功。英国很快加以推广。早期的轮船只用于内河航运。1850年远洋轮船开办客运和邮政业务。到80年代，轮船大量排挤帆船在远洋航线上的主宰地位。

（5）通信。1837年莫尔斯在纽约表演他发明的电磁式电报机。1844年从华盛顿到巴尔的摩64公里电报线路上发报成功，他给对方的第一句话从电码译出来是："上帝创造了怎样的奇迹！"1876年贝尔发明电话，第二年建成贝尔电话公司，今天美国电话电报公司（ATT）的前身。1866年，大西洋两岸海底通信电缆铺设成功]。

贝尔发明的电话

（三）工业革命的意义

工业革命不像政治革命和军事征服那样反复无常，也不像技术革命那样永无止境，更不像文艺复兴和启蒙运动那样局限于思想和文化领域，只涉及一部分人群。它改变了社会上所有人的生产和生活方式。这种从传统农业国向现代化工业国的转变在每个国家的历史上只有一次，而且是不可逆转的。工业化使每个国家永远摆脱了大规模饥饿，走出马尔萨斯陷阱（指人口与贫困恶性循环）。总之，工业革命是人类历史进入农业文明几千年来所发生的最深刻的变革和进步。"它迫使一切民族——如果它们不想灭亡的话——采用资产阶级的生产方式"。"使东方从属于西方。"（《共产党宣言》）工业革命是人类对大自然前所未有的改造和利用，它用机器代替手工工具，用蒸汽机取代人力和其他自然力，用铁路、轮船代替马车和帆船，电报、电话超越了时间和空间。大工业使世界经济走向一体化，各国之间的依赖程度超过了中世纪相邻的省份和地区。平民百姓有机会享受过去帝王将相也想象不到的文明、舒适生活。但是，工业化逐渐、而且不可挽回地改变了大自然，造成环境污染、资源枯竭和生态危机，最突出的是全球气候变暖、臭氧层空洞、资源枯竭和公众卫生安全。人类社会面临经济增长与环境保护相矛盾的两难局面。看来自然科学基础理论的重大突破与当代技术革命，以及与之相适应的社会精神文明，有希望早日摆脱这一两难局面，实现经济和社会的协调以及可持续发展。

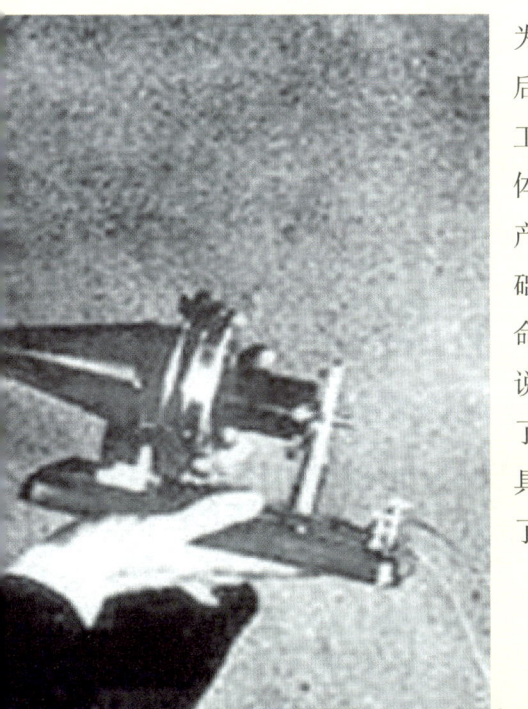

工业革命在产业结构转换中的作用也甚为巨大。在古代，主体产业从游牧转向农业后，古典文明进入繁荣时期。从英国开始的工业革命是第一次技术革命。这次革命使主体产业从农业（第一产业）转向工业（第二产业），古老的传统社会变成以大工业为基础的近代文明社会。19世纪晚期的新技术革命是第二次技术革命，国内外不少学者把它说成是第二次工业革命，使"工业革命"成了一个"无处不在，不可或缺的词汇，但它具有变幻莫测的特点，因而成为捉摸不定的了"。实际上这次新技术革命主要是增加了

第二产业内部技术和资本的密集程度。当代技术革命（第三次技术革命）才称得上第二次产业革命：以计算机等高新技术产业为代表的第三产业产值已超过第二产业，白领工人人数超过了蓝领工人，工业社会正走向信息社会或后工业社会。工业革命缩短了后两次产业结构的转换周期，使技术创新成为一种社会自动机制。

18～19世纪的世界文明

奥斯曼的衰退和土耳其的兴起

到18世纪初，奥斯曼帝国已经余日不多了。它受到内部冲突的削弱，对他的欧洲对手从四面八方攫取其领土的做法无可奈何。但是从18世纪后期开始，奥斯曼的一些有能力的统治者和真诚的改革家推行了延缓帝国衰落和欧洲列强推进的战略和改革。和以往许多崩溃然后消失的帝国不同，奥斯曼帝国的政权落到了其内部主张按照西方的形象重建国家的领导者手中。

部分上说，奥斯曼的危机是由高居帝国顶端的政治和社会体系中连续出现的几个软弱的统治者造成的。怠惰或者无能的素丹使大臣、宗教专家和禁卫军军官们的争权夺势大行其道。精英中的派系斗争进一步从内部销蚀了帝国的领导力量，削弱了帝国对其人口和资源的控制。行省官员和地方上的地主阶级，"阿彦"，勾结在一起逃避应交素丹的大量赋税，同时对已经处于贫困状态的乡村农民进行严酷的榨取。

与此同时，城镇中的工匠的地位由于从欧洲进口的产品的竞争而降低了。尤其是在18世纪和19世纪初年，这种情况引起了城市暴乱，手工业行会和青年人协会常常是这类暴乱的领导者。帝国内部的商人，尤其是属于少数人宗教群体，如犹太教或者基督教的商人愈来愈依赖于与欧洲商人的交易。这种模式加速了西方产品的输入，而这种输入正在一步步地破坏帝国的手工业基础。就这样，奥斯曼经济对其最有威胁性的一些欧洲政治竞争者的依赖性以惊人的速度在发展。

奥斯曼的领导者们陷于内部的争斗之中，而他们的军队则被剥夺了可以用来与其欧洲竞争者更先进的武器和训练相抗衡的资源。这时，庞大的奥斯曼领土对于其邻国来说就成了一个巨大的诱惑。在18世纪初，奥地利哈布斯堡王朝成了奥斯曼衰落的主要受益者。长期以来对维也纳的威胁永远地消失了，奥斯曼被驱逐出了匈牙利和巴尔干北部地区。

18世纪后期，经过彼得大帝的强行西方化而强大起来的沙俄帝国成了奥斯曼生存的最大威胁。由于军事上屡遭挫败以及俄国穿过大草原向黑海一带的温水港口推进，奥斯曼的衰弱由于与其他基督教强国结成同盟的企图而更为严重了。在俄国人把奥斯曼帝国在高加索和克里米亚地区防御松散的领土吞并下去以后，巴尔干地区在奥斯曼统治下的基督教臣民也变得愈来愈难于驾驭了。1804年，在塞尔维亚爆发了一次大规模的起义，经过为时数年艰难而且耗资巨大的军事镇压才将之平息。但是，军事力量却没有能够平息19世纪20年代初期爆发的希腊的反叛，到1830年，希腊在奥斯曼几百年的统治之后重新获得了独立。1867年，塞尔维亚也获得了自由。到19世纪70年代，奥斯曼已经被从几乎整个巴尔干从而也就从其帝国在欧洲的几乎所有省份驱逐了出去。在接下来的几十年间，伊斯坦布尔本身一再受到俄国或者其他新近获得独立的巴尔干国家军队的威胁。

（一）改革与生存

即使经历了接近两个世纪接连不断的战场失败和国土沦丧，奥斯曼帝国还是设法维持到了20世纪。它的侥幸生存部分上是由于欧洲列强的分裂，每一个都怕其他国家会在肢解这个帝国中获得的更多。事实上，英国人害怕俄国人在控制了伊斯坦布尔之后会获得进入地中海的直接通道，从而威胁英国在那里的海上霸权，这使他们在19世纪下半叶一再为摇摇欲坠的奥斯曼政权提供帮助。在更根本的意义上说，奥斯曼能够生存下来是由于内部的改革。这种由素丹和他们的顾问在帝国体系的高层领导的改革在19世纪的大多数时间内一直在进行中。在改革的每个阶段，改革的方案都强化了统治精英阶层的内部紧张。一些派别主张模仿欧洲实现彻底的改变；另一些派别主张在奥斯曼早期先例的基础上推行改革；其他还有一些精英群体为了自己的利益反对任何改革。

奥斯曼精英内部的这种深刻分歧使改革的过程险象丛生。即使在18世纪推行了一些细微的改进，包括在1727年建立了第一个印刷出版机构，素丹谢里姆三世（1789—1807年）还是相信这个王朝和帝国必须实行更大胆的改革才能生存下去。但是，他的旨在提高行政效率和建立新的陆军和海军的改革激怒了官僚系统中的一些强大的派别。这些改革也被长期以来构成奥斯曼军事力量主体的禁卫军团看做是对他们自己的直接威胁。谢里姆温和的改革使他失去了皇位和生命，1807年的一场禁卫军暴乱将他推翻了。

时隔20年以后，一位更为老辣的素丹，穆罕默德二世，把谢里姆三世未竟的事业继续了下去。在欧洲人的帮助下，他秘密地建立了一支规模不大的职业化部队，然后在1826年命令他的特工去刺激禁卫军举行兵变。愤怒的禁卫军在他们的食堂将巨大的汤锅掀翻，兵变开始了。没有任何关于下一步的计划，禁卫军拥上了伊斯坦布尔的街头，与其说是一支军队，不如说是一群暴徒。在大街上，他们意想不到地遇到了素丹训练良好的军队。结果事件以禁卫军、他们的家属，以及他们的宗教同盟者的被屠杀而告终。

使阿彦和各省有权势的人们至少在名义上服从素丹以后，穆罕默德二世发动了一场比谢里姆三世所尝试的更为深入的改革。虽然乌尔玛，即宗教专家们，以及穆罕默德的一些顾问主张通过回复到奥斯曼和伊斯兰传统中去以求自强，穆罕默德二世还是仿照西方的先例而设计出他的改革模式——毕竟是西方列强使他的帝国摇摇欲坠。他仿照西方组建起外交使团，并和欧洲列强互换大使。军队的西方化也从穆罕默德的秘密军队开始扩展到整个军队系统。欧洲的军事顾问，包括陆军和海军，被引进来指导奥斯曼军队的训练、装备和军官教育。

穆罕默德二世像

在以后的几十年中，西方的影响在奥斯曼上流社会中十分盛行，在1839年到1876年的"坦志麦特"（Tanzimat，意为改革）期间尤其是这样。这个时期仿照西方对大学教育进行了重组，开始讲授欧洲科学和数学。国家开办的邮递和电报在19世纪30年代得到引进，铁路也在19世纪60年代开始修建。在帝国的主要城镇中出现了报纸。在进行一些法律改革之后，于1876年颁布了第一部明显仿照欧洲准则的宪法。这些法律改革大大改善了宗教少数者群体的处境，他们在奥斯曼经济中的角色也日益重要起来。

一些群体在这些把这个帝国向西方影响开放的变动中受到了伤害。尤其是手工业者，在奥斯曼与英国于1838年签署了取消外贸关税和其他进口障碍之后，他们的情况大为恶化了。其他社会群体在改革中也是所获甚微。尤其是女性。有关妇女教育和废除使妇女被隔离、多妻制、戴面纱等制度的问题于19世纪60年代在奥斯曼知识分子中经过了讨论。但是，直到1908年把最后一个素丹赶下台之前，妇女的地位并没有什么提高，在精英阶层中也是如此。

（二）萧条与暴乱

苏丹及其顾问们所领导的改革的确增强了奥斯曼人抵御，至少是干扰，外国入侵的能力。但是这些改革反过来对进行这些改革的王朝本身构成了日益严重的威胁。经过西方教育的官僚、军官和专门职业人员愈来愈把苏丹制度看做是进行更激进的改革并实现彻底的社会转变的主要障碍。新的精英阶层和保守而权势巨大的群体，如乌尔玛和阿彦，发生了冲突，后者的利益决定他们要尽力维护旧的秩序。

奥斯曼苏丹阿卜杜勒·哈米德在他从1878年到1908年的长期统治时期，试图恢复绝对专制以回应来自西化的官员和民众的威胁。他废止了宪法，并对公民自由加以限制，尤其是限制了言论自由。这些措施剥夺了西化的精英群体在制定帝国政策过程中获得的权力。持不同政见者或者制造麻烦的嫌疑人被投入监狱，有时遭到羞辱和杀害。不过，经过几十年的改革之后，显然即使是阿卜杜勒，哈米德也要继续推进某些领域中的西化过程了。军队继续采用欧洲的武器和技术，更多地接受德国顾问的指导。此外，铁路，

奥斯曼素丹阿卜杜勒·哈米德

包括著名的连接柏林和巴格达的铁路线，还有电报系统，在主要的人口居住中心之间建立起来。西方式的教育机构发展起来，法律改革也在继续。

1908年的一次几乎不流血的政变突然结束了阿卜杜勒·哈米德的专制。1889年，反对阿卜杜勒·哈米德独裁统治的流亡海外的土耳其知识分子和政治鼓动家在巴黎建立了"奥斯曼统一与进步协会"。这个协会的成员声称是忠实于奥斯曼政权的青年土耳其党，决心恢复1876年宪法并在帝国内部重新开始深入的改革。青年土耳其党运作的秘密使出版机构散发了谴责这个政权并提出推进现代化进而拯救这个帝国的未来步骤的小册子。他们进行了一些暗杀活动和政变的尝试，但是直到1908年，所有这一切都因为西化人士内部的分歧和警察的反制而变得毫无结果。

军队内部对1908年政变的同情主要是由于它的成功。可能更重要的是，只有一小撮人愿意为了保护这个政权而献身。虽然权力落入一群官员的手中，但这些人恢复了宪法和言论自由，并且许诺推行教育、行政，甚至提高妇女地位方面的改革。苏丹作为象征性的政治领袖和伊斯兰最高宗教领袖被保留下来。

不幸的是，这些官员不久就陷于派系斗争之中，到第一次世界大战之前的有限的时间大部分消耗在这种斗争之中。此外，这些人的权力地位因为他们在巴尔干新一轮的战争和与意大利为争夺利比亚的冲突中的失败而发生了动摇。利比亚是奥斯曼帝国在北非的最后一块土地。不过，和先前的苏丹一样，青年土耳其党的官员们通过取得最后的军事胜利和唆使欧洲列强相互为敌而避免了自己的垮台。

虽然很难推测如果没有第一次世界大战的爆发青年土耳其党人会怎样，但他们没有能够解决一些关键性的问题，这为他们的未来带来了阴影。他们推翻了苏丹，但是他们自己不能放弃由土耳其人统治了6000多年的这个帝国。受他们保存剩余下来的帝国这一决定影响最大的，是肥沃新月地带的阿拉伯人以及仍然处于奥斯曼控制之下的沿海地区的阿拉伯人。贝鲁特和大马士革的阿拉伯领袖们最初支持了1908年的政变，因为他们相信这场政变会结束他们长期遭受土耳其人控制的历史。但让他们失望的是，阿拉伯人发现青年土耳其党人不仅要继续他们的从属关系，而且要把国家控制强化到后期的奥斯曼苏丹都不能想象的程度。青年土耳其党联盟领导者和奥斯曼帝国境内的阿拉伯部分反抗者之间的争吵在1914年8月被突然打断了。

青年土耳其党使这个帝国卷入了这场因欧洲战争引起的全球冲突中，这再次

表现出了他们的不智。土耳其于1914年10月站在德国一边参加到第一次世界大战中，几年以后的战败，使奥斯曼帝国寿终正寝。这些转折还使一位领袖人物，穆斯塔法·凯末尔，或者称为阿塔蒂尔克崛起。这个人能够团聚起他的人民，完成在战败的废墟上建立起现代民族国家的艰巨任务。

西方对阿拉伯的入侵

到19世纪初，肥沃新月地带、埃及、阿拉伯半岛沿海地区和北非的阿拉伯人民已经在奥斯曼土耳其的统治下生活了几个世纪。虽然绝大多数阿拉伯人痛恨土耳其的控制，但他们还能把奥斯曼看做是能够捍卫信仰和保护伊斯兰教文化的穆斯林兄弟。然而，奥斯曼保护伊斯兰腹地能力的持续丧失使他们面临着遭受侵略成性的欧洲列强征服的危险。欧洲人对地处外缘但是高度发展了的伊斯兰国家，从印度尼西亚群岛到印度，再到北非的阿尔及利亚的占领在中东伊斯兰信仰的腹地激起了一种危机感。穆斯林已经成了最强大的基督教竞争者的囊中之物。伊斯兰世界在从科学探索到永久性建筑的种种人类活动领域中作为先进文明的地位已经被西方取代了。大量穆斯林群体被迫生活在异教的欧洲主人的统治下，其余的也处在被欧洲人征服的威胁中。

（一）穆罕默德·阿里和西方化在埃及的失败

拿破仑1798年对埃及的侵略虽然没有能在伊斯兰腹地建立起欧洲人的永久性统治，但还是在仍然保持独立的伊斯兰世界引起了轩然大波。特别值得注意的是，拿破仑发动这场征服战争的动机和在中东建立帝国的设想本身毫无关系，他把对埃及的战争看做摧毁英国在印度势力的前奏，法国先前在帝国争夺的战争中在那里遭到过失败。无论拿破仑的设想如何，他的军队最终跨过了英国在地中海设置的障碍，在1798年7月于埃及登陆了。接下来是一场现代历史上力量对比最不平衡的军事冲突。当拿破仑的军队向内陆推进的时候，他们遭遇到了上万名决心保卫当时作为奥斯曼苏丹的附庸统治，埃及马穆鲁克政权的骑兵的抵抗。马穆鲁克最初是穆斯林主人的一些奴隶，在几个世纪之前就崛起为军事指挥者并且掌握了权力。拿破仑到来时担当埃及马穆鲁克家族联盟首领的穆拉德把入侵者看做很快就会被他驱逐出去的蠢人。

穆拉德对这位年轻的法国军事指挥家的轻蔑表明他全然忽略了欧洲所发生的

埃及马穆鲁克家族联盟首领穆拉德像

事情，而这正是当时伊斯兰世界的典型。这种忽略导致了一系列的惨败，其中最著名的一次就发生在古代埃及法老的金字塔下边。在那场短暂而血腥的战役中，法国军团训练有素的火器部队使戴着中世纪的铠甲挥舞长矛来与拿破仑的大炮对抗的马穆鲁克骑兵一败涂地。

因为马穆鲁克长期以来被看做伊斯兰世界最勇敢的战士，他们的溃败带来了极大的震动。它显示出：即使是穆斯林的腹地对于欧洲人的入侵来说也是脆弱不堪的，穆斯林在战争实力方面已经远远落在了欧洲人的后面。具有讽刺意味的是，对埃及的成功侵略并未给拿破仑的法国带来任何好处。英国人追上了法国的舰队

并且在1798年8月的阿布吉尔湾战役中将之大部分击沉了。在补给线被切断之后，拿破仑被迫放弃他的军队逃回巴黎，当时他在巴黎的敌人正要利用他在埃及的挫折结束他在权力道路上的攀升。这样，埃及得以暂时免于欧洲的征服。但是这种缓解对于有思想的穆斯林来说并不是什么安慰，因为是英国人而不是埃及的穆斯林保卫者使法国人退了回去。

在法国入侵和最终于1801年撤退之后的混乱中，一个原是阿尔巴尼亚人的年轻官员，穆罕默德·阿里涌现出来，成为埃及的实际统治者。这位对法国军队的武器和纪律印象深刻的阿尔巴尼亚新贵把全部精力和处在他统治下的这块土地的资源用来建立一支现代的欧洲式的军队。他在埃及农民中推行西方式的军人招募制度，雇用法国军官来训练他的部队，进口西方武器，采用西方的战术和组织与补给模式。几年之间，他就组建起了中东最有实力的军事力量。利用这支力量，他成功地入侵叙利亚，建立起一支曾经几次威胁伊斯坦布尔的现代舰队，向他的名义上的共主奥斯曼苏丹耀武扬威。

虽然穆罕默德·阿里追随西方先例所进行的改革并不只限于军事范围，但在根本改变埃及社会方面却远为不足。为了支撑他的经济基础，他命令埃及农民增加工业化为主的欧洲所需求的棉花、大麻、靛青等农作物的产量。他在改善埃及港口设施与灌溉工程方面的努力获得了一些成功，使财政略有增加，可以补充对仍在继续的军事现代化的支持。改革教育的计划是野心勃勃的，但是成效甚微，为建立埃及工业形成了许多方案，但是都在欧洲列强的反对和与西方产品的竞争面前遭受了挫折。

为了巩固自己原来的社会基础，穆罕默德·阿里知道自己没有别的选择，只能与乡村的土地所有者阿彦结成同盟来实现对农民的控制。他尽量把非官方的在农民中代收赋税的中介人清除掉，并且宣称所有

穆罕默德·阿里像

土地都归国家所有。但是，尽管有这些措施，在几十年后，一个等级化的地主阶级还是在乡村确立了起来。他为了支付军事建设和应对外国人的纠缠而强行收取农民产品的做法使已经艰难困苦的乡村人口更加贫困。

穆罕默德·阿里改革的局限最终使他扩大领土的计划不能实现，并使埃及成为欧洲列强入侵的对象。1848年，他怀着对欧洲反对他控制奥斯曼苏丹的怨恨，及对自己的帝国未来的担忧，与世长辞了。穆罕默德·阿里的继承者们没有和他一样的野心和能力，安于固守埃及和沿尼罗河上游向南延伸的苏丹地区的土地。穆罕默德的后人与早先来到埃及代表奥斯曼苏丹实行统治的土耳其家族通婚，在1867年以后出现了一些被叫做赫迪夫的统治者。直到1952年纳赛尔发动军事政变掌握政权之前，赫迪夫一直是埃及的正式统治者。

（二）破产、欧洲干涉和抵抗的战略

穆罕默德·阿里的继承人把他的改革和强化埃及社会的成果搞得一塌糊涂。随着棉花产量的提高和地主阶级变得富有起来，大多数农民陷于贫困之中。这种变化从长远角度看带来的后果非常严重。牺牲粮食作物和其他品种作物生产而实现的棉花生产的扩大，使埃及依赖于单一产品的出口。这意味着埃及的经济极易受到作为主要出口对象的欧洲市场的需求和价格波动的冲击。一些进步的教育改革得到推行，但是主要发生在用法语教学的精英学校中。这样，改革的进展大受局限，根本不能通过提高政府效率或者刺激公共工程以及改善健康保障来使广大人民得到实惠。

赫迪夫不顾阿彦们的反对而搜刮来的绝大多数财政收入都被与宫廷关系密切的最无所事事的精英们在奢侈的娱乐生活中浪费掉了。其余的部分则消耗在毫无结果的试图对尼罗河上游的苏丹人民行使主权的军事行动中。赫迪夫维持财政平衡能力的欠缺在19世纪中叶使他们对欧洲贷款者债台高筑。后者把钱借给赫迪夫和土耳其精英阶层的成员，目的是继续获得埃及的廉价棉花。到19世纪50年代，他们又有了第二个动机，就是在将来可以获利的穿通苏伊士地峡开凿一条把地中海和红海连接起来的运河计划中占有一个份额。1869年竣工的苏伊士运河把埃及变成了地球上最重要的战略地区。这条运河很快就成了欧洲列强与他们在亚洲和非洲东部的殖民帝国进行商业和军事联系的主要通道。对苏伊士运河控制权的争夺在20世纪前半期是列强和平竞争和在战争时期采取军事行动的主要目标。

鉴于赫迪夫的政权及其名义上的共主奥斯曼苏丹的无能，穆斯林知识分子

和政治活动家展开了关于如何挫败欧洲日益增长的威胁的讨论。在19世纪中叶，埃及，尤其是开罗古老的阿勒—爱资哈尔穆斯林大学成了来自整个伊斯兰世界的思想家们集会的地方。一些重要的伊斯兰学者号召进行圣战以从穆斯林的土地上把异教徒驱逐出去。他们还坚持说，只有回复到他们认为曾存在于穆罕默德的黄金时代的那种宗教礼仪和社会互动关系模式中去，伊斯兰世界才可能获得拯救。

其他的思想家，例如阿勒—阿富汗尼（1839—1897年）以及他的弟子穆罕默德·阿卜杜（1849—1905年）则强调穆斯林要向西方学习科学知识和技术，并且要复活穆斯林以前的创新能力。他们说，伊斯兰文明曾经在科学和数学方面教会了欧洲人许多东西，包括印度的数字这样关键性的东西。所以，穆斯林学习欧洲人从在伊斯兰世界借鉴去的东西基础上达到的进步是合情合理的。主张这种观点的人还强调，在伊斯兰历史上，进行理性的追求是一个重要的传统。他们强烈反对宗教学者把《古兰经》看做所有真理的来源因而应该逐字理解的观点。

虽然宗教复古主义者和强调输入西方事物的人可以在穆斯林如何面对日益强盛的西方威胁这一点上达成统一，但他们并不能在如何复兴伊斯兰的方法上协调起来。他们之间的分歧，以及他们注入伊斯兰应对西方挑战的努力中的不确定性，直到今天还是伊斯兰世界的主要问题。

赫迪夫政权巨大的债务和运河的战略地位使欧洲列强，尤其是英国和法国，愈来愈关注埃及的稳定与开放程度。法国和英国的银行家，他们已经收买了赫迪夫的大批运河股权，在赫迪夫不能偿还债务的情况下敦促他们的政府进行军事干涉。同时，法国和英国的外交家们就他们各自在埃及应该拥有多大的影响力而争执不休。

在19世纪80年代初期，一位名叫艾哈迈德·乌拉比的深孚众望的年轻埃及官员的支持者发动了一次对外国势力影响的重要挑战。艾哈迈德·乌拉比是埃及南方一个小农家庭的儿子，他曾经在《古兰经》学校学习，并且在主张改革的阿勒—爱资哈尔大学的穆罕默德·阿卜杜的指导下学习。虽然他是一个土著的埃及人，但是乌拉比在赫迪夫的军队中被提升起来，他对军官队伍被与赫迪夫政权有密切关系的土耳其人控制的情况持愈来愈强烈的批评态度。1882年夏天，赫迪夫为了节省钱财而裁减埃及军团并解雇埃及军官的做法刺激乌拉比领导了一次反叛。在亚历山大城中发生的暴乱和埃及军队的哗变迫使惊慌失措的赫迪夫向英国求救。在对乌拉比的部队驻守的沿海要塞进行轰炸以后，英国远征军在埃及登陆并粉碎了乌拉比的叛乱，使赫迪夫的地位保持了下来。此后，英国官员控制了埃及的财政和外交。英国的军队保障他们的指令得到埃及官员的执行。欧洲人对伊斯兰腹地的直接控制已经开始了。

（三）苏丹的马赫迪反叛

随着埃及落入英国的控制下，入侵者陷入了席卷南部苏丹地区的动乱和冲突之中。英国在19世纪20年代开始的对苏丹的征服和统治遭到了猛烈的抵抗，这些抵抗力量是由在尼罗河东、西面的干旱大平原上放牧骆驼和牛的游牧者领导的。相比之下，在河边狭窄的肥沃土地上耕作的定居者更容易被控制。埃及人的权威如果存在，就集中在这些地区以及河边的城镇中，如喀土穆就是埃及人的行政管理中心。

即使是在沿河地区，埃及人的统治也受到仇视。埃及人的政权极为腐败，其强加在农民身上的赋税沉重不堪。这些明显的外来者对某些苏丹部落显示出来的优惠使其他部落更为疏远了。此外，苏丹北部的几乎所有穆斯林地区都因为埃及人试图在19世纪70年代废除奴隶贸易而感到愤怒。这种贸易长期以来就是尼罗河边城镇中的商人和游牧者的一个巨大的财源，后者通过攻击南方的卡丁人等非穆斯林人民来捕捉奴隶。

到19世纪70年代后期，埃及人的压制和英国人的干涉已经激起了深刻的仇恨和敌意。但是，当时还需要有一个能够把这个地区差异较大且四分五裂的人民统一起来，并提出一种观念以构成反叛的目标与意义的领袖。穆罕默德·艾哈迈德就是这样的一个领袖。他是一位船只建造者的儿子，而且还曾经受到过当地一位苏菲派兄弟会首领的教育。他的家庭声称是穆罕默德的后代，而且他的一些身体特征——牙上有裂缝，右腮上有痣——被当地人看做是属于神谕传播者"马赫迪"的，这些都提高了他的声望。他在离开苏菲派大师并建立起他自己的宗派后开始形成的观点，也显示出了一种值得注目的前景。埃及人试图逮捕穆罕默德·艾哈迈德并把他投入监狱，但

穆罕默德·艾哈迈德像

是他神奇般地逃脱了，这很快使他被广泛地接受为由神意指定的反对外国入侵者的领袖。

穆罕默德·艾哈迈德后来被他的追随者称为马赫迪，他所领导的反对埃及异端和英国异教徒的圣战只是自18世纪以来席卷撒哈拉沙漠以南非洲的多次这类运动中的一次。它代表着穆斯林对他们所认为的伊斯兰教在非洲的瓦解和日益增强的欧洲威胁的最极端和暴力化的反应。穆罕默德·艾哈迈德许诺将要净化伊斯兰教，清除他认为是在过去的几个世纪中积淀起来的迷信和低劣的做法，从而恢复他所说的原初的、纯净的信仰。他率领他的追随者对他认为代表着腐败的伊斯兰教的埃及人和作为异教徒的欧洲人展开了猛烈的进攻。在一个时期，他的继承者曾经梦想着要压过奥斯曼苏丹并且对欧洲本身发动入侵。

马赫迪运用游击战术的纯熟以及他的追随者对他的好运气和神奇魅力的信心使他的军队在与埃及的战斗中取得了多次令人震惊的胜利。在几年之间，马赫迪的军队控制了大致相当于今天的苏丹国家这样一个地区。在他的顶峰时期，马赫迪因为得了斑疹伤寒而死去了。和许多在先知领袖死去后迅速崩溃的同类运动不同，马赫迪的追随者为穆罕默德·艾哈迈德找到了一位才能卓著的继承者。这就是哈里法·阿卜杜拉希，马赫迪的一位最有能力的指挥官。在阿卜杜拉希的领导下，马赫迪派建起了一个强大的扩张性的国家。他们还尽力建立起一个控制严密的社会，在这个社会中，吸烟、跳舞和酗酒要被禁止，偷盗、娼妓和通奸要受到严厉的惩罚。伊斯兰教的礼仪被严格地奉行。此外，绝大多数外国人被监禁或者驱逐出境，对奴隶制的禁令也被解除了。

在接近10年的时间中，马赫迪派的军队对周边的所有国家都进行了攻击或者威胁，其中包括北边的埃及。但是在1896年秋天，英国著名的将军基奇纳奉命率领一支远征军去结束这个对欧洲人在非洲的主导地位的最大威胁。马赫迪派的长矛和有魔力的长袍显然不能和基奇纳军队的机关枪和大炮对抗。在1898年的恩图曼战役中，成千的马赫迪骑兵被屠杀。不到一年，马赫迪派的国家就垮台了，英国的势力再度向非洲的内部推进了。

（四）处于危险中的伊斯兰教

19世纪是伊斯兰世界人民遭遇到几次严重挫折的时代。在他们传统的欧洲对手的围困和打击下，伊斯兰的领袖们成了欧洲霸主的傀儡，或者使自己的土地沦陷于殖民统治之下。多种多样的抵抗，从奥斯曼苏丹所走的改革道路到诸如穆罕默德·艾哈迈德领导的宗教性的反叛，延缓了但是却没有能够阻止欧洲人的推进。欧洲的产品和需求稳步地破坏了伊斯兰大地上的经济结构，并且使社会关系更为紧张。信仰基督教的欧洲人的令人震惊的军事和经济成功动摇了穆斯林关于自己持有真正的信仰的说法。到这个世纪末期，事情已经很清楚，无论是号召回到没有西方影响的纯粹伊斯兰教的宗教复古主义，还是主张一定程度地借鉴西方是图存的必要条件的改革派，都不能提出有效的对待工业化的欧洲造成强大挑战的方案。既不能做出适当的反应，又陷于深深的内部分裂之中，伊斯兰社会对于前途上的危险愈来愈感到焦虑。伊斯兰文明并没有被打败。但是它的继续生存显然受到了已经成了世界霸主的强大邻居的威胁。

中国禁烟运动

中国是世界文明发达最早的国家之一。中国人民在漫长的岁月里，以杰出的聪明才智，创造了光辉灿烂的古代文明，并长期领先于世界，为人类社会的发展作出了巨大的贡献。但当历史迈进19世纪的时候，西方资本主义以惊人的速度发展着，整个世界形势正在经历着激烈的变化。在新的世界潮流面前，中国开始落伍了。清王朝是我国封建社会的最后一个朝代，它经历"康乾盛世"之后，早已由盛而衰，危机四伏，此时已远远落在英国等西方资本主义国家之后，成为他们猎取的目标。

鸦片战争前，清王朝已走上衰败道路，政治黑暗、吏治腐败、军备空虚、科技落后。满洲贵族统治者掌握着国家主要权力，他们用"文字狱"和"愚民政策"禁锢人民。各级官吏贪污成风，贿赂公行，冤狱遍地。在各级衙门中，蠹吏侵占巨币、勒索私费、是司空见惯的事。道光年间，弊政丛生，贪污成灾，"九卿无一人陈时事之得失，司道无一折之言地方之利病，相率缄默"已成风气。嘉庆初年，权臣大学士和珅被抄家时，家产折合白银8亿多两，相当于清廷20余年的总收入。时人所谓"和珅跌倒，嘉庆吃饱"，正是对官吏贪赃枉法的一种反映。道光时期，军备腐败尤为触目惊心。清王朝虽然拥有22万旗兵和66万绿营兵，但早已腐败不堪，失去了战斗力。军官或不懂军事、或不理营务，却都是克粮冒饷，贪污肥私的能手。兵卒从不操练，甚至出现骑兵没有马，水兵不习水，武器生锈，炮台不堪一击的腐败局面。就连守卫京师的八旗兵，也"三五成群，手提鸟笼雀架，终日闲游，甚或相聚赌博。"在经济上，大贵族、大官僚利用他们的政治、经济特权，

大肆兼并土地。乾隆十三年(1758年),湖南巡抚杨锡发说:"近日田之归于富户者大约十之五六;旧时有田之人,今俱为佃耕之户。"随着土地的大量兼并,农民生活日渐恶化,即使在好的年成,能"暖不号寒,丰不啼饥"勉强度日的十家之中亦无二家。因此,农民的反抗斗争不断高涨。北方的白莲教,南方的天地会,都陆续发动起义。其中1796年到1802年爆发的楚川陕3省的白莲教起义,转战于湖北、四川、河南、陕西、甘肃等省,绵延达10年之久。1814年,河北、河南、山东3省爆发了天理教起义。林清率领北京郊区的农民起义军曾一度攻入北京清皇宫,在隆武门一带与清军展开激战。嘉庆皇帝惊呼这是"汉、唐、宋、元、明以来未有之祸"。这些农民起义给封建统治者以沉重打击。

与清王朝日趋衰落呈鲜明对照的是西方资本主义国家的迅速发展。英国在17世纪中期完成了资产阶级革命,18世纪后期又开展了工业革命,19世纪初,各主要工业部门相继采用机器生产,极大地提高了生产力,成为世界资本主义的头号强国。在法国,爆发于18世纪末的资产阶级革命为资本主义发展开辟了道路,促进了产业革命的开展,使法国成为仅次于英国的资本主义国家。建国较晚的美国,在19世纪初其经济发展也迅速加快,为了大力发展资本主义,它步英、法后尘,向海外扩张。位于中国北部的沙俄,是一个欧洲封建帝国,本不与中国接壤,但经过100多年的领土扩张逐渐与中国相毗邻,地理上的便利为它对中国进行经济掠夺提供了方便条件。

18世纪下半叶到19世纪初期,英国依靠强大的资本主义经济实力,建立起世界霸权。中国是英国窥测已久的侵略目标。从18世纪末期起,英国多次用外交讹诈和武装侵略的方式向中国提出开埠通商和割让舟山等岛屿的无理要求。1793年和1816年英政府曾分别派马戛尔尼、阿美士德来华进行外交讹诈,但均遭到拒绝。然而,英国侵略者并不死心,决心付诸武力。1827年,鸦片贩子马地臣在《广州记事报》上公开煽动武装侵华。1836年,英国政府代表、驻华商务监督义律扬言,要用武力对付中国。同年,英国资本家在伦敦成立了"印度和中国协会",成为英国侵华的重要参谋部。然而,面对西方资本主义咄咄逼人的态势,中国的统治者仍陶醉在天朝上国的迷梦中,对外则固守闭关自守的政策。

(一) 中英贸易与鸦片走私

鸦片战争前,清政府在对外关系中实行闭关政策。闭关政策,是封建政府推行的一种封建专制主义的对外政策。清朝自建国以来就沿袭此项政策。其主要内容有三：①将对外贸易城市限制于广州一口；②设立公行，规定外国商人销售和购买土货通过特许的"行商"（"广州十三行"）之手，并由公行负责管理外商，经营进出口贸易和办理交涉事宜，不许外国商人与中国百姓或官吏随便接触。公行长期成为垄断对外贸易事务的半官方组织。在对外贸易中，严格限制中国粮食、铁器、硫黄、丝茶和书籍等货物出品；③颁布《防范夷人章程》等条款，规定外商不许带运枪炮、鸦片，不许在广州过冬，不许外商携"蕃妇"入城等。这种闭关政策是自给自足的自然经济的产物。在封建自然经济占统治地位的中国社会中，商品市场和商品交换还没有充分发展起来，封建统治者自然没有保护和发展对外贸易的愿望和要求。早在乾隆五十八年（1793年），英国使臣入京要求通商特权时，乾隆谕称："天朝物产丰盈，无所不有，原不借外夷货物以通有无，特因天朝所产茶叶、瓷器、丝巾为西洋各国必需之物，是以加恩体恤，在澳门开设洋行，俾得日用有资，并沾余润。"同时，闭关政策也是对付西方资本主义侵略的简单手段。它严格限制来华外国人的活动，防范外国人与中国人接触。"实行这种政策更主要的原因，是它害怕外国人会支持很多的中国人在被鞑靼人征服以后大约最初半个世纪里所抱的不满情绪。"可见，闭关政策的核心主要是为了对国内实行专制主义的统治。

清政府长期实行闭关政策，不仅没有有效地抵制西方资本主义的侵

乾隆皇帝像

世界文明简史一本通

略,而且使中国更加落后于西方列强。第一,闭关政策限制了中外正常贸易的发展,严重阻碍了中国资本主义萌芽的成长。清政府严格规定"船只出洋,十船编为一甲,取具连环保结。一船为非,余船并坐";不许制造大海船,海船只许用双桅,梁头不得超过一丈八尺,载重不得超过五百石,船员不得超过28人。此外,还对出海商人、华侨进行打击和迫害,规定"从前逗留外洋及违禁逾往之人,不得回籍"。这些规定把中国的海外贸易和造船业、航海业限制在世界最低的水平,失去曾拥有的领先地位。第二,闭关政策使中国与世隔绝,闭目塞听,对世界资本主义的发展趋势和进步的科学文化茫然不知,严重阻碍了中国科学文化事业的发展。第三,闭关政策的实行,形成了一股虚骄保守、顽固守旧、拒绝进步的顽固势力。在西方资本主义东侵的险恶环境下,清朝统治者依然故我,麻木不仁,沉溺在"天朝上国,万邦来朝"的梦呓中。

中外经济交流历史悠久,即使在清政府实行闭关政策时期,中外贸易并未停止,其中中英贸易占第一位。从18世纪后期开始,英国的毛织品、金属制品、钟表、玻璃等商品迅速地涌入中国;中国的茶叶、生丝、土布和药材出口更是成倍地增长。同时美国与法国对华贸易也有所发展,美国是中国土布的最大市场,每年有几百万匹的土布被贩运到美国。在中外贸易中,中国始终处于有利的出超地位。以1800年为例,英国输进中国的货物价值约为100万英镑,而中国输入英国的货物总值则达600万镑。这主要因为,不论是英国的毛织品,金属制品,还是美国的西洋参,皮毛、檀香木等,在中国市场上几乎都是滞销品。中国的小农业和家庭手工业紧密结合的自然经济,对西方资本主义商品具有顽强的抵抗力。在中国市场上,英国的毛呢敌不过中国精美华丽的丝茶和土布,英国为平衡贸易逆差每年不得不支付大约100万~400万两现银,中国成为传统的白银内流国家。因此,英国在策划战争、进行殖民侵略的同时,还采用了鸦片走私手段来打开中国市场大门。

鸦片,又叫阿芙蓉,俗名大烟。它由罂粟果内乳汁经提炼而成,为棕色至黑色的干膏状块。它含有大量的麻醉毒素,吸食极易上瘾,且难以戒绝,吸食后逐渐使人精神萎靡,丧失劳动能力。明朝末年,西班牙和荷兰殖民者从南洋将吸食方法传入中国,吸食的人逐渐增加。英国则后来居上,1588年,英国战胜西班牙后,取得了"海上霸王"的称号,随即向东方扩张掠夺。1600年,英国在印度成立了便于殖民者集中力量进行殖民贸易的垄断公司——东印度公司。1773年,英属印度政府给予东印度公司鸦片专卖权。1797年,又授以制造鸦片的特权。

东印度公司自己并不直接对华走私鸦片,而是将鸦片在印度市场公开拍卖,由那些散商向中国走私鸦片。同时,美国、法国、俄国的鸦片贩子也参与走私。自1800年起,鸦片开始大量输入中国。外国鸦片贩子贿赂清朝官吏,勾结中国烟贩,并利用"长龙"和"快蟹"等特制快艇进行武装走私,加速了鸦片对华的输入。鸦片输入量年年递增,据不完全统计,1820—1824年每年平均为1 889箱;1830—1834年每年平均20 331箱,1838—1839年则增加到了平均每年40 200箱。

清政府鉴于鸦片的危害,早在雍正年间就曾下令禁止进口。其后,嘉庆、道光两朝又反复重申禁令。嘉庆元年(1796年),清政府下令停征鸦片税,严禁鸦片进口。鸦片贸易完全是非法的,数量庞大的鸦片是通过走私进口的。

鸦片的大量走私,给英美商人带来极大的利益。英印政府按鸦片成本的30%以上的税率抽税,每年收入的税额占财政总收入的10%左右。由于鸦片这一特殊商品的介入,中英贸易发生了根本性的逆转,英国由原先的入超转为出超,白银源源不断地流向英国。1837—1838年间,广州从英国进口的货物中,仅鸦片一项就达337万英镑,抵消当年中国对英进口总额314万英镑还有余。难怪英国的孟买商会这样说:"输出鸦片对于商务是有重大利益的,这就是把那个人口最多、资源最富的帝国的财富吸收出来。"据统计,1840年前的10年,西方列强从中国共掠夺26 000多万银元的财富,相当于清政府1年财政收入的8倍多。英国资产阶级用肮脏的鸦片贸易打开了中国市场,同时又发展了印度市场。英国在印度大量销售工业品以购买鸦片,然后用鸦片在中国换取他们所需要的丝、茶等物,在英—印—中三角贸易关系中,英国利用鸦片走私获得了双重利益。正如马克思所说:"英国政府在印度的财政,实际上不仅依靠对中国的鸦片贸易,而且还要依靠这种贸易的不合法性质。"

鸦片大量流入中国,成为败坏人们品格,腐蚀人们思想,扼杀人命的毒品,并形成日益严重的社会问题,它严重摧残了中国人的身体、智力和意志,破坏了中国社会的生产力。1829年,鸦片吸食者已经遍布全国十几个省。1835年前后,吸食鸦片的人数约200万人,上至官府缙绅,下至僧尼、道士,随处吸食。烟馆林立于通都大邑、城乡市镇。宫廷内部王公大臣,八旗绿营都有吸食者,清朝的统治机构更加腐败不堪。同时鸦片走私使清政府的财政日益陷入困境,白银大量外流,银贵钱贱的现象十分严重。据统计,仅广州一处,外流白银就达897万两。1794年一两白银折合铜钱1000文,到1838年则需1600至1700文。同期农产品的价格却没有变动,而农民出售农产品只能换回制钱,缴纳赋税却需折合成银

两。这造成了经济生活的动荡和恐慌,劳动人民直接蒙受危害。鸦片泛滥已造成了深刻的民族灾难,禁烟也成为当时普遍关注的重要问题。

(二)禁烟运动

鸦片的大量输入,加深了清王朝统治的危机,清廷内部关于鸦片问题的争论也日益尖锐起来。1836年,太常寺少卿许乃济奏请取消鸦片输入的禁令,准许公开买卖鸦片,主张鸦片贸易公开化。这个主张代表了一部分广东地方官吏和士绅的利益,也反映了鸦片走私贩子的愿望。1838年,鸿胪寺卿黄爵滋上书道光皇帝,痛切提出鸦片的危害,主张用"重治吸食"的方法,抵制鸦片的输入。他提出,吸食者必须在一定期限内戒绝,逾期不戒者处以极刑,并要求邻里间要"互结",举发者给奖,包庇者治罪。他同时指出,历来禁烟无效的根本原因是官吏的贪赃枉法,所以对官吏包庇走私、参与走私者要予以严惩,并不准子孙参加科举考试。这一奏折在清政府内引起了强烈的反响,是对弛禁派的坚决反击。

道光皇帝令盛京、吉林、黑龙江将军和各省督抚对黄爵滋的建议"各抒己见,

道光皇帝像

妥议章程，迅速具奏。"在收到的29份遵旨议复的奏折中，大多数主张严禁鸦片，但在如何禁烟上存有分歧。湖广总督林则徐对黄氏的建议大加赞许，他认为鸦片"断非常法之能防"，如不施以重刑，则无法阻止其泛滥。在奏折中指陈鸦片的巨大危害，警告道光皇帝："若犹泄泄视之，是使数十年后，中原几无可以御敌之兵，且无可以充饷之银。"与林则徐一样主张严禁的并不多，仅有8位督抚，大多数督抚主张弛禁，反对"重治吸食"，如直隶总督琦善声称严禁会导致"讼狱繁兴，民气日浇，与明刑弼教之原，不无抵牾。"

但是道光皇帝已感到鸦片输入所造成的军队瓦解、财源枯竭的严重威胁，尤其为林则徐奏稿之言所动，命林则徐进京陛见。同时，下令各省认真查禁鸦片，并将弛禁论鼓吹者许乃济降级处分。1838年12月，道光皇帝先后8次召见林则徐，并任命他为钦差大臣，节制广东水师，前往广东查禁鸦片。这标志着禁烟派暂时获得了胜利。

林则徐(1785—1850年)，字元抚，又字少穆，福建侯官(今福州市)人。1811年中进士，后任职翰林院，从1821年起，先后在浙江、江苏、陕西、湖北、河南等省任官，他为官清廉，提倡经世致用，采取了一系列"兴利除弊"的改革措施。1838年7月，他遵旨筹议《严禁鸦片章程》六条，在湖广积极实行禁烟措施，设立禁烟局，配制断烟药丸，收缴烟土、烟具，使不少吸食者开始戒烟，禁烟成效显著。

1839年3月，林则徐到达广州后，他立即与两广总督邓廷桢加紧整顿海防，惩治鸦片走私，查禁受贿官弁，严拿烟贩。3月18日，林则徐谕令外国烟贩交出全部鸦片，并出具甘结，声明："嗣后来船永不敢夹带鸦片，如有带来，一经查出，货尽没官，人即正法，情甘服罪。"并限3天内回复。他对禁烟表现出极大的决心："若鸦片一日未绝，本大臣一日不回，誓与此事相始终，断无中止之理。"在广州人民的支持下，禁烟运动迅速高涨起来。

英国驻华商务监督查理·义律蓄意抵制和破坏正义的禁烟运动。他一面下令让趸船逃离广州，一面抗议广州设防，还命令英舰做战争准备。3月24日，义律从澳门潜入广州洋馆，企图庇护鸦片贩子颠地逃跑，阻止洋商交出鸦片。广州人民闻讯极为气愤，立即包围洋馆。林则徐按"抗命封船"的惯例，下令撤走洋馆中的中国雇员，派兵严守洋馆，断绝洋馆与趸船及外界的联系。义律看到阻挠缴烟无法实现，便于3月27日命令英商交烟，由他以英国代表的名义交给中国，保证烟价由英国政府赔偿，这样就把中国政府禁止贩毒、处分鸦片贩子的问题变

成了中英两国政府之间的争端，为英国发动战争制造借口。同时，义律还劝告美国商人交烟，并声明烟价同样由英国政府付给，以争取美国共同侵华。

在林则徐等中国官员的坚决斗争下，英国鸦片贩子被迫交出鸦片2万余箱，美国烟贩也交出1500余箱，共23万余斤。6月3日至25日，林则徐在广东虎门率领广大军民将所缴获的鸦片全部当众销毁，冲入大海。虎门销烟的壮举，有力地打击了外国侵略者的气焰，维护了中华民族的尊严，极大地鼓舞了中国人民的斗志，在中国近代史上留下了光辉的一页。英国发动侵略战争

中国人民正义的禁烟运动沉重打击了英国资产阶级的鸦片侵略。如果停止鸦片的种植、制造和走私，将使英国无法掠夺中国的白银以换取中国的茶丝，也将严重影响到英国纺织品对印度的倾销，英国政府将因此丢掉巨额税收，鸦片贩子、茶丝商人和纺织资本家将丢掉大量财源。英国资产阶级及其政府不甘心放弃不义之财。于是，反对中国的禁烟，就成为他们策划已久的用战争保护鸦片贸易、打开中国大门的借口。

林则徐雕塑

1839年10月，英国政府召开内阁会议，讨论侵略中国的问题。外交大臣巴麦尊、陆军大臣麦考莱等人根据鸦片商人的要求做出"派遣一支舰队到中国海去"的决定。次年2月20日又任命乔治·懿律和查理·义律分别为侵华英军总司令、全权代表和全权副代表，并发布训令，指示行动计划。4月9日，英国议会正式通过对华作战的决议案。6月，懿律率领一支拥有舰船48艘，官兵4000人的"东方远征军"，从印度开到中国广东海面，并于28日封锁广东珠江口。第一次鸦片战争正式开始。

　　为抗击英国的侵略，林则徐在广东沿海积极备战。1840年2月，他接任两广总督后，在广东水师提督关天培的大力协助下，在虎门海口安置木排铁链，添设炮台炮位，购置西洋各国大炮二三百尊，排列于两岸，并督促水陆官兵认真操练。他看到人民群众反对鸦片侵略的情绪高涨，初步认识到"民心可用"，在广东渔民中招募5000名壮士编为水勇，日夜训练。

　　由于林则徐率领军民严阵以待，懿律无机可乘，便改变计划，北犯福建厦门，但也为闽浙总督邓廷桢率部击退。7月，北上攻陷浙江定海。8月闯入天津海口，向直隶总督琦善递交照会，提出赔款、割地、通商等侵略要求，在清王朝中引起极大的震动。道光帝开始动摇，他收到照会后，即令对驶入海口的英船不可开枪开炮；且命琦善赶到天津海口，同英军谈判。琦善公然向懿律保证要对林则徐"重治其罪"，并要求英军返回广东，"听候钦派大臣驰往广东，秉公查办，定能代申冤抑"。英国侵略者得到保证后，于9月15日回广东等候正式谈判。

　　1840年9月17日，道光帝任命琦善为钦差大臣，赴广东继续办理中英交涉。同时将林则徐、邓廷桢革职查办。11月底，琦善到达广州后，一反林则徐所为，立即惩办积极抗英的清军将领，拆除珠江口附近防备设施，遣散水勇、乡勇。1841年1月初，英军突然攻占虎门口外的大角、沙角两炮台，副将陈连升父子等英勇战死。之后，英军向中方提出照会要求将沙角辟为英国寄居之所。1841年1月11日，琦善复照予以拒绝，但表示可为代奏恳请另给寄居之处。21日，义律便私自发出公告，诡称与琦善订了所谓割让香港全岛，开放广州和赔款600万元为主要内容的《穿鼻草约》，又称"初步协定"，这是义律一手炮制的假协定。1841年1月26日英军悍然强占香港。次日，琦善与义律会谈时，明确表示不同意开放广州和割让香港，必须候奏听旨再作决定。义律坚持将香港全岛割给英国，会谈破裂。

　　上述情况传到北京后，道光帝大为震怒。他以代敌奏请为由将琦善革职问罪，

锁拿回京，并派其侄儿奕山为靖逆将军，户部尚书隆文、湖南提督杨芳为参赞大臣，调集1.7万人的兵力开赴广州前线。奕山尚未到达广州，义律即率兵进攻虎门炮台。水师提督关天培率领炮台守军英勇抵抗，但尚在广州的琦善拒绝添兵增援，关天培孤军奋战，最后四百多将士全部壮烈牺牲。虎门失陷后，英舰驶入省河，广州告急。奕山此刻正沿途吃喝玩乐。他到达广州后，在毫无准备的情况下，贸然向英军发动偷袭，结果是惨败而归。英军随后占领城郊的泥城、四方等炮台包围广州，并开炮轰击广州城。奕山面对英军的包围，乱作一团，并放弃了抵抗，在城墙上竖起了白旗。5月27日，他与英军签订了《广州和约》。和约规定：清军退离广州60里，奕山缴纳600万元的所谓"赎城费"，英军退至虎门。

对此英方并不满足，并改派璞鼎查取代义律。他到中国后，率英军北上，攻陷厦门。10月1日再次攻陷定海。定海总兵葛云飞、郑国鸿、王锡朋率兵英勇抵抗，并以身殉国，5000名将士全部壮烈牺牲。接着英军攻占镇海和宁波。道光帝为挽救浙江前线的败局，于10月18日命奕经为扬威将军，侍郎文蔚为参赞大臣率军前往浙江指挥军事。奕经在南下途中，不仅一路上尽情游山玩水，而且到了苏州便屯兵不前。直到1842年2月才达到绍兴。他为了邀功，贸然于3月10日分兵3路向宁波、镇海、定海进攻，结果大败而归。他退回杭州，从此不敢再战。

江南提督陈化成雕塑

1842年6月，英军进入长江，攻打吴淞炮台。江南提督陈化成坚守炮台，壮烈牺牲。吴淞炮台失陷后，英军沿长江西上。7月中旬攻陷镇江。8月初英国兵舰80多只闯入南京下关江面。道光皇帝急派盛京将军耆英和被革职的两江总督伊里布等人到南京与英侵略者进行谈判。至此，历时两年多的中英鸦片战争，以清朝的失败而告终。

中国在战争中惨败的原因主要在于：首先，清王朝长期闭关自守，以天朝上国自居，对外表现出盲目虚骄，对英国的战争威胁不做认真准备，除林则徐等少数人外大都漠然置之。如作为京师门户的天津，当时仅有800名兵弁驻守。山海关连一尊合用的大炮都没有。清政府的政治腐败是战争失败的根本原因。其次，清政府采取了妥协投降政策，使人民巨大的反侵略力量不能充分发挥出来。清政府不仅不敢动员人民参加战争，反而害怕所谓奸民乘机而起，并执行所谓"防民甚于防寇"的政策，阻挠中国人民自发的抵抗活动。再次，军事战略的失误是战争失败的直接原因。在战争期间，道光帝忽战忽和，举棋不定，前线统兵大员则昏庸无能，要么轻敌冒进，要么弃阵逃跑。最后，由于中国经济、技术的落后，导致军事装备低劣，军事技术落后。清军当时还停留在中世纪骑马射箭的水平上，对近代化的军事知识一所无知。英军则拥有开花炮和后膛枪等新式武器，而中国在吴淞口这样重要的炮台上的大炮还是300年前明朝铸造的。军备落后也是战争失败的重要原因。

中日甲午海战

公元1894年7月，中国和日本两国之间爆发了一场大规模的战争。按中国传统的干支纪年法，这一年是甲午年。所以，历史称这场战争为"中日甲午战争"。

黄海位于中国和朝鲜之间，是联系两国的重要通道。因此，黄海成了这次战争最主要的战场。这场海战也是自这里开始的。

在波涛汹涌的海面上，航行着四艘中国的舰船。"高升"号和"操江"号两条运兵船载着两千名陆军士兵，在"济远"号和"广乙"号两艘军舰的护卫下向朝鲜战场进发。

突然，十来艘日本舰船出现在海面上。它们一边朝这边冲过来，一边发射出密集的炮弹。其中有几发正好落在"广乙"号上。"广乙"号立即起了火，不得不撤离了战场。"济远"号的管带（舰长）方伯谦看到日军力量强大，就吓得双腿发软。这时候，几发炮弹落在了附近的水面，激起一层层波浪。

方伯谦趁机命令舵手："把船头调回，向天津撤退。"

水手们看见方伯谦这么做，都非常气愤。他们大声朝方伯谦喊："大人，不能跑！我们一逃，那两千多名陆军弟兄怎么办？"

然后，水手们瞄准日本旗舰（指挥舰）"吉野"号，连发几炮。随着"轰轰"几声巨响，"吉野"舰上也着了火。战士们都高兴地拍手叫好："打中喽！打中喽！"

"不许胡来！"方伯谦大声叫嚷，"谁敢违抗命令，小心脑袋！现在我们撤回

天津。"

战士们没有办法,只好又将上膛的炮弹取出来,"济远"号丢下那两艘运兵船,头也不回地逃跑了。

这样,"高升"号和"操江"号失去了保护,被敌人包围起来。"操江"号很快就被日舰劫持了。然后,日本军舰把炮火一齐对准了"高升"号。日本兵趾高气扬地站在船头,朝"高升"号叫喊:"你们快投降吧!不然就把船炸沉。""高升"号上的1000多名官兵觉得受了侮辱。一齐朝日本兵骂道:"别做梦啦!我们宁可淹死,也绝不投降。"

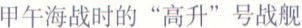

甲午海战时的"高升"号战舰

日军看见"高升"号上的官兵这么坚决,就放炮威胁。几发炮弹在"高升"号附近爆炸了,弹片和浪花一齐溅到清兵的身上和脸上。可是这1000多名官兵没有一个人惊慌,都拿起枪向日本兵还击。日本军舰见威胁没有成功,就一齐向"高升"号开火。密集的炮弹打穿了"高升"号,海水涌进了船舰。广大的官兵们眼看着船在下沉，可仍没有一个投降。最后，海水淹没"高升"号。1000多名官兵全都壮烈牺牲。

就在黄海上发生这悲壮的一幕时，北京城里也非常热闹。全城上下都在为慈禧的60岁生日忙碌着。自从圆明园被烧毁后，皇上太后臣子们就失去了一个享受的乐园。于是慈禧决定扩建颐和园。没有钱，慈禧就把用来扩建北洋海军的几亿两白银都给花了。

颐和园修好后，慈禧特意来察看。正当她玩得高兴的时候，李鸿章突然赶来报告说："北洋海军和日本人在黄海打起来了。"慈禧一听这个消息就急了。她倒不是为国家的安危着急，而是着急她的生日又因此过不好了。

李鸿章也很着急。北洋海军是他多年苦心经营才建成的。他担心一旦和日本海军交起火来，北洋海军会受到损失。这样，他也就没有能给自己撑腰的力量。因此李鸿章命令北洋海军，绝对不能和日本人开战。可事情并不像李鸿章想的那么简单，黄海大战终于爆发了。

在提督丁汝昌的带领下，北洋海军护送完运兵船后正返回中国。忽然水手报告说前面出现了一支舰队。丁汝昌急忙走上舰桥，举起远望镜朝远处看去。只见西南方向的烟雾里，果然有12艘军舰朝这边开来。再仔细一看，又发现这些军舰挂的都是美国星条旗。

丁汝昌有些奇怪，美国军舰来干什么呢？正在他犹豫的时候，12艘军舰已经快接近中国舰队了。再一看，这些军舰都降下星条旗，换上了日本的太阳旗，排好阵势猛扑过来。丁汝昌立刻明白自己上了当，连忙命令各军舰做好准备。

丁汝昌召集各舰管带（舰长）开会，关键的时刻，"致远"号管带邓世昌慷慨陈词："现在敌人就在我们眼前，逃跑根本没有出路。你不打他，他就打你，我们反倒更加被动。我宁可死在战斗中，也绝不愿靠逃跑活命。"

丁汝昌觉得邓世昌说得有理，便立即下令向日本军舰开火。随着一阵阵炮声，海面上顿时升起黑色的浓烟、红色的火光和白色的水柱。丁汝昌指挥旗舰"定远"号冲在最前面。

日本军舰看到"定远"号挂着帅旗，便把密集的炮弹一齐朝它打来。"定远"号的甲板和桅杆都被击中，帅旗也被打落了。丁汝昌站在舰桥上非常镇定。任凭炮弹从身边飞来飞去，他仍然从容地进行指挥。突然，又一颗炮弹飞来，正好落在了丁汝昌的身边。"轰"的一声巨响，舰桥被炸断了。丁汝昌一下子跌倒在甲板上。

邓世昌雕塑

管带刘步蟾见他摔成了重伤，立刻爬上摇摇晃晃的舰桥，代替了汝昌进行指挥。刘步蟾命令"济远"和"经远"两艘军舰向"致远"号靠拢，集中火力攻击日本最厉害的"吉野"号。

"济远"号接到命令后，不但不向"致远"号靠拢，相反却向外冲去。原来方伯谦又要逃跑了。官兵们非常生气，坚决反对逃跑，可方伯谦竟然下令："谁要反对，立刻杀头。"由于方伯谦的强迫，"济远"号慌忙逃跑，慌忙中竟撞伤了中国军舰"扬威"号。"扬威"号受伤后速度变慢，被日舰击沉了。

在邓世昌的率领下，"致远""经远"两舰向"吉野"号猛攻。这时候，日舰"西京"号突然闯过来阻拦。邓世昌命令"致远"号连发几炮，打折了"西京"号的舵机。

"西京"号狼狈逃跑后，六七艘日本军舰纷纷向"致远"号包围过来。邓世昌指挥"致远"号在包围中灵活穿插，一会儿左，一会儿右，死死咬住"吉野"号不放。"吉野"号终于被"致远"号打得起了火。邓世昌高兴地叫着："打得好！追上去，把它打沉！"起火后的"吉野"号拼命地逃跑，"致远"号跟在后面不停地开炮。一发发炮弹呼啸着飞向"吉野"号，在它的甲板、船尾上爆炸。眼看"吉野"号就要支持不住了，"致远"号的大炮突然哑巴了。

"怎么回事！"邓世昌急忙问炮手。

炮手失望地说："剩下的炮弹都打不响。"邓世昌急得满头大汗，可是实在没有办法。

这时候，"吉野"号又趁机返回头，向"致远"号扑来。

邓世昌盯着猖狂的日舰"吉野"，脑子里突然闪现出一个大胆的念头：撞沉"吉野"号。于是他看了看船上的官兵，大声说："我们炮弹都打光了，现在怎么办？难道也逃跑吗？"

"不，我们宁可死在黄海，也绝不逃跑！"官兵们激动地大喊起来。

"好！那我们就冲过去，把'吉野'号撞沉！"邓世昌挥起了拳头命令道，"弟兄们，开足马力，对准'吉野'号，冲！"

"致远"号像一条火龙，朝"吉野"号猛扑过去。"吉野"号吓得慌了神，一边掉头逃跑，一边胡乱地朝"致远"号发射鱼雷。"致远"号的官兵们瞪眼注视着飞来的火蛇，没有一个惊慌害怕。邓世昌不顾顺着额头淌下的鲜血，仇恨的目光死死盯着"吉野"号，双手紧紧握住舵轮。

离"吉野"号越来越近了。突然"轰"的一声巨响，"致远"的蒸汽锅炉被敌人的炮弹击中爆炸。顿时，"致远"号上成了一片火海。海水逐渐没过了甲板。250名官兵大多数为国捐躯。邓世昌落入海中，有人递给他救生圈，他一把推开，决心与舰同沉；他的爱犬"太阳犬"咬住他不让他死，他按住"太阳犬"一同沉入大海，壮烈殉国。

"为邓世昌报仇！"北洋海军的官兵们激动得大喊起来。在"致远"号英雄壮举的鼓舞下，各军舰与敌人展开了激战。刘步蟾指挥"镇远"号击中了"松岛"号。林永升指挥负重伤的"经远"号，打中了"赤城"号后，最后在敌人的围攻下，全船官兵壮烈牺牲……

天色渐渐暗下来，日军不敢再打了，首先退出了战场。悲壮的黄海海战结束了。

这次海战，中日双方的损失都很大。北洋舰队虽然损失了五艘军舰，但还有相当实力。可是李鸿章却命令丁汝昌，把所有军舰都开进威海卫军港，不许出战。

在打败清军微弱抵抗的情况下，日本军队很快就攻下了威海卫炮台。他们把炮口调转，对准北洋舰队开火，军舰一艘艘被敌人击沉。丁汝昌无法再忍受这样的耻辱，服毒自杀了。刘步蟾最后也掏出了手枪，对准自己的太阳穴扣动了扳机。清政府苦心经营了11年的曾经是远东第一的北洋舰队，终于消失在日本侵略军的炮口下。

最后，甲午战争以日本人的胜利而告终。李鸿章又奉慈禧的命令，跑到日本去讲和。在谈判桌前，李鸿章由于年老体衰，疲于应付，在日本人的威胁逼迫下，最终在条件苛刻的和约上签了字，这就是历史上的《马关条约》。根据这个条约，中国要赔偿日本的军费就有二亿两白银，而且还将宝岛台湾割让给了日本。

《马关条约》的签订，大大加深了中国社会的半殖民地化。此后，帝国主义掀起了瓜分中国的狂潮，中国的民族危机空前严重了。

美国独立

（一）北美《印花税法》的出台

1765年3月英国国会通过了印花税法，其目的在于增加英军驻北美的经费来源。

征收印花税在英国并不是什么新鲜事，英国国内早已施行，开始于光荣革命后的威廉时代。当时，也曾有人提议在殖民地征这种税，但没有被采纳。英法七年战争后，在帝国财政不堪重负的情况下，首相格伦维尔终于完成了对殖民地可征税项目的研究，这当中包括印花税。经议会批准后的《印花税法》规定：殖民

美国《印花税法》中译本

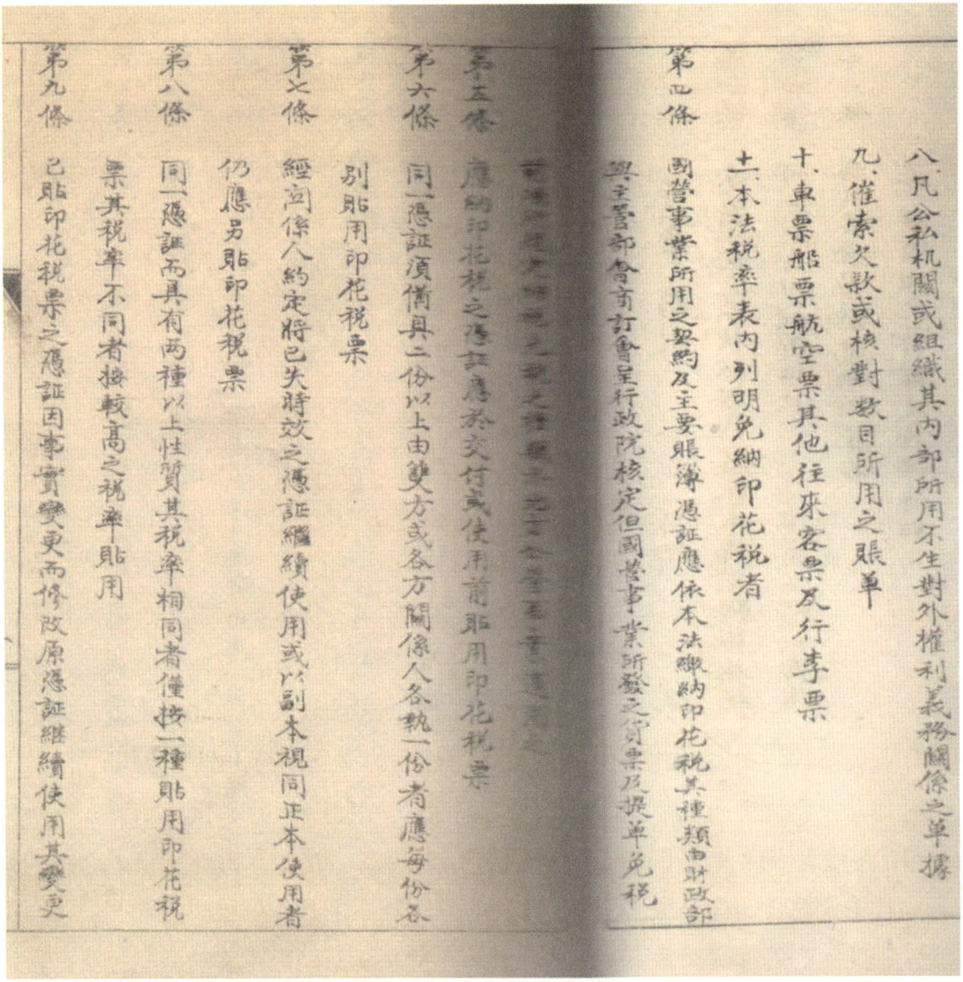

地的报纸、年历、小册子、证书、商业单据、期票、债券、广告、历书、租约、法律文件以及结婚证书、扑克牌、骰子等，都必须贴上票面为半便士至20先令的印花税票（须用硬币购买），违者将在不设陪审团的海事法庭受审。为了使殖民地人能够接受，该法令宣布印花税的全部收入将用于殖民地，供"各殖民地之防卫、保护与安全"之用，同时规定指派殖民地人为印花税票代销人，估计《印花税法》实施后，每年可得6万英镑以上的收入。

虽然英国议会中有少数议员对印花税的征收前景表示担忧，例如曾经在北美殖民地服役过的艾萨克·巴雷上校警告说：美洲人会反抗。但大多数英国人认为《印花税法》是非常合理的，而且负担很轻，分配均匀，不致引起太大的反对，它在英国下议院以204票对49票的绝对多数获得通过。

然而事实恰恰相反，殖民地人认为，《印花税法》是最不能容忍的，因为《印花税法》是紧跟在那些不得人心的立法之后颁布的，对于愤怒的殖民地人犹如火上浇油，而且它是一种内部直接税，是从未出现过的关税以外的一种税，这正应验了殖民地人早先的担忧：英国议会只要能征《糖税法》所规定的税，也就能征别的税，此例一开，后患无穷。那么，在《印花税法》之后，又会是什么税法呢？此外,《印花税法》侵犯的是殖民地最有能力的阶层——律师、商人、记者、牧师、种植园主、银行家等的利益，他们看到自己所有的正常活动都要上税，便群起反对。

因此，殖民地人民对《印花税法》的反应是空前激烈的，许多殖民地组织起"自由之子社"，领导反印花税斗争，大批小册子和决议广为散发，纽约、费城、波士顿的商人们决定联合起来拒不输入英国货，他们想用这种办法对英国的工商界施压，迫使他们一同反对《印花税法》。不耐烦用温和手段争取自身权利的那部分人，则决心阻止《印花税法》生效，他们拒买印花票，举行游行示威，高呼"要自由，不要印花税"的口号，捣毁税局，放火焚烧成堆的税票，迫使税吏辞职，拒不从命的税吏就被身涂柏油，粘上羽毛，游街示众，有些地方甚至发生了暴乱，例如波士顿，一群反《印花税法》的人冲进当地一位名叫安德鲁·奥利弗的印花税票代销人家里，威胁着要他的命，次日，这位代销人别无选择地辞职了，其他印花税票代销人也都步其后尘，挂职而去。在纽约，副总督科尔登在一群反《印花税法》人的冲击下逃到英国军舰上寻求保护，这群人随即袭击了伯特利要塞，冲击了总督的马车房，焚毁了印花税票，随后来到一位曾威胁要"把《印花税法》从人们的喉咙里塞下去"的守备队军官家里，砸烂了他的家具与摆设，铲

平了花园，洗劫了他的家。

1765年11月1日是《印花税法》正式生效的日子，可是当这一天到来的时候，殖民地已找不到印花税票，也找不出一个人来代销印花税票了，《印花税法》就这样被暴力取消了，没有人去理会它，报纸不贴印花税票就出版，商人在没有交税的情况下继续贸易，法官重新开庭审案，船只出入海港，就是没人缴纳印花税。

殖民地在以暴力取消《印花税法》的同时，又从理论上申诉了这么做的理由，斯蒂芬·霍普金斯所写的小册子指出：英王颁布的殖民地特许状，保证殖民地享有如下的权利：未经殖民地议会的同意，不得向殖民地人民征税。况且英帝国是一个联邦，这一联邦内的每一殖民地都有自己的立法机关，处理与自身利益相关的各项事务，例如征税，至于其他更为广泛的事情，如贸易、币制、信用等，则由英国议会掌管。霍普金斯的上述理论，已经包含了朦胧的联邦分权思想。弗吉尼亚议会围绕《印花税法》问题展开了激烈的讨论，5月30日，帕特里克·亨利在议会发表了著名的演说："恺撒有他的布鲁特斯，查理一世有他的克伦威尔"，指出了独裁者的下场，议会随即通过了由他提议的决议案，声明只有弗吉尼亚议会才拥有"对本殖民地居民……课加赋税的唯一排他性权力"，而对于没有殖民地代表参加的英国议会企图征税的"任何法律不受屈从的约束"。弗吉尼亚议会的行动，立即为其他殖民地仿效，他们纷纷通过决议，否认英国议会有权向他们征税。纽约议会宣称：人民由自己的代表来课税，是"每个自由国家的最重要原则……人类的天赋权利。"宾夕法尼亚议会宣称：殖民地政府应该享有完全的自由，马萨诸塞议会宣称"根据上帝和自然界的法则制定的英国宪法中包含着一些基本权利，这也是人类的共同权利"，这些权利包括"未经本人同意，任何人都不应当夺取他的财产"。马萨诸塞议会还发出公开信，邀请所有殖民地派代表参加会议，以考虑"由于执行英国议会在殖民地征收捐税的法令所遭受的困难"。

10月7～25日，这样的一个反印花税会议在纽约召开，9个殖民地派出29位代表参加了会议，其中有：克里斯托弗·加兹登、约翰·迪金森、詹姆斯·奥蒂斯、菲利普·利文斯顿等。这是一次为了同一个政治目的而召开的各殖民地参加的会议，也是后来大陆会议的预演。在会上，南卡罗来纳代表克里斯托弗·加兹登大声呼吁："我们应当站在天赋权利这个广阔的共同立场上……这个大陆不应当有人称为新英格兰人、纽约人等，我们所有的人都是美利坚人。"这表明美利坚民族意识形成了，10月19日，会议通过了《权利和不平宣言》，在表示了对英国议会"一切应有的服从"之后，表明这种服从不包括英国议会的征税权,因为英国国王在美洲的臣民与英国本土的臣民一样,都享有天赋的权利与自由,未经他们本人或代表的同意不得向他们征税,征税唯一的合法机构是殖民地议会,而非英国议会,"除由各地议会自行决定者以外,从来不曾有,亦不可能有任何合宪法的课税",而《印花税法》具有"破坏殖民地居民的权利和自由的明显倾向",宣言同时宣布,由海事法庭对违反税收法令的人进行审判是没有道理的,会议要求英国政府取消《糖税法》和《印花税法》,同时宣布殖民地将抵制英货。

会议结束后,遍及殖民地的抵制英货运动蓬勃开展起来,在"宁穿土布衣,绝不失自由"的口号下,殖民地人摒弃英国的华丽服装,穿起自制的粗布衣,他们还拿深红色的树叶代替茶叶泡水喝,以抵制英国的茶叶,结果,与英国的贸易陷于停顿状态,1765年夏季,这种贸易减少了30万英镑。

殖民地人对《印花税法》有极其强烈的反应,实出英国人之意料。英国的政治领袖们既震惊,又愤怒和不可理解,下议院议员查尔斯·汤森在英国议会发言说:"我不知道国内税与外地税有任何区别;它是没有差别的区别,它完全是胡扯;如果我们有权课这一种税,就有权课那一种税。"英国议会并不打算因殖民地的抗议而让步,但是,两个方面的因素促使这场斗争向着有利于殖民地的方向发展。①格伦维尔内阁于1765年7月垮台,继任的罗金厄姆内阁以反对《印花税法》的面目出现,目的是撇清本内阁与《印花税法》的关系,逃避由于执行该税法而引起的尴尬局面;②殖民地的抵制英货运动,使英国商人遭受了巨大损失,与美洲的贸易衰落了,利润减少了,钱袋也干瘪了,这些商人向英国政府施加压力,要求取消《印花税法》。

由于上述原因,1766年3月,英国议会在进行了一场激烈的辩论后,同意撤销《印花税法》。但耐人寻味的是,它是在通过一个《公告令》后才这么做的。《公告令》在下院获得一致通过,在上院也只有5票反对。《公告令》宣称英国议会"无论什么情况,过去有、现在和将来都应该有制定具有足够效力和合法性的法律和法规的充分权力和权威,以制约殖民地和美洲人,大不列颠国王的臣民"。显然,这种权力包括征税权,这是与殖民地关于英国议会无权向他们征的观点针锋相对的,它坚持自己拥有这种权力,并一直坚持这一立场。

取消《印花税法》的消息于1766年5月传到北美殖民地,殖民地人民欣喜若狂,欢声雷动,燃放烟火,鸣钟庆祝,约翰·亚当斯说,当时"灯火辉煌、篝火营营、彩坊林立、人群熙攘、火花满天,诚美洲之空前情景也",在纽约城,

烤了两头全牛，并向兴高采烈的群众免费供应啤酒和掺水的烈酒以示庆贺，同时，各殖民地还掀起了一场对国王乔治三世表示效忠的热潮，人们再次体会到了浩荡的皇恩与作为英帝国臣民的自豪，纽约城的人们在庆祝撤销《印花税法》的同时也举行了隆重的庆祝国王诞辰的仪式，纽约议会表决要在伯特利建造乔治三世的塑像。

《印花税法》的废除对殖民地人来说，预示着英国取消了七年战争后的新政策，恢复了旧的殖民体系，似乎回复到了以前那种自由与和谐的状态。他们对于《糖税法》的尚未撤销，对于刚刚宣布的《公告令》及可能带来的后果，都未加以重视。他们以为旧有的和谐恢复了，但不久就证明，英国并未放弃在殖民地征税的政策。

（二）《汤森法案》

在《印花税法》废除后和谐关系暂时恢复的日子里，英国并没有利用这一时机去重新研究自己对殖民地的政策，探讨一下税收政策是否可行，能否用别的易为殖民地人所接受的办法筹集经费，例如通过殖民地议会来征税。他们甚至没有作过任何努力，比如，派遣一个委员会到殖民地了解情况、进行研究和提出报告。他们只是高高在上，认为英国议会代表全英帝国，有权拘束每一部分土地和每一个臣民。双方的思想感情、观点是如此的不同，必然导致新一轮摩擦的发生。

美国革命前夕的那几年，英国国内政治也很不平静，表现之一是内阁更迭频繁，在印花税危机中上台的罗金厄姆内阁，在不到一年的时间里又垮台了。查塔姆伯爵威廉·皮特，既受到乔治三世的宠信，又得到英国议会的信任，因而被任命为新的首相。皮特是一个思想开明的人，在英国与北美殖民地的冲突中，他多次挺身而出为殖民地说话，

威廉·皮特首相像

赞同殖民地人关于英国议会权限的理论,例如,他认为征税权"并非行政或立法权的一部分",因而深为殖民地人喜爱,殖民地人称他为"伟大的下议员"。不幸的是,他任首相不久,突发奇疾,病卧不起,无法继续担任首相之职。1767年,青年贵族克拉夫顿公爵走马上任。但他是一位领导无方、才能平庸的人,政府很快就不知所措了。在这种尴尬的境地下,"当西方地平线上仍闪耀着皮特的余晖之际,天空的对面升起了另一颗明星,适逢其会地变成了群星之首",这就是财政大臣查尔斯·汤森,政府实权很快落到了他的手中。汤森是一位才气焕发又固执己见的人,前首相乔治·格伦维尔曾经奚落他不敢对北美殖民地征税,他的回答是:"我会试行的,我会的!"他果然这么做了。

1767年一月,英国议会在查尔斯·汤森的建议下,通过了一个新的税收法案,这个法案以建议者的名字命名,称《汤森法案》,法案规定,英国的土地税由20%减至15%,由此产生的40万英镑的差额,从殖民地所征的税收中得到部分弥补。法案规定对从英国输入殖民地的颜料、铅、玻璃、茶叶、纸张等征收进口税;在波士顿设立海关税务司总署;税收人员可以到船舱、私人住宅、店铺、货栈搜查违禁品,估计《汤森法案》实施后,每年可征税4万多英镑。

新的税收法令的颁布使自以为恢复了帝国和谐关系的殖民地人民措手不及,但他们的行动很快就表明,他们并没有改变对于纳税的看法。殖民地人民希望能从法律上否定英国议会的征税权,约翰·迪金森首先在这方面作了尝试,他是一位律师,在英国受过教育,领导过反《印花税法》斗争并参加了反印花税会议,他希望能用劝说的办法而不是武力解决殖民地与宗主国之间的纷争,从1767年年底开始,他以《一个农民的信》为题,在殖民地各报上连续发表了12封信,指出反《印花税法》时的各种理由,同样适用于反对《汤森法案》,他所用的语气是忠诚和恭谨的,从而不仅打动了美国人的心,也感动了许多英国人,下面是这些信中的若干重要片段:

"议会无可怀疑地拥有一种合法的职权,来管理大不列颠及其全部殖民地的贸易……我们只不过是一个整体的各个部分;因此必须在某个地方有一种权力来主持一切和保持秩序井然的联系,这种权力已寄托于议会;我们从属于大不列颠,正如同一个完全自由的民族能够从属于另一个民族一样。

"自由的事业乃是一种万分庄严、绝不容许骚乱喧闹加以玷污的事业,应当用一种适合于它的性质的方式加以维护。致力于这一事业的人必须生活在宁静安稳而又情绪热烈的精神气氛中,得以受到鼓舞而在行动上表现出智虑明达,合于

正义，谦逊勇毅，仁爱豪爽。"

"让我们像孝子无辜遭受慈亲责罚那样行事吧。让我们向自己的父母申诉委屈；但在同时要让我们的申诉之词句句倾吐出哀痛和崇敬。"

在这里，迪金森提出了成为后来美国宪政基础的联邦制思想：英帝国内有联邦和地方两种政治权力，不可混淆。当然，在当时，很少有人意识到这一点，就连本杰明·富兰克林也对这个原则无所理解，他说："波士顿人民否认英国议会有权为他们制定法律，却又在他们的议会里承认对英国议会的'从属关系'，我不知道他们的意思何在。那位农民既然承认了英国议会有权'管理殖民地的贸易'，我也不知道他又能对这种权力规定一些什么限制。要在为管理而征税和为收入而征税之间划分一条界线，原是很困难的。"

与此同时，塞缪尔·亚当斯与克里斯托弗·加兹登于1768年2月起草了一份《通告信》，并在马萨诸塞议会获得通过。《通告信》指出，马萨诸塞议会已"向我们最仁慈的君主提出谦卑、恭顺而又忠诚的请求……以期得到纠正"，即请求国王乔治三世撤销《汤森法案》，英国殖民地事务大臣希尔斯巴勒勋爵命令马萨诸塞议会收回《通告信》，而马萨诸塞议会的回答是：以92票对17票加以拒绝。这时，弗吉尼亚议会给马萨诸塞议会提供了有力的支持，通过了由乔治·华盛顿提出的支持马萨诸塞议会的决议案，在这一决议案上签名的还有托马斯·杰斐逊。

此时，群众性的抵制英货运动在各殖民地再次展开。1767年9月，波士顿城镇会议通过决议，号召殖民地人民不进口、不消费英国货，自己生产衣服、家具、车辆、钟表和其他消费品，以摆脱英国的控制，抵制英货因为在1765年反《印花税法》斗争中取得过成功，殖民地人从此将其视为对英斗争最行之有效的办法，屡屡使用（而且，它作为一种传统，在美国历史上一直保持下来，并为美国人所喜用，例如，杰斐逊的禁运，麦迪逊的拒绝通商，南部的停运棉花等，就是例证。直到今天，它仍然是美国外交斗争中一种惯用的手段。当然，随着美国实力的增强，国际地位的上升，名称已经发生变化，不再是"抵制某国货"，而是"制裁某国"）。

在轰轰烈烈的抵制英货运动中，英国经济再次遭到打击。波士顿和费城的进口货减少了一半，纽约的进口货减少了83%。1769年英国对殖民地的贸易减少了70万英镑。殖民地人民用手工纺织的土布代替英国的纺织品，继续用深红色的叶子泡茶饮，以殖民地自制的纸张代替英国的纸张，房屋不刷油漆，时髦的花边不见了，家庭产品成了光荣的标志。种植园主不再购买由英国商人输进的奴隶，英国的奴隶贩子损失惨重。殖民地许多新兴的工业却应时勃兴。这种抵制英货不完全是自愿的，不愿加入抵制行列的商人，就会遭到"自由之子"的袭击。

（三）美国独立战争

18世纪50~70年代，欧洲出现了内部分裂，政治上和宗教上已不再有统一的观念。出版的书籍、地图以及新的海上航行对人们的想象力产生了刺激，使欧洲在混乱错综的形势下仍征服了世界的各个海岸。这也是一个无计划的时代，欧洲人仗着自己独具的、暂时的又几乎是偶然的优势，把大部分荒芜的美洲大陆变成了自己的殖民地，而南非、澳洲和新西兰将成为欧洲人下一个理想家园。

促使哥伦布到达美洲和华斯葛·达加马到达印度的动机，实际上正是有史以来所有航海家的永恒动机——进行贸易。在人口众多、物产丰富的东方，欧洲殖民者采取了贸易殖民的形式，殖民地仅仅是殖民者的一个交易市场，欧洲人希望把赚到的钱财带回本国消费。但是在美洲大陆情况却不相同，欧洲殖民者和处于低水平生产活动的社会进行交易。他们发现开采金银矿是永久的诱惑，西班牙所属的美洲地区就有盛产金银的矿山。因此，到美洲去的欧洲人不仅有武装的商人，还有很多勘探者、采矿者、自然资源的探寻者和种植业主。在北方还有一些采集兽皮的人。因为开矿和耕作必须长期居住，当局就鼓励人们在海外建立永久家园。后来又有很多欧洲人因不同原因到大洋的另一边定居：17世纪英国的清教徒为躲避宗教迫害乘船来到了美洲的新英格兰；18世纪欧格绍普把英国债务人监狱里的犯人送到了乔治亚；18世纪末荷兰把一批孤儿送往好望角。19世纪，尤其是蒸汽轮船出现之后，欧洲掀起了向美洲和澳大利亚这些荒无人烟的新大陆移民的热潮，其规模是几十年来最大的。

有一点必须指出，直到19世纪，所有这些海外帝国的联系纽带就是远洋轮船。而陆地交通速度最快的仍然是马，所以大陆内部政治体系的凝聚和团结仍然受限于马拉的交通工具而得不到发展。

1875年前后，北美大陆北部三分之二的地区属于英国。法国已经放弃了美洲。南部除了葡属的巴西和分别属于法、英、荷、丹麦的一两个小岛和地区，佛罗里达、路易斯安娜和加利福尼亚等广大区域都是西班牙的属地。缅因州和安大略湖南部的一些英国殖民地首先显示出依靠航船已经无法把海外移民有效地控制在同一政治体系里了。

这些英国殖民地的居民来源复杂，差异很大。除了英国移民外，还有很多是

美国独立战争油画

世界文明简史一本通

法国、瑞典或者荷兰的移民;有住在马里兰的英国天主教徒,也有住在新英格兰的激进的新教徒;新英格兰人自己种地生产,反对奴役奴隶,而弗吉尼亚和南部的英国移民经营种植园,雇用了大量来自非洲的黑奴,其人数越来越多。这些地方没有自然形成的共同组织,从一个地方到另一个地方得乘船沿着海岸过去,这样的航程与穿越大西洋的航程同样漫长沉闷。但是伦敦的英国政府出于自私和愚昧,不顾移民的反对和自然条件的限制,把一个联合政府强加在他们头上。移民交了税却不知税收用于何处,他们的商品交易不得不为英国的利益作出牺牲;英国政府还不顾弗吉尼亚人的反对,为牟取暴利继续进行奴隶贩卖——弗吉尼亚人虽然很愿意使用奴隶,却害怕这些野蛮的黑人越来越多,无法应付。

英国当时越来越陷于一种更为专制的君主政体,乔治三世(1760—1820年)倔强执拗的性格在很大程度上加剧了英国政府跟殖民地政府之间的冲突。

冲突起源于英国为伦敦东印度公司的利益而牺牲殖民地商人利益的法律规定。新法律实施之后,有一帮化装成印第安人的移民在波士顿港把三船进口的茶叶倒入大海(1773年)。1775年,英国政府试图在波士顿附近的莱克兴顿逮捕两位领导者。战争的第一枪是由莱克兴顿的英国人打响的,接着在康科德发生了第一次战斗。

美国独立战争就这样爆发了，而此后一年多殖民地的人们仍然极不情愿割断跟祖国的联系。直到1776年夏天，起义各州的议会才发表了《独立宣言》。乔治·华盛顿被任命为总司令，他跟其他殖民领导一样在英法战争中得到过军事训练。1777年，英国的博格恩将军率军在从加拿大前往纽约的路上，被美军击败于弗里曼农场，被迫在萨拉托加投降。同年，法国和西班牙向英国宣战，这大大阻碍了其海上交通。由康华利将军率领的另一支英国军队在弗吉尼亚的约克顿半岛受到阻击，被迫投降。1783年，英美在巴黎签订停战协定。这样，从缅因州到乔治亚州的13个殖民地成了一个主权独立的统一国家。美利坚合众国诞生了。加拿大仍效忠于英国国王。

此后大约4年，美国各州只有一个处于某些邦联条款约束之下的软弱中央政府。看起来，各个州不可避免地要分裂为独立国家，但英国的敌意和法国的威胁，消除了这种迫在眉睫的分裂危险。1788年，联邦宪法出台并得到各州批准，该宪法规定，建立一个由总统拥有相当权力的联邦政府。1812年与英国的第二次战争强化了原本淡薄的国家统一意识。由于那时美国领土极为广阔，各州的利益又不相同，在当时落后的联络手段下，美国分裂成像欧洲那样大大小小的许多国家，看来似乎只是一个时间问题。对于边远地区的国会议员来说，到华盛顿参加会议意味着一次漫长乏味又不安全的旅行；此外，在实施公共教育和普及文化知识方面，也因为机构重叠

美国首任总统华盛顿像

而难以进行。但是，在这同时，阻止分裂的力量也渐渐增长。汽船、铁路和电报的出现，把美国从分裂的命运中拯救出来，把松散的人民组织起来，使美国成为近代史上的第一个伟大国家。

21年后，西属美洲殖民地效仿13个州的做法，也和欧洲脱离了关系。但由于它们在美洲大陆更为分散，且被巨大的山脉、荒漠、森林以及葡属巴西所分开，

它们之间并没有联合起来，而只是成立了一些各自独立的共和国。最初，这些国家内部以及彼此之间经常发生革命与战争。在通向不可避免的独立时，巴西走了一条与众不同的路线。1807年，拿破仑领导的法国军队占领了葡萄牙，其君主逃到了属地巴西，一直待到1822年巴西独立。这一时期，葡萄牙倒更像是巴西的属地。1822年，在葡萄牙国王皮德罗一世的统治下，巴西宣布成为独立帝国。但是"新大陆"不赞成君主政体。1889年，巴西国王被悄悄送回欧洲，巴西合众国像其他美洲国家一样变成了一个共和国。

20世纪的世界文明

第一次世界大战的发生

第一次世界大战（1914年8月—1918年11月）是一场主要发生在欧洲但波及全世界的世界大战，是人类历史上破坏性最强的战争之一。

（一）战前两大战争集团的形成

第一次世界大战中对立的两个军事集团分别是以德国、奥匈帝国、意大利为核心的三国同盟和以英、法、俄为核心的三国协约。这两个集团为了各自的利益在全球战场上展开了厮杀。

那么，在第一次世界大战前那

普鲁士的国王威廉一世像

个矛盾日趋激化的时代，面对错综复杂的历史背景和国际关系，这些帝国主义列强是怎样沆瀣一气，勾结在一起的呢？

1871年1月18日，法国皇宫——凡尔赛宫的镜厅里出现了普鲁士的国王威廉一世。这不是两国之间的互访。威廉一世头戴皇冠，身披五彩王袍坐在皇帝宝座上宣布德意志帝国建立，自己就任德国皇帝之位。

从此，法国人把这一日定为"国耻日"，与德国结下了深仇。

德国凭借普法战争的胜利，从法国获得了50亿法郎的巨额赔款和阿尔萨斯与洛林两地丰富的资源，经济迅速发展，不久就跃居世界第二位。

但是，法国虽在普法战争中遭受重创，但并没有像德国宰相俾斯麦想象的那样"流尽了血"。他们经过几年努力很快就恢复了元气，并四处寻找伙伴，企图对抗德国，以雪当年之耻。这样，法国和德国就成了两大对立阵营的基本成员。

德国一看，大吃一惊，也马上开始行动，拉拢盟友，孤立法国。

这时，1878年柏林会议召开，俄国和奥匈帝国都很想在会议中分割到波斯尼亚与黑塞哥维那这两块肥肉，其中俄国比较占优势。德国发现，如果俄国一旦得逞，对自己极为不利，况且奥匈帝国与德国都属日耳曼民族，怎能替外人说话，于是就给俄国使了一个小小的绊子，结果俄国是竹篮打水一场空。从此，俄德关系恶化。而奥匈帝国得到好处，马上就忘记了以前与德国的不快。1879年10月两国签订了《德奥同盟条约》。条约规定：两国中如一方受到俄国进攻，则双方互相支援；如遭别的国家（暗指法国）进攻，则另一方持善意之中立，如遭俄法联合攻击，则双方要共同作战。就这样，德国和奥匈帝国就成了"结拜兄弟"，互相支持。

德国发现，仅它们二者，力量还稍显单薄，决心拉拢正在迅速崛起的帝国主义国家意大利。于是狡猾的德国宰相俾斯麦在柏林会议上又使出一招诡计。

他找到法国代表谈话，暗示法国自己将支持他们夺取北非明珠突尼斯。法国人果然喜出望外，1881年就出兵吞并了突尼斯。

俗话说：心急吃不了热豆腐。突尼斯可不是谁随便就能占领的。那里有意大利的两万侨民和大量企业，意大利早将突尼斯视为自己囊中之物，怎能咽下这口气，于是便和德国接近，共同对抗法国。但是意、奥之间素有冲突，这时老大德国发话了：我们之间要互相团结，通往柏林的路必须经过维也纳。于是意奥只好把各自矛盾放在一边。于1882年5月三国订立盟约；如意被法攻击，则德奥相助；如德被法攻击，意则相助。如缔约国中一方或两方受到两个或两个以上大国进攻，

则其他国家相助。"三国同盟"就宣告成立了。

法国看到这三个国家结盟,矛头对准自己,心里也是又急又怕,急忙开始拉帮结派,增强自己的力量。

这时法国发现,俄国与德国交恶,并且沙俄的军火、公债都依赖法国,于是就决定拉拢俄国。用什么拉拢呢?还是钱好使。1888年年底法国借给了俄国5亿法郎,第二年,也不管俄有没有偿还能力,又借给了19亿法郎。到他们签订协议的1893年,法国在俄国的总投资额,已高达100亿法郎。俄国欠法国那么多钱,再说法国对自己近几十年也不错,于是就"以身相许",死心塌地跟了法国。两国在1893年签订了《俄法协定》,两国也宣告正式联盟。

找到俄国这个伙伴,法国就不再那么惊慌了。但对手有三个国家,俄国虽大,实力确实比较落后,于是法国放眼四周,准备再选择一个强有力的伙伴,以便使自己能完全有实力和三国同盟对抗。

法国找来找去,发现欧洲大陆除英国外似乎已没有什么值得拉拢的国家。英国的条件的确优越,是一个老牌的殖民强国,无论是经济实力还是军事力量都十分强大,并且具有十分广阔的殖民地,后备力量充足,是个好帮手。

但是法国也感到这事十分麻烦。英法之间别看只隔一条英吉利海峡,实际上已是好几个世纪的老冤家了。

没发现新大陆之时,他们两国之间就经常交兵开战。从欧洲强国开始分割全球殖民地的狂潮开始,两国的战火又从国内拉到了全球各地,无论是亚洲、非洲,还是美洲、澳洲,到处都有战火发生。

就在法国想拉拢英国之时,两国还在亚洲,尤其是非洲的争夺中发生着激烈的冲突。英国想把自己的殖民地从北非到南非连成一片。这个计划恰好和法国从西非的佛得角贯穿大陆与东非索马里连成一片的计划相冲突,两军在交叉地区剑拔弩张,形势十分紧张。

自己的事还好说,更令法国头痛的是英国与俄国之间也有很深的矛盾。英俄之间也是处处冲突:在欧洲、沙俄打算侵占土耳其的君士坦丁堡,控制博斯普鲁斯海峡,以打通俄国向地中海的出海口,而苏伊士运河通航后,地中海、运河、红海就成了英国的生命线,哪能容俄国在此称王称霸;俄国还打算侵略伊朗、阿富汗,再南下威胁印度,英国又怎能容许别人对自己的老牌殖民地虎视眈眈而自己坐视不理;在中国,俄英之间也发生了冲突,于是1902年英日签订同盟条约,致使俄军在英国支持的日军炮火下失败,俄国也不能咽下这口气。

于是，英国就采取了狡猾的"光荣孤立"政策，表面上是不和别的国家结盟，以显自己道德高尚，实则是隔岸观火，想着鹬蚌相争，渔翁得利。

但是随着德国经济的发展，这个新崛起的帝国主义国家正要在全球强占自己的殖民地的时候，却发现全球能占领的土地几乎被老牌强国分光了，尤其是英国，光殖民地就有几千万平方公里，号称"日不落"帝国。德国觉得自己的殖民地少得可怜，和自己的国力不符，又发现英国的实力鼎盛期已过，正是抢夺殖民地的好时机。于是德国宰相皮洛夫道出了德国政府的心里话："我们不能容忍任何外国，任何外国的主神向我们说：'怎么办？世界已分割完了！'……让别的民族去分割大陆和海洋，而我们德国人只满足于蓝色天空的时代已过去了，我们也要为自己要求日光下的地盘。"这样，德国在20世纪初把矛头对向了英国。

于是，德国商品在世界各地排挤英国，给英国带来了严重的损失。更令英国恼火的是德国还直接出兵四处抢夺英国人的殖民地：在亚洲，德国强占我国胶州湾；在非洲，德国吞并了坦噶尼喀，并向英人在南非的统治挑战；尤其在中东，德国从土耳其手中获得修筑巴格达铁路的权利，成为"架在英属印度上面的一把利剑"。

除陆地争斗以外，德国认为他们的"未来在海上"，在1898年通过海军大建设法案，1900年又通过更为庞大的海军建设案，疯狂地扩大海军装备，矛头直指海上霸主英国。

英德矛盾的发展终于超过了英法和英俄之间的矛盾，成为主要矛盾，也成为英国必须马上解决的矛盾。

这样，英、法就有了共同的利益、共同的敌人，因此，英国外交政策逐渐地向法、俄倾斜。在1904年，英法达成谅解，签订了英法协定。然后经过法国斡旋，英、俄之间也开始互相接近。

1905年俄国革命发生后，沙俄的实力之虚弱暴露无遗，已不足以对英构成威胁，并且英国为了自己在东亚利益，还得支持俄国。于是，1907年英国和俄国签订了《英俄协定》，至此三国协约也宣告成立。两大军事集团对峙局面正式形成。

从此，两大军事集团疯狂地扩军备战，全球局势越来越紧张，世界大战一触即发。

（二）一战导火索——萨拉热窝的枪声

第一次世界大战的导火线是人人皆知的"萨拉热窝枪声"。1914年6月28日，奥匈帝国王储费兰兹·斐迪南大公及其妻子在新近吞并的波斯尼亚省首府萨拉热窝遇刺。第一次世界大战的枪声从此响起。

刺客是波斯尼亚的塞尔维亚青年学生，名叫加弗里洛·普林西普。在事后的审判中，普林西普说："我毫不后悔，因为我坚信我消灭了一个给我们带来灾难的人，做了一件好事。……我知道他（大公）是德国人，是斯拉夫民族的敌人。……作为未来的君主，他会阻止我们联合，实行某些显然违背我们利益的改革。"以普林西普为首的至少6人，是塞尔维亚秘密组织"黑手社"成员。黑手社1911年成立于贝尔格莱德，其公开宣称的目的是实现"民族理想：团结所有塞尔维亚人"。它的社章规定了这个组织是一个宁愿采取恐怖行动也不愿进行理性宣传的地下革命组织。同这一秘密命令相一致，该组织吸收新成员是在一个阴暗的房间里的一张小桌子上进行的；房间里点一根蜡烛，小桌子上铺一块黑布，上面放一个十字架，一把匕首和一支左轮手枪。狂热与忠心的黑手社成员在波斯尼亚尤为活跃，他们只想用炸弹、暗杀、炸药来毁掉一切，消灭一切。

萨拉热窝的枪声油画

斐迪南大公来塞尔维亚首府萨拉热窝巡视，激起了塞尔维亚人民的极大愤恨，更激起了黑手社成员强烈的民族意识。当时，奥地利与匈牙利已合并为奥匈帝国，6年前，他们用武力吞并了波斯尼亚。斐迪南大公，这位奥匈帝国王储带有极端的军国主义色彩，他对塞尔维亚垂涎三尺，想把这块富饶的土地划入自己的国土。在来萨拉热窝之前，他指挥的军事演习的假设进攻对象，就是萨拉热窝。

在1389年6月28日的这一天，土耳其人征服了中世纪的塞尔维亚帝国。斐迪南大公在这一天访问塞尔维亚，这是一个缺乏远见的错误决定。塞尔维亚人的民族感情受到强烈刺激，尤其是黑手社当时的鼓动。当大公及其妻子在阳光灿烂的星期天早晨进行访问时，至少有6位黑手社成员身带炸弹和左轮手枪等候在指定的路线上。当队伍在街的拐角处停下来时，普林西普正好站在那。他掏出左轮手枪，连开两枪，一枪射向弗兰兹·斐迪南，一枪射向波斯尼亚总督波西奥莱壳将军。可第二枪射偏，击中了大公夫人。大公及其妻子当场死去。

塞尔维亚和奥匈帝国两国之间的矛盾迅速演变成三国协约和三国同盟两大联盟体系的矛盾。首先，德国保证，不论奥匈帝国决定采取什么行动它都给予全力支持。德国以为俄国未必敢支持塞尔维亚反对德国和奥地利，以为一开始就十分明确地摆出这种通常姿态正是为了和平。德国以为萨拉热窝的危机只会局限于某一地区而不会扩大到整个欧洲。

7月23日，奥地利向塞尔维亚提出了条件苛刻的最后通牒，要求塞尔维亚对事件进行解释和道歉，禁止反奥刊物，镇压反奥组织，追究罪犯的责任，对罪犯及同谋起诉。塞尔维亚于7月25日答复奥地利，却无法令其满意。奥地利立刻与塞尔维亚断绝了外交关系。在7月28日向塞尔维亚宣战。

俄国于7月30日命令全国总动员。7月31日，德国向俄国发出为期12个小时的最后通牒，要求停止总动员。德国没有得到答复，于8月1日向俄国宣战，8月3日又向俄国的同盟国法国宣战。就在这一天，德国入侵比利时，战争进入了实质阶段。这一侵略行为为英国在8月4日对德宣战提供了一个很好的借口。欧洲各强国在萨拉热窝谋杀事件过去5个星期后开始了相互进攻。世界历史上第一次世界大战就此开始。

（三）飞机的运用

飞机，这一先进科技在一战的开始并没有像我们想象的那样威力无比。交战国的军事当局对飞机作为一种武器的威力，都同样抱有怀疑态度。

欧洲进入战争时，最多有375架可用的战斗机。德国有180架执行观测任务的飞机、300架教练机和13只齐柏林飞船。法国只有135架，英国是65架。这些飞机不是为军用而设计的，没有武装，全都是木料和金属线制造，机翼和机身由涂上胶的布覆盖。

飞机开始只在战争中执行侦察任务。但空中观测是一种前所未有的技术。飞行员在飞机上看到地上模糊轮廓时，完全不熟悉行进中的部队、大炮装置、弹药

堆集等形状。由于飞机设计上的原因，要准确地看出敌军集中或运动就更复杂了。

在1914年，空中士兵的生活是愉快的。飞越敌区是愉快的插曲，那时敌对的驾驶员相互轻快地招招手。因为哪一方都没有能力做更多别的事情，飞机上没有装备武器。驾驶员的随身武器只是用来表明他们是在服军役。后来的一位驾驶员认识到战争的残酷，他拔出手枪，向一架飞过去的敌机射击，而不是招招手。有些飞行员开始携带步枪，但烈风和发动机的振动使准确率大大降低，有的观测员带了砖头去扔德国的螺旋桨——甚至去扔驾驶员；有些观测员则用一筒筒的投箭——铅笔形的小钢箭，投掷敌机飞行员。

随着步枪和手枪相互射击的日益增加，有些协约国驾驶员开始装置机枪。飞机也进一步改进。交战国开始专门设计生产军用的飞机。飞行员的驾驶技术也趋于熟练。伊梅尔曼转，就是在一战中设计出来的最著名的机动动作。这可以使飞机迅速改变航向，转守为攻。

英国空军开始派飞机去德国齐柏林的国内基地，消灭德国的齐柏林飞船。因为德国的齐柏林飞船开始空袭英国伦敦，在英国的大城市投下炸弹，迫使英国政府把部队和武器撤离法国。英国军方发现飞机是齐柏林飞船的克星。英国中尉利夫·鲁宾逊驾驶飞机，在埃塞克斯上空用装有开花弹和燃烧弹的机枪，击落了一艘齐柏林飞船。齐柏林飞船在一片火焰中垂直落向地面。由于这一功勋，鲁宾逊获得了维多利亚十字勋章。

德国战略家也早已制订计划，制造比空气还重的轰炸机。1917年6月，德国已有足够的新轰炸机来轰炸袭击了。戈塔式飞机是当时的巨型飞机，可载一个驾驶员和两个炮手，其中一个兼任投弹手，能载半吨炸弹飞到12 000英尺（3657.6米）的高度。

14架轰炸机飞离比利时根特基地，编成菱形队形，飞往有175英里（281.6352千米）航程的伦敦。在中午的明朗阳光下，它们投下了炸弹，造成近600人的死伤。约有95架英国驱逐机起飞，但已卸重担的戈塔机迅速获得速度和高度，逃之夭夭。由于连续袭击，飞机的损失增加，最后迫使德国人停止所有的白昼轰炸。改进了的驱逐机和更有力的高射炮，使戈塔式飞机不得不飞得很高，以致轰炸机又回复到早期的丢下炸弹就跑的状态。接着，作为报复，英国人又制造了四架大轰炸机。

到停战日，已有50多架飞机轰击伦敦，投下73吨炸弹，炸死了约860人，伤了2060人。但德国也几乎没有得到好处。

虽然飞机在第一次世界大战中并未扮演主要角色。但是，它却成为后世战争逐渐趋于立体化的主导力量。

（四）潜艇的出现

第一次世界大战中，飞机、坦克、潜艇和毒气等新式武器大量装备部队，登上了战争的舞台，开始扮演重要角色。

德国是交战国家中第一个认识到潜艇威力的国家。潜艇最初被德国军官用于侦察部队，或保卫港口对付来自海上进攻的船只。大战的最初几个星期，德国共有28艘潜艇，有10艘能巡航到2000英里（3218.688千米）的地方。

潜艇的能耐是奥托·韦迪根指挥的V-9显示出来的。1914年9月22日，32岁的韦迪根在航海日志上记着200英里（312.8688千米）平静无事。躺在荷兰海岸外水面下6英尺（1.8288米）的韦迪根，决定在返回威廉港之前，通过潜望镜作最后一瞥。从朦胧的轮廓立刻辨认出是3艘英国装甲巡洋舰的形态。当英国战舰"阿布柯尔号"驶入潜艇射程时，韦迪根发射了一枚鱼雷。这只船下沉得太快，甚至还没有来得及放下救生船。韦迪根没有移动方位，在向英国战舰"克雷西号"发射一枚鱼雷以后，又把第3枚鱼雷射入了英国战舰"霍格号"。V-9艇长使潜艇浮上水面，把半浮在水面上的"克雷西号"消灭了。直到这时，幸存者方才明白发生了什么事情。这次战斗有1600多人丧生。

一战时的德国潜艇

潜艇的威力一经发现，就势不可当。1915年5月7日，星期六。德国潜艇V-20搜捕到一艘驶向英国利物浦的"卢西塔尼亚号"巨型邮船。"卢西塔尼亚号"是"目前在大西洋中航行的最快和最大的轮船"，王纳德轮船公司自豪地这样认为。它的最高速度比任何潜艇都快两倍。英国海军部队船长的一份机密备忘录中指出："快速轮船可以靠曲折的航行，大大减少潜艇突击成功的机会。潜艇的水下速度很低，除非它能预知被攻击船只的航线，否则要进入发动攻击的方位是非常困难的。"但由于某种原因，船长威廉·特纳忽视了在危险的水域里采取曲折航线的风险性。

指挥V-20的瓦尔特·施魏格尔潜到水下44英尺（13.4112米），全速前进，开到轮船前面的攻击方位。施魏格尔发射了一枚鱼雷，"击中了右舷门后面，看到非常强烈的爆炸，引起一片巨大的烟云，喷得比烟囱还高。随着鱼雷爆炸之后，很可能发生了第二次爆炸。中弹点上面的上层结构和舰桥，都被炸得粉碎。燃起了大火。船首很快下沉。""卢西塔尼亚号"沉没了。在1198名牺牲者中，有291名妇女，94名婴儿。

当德国接连凭借新式武器潜艇取得战斗的胜利时，急得英国海军束手无策。他们拒绝了无数建议。一位无名英雄提供了解决的办法。由于德国的无限制潜艇战针对武装商船，对非武装商船特别是帆船，在船员登上救生艇之前是不击沉的，掠夺完战利品后，用炮火把船击沉，还能节省鱼雷。伪装猎潜艇就是设计出来反击这种做法的。一只陈旧的不定期货船沿着贸易航线笨重地缓缓航行时，德国潜艇升上水面，向货船的船首开一炮，令它停航。事前经过排练的"惊慌"的军官和水手急忙冲到救生艇那边。与此同时，隐藏的12磅炮都瞄准了靠近过来的潜艇。当潜艇进入射程时，大炮周围伪装的护墙随着铰链倒下，英国皇家海军军旗也扯上了桅杆。在潜艇能够发射它的甲板炮或急速潜没之前，它已成为致命的炮火的攻击目标。

伪装船Q-5沿着贸易航线曲曲折折地驶向利物浦，那时一枚不告而发的鱼雷在它的船壳上打了一道裂缝。严重灼伤的人在机器舱里坚守岗位；直到涌进来的海水迫使他们登上甲板，他们隐蔽地躺在那里。在将近半个小时的时间里，炮手们站在深水中，那时Q-5在徐徐下沉，没有人做过一个错误的动作，炮手们把火炮瞄准了慢慢开过来的潜艇。

仍潜在水里的潜艇V-83对于没有危险感到满意，然后在平射程内浮上水面。潜艇舰长刚从驾驶指挥塔里露出身来，第一发炮弹就把他打死了。潜艇中了30

多发炮弹，很快沉没。直到潜艇被送往海底之后，被淹没的Q-5方才呼救。附近的驱逐舰和单桅小帆船赶来营救，驱逐舰把这个半沉没的胜利者拖回港口。

有180多只各式各样和大小不一的伪装船被装备起来，同潜艇斗争，等到海军部完全承认伪装船的价值时，德国人也知道了这个秘密。但从1915年9月到1918年11月，伪装猎潜艇仍然击沉了11艘潜艇，击伤了至少60艘。大战期间，约有200艘德国潜艇被击沉，为此英国皇家海军动用了5000多只伪装船。

第一次世界大战于1918年11月结束。在这场战争中大约有6 500万人参战，1 000万人失去了生命，2 000多万人受伤。

列强对战后世界新秩序的基本构想

世界大战从某种意义上说，是世界整体化进程发展到一定程度，而世界秩序严重失调的产物。大战结束以后，作为处理善后事务的和平会议，应该更多地着眼于未来，构筑起较为理想的和平体系，使整个世界得以平稳发展。但是，当时掌握世界事务主导权的政治家们大多缺乏这种远见卓识，更多地关注于本国的利益得失。

巴黎和会于1919年1月18日至6月28日召开，共有32个国家的1000多名代表出席，苏俄被排斥在会议之外，德国及其盟国也没有资格列席会议。在会议期间，与会国全体会议只举行过7次，主要决定大权掌握在"最高委员会"手里，该机构最初由美、英、法、意4国政府首脑和外长加上2名日本代表西园寺公望和牧野伸显组成，俗称"十人会议"，后来又缩小为由美、英、法、意4国首脑组成的"四人会议"。由于意大利实力弱小，在"四人会议"中常遭冷落，实际操纵会议的是由美国总统威尔逊（1856—1924年）、英国首相劳合·乔治（1863—1945年）和法

巴黎和会

国总理克列孟梭（1841—1929年）组成的"三巨头"。

在三巨头中，只有威尔逊的方案在为美国利益服务的同时，还在一定程度上顺应了人类历史发展的趋向。威尔逊在就任美国总统前，曾担任过普林斯顿大学教授和校长，是一名学者型的政治家，自誉"理想主义者"。1918年1月8日，他在国会演说中提出了和平"十四点原则"，作为建立"世界和平的纲领"。其主要内容包括废除秘密外交，实现公海航行自由和贸易自由，限制军备，恢复各国被占领土，实现民族自决，公正处理殖民地问题，建立国际联盟等。该文件一方面是美国争夺世界霸权的总纲领，企图利用自己的经济优势和有利的战略地位，在"门户开放"的旗号下扩张自己的势力，在"民族自决"和"裁减军备"的幌子下削弱劲敌欧洲的霸权地位，并通过国际联盟取得对重大国际问题的干预权和世界盟主的地位，但同时也反映了时代的要求同世界人民的正义呼声有某种一致性，如以建立普遍性国际组织来适应世界一体化进程的发展，呼吁实行公开外交、民族自决等进步的原则等。威尔逊到达欧洲时，曾经被视作来自新大陆的新型政治家，受到民众的热烈欢迎。

美国由于参战晚，伤亡人数最少，总共不到40万人。而且在战争期间利用其本身远离战场、资金雄厚、资源丰富、劳动力充足的有利条件，加紧生产和输出军火、粮食和其他商品，进一步加强了自己在世界上的经济领先地位，从战前的债务国和资本输入国转变为债权国和资本输出国，到战争结束时美国集中了世界黄金储量的40%，但是，它的优势主要集中在经济方面，对于争霸斗争具有关键作用的军事实力，尚不能同英、法相比，而且它的军队没有单独占领他国领土。

对构筑战后世界新秩序具有较大发言权的是英国。它尽管在战争中遭到削弱，伤亡300多万人，损失70%的商船，变卖了50多亿美元的海外投资，并欠下美国50多亿美元的债务，但由于在战争中打败了德国海军，掌握着德国的大部分舰只，使自己的海军实力进一步增强。它不仅支配着原有殖民帝国的

巨大财富，而且在战争中占领了德国在非洲的全部殖民地，约260万平方公里，1000多万人口，占据了奥匈帝国名下的伊拉克、阿拉伯半岛和巴勒斯坦地区。

英国的目标是维护殖民帝国和海上霸主的地位，确保在战争中抢占的殖民地和其他利益。其对德国的态度前后有些变化。劳合·乔治政府在1918年年底举行的大选中，哗众取宠地许诺"要绞死德国皇帝"，逼迫德国偿付战争的全部费用，并且"要敲骨吸髓似地把德国压得再也翻不过身来"。但是在巴黎和会，它又回到传统的"大陆均势政策"上来，除了要消灭能够直接威胁英国利益的德国海军，严禁德国拥有空军外，不愿意过分削弱德国，而企图利用德国来遏制苏俄，牵制法国，在法德抗衡中渔利。可见，英国政治家纯粹是从英国自身的私利出发来考虑问题，违背了世界和人类的发展趋势。

法国在当时也有一定的发言权。它作为参战的主要国家和主要战场，在协约国方面损失最大，伤亡人数达400多万，工农业较发达的东北10省被德军占领过，物质损失计2000亿法郎，并在战争中欠下美国40亿美元和英国6.5亿英镑的债务。但它作为这场大战的主要战胜国，拥有世界上最强大的陆军，占领着莱茵河地区和巴尔干地区等欧洲战略要地，随着德、奥匈和沙俄三大帝国退出角逐，已成为欧洲大陆上最具争霸实力的强国。

法国要追逐的目标和手段，比英国更为褊狭和近视，除了分享德国的殖民地和奥匈帝国的属地外，主要是企图独揽欧洲大陆的霸权。为此，它要通过领土上肢解、经济上榨取、外交上孤立、军事上限制等办法，最大限度地削弱德国，使之永远降为二等国。

为了达到上述各自的目的，1919年1月18日至1920年1月21日，第一次世界大战的战胜国与战败国在巴黎凡尔赛宫召开和平会议。其间，协约国同德国于1919年6月28日签订了《协约及参战各国对德和约》，通称凡尔赛和约。

凡尔赛和约的基本内容是美、英、法三国构想妥协的综合。和约确定了战后德国的新疆界：将阿尔萨斯和洛林归还法国，向丹麦、波兰、捷克斯洛伐克割让大片领土；德国放弃其海外一切殖民地及领地，其中大部分被英、法、日所瓜分；限制德国的军备及确定德国的战争赔款。

凡尔赛和约只是暂时性的削弱战败国势力，但为它们以后的报复（发动"二战"）埋下了伏笔。同时，也确定了帝国主义在西亚、非洲等地区的统治地位。

欧洲政治地图的改划

经过第一次世界大战，俄罗斯帝国、德意志帝国、奥匈帝国和奥斯曼帝国全面崩溃，"凡尔赛体系"又对欧洲疆界作了较大调整，欧洲政治地图由此发生很大的变化。

芬兰曾在19世纪初被帝俄征服，成为俄罗斯帝国内一个大公国，俄国十月革命爆发后一个月重新独立，脱离俄国版图。

爱沙尼亚和拉脱维亚在历史上曾经先后被日耳曼人、条顿骑士团、波兰和瑞典占领过，18世纪被沙俄吞并。立陶宛一度是个欧洲强国，以后与波兰合并，18世纪又被沙俄吞并。俄国十月革命胜利后，这三个波罗的海国家分别于1918年2月、7月和8月宣布独立。以后立陶宛又获得原来属于德国的梅梅尔地区。

波兰于第一次世界大战结束后复国，其主体是战前帝俄版图内的"波兰王国"。法国为了削弱和包围德国，鼓吹建立"大波兰"，因此《凡尔赛条约》迫使德国划出"波兰走廊"给波兰，致使东普鲁士与德国本土分离。波兰走廊上的重要港口但泽成为国联保护下的自由市，但其外交和关税事务由波兰管理。波兰的东界原由协约国大致确定，以大多数居民的民族归属为原则，其走向大体与现今的波兰东界相吻合（因该线由英国外交大臣寇松作出重申，故称"寇松线"）。但是，因独立而处于亢奋状态的波兰统治者不肯接受这条线，他们要恢复1772年以前的边界，向东推进到第聂伯河一线，建立一个"从一海到一海"，即从波罗的海到黑海的大波兰。苏联为了保住新生的政权，决定以空间换取时间，在1921年3月签订的《俄波里加条约》中同意把两国边界划在"寇松线"以东150公里处，让波兰占据了西白俄罗斯和西乌克兰。

德国作为战败国，除了向波兰割让波兰走廊外，还把上西里西亚南部的古尔钦地区划归新成立的捷克斯洛伐克，把阿尔萨斯—洛林归还法国，向比利时割让欧本和马尔梅迪地区，向丹麦割让石勒苏益格—荷尔斯泰因地区。

奥匈帝国瓦解的结果，奥地利和匈牙利分离，分别成为独立的国家，捷克斯洛伐克独立。其余部分，加里西亚地区划给波兰，布科维纳和特兰西瓦尼亚地区划给罗马尼亚，特兰援诺和的里雅斯特割给意大利。斯洛文尼亚、克罗地亚、波斯尼亚和黑塞哥维那作为南部斯拉夫人居住地区，同塞尔维亚和门的内哥罗合并，成立"塞尔维亚—克罗地亚—斯洛文尼亚王国"，1929年改称"南斯拉夫王国"。

罗马尼亚同俄国的边界也发生变化。1918年1月，罗马尼亚趁着苏俄政权软弱之际，出兵占领了两国有争议的比萨拉比亚地区。翌年4月，协约国最高理事会也作出决定，将该地区划归罗马尼亚，但苏俄政府一直不承认这一变动。

第一次世界大战以后的欧洲领土调整，是在协约国打败同盟国的基础上进行的，战胜国在改划欧洲地图时，复仇的情绪和分赃的动机占了主导地位。法、英等国依恃自己的有利地位，严惩德国，压制奥地利、匈牙利和保加利亚，遏制苏联，扶持波兰、捷克斯洛伐克、罗马尼亚和南斯拉夫，使中东欧尤其是巴尔干地区的固有矛盾进一步激化。

在这次领土调整中，中东欧一大批国家走向独立，摆脱了大国的直接控制，这无疑是历史的进步。但是，中东欧政治地图的"巴尔干化"在20世纪前半期特定的历史条件下，容易导致欧洲局势动荡，给潜在的侵略者提供可趁之机。

在欧洲地图改划的过程中，各国内部主体民族和少数民族的问题更加复杂化。为此，有些国家由政府出面交换人口，更多的则是民众自发地越界定居，使移民数量急剧增加。尽管如此，很多国家还是拥有不少少数民族。20年代初期，这些国家以不同的形式作出承诺，保证给予少数民族成员在政治、经济、教育和宗教生活方面的平等权利，但是在具体实施过程中，各国间的差异较大。民族矛盾尖锐的国家容易成为动荡和战争的导火线。

法西斯运动的兴起

（一）法西斯的产生背景和内涵

法西斯是世界现代化和一体化发展进程的产物，它是资本主义社会陷入政治、经济、社会全面危机，或处于局部失调状态时，以克服危机、改造社会、实行扩张为目标的反动社会思潮、政治运动和政权形式。

20世纪前半期，进入垄断阶段不久的资本主义社会处于全面调整时期，危机和战乱不断。同时，资本主义以更强的力度排挤前资本主义生产关系，使得小生产者加剧分化。中间阶层在自由资本主义时期就是一个人数众多但地位极不稳固的阶层，随着资本主义的发展，一些封建属性较强的小生产者面临被淘汰的威胁，其他的面临分化的威胁，这种分化使极少数人有可能上升为资产阶级，大量的只能被抛进无产者的行列。在全面危机的形势下，各阶级阶层的人士都在政治上活跃起来。共产党领导的无产阶级革命，是冲击资本主义统治的主流，同时还

有各种支流，其中最突出的是极端民族主义和小资产阶级社会主义两股思潮所合成的集团。参加这些集团的成员要求建立"民族社会"以取代现存的资本主义社会，在他们的幻想中，这种"民族社会"排除了外来民族成员的竞争，确立起对其他国家的优势乃至统治地位。内部则消除阶级冲突和分化，结成"民族共同体"，求得本民族内部的和谐发展。

在法西斯产生过程中，第一次世界大战起了很大的作用。这次大战本身是资本主义制度的产物，反过来又对资本主义社会产生巨大的冲击。战争期间，政府为了保证物资供应，加强对经济生活的干预，重点扶持大企业，中小企业相应地受到排挤，大量的中小企业主破产。战争所造成的通货膨胀和物价上涨，首先对下层民众造成沉重的打击。在战后初期的经济危机中，大量的工人失业。同时，伴随着战争结束，大量的军人离开军队，从受人敬慕和向往的地位一下子滑入无业者的行列，成为社会的破坏力量。所有这些受打击者，都强烈要求变革现状，寻求心目中的"理想社会"，推动法西斯运动在不少国家先后产生。

另外，第一次世界大战末期和战后初期，爆发了俄国十月社会主义革命和欧洲其他国家的无产阶级革命运动，西方国家的统治阶级害怕资本主义制度被推翻，因而积极纵容和支持反苏反共势力，而一部分中下层民众则害怕社会主义革命会消灭私有制，因而投向既反对资本主义制度、鼓吹民族复兴和扩张，又主张保存私有制的法西斯组织。

法西斯还是民族主义情绪恶性发展的产物。后起的帝国主义国家走上争霸的舞台时，世界已经瓜分完毕，这些国家的统治者为了从老牌帝国主义国家手中夺取殖民地和势力范围，往往狂热宣传民族沙文主义，把全国上下的民族优越感和对外扩张意识推到顶点。然而第一次世界大战的结果，德国战败，非但争霸世界的迷梦打得粉碎，而且被套上凡尔赛条约的枷锁。意大利和日本尽管跻身战胜国的行列，但是在战后世界安排中没有分得预期的份额。三国国内民族复仇主义和民族扩张主义情绪恶性发展。

在欧洲其他国家内，则有另外的原因。20世纪初，随着资本主义经济进一步发展，世界整体化和各国城市化的进程进一步加快，各国之间的人员流动增加。很多犹太人进入经济发达地区，在新兴的金融业和传统的商业领域迅速发展，很快取得优势地位，这样就强化了欧洲各地早已根深蒂固的反犹情绪。在欧洲经济发展过程中，东欧民族成员纷纷涌向经济发达的中、西欧国家，他们原来的生活水平不高，能够接受较低的工资报酬，在就业方面具有较强的竞争力，因而引起当地民众的不满和反对。此外,第一次世界大战后东南欧一带的疆界变动,造成很多少数民族问题,也促使一些地方出现法西斯组织。

对于法西斯的内涵或定义,中外学者曾经作出过种种回答,这些答案基本上分布在两个极端之间。一个极端是把内涵尽量缩小,其中内涵最窄的,是仅仅承认意大利的"国家法西斯党"是法西斯,而否认日本有法西斯,甚至认为纳粹也不是法西斯。更普遍的倾向是把法西斯的内涵高度抽象,概括为"对内实行独裁统治,对外推行侵略扩张"。这样,几乎可以把古今中外一切实施对外扩张的独裁政权,以及鼓吹实施此类内外政策的组织和个人,都归入法西斯的范畴。在不少情况下,"法西斯"甚至成了攻击政敌的咒语。然而,概念运用的随意性对人类发展是有害的。内涵太窄了,容易使一些新法西斯组织漏网;太宽了,容易扩大打击面,不利于组建反法西斯统一战线。

法西斯的共性表现在以下六个方面。

德国纳粹元首希特勒像

第一,法西斯是人类历史进入20世纪后才出现的现象,它是资本主义进入垄断阶段以后的产物。

第二,法西斯鼓吹极端民族主义或民族沙文主义,都以各自民族历史中某一段"辉煌"时期为资本和楷模,要求重振本民族的国际地位,侵略和奴役其他民族。在纳粹运动内,极端民族主义与种族主义紧密交织在一起,种族主义理论成为极端民族主义的重要思想根源和精神支柱。

第三,法西斯鼓吹弱肉强食的社会达尔文主义,歌颂暴力和战争。希特勒在《我的奋斗》一书中声称：大自然在地球上产生了生物，听任各种力量的自由活动，然后把主宰的权利授予最勇敢和最勤劳的强者，强者必须统治弱者，"人类在永恒的斗争中壮大，而在永恒的和平中只会灭亡"。墨索里尼声称"法西斯主义不相信持久和平的可能性与有益性，拒绝掩饰着在牺牲面前放弃斗争和怯懦心理的和平主义"。日本法西斯主义者也鼓吹日本有"对外开战之积极权力"。需要指出的是，法西斯歌颂暴力和战争，不仅仅是作为实现对外扩张计划和民族沙文主义要求的手段，也是维持所谓"优等种族"内在素质的必要途径。

第四，法西斯运动的社会基础是以小资产阶级分子为主的中下层民众。这些民众在政治、经济和社会危机的打击下，对现实不满，要求改造社会，用心目中的理想社会来取代现实社会。但是，法西斯运动像其他某些运动一样，它对现实世界的反抗很快就走火入魔，走向反面，它所实施的那一套，远不如它所反抗的世界。

第五，法西斯既反对马克思主义的科学社会主义，又反对传统的资本主义，鼓吹寻求"第三条道路"，强调并实行本民族内部的阶级调和与阶级合作。德国纳粹运动鼓吹要建立既排除犹太人、又消除德意志人内部阶级斗争的"德意志社会"或"民族社会"，掌权后以"德意志劳动阵线"为载体，实施一些体现阶级合作的措施。意大利法西斯叫嚷一方面要"战胜马克思主义"，另一方面要废除"陈腐的资产阶级政治制度"，积极宣扬作为"第三条道路"的职团主义，鼓吹建立超阶级的"职团国家"，并在巩固独裁统治后付诸实施。日本法西斯分子也宣扬要对国家实行"右翼的国家主义改造"，声称明治维新面临"勤王"和"兴民"两大任务，但实际上只是确立了"君"的神圣尊严地位，"民"却呻吟在黄金（财阀）的压迫之下，他们要求实施第二次维新，"兴民讨伐"，排除"黄金大名"的压迫。日本天皇制法西斯体制形成后，在工业领域组建以"劳资一家"为指导思想的"大日本产业报国会"，在农村则建立"日本农业报国联盟"。

第六，法西斯宣扬和推行独裁统治，认为独裁制符合人类社会的天性，是提高本民族内在实力和国际地位的最佳手段。法西斯国家在政治上推行独裁制，废除多党制，降低议会的作用，经济上实行强有力的国家干预，文化上实施"文化专制主义"，严禁非法西斯文化传播，社会管理上以职团制、民族共同体、家族国家等不同形式，将各阶层居民按职业、年龄、性别等多层次多系统地组织起来，构成严密的统治网络，实行准军事化的管理。

综合上述法西斯的共同特性，可以看出，法西斯是垄断资本主义阶段，在现实社会出现危机或局部失调状态时，以克服危机、改造社会、实行扩张为目标的政治运动。作为法西斯群众基础的小资产阶级，不是新的生产方式的代表者，它不可能建立起一种超乎于社会主义和资本主义制度之外的社会制度。其最终的政治归宿，不是转向无产阶级，成为新民主主义革命的同盟军，便是投靠资产阶级，成为资产阶级利益的实际代表者。但是，法西斯主义鼓吹民族沙文主义、弱肉强食的社会达尔文主义、极权统治和反共，几乎从一开始就注定了投向大资产阶级的方向。

（二）法西斯的类别

20世纪的法西斯从类别上可分为东方法西斯和西方法西斯。

东方法西斯以日本为代表。日本法西斯体制的确立，首先由军部在对外扩张的过程中法西斯化，随后法西斯化的军部同宫廷、官僚、财阀等权势集团相结合，依靠发动战争等外部事件的刺激，取得对国家政权的支配，逐步把近代天皇制向天皇法西斯体制推进。

西方法西斯以德、意两国为代表。典型特点是有一个由强有力的党魁领导的群众性的法西斯政党，在取得全国政权的基础上，废除议会民主制，全面确立法西斯体制。

西方法西斯又可分为两大流派。一大流派是意大利的法西斯，其源头和核心都是意大利国家法西斯党。与这一流派类似的法西斯政党主要有：英国的"不列颠法西斯蒂"（1924年成立）和"英国法西斯主义者联盟"（1932年成立），法国的"束棒"（1925年成立）和"火十字团"（1927年成立），西班牙的"民族工团主义进攻团体"和"长枪党"（都于1931年成立），奥地利"卫国军"（1927年成立），比利时的"民族运动"（1924年成立）和"雷克斯运动"（1932年成立）。

另一大流派是中欧的民族社会主义（简称"纳粹"）运动，其源头是奥匈帝国境内的德意志民族社会主义工人党，而核心则是德国的民族社会主义德意志工人党。属于这一流派的法西斯政党有：匈牙利"镰刀十字党"（1931年成立），"匈牙利民族社会主义农业劳动者与工人党"（1932年成立），芬兰的拉普阿和"人民爱国运动"（1932年成立），荷兰"民族社会主义运动"（1931年成立），罗马尼亚"铁卫军"（1927年成立），"丹麦民族社会主义工人党"（1930年成立），瑞典"民族统一运动"（1925年成立），"瑞典民族社会主义自由同盟"（1930年成立），瑞士"新阵线"和"民族阵线"（都于20世纪30年代初成立），捷克斯洛伐克"苏

台德德意志人党"（1935年成立）。此外，巴西的"整体主义行动党"（1932年成立）也属于这一流派。

当时德意两国的法西斯运动都取得较大的进展，对各国的法西斯运动具有同样的吸引力，因此两大流派的法西斯组织都吸取了对方的不少特点。此外，个别法西斯组织还出现中途改换模仿对象的现象，如"瑞典法西斯主义战斗组织"1926年成立时以意大利法西斯为楷模，但从1930年起改而效法德国纳粹党，党名也改为"瑞典民族社会主义党"，1938年起又淡化对德国党的模仿。克罗地亚"乌斯塔莎"组织早期投靠意大利法西斯，30年代后期转向德国。葡萄牙萨拉查（1889—1930年）独裁政权模仿意、德法西斯国家的某些统治形式，组建起法西斯式样的"总体国家"。在奥地利，则出现两大流派的法西斯组织共存的局面。

（三）意大利法西斯运动和法西斯专政

意大利法西斯运动的创始人是墨索里尼（1883—1945年），他出生于铁匠家庭，早年当过建筑工人、屠宰工人、送货人和小学教师，17岁加入意大利社会党。他热衷于出人头地，但一度也是个狂热的革命者，主张通过阶级斗争推翻资本主义制度，彻底废除私有制。1912年成为社会党执行委员和机关报《前进报》主编。第一次世界大战刚爆发时，他还持反战的态度，但是两个月后即改变立场。主张站在协约国一边参战，因而被社会党开除。不久，他在接管"国际行动革命法西斯"组织的基础上，联合其他类似的团体，成立了"革命行动法西斯"组织，旨在推动政府参战。当时使用的"法西斯"一词是拉丁语Fasci，意为"联盟"或"队"。为19世纪末20世纪初不少工农群众的革命组织所采用。

1917年2月，墨索里尼因负重伤离开军队，到意大利人民报社供职。这时他的思想发生较大的变化，公开谴责马克思主义是"一堆废墟"。第一次世界大战结束后，他

意大利法西斯运动的创始人墨索里尼

于1919年3月成立"战斗的意大利法西斯"组织，提出实行普选、没收战争利润、对资本课本以累进性特别重税、实行8小时工作制、建立国家民兵等一系列要求。当时他还是打算从左的角度去反对现存制度，但是在1919年11月的全国大选中，法西斯组织连一个席位也未得到，而社会党却获得约1/3的议席。由此他决定改从右的角度去发起攻击，同社会党争夺地盘。此后法西斯组织接连修改纲领，抛弃了原来的口号和要求，提出了极端民族主义、生存空间论、国家至上论、领袖主宰制、职团主义等奋斗目标，至1921年11月，连组织名称也改成"国家法西斯党"。此时"法西斯"一词采用意大利文"Fascis"，意指"束棒"，是古罗马时期高级长官出巡时扈从们肩负的标志物，为一束中间插着战斧的棍棒，象征权力和暴力。

法西斯党改名后，即着手夺取全国政权。墨索里尼按军事建制改组全党，指令法西斯分子对社会党人和其他民主势力大打出手，逐个夺取地方政权。社会党等组建了反法西斯的"全意劳动联盟"，并于1922年8月举行政治总罢工，但未能抑制住法西斯的发展势头。1922年10月，法西斯领导集团开会，决定在夺得一大批地方政权的基础上"向罗马进军"。会后，三万名法西斯分子分数路向罗马进发。意大利统治集团内部发生意见分歧，最后国王任命墨索里尼上台组阁。

墨索里尼政府执政之初，被迫采取多党联合政府的形式，在第一届政府14名成员中，法西斯分子只占4名。但是经过6年的改造，到1928年全面确立了法西斯体制。

墨索里尼上台不久，即解散包括法西斯武装战斗队和皇家卫队在内的各党派的武装力量，组建"国家安全志愿民兵"作为法西斯正式的武装力量。1926年底又借口接连发生几起谋刺墨索里尼事件，解散了其他所有政党，实施一党独裁。

为了确立个人独裁统治，1923年初建立了"法西斯最高委员会"，墨索里尼自任主席。该机构最初只是党的领导机构，1928年起同时成为"国家最高权力机关"，有权提名政府成员名单，颁布涉及国家政治、经济、社会生活各方面的法律与法令，圈定议会候选人名单以及参与决定王位继承人和国王的权力和特权。

为了控制议会，墨索里尼两次修改选举法，逐步取消民主，加强法西斯集权。1923年11月，他强迫议会通过新选举法，取消原来实行的"比例代表制"选举原则，规定获得选票最多的政党有权占据议会2/3的席位。1928年5月，他又颁布新的选举法，规定各职团和其他社会团体可以在大选前推举1000名候选人，然后由法西斯最高委员会在其中圈定400名，交给选民作整体性投票；选票

墨索里尼在演讲

上无候选人名单，仅印有"你赞成法西斯党圈定的候选人名单吗？"字样，选民只能用"赞成"与"反对"来表达态度，如果赞成票超过半数，则400人全部当选。通过这一办法，法西斯党绝对控制了议会。但到1938年年底，当局又取消了下议院，代之以"法西斯党和职团议会"。

在经济领域，法西斯采用"国家参与制"实施干预。1933年1月，政府为了应付经济大危机，组建了"工业复兴协会"（简称"伊利"），负责对企业实施"急救手术"和长期投资，结果"伊利"在各产业部门资本总额中逐渐占到21%至83.15%的比重。1935年以后，"伊利"为了进一步加强对经济生活的干预，逐个建立了机械、钢铁、海运、电力、电报电话、军工生产、造船等7个控股投资公司，作为实施"国家参与制"的工具。到30年代后期，国家控制了全国3／4的工业生产能力。

意大利法西斯体制的特色之一是组建了"职团制"。1926年，政府颁布《集体劳动关系的法定组织法》，规定法西斯工会拥有解决劳资之间全部问题的垄断权。随后，基层法西斯工会转变成"雇员辛迪加"，资本家组成"雇主辛迪加"，在基层组织之上，逐级设置"辛迪加行省小组"和"辛迪加联合会"，中央一级设置9个"全国辛迪加联盟"。1927年，政府又颁布《劳动宪章》，规定建立"保卫民族利益"的"职团"，由雇主辛迪加、雇员辛迪加、法西斯党等各方代表组成，作为雇主组织和雇员组织之间的联络机构。至1934年，全国以生产系统为基础建立了22个职团，其上为全国职团委员会和职团中央委员会，受内阁职团部领导。1938年取代下议院的"法西斯党和职团议会"由全国职团委员会、法西斯最高委员会和其下属组织法西斯全国委员会三者组成。职团体制的功能是多方面的，它主要是实施社会协调的工具，同时也用于干预经济生活和强化极权统治。据当局宣称，职团制度旨在建立经济上完整的国家，以补充19世纪意大利统一运动的政治成果；职团国家既非资本主义性质，也非社会主义性质，是特殊的超阶级的国家，能保证阶级合作和民族统一。

（四）德国纳粹运动和纳粹专政

纳粹运动最早兴起于奥匈帝国境内。1904年，波西米亚地区的德意志工人为了应付捷克移民的竞争压力，组织起"德意志工人党"。1918年春天，又把党名改成"德意志民族社会主义工人党"。奥匈帝国瓦解后，该党分成奥地利、捷克斯洛伐克、波兰三个分支，但不久又联合组成"德意志民族社会主义运动国际局"，并敦促德国的类似组织参加活动。

希特勒与墨索里尼在一起

在德国，慕尼黑机车厂熟练工人德莱克斯勒和报社记者哈勒曾于1918年组建了"独立工人委员会"和"政治工人集团"两个小团体，不久又把两者合并，组成名为"德意志工人党"的小资产阶级政党，鼓吹维护中产阶级的利益。1919年秋，希特勒（1889—1945年）奉陆军政治部之命调查该党。希特勒出生于奥地利没落的小资产阶级家庭，从小受到民族主义和种族主义思想的熏陶，逐渐形成了民族沙文主义、种族主义、反犹主义、专制主义和反马克思主义的世界观。他决定利用这个默默无闻的小党作为实现自己政治抱负的工具。

希特勒入党不久，就将党名改成"民族社会主义德意志工人党"，简称"纳粹党"。不久，纳粹党领导集团在综合各种意见的基础上，形成了党纲，即《二十五点纲领》，并在1924年2月24日的群众集会上对外公布。

《二十五点纲领》是一个大杂烩，但主要渗透着两方面的内容，一是德意志的民族沙文主义，二是小资产阶级的社会改革要求。就德意志民族沙文主义来说，纲领又具有两层含义。

（1）为建立"民族国家"的要求，具体体现在"第四款：只有本民族同志才能成为公民。不分职业如何，凡是具有德意志血统的人才能成为本民族同志。""第六款：只有公民才享有决定国家领导和法律的权利。因此我们要求任何公职，不管何等种类，不管是国家、邦或区一级，都应由公民来担任。""第七款：我们要求国家首先提供就业和生活的可能性。如果不能养活全国居民时，就应把外国人（非公民）驱逐出境。"和"第八款：阻止非德意志人迁入境内。我们要求迫使1914年8月2日以后迁入德国的非德意志人立即离开德国。"等条款上。

（2）为打破凡尔赛条约的束缚，实行对外扩张的要求，具体体现在"第一款：我们要求一切德意志人在民族自决权的基础上联合成为一个大德意志国。""第三款：我们要求得到领土和土地（殖民地）来养活我国人民和迁移我国过剩的人口。"小资产阶级的社会改革要求，具体体现在"第十一款：取缔不劳而获的收入，打碎利息奴役制。""第十二款：鉴于每次战争给人民带来生命财产的巨大牺牲，必须把个人发战争财当做对人民的罪行，因此我们要求没收一切战争利润。""第十三款：我们要求对所有（到目前为止）已经组合起来的企业（托拉斯）实行国有化。""第十四款：我们要求参加大企业的分红。""第十六款：我们要求建立和维护一个健康的中产阶级，要求立即将大百货公司充公，廉价租赁给小工商者，要求在国家和各邦区收购货物时特别照顾一切小工商者。""第十七款：我们要求实现一种适合我国需要的土地改革，要求制定一项为了公益而无代价地没收土地的法令，要求废除地租，要求制止一切土地投机倒把。""第十八款：我们要求对损害公益的行为作坚决斗争。对卑鄙的卖国贼、高利贷者、投机商等应处以死刑，不必考虑其职业和种族"等条款上。这些条款有着强烈的反对垄断资本和反对大地主的倾向，但又要求保存私有制，属于一种带有封建色彩的小资产阶级社会主义或自耕农式的社会主义的空想。

纳粹党原来实行集体领导制，1921年夏，希特勒趁党内发生争执之机，以要挟手段取消委员会领导制，确立了"领袖原则"，自任党的"元首"。

1923年，鲁尔危机导致德国局势动荡不安，希特勒趁机于11月发动"啤酒馆暴动"，企图仿效墨索里尼的"罗马进军"，以慕尼黑为基地，向柏林进军，在全国建立纳粹统治。由于当时该党的规模和影响都比较小，政变缺乏群众基础，而统治阶级也不愿意放弃魏玛政治体制，因此暴动很快失败，希特勒锒铛入狱。

希特勒在服刑期间，总结"啤酒馆暴动"失败的教训，决定此后一要争取得到统治集团的支持，走合法斗争的道路；二要争取群众的支持，扩大纳粹运动的群众基础。他提前出狱后，一方面重整陷于分裂的纳粹党，排挤热衷于小资产阶级社会改革要求的"北方派"成员；另一方面加紧讨好垄断资产阶级，同鲁尔地区重工业垄断资本集团建立了稳定的关系。

经济大危机爆发后，希特勒抓住千载难逢的机会，开展全方位出击。他利用民众强烈要求改变现状和打破凡尔赛体系束缚的心态，发动大规模的宣传攻势，举起"复兴德意志民族"的旗帜，极力鼓动推翻魏玛政府，许诺上台后将向民众提供强有力的国家保护，组建"民族共同体"，并向各阶层人士开出满足他们需求的"礼品单子"。为了增强宣传效果，纳粹党充分利用先进的宣传媒介与工具，大搞情感宣传、直观宣传、口头宣传和饱和宣传。同时，希特勒积极同垄断资产阶级和国防军拉关系，推动鲁尔重工业集团演变成"纳粹工业集团"，并吸引了一批中级军官支持纳粹党。在各种因素的推动下，纳粹党的力量和影响越来越大，党员人数从1929年的15万上升到1932年的100万，并从20年代的国会小党跃升为1930年的第二大党，1932年7月选举后，进一步跃升为第一大党，拥有了同统治阶级讨价还价的资本。1932年起，德国的统治危机不断加深，政坛阴谋层出不穷，最后希特勒被权势集团所接纳，于1933年1月30日担任联合政府总理。

大萧条时期

主导了20世纪30年代的经济萧条是国际性的。这场萧条引起的经济震荡在西欧和美国尤为严重。作为世界出口国的拉丁美洲、非洲和日本也被深深地卷入其中。大萧条促使各国政府采取了新的政策，但是在许多国家也刺激了极端政治

势力的发展。大萧条起因于欧洲和美国工业经济中的新问题，世界其他地区长期以来的衰弱也是原因之一。结果是一场几乎给每一个社会都带来政治和经济压力的全球范围的崩溃，只有几个国家的经济免遭劫难，国际经济混乱紧随战争中的国际大混乱之后来临了。

（一）经济动荡的原因

第一次世界大战对欧洲经济的冲击导致了20世纪20年代早期的严酷年代。由战争引发的

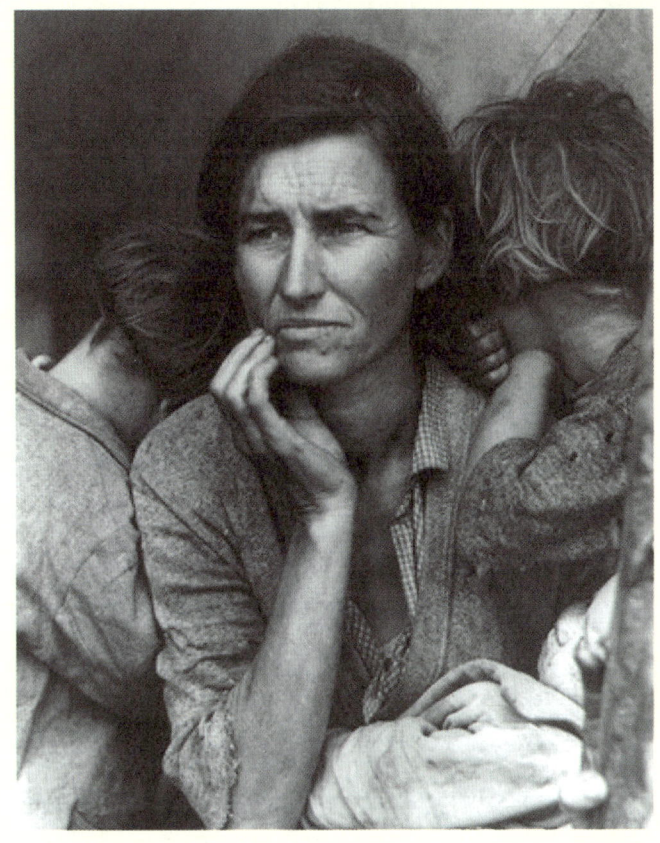

大萧条时期的美国民众

通货膨胀是德国特有的问题，那里每天物价飞涨，一般的购物都要使用大量的货币。在1923年，强有力的政府行为最终挽救了这场危机，但这是通过其货币单位马克的大幅贬值才做到的，它对于恢复失去的财富没有起到丝毫作用。英国作为工业先驱和战前已经萧条的地区恢复得更加缓慢，其部分原因是由于它过分依赖已经开始更普遍竞争的出口市场。

结构性问题除了对英国外也对欧洲其他地区产生了影响，并持续到和平时代的再调整时期。包括美国在内的整个西方世界的农场主，几乎都面临连年的食品生产过剩和由此而产生的价格低落问题。为适应战时需要，食品生产已经大幅提高，在战后的通货膨胀时期，很多西欧和北美农场主过分乐观地相信他们良好的市场将会维持下去，所以大量借款购买新的设备。但欧洲产品的增长加上从美国的大量进口，使得价格下跌，这使债务难以偿还。后果之一就是农村人口大量迁出。剩余的农场主要经受沉重的压力，已经不能保持对工业产品很高的需求了。

此外，绝大部分世界经济中的依附性地区、殖民地国家和与之类似的非殖民地国家都承受着严重的灾难。把农产品输往西欧的众多东欧小国的生产过剩趋势更加明显，在生产热带作物的非洲和拉丁美洲也是这样。在这些地区，人们为追求出口收益的努力促使当地的大土地所有者扩大了咖啡、糖和橡胶等产品的生产。欧洲的政府和商人把他们的非洲殖民地组织起来进行更有利可图的开发，他们还建立起大规模的种植园来从事这类产品的生产。生产经常超过需求，不仅使非洲也使拉丁美洲产品的价格和收益降低。这意味着很多殖民地和依附性的经济体系没有能力购买很多工业产品，恰好削弱了对西方商品的需求。

主要工业国家的政府在20世纪20年代出现的危机中并未充分发挥领导作用。民族主义的利己思想占据了统治地位，与平衡世界经济增长相比，西方国家更关心的是他们自己对外贷款的回收或者是制定关税壁垒来保护其本国工业。奉行传统自由贸易的英国和很多东欧新国家都在实行的保护主义减少了市场机会，使已经很糟的局面更加难以收拾。意大利则在法西斯主义指导下转向了一个新的政府体制。

（二）崩溃与危机

1929年10月，纽约股市崩溃，大萧条正式开始了。当股票发行达到了一种极其疯狂的程度时，投资者很快失去了信心，股票价格大跌。严重依赖股票投资的众多美国银行迅速受到金融危机的影响，许多金融机构破产，把它们的投资者也拖向了深渊。甚至在崩溃之前，美国就已经开始回收其较早时候向欧洲发放的贷款。当金融体系的一个基石被抽离之后，整个经济体系就迅速崩溃了。紧随美国危机之后，奥地利和德国的主要银行也破产了。整个西方大部分工业国的投资资金随着其债权人的破产和想要向债务国收回贷款而干涸。

随着投资的减少，工业生产迅速下降，从生产基础产品的工业部门开始，很快扩展到了生产消费品的生产部门。产量的下降（到1932年，生产水平下降了1／3）意味着工作职位的减少和工资的降低，这又反过来使经济需求进一步萎缩，并导致了进一步的困难。新的问题在面临着失业或工作时间减少和收入降低的工人和中产阶级之间出现了。统计数字是可怕的：西方国家高达1／3的蓝领工人长期失去了他们的工作。白领阶层的失业现象虽然不是同样严重，但也是空前的。在德国，到1931年，在400万白领工人中有60万人失去了工作。大萧条恶性循环，从1929年到1933年间持续走向恶化。

（三）世界范围的冲击

一些国家从萧条中缓和了过来。苏联在共产主义者控制下正忙于建设一个工业社会，它断绝了除一些最不重要的经济纽带之外与所有其他国家之间的经济联系，以实现"在一国建成社会主义"的目标。其结果是使被号召不用外部资金来保持工业迅速发展的苏联人民遭受了更大的困难，但也确实使苏联得以阻挡20世纪30年代发生的经济萧条。苏联的领导者骄傲地指出，与当时西方资本主义国家的灾难相反，苏联并没有严重的失业情况，而且生产率在稳步增长。

大萧条时期失业的美国工人

然而对于世界上其他大部分地区来说，大萧条加重了本已十分恶劣的经济状况。随着生产衰落和收入的减少，西方市场能吸收的外国商品更少了，因此，那些生产食品和原材料的国家的产品价格和收入比以前降低得还要多。失业率在拉丁美洲出口经济中的迅速增长使这些国家面临了与西方领导者所面对的同样的政治挑战。

日本作为一个仍严重依赖出口收入为其进口必要的燃料和原材料提供资金的新兴工业国也遭受了沉重的打击。对其出口的奢侈品丝绸的购买力崩溃了，导致了大量失业，并再一次引发严重的政治危机。日本的农民沦落到了吃树皮的境地。

1929 年到 1931 年，日本的出口额下降了 50%，工人的实际收入几乎下跌了 1/3，超过 300 万人失业。虽然日本的经济在遭到最初的打击后出现了强烈的回升，但造成一些地区歉收的经济萧条使得一些农村人口外出乞讨和处于饥饿的边缘。

对拉丁美洲来说，大萧条刺激产生了新的有成效的政治措施，尤其是国家更多地卷入到制订计划和进行宏观调控的事务中。新政府的努力并未改变大萧条带来的经济结果，这种萧条超出了大多数单一国家的控制之外，但这类努力在拉丁美洲国家的政治发展中开辟了一个重要的新阶段。对于日本，经济萧条增强了对西方的怀疑并推动了新的旨在于亚洲赢得更稳定的市场的领土扩张主义。在西方，经济萧条导致了能够刺激需求，帮助恢复信心的新的福利计划，但也导致了像德国的纳粹主义那样的极端化的社会和政治运动。这些反应中的共同之处是其全球性，这种性质使得无法采取任何单纯的国家政策以重建全面的繁荣。甚至连吹嘘说没有失业的纳粹德国，除了要依赖军事生产的不断增长之外，也要继续面对低工资和其他的一些混乱局面。

最后，对经济萧条的反应，包括在很多地方决策圈内外出现的无能为力感和困扰，都成了20世纪上半期最后一次大危机，即又一次更全面的国际性战争的成因之一。国际联系和重新平衡再一次发生了强烈的转变。

第二次世界大战

第二次世界大战发生于1939年9月1日—1945年9月2日，是以德国、意大利、日本法西斯轴心国等为一方，以反法西斯同盟和全世界反法西斯力量为另一方进行的第二次全球规模的战争。

第二次世界大战在1939年正式爆发，但事实上是经历了20世纪30年代一系列冲突的准备之后发生的。战争的原因是全球性的，从欧洲贯穿到东亚。日本和德国的新政权蓄意走向军事扩张，使亚洲和太平洋地区以及欧洲和地中海布满了战争的阴云。欧洲和北美其他强大国家做出的软弱无力的反应最终导致了民族主义的兴起和意识形态分裂。其中包括西方对苏联共产主义政权的普遍怀疑。

（一）新独裁主义政权

悲剧是以军国主义政府作为国家主要力量的出现为开始的。经济萧条的早期阶段在日本引发了日益深化的政治分裂，尤其是各种极端民族主义团体的兴起。这些团体中的一部分用神道教和儒学反对西方的价值观，其他团体则主张建立一个摆脱议会束缚和传统影响的纳粹式的独裁政府。由许多青年军官支持

"七七事变"后的侵华日军

的一个军事集团主张建立一个在他们控制下的"防御国家"。这一团体在1932年袭击了重要的政府和实业机构,刺杀了首相。结果,出现的局面令主要团体都感到失望,一个年迈的海军将领实行了四年的温和的军事统治。1936年和1937年,在另一个军官领导的叛乱失败以后,日本重新被一个强硬的军事政权所统治。虽然日本选民仍然支持比较温和的政党,但领导权日益落入军国主义者的手中。

军事统治在一场区域性外交危机的发展中强化了。在20世纪20年代后期,中国国民党似乎正在1911年后统一混乱的国家的进程中取得进展。这种成功使日本那些军事领袖们非常担忧,他们想要控制中国东北,将之作为他们的殖民地朝鲜与苏联之间的缓冲区。事实上,日本自从1905年战胜了俄国以后就已经控制了中国东北的军阀。由于害怕失去这一势力范围,也由于东京软弱的文官政府没有进行阻挡,日本军队于1931年开进了中国东北,宣布其为一个独立的国家。国际联盟谴责了日本的行为,但这种做法根本无效,日本干脆退出了国际联盟。这为下一轮危机的到来奠定了基础。1937年7月7日,"七七事变"爆发,日本发动对华战争,第二次世界大战在远东地区爆发了。

同时,一场更具有决定性的政权变化在经济萧条引发了政治混乱的德国发生了。由阿道夫·希特勒领导的国家社会主义（纳粹）党在20年代中期开始死灰复燃。纳粹主义倡导的东西很多，但其领导者的目标是推行一种能够扭转凡尔赛和约的耻辱，给德国带来军事荣耀和新领土扩张的侵略性的外交政策。在保守党人的支持下，1933年，希特勒合法地取得了权力。保守党人错误地认为他们能够控制希特勒。但是希特勒很快废除了议会的统治权，建立了一个由他自己统治的极权主义国家。

纳粹国家是一个蓄意制造战争机器的政权。希特勒扩大武器生产，创造了很多新的工作机会，同时建立起了军队和独立的纳粹武装力量。在希特勒看来，国家的实质是权威，国家的作用就是进行战争。

希特勒的崛起刺激了意大利的独裁主义政权。在意大利，由贝尼托·墨索里尼领导的法西斯主义国家早在20世纪20年代就形成了。墨索里尼曾经像希特勒一样做出过推行侵略性外交政策和实现新的民族主义荣耀的承诺，但他在掌权的前10年却执行了比较温和的外交政策。随着希特勒执政，墨索里尼开始了更加大胆的尝试，企图避免在希特勒的声势下显得暗淡无光。这是世界政治中的另一个不安定因素。

（二）走向战争的步骤

希特勒首先采取了行动。他停止支付德国的战争赔款，以此否认凡尔赛会议的有关裁定；他退出了一个裁军的会议，并且退出了国际联盟。1935年，他宣布重整德国军备，并于1936年将军队开进了莱茵地区，这两个举动都进一步破坏了凡尔赛的裁定。当这些挑战引起了来自法国和英国的一片反对声，但却没有什么更严肃的举动发生时，希特勒加速了其增强德国力量的步伐并进行了最终导致第二次世界大战的新的外交冒险。

1935年，墨索里尼袭击了埃塞俄比亚，并计划对意大利的失败进行报复，夺回19世纪90年代帝国主义高潮期间他们所拥有的土地。国际联盟再一次谴责了这一行为，但是又一次，无论是国联还是欧洲的民主强国以及北美都未采取任何实际行动。结果，在经过一些艰苦的战斗以后，意大利人获得了新的殖民地。

1936年，一场国内战争席卷了西班牙，独裁主义和军事领导者们与共和党人和左翼人士陷于战争状态。德国和意大利迅速开始支持西班牙右翼，向其输送补给品和军队，并在诸如轰炸平民目标之类的事情中大显身手，而且从中进行了必要的军事训练。法国、英国和美国虽然含糊地表示支持西班牙共和国，但仍然未就具体行动达成任何协议，只有苏联对西班牙政府提供了有效的支持。到1939年，共和国军队在西班牙内战中被打败。

1938年，希特勒宣布实现了他寻求已久的德国与另一个日耳曼民族国家奥地利的合并。西方列强表示不满和谴责，却没有采取任何行动。同年，希特勒派兵进入了捷克斯洛伐克的德语区。战争一触即发，但慕尼黑会议却使法国和英国领导者们相信，希特勒也许会满足于他已经获得的东西。由于英国首相内维尔·张伯伦被希特勒表面上寻求妥协的愿望所欺骗，捷克斯洛伐克被支解了，其西部的苏台德地区被割让给德国。张伯伦还声称他的姑息赢得了"我们这个时代的和平"（事实上这一"时代"只维持了短短的一年多）。从西方的软弱中得到鼓励，希特勒于1939年3月全部吞并了捷克斯洛伐克并开始向波兰施加压力，提出领土要求。他还同尚未准备好与德国作战并对西方失去了信心的苏联达成了协议。苏联正想吞并波兰、波罗的海诸国和芬兰的部分领土。在希特勒入侵波兰时，苏联也发动了他们自己践踏《凡尔赛和约》的战争。德国于1939年9月1日进攻波兰，它并没有发动一场全面战争的打算，但它显然想冒这样的风险。英国和法国此时确信除了战争以外已经没有其他办法可以阻止纳粹，于是向德国宣战。

在此之前，战争已经在中国爆发了。日本军队很快占领了中国东部的很多城市和铁路。中国军队坚持抵抗，结果导致的对峙一直持续到1945年，双方都一直没有能力取得重大的新进展。

1940年，当德国和意大利（已经不大和睦的同盟）与日本签订了同盟协定，欧洲和太平洋地区的两个主要战场就联系到了一起。日本的领导者早已十分羡慕德国，并欢迎希特勒对苏联和共产主义的敌视态度。德国在欧洲战场的早期胜利以及日本意识到其在太平洋地区的扩张将面临美国的对抗，这两点共同促成了德、日两国更为正式的联盟。1940年9月，德国、日本和意大利共同签署了《三国同盟条约》。事实上，日本和德国从未如此亲密地合作过。尽管长期反对俄国，日本还是拒绝参加德国与苏联的最后战争。不过，侵略国之间的联盟虽然实际上是很脆弱的，表面上还是将世界上的各种力量分成了进攻和防御两个阵营，这种情况对于美国来说更具有一种象征意义。

随着战争在1937年到1939年间的爆发，那些热衷于保持旧的标准的国家仍然没有为战争做好准备，他们希望通过谈判和妥协避免战争。法国和英国还处在第一次世界大战的阴影中，不希望再发生另一场冲突。经济危机造成的压力使这些政府很难达成一致意见和采取任何积极的政策，政治上的左翼激进主义者和保守主义者甚至在德国与苏联谁是主要敌人的问题上还争论不休。美国没有发生这样的两极分化，但它仍希望维持其孤立主义的政策以防止其为抵御经济萧条而制定一系列新的政府措施的过程复杂化。只是到了1938年末，西方领导人才开始承认战争可能发生，并采取了军备措施，包括扩充军队和制造飞机。英国在这时处于领导地位，它的努力为在第一阶段对德作战国家防御的成功发挥了至关重要的作用。但是西方的努力远不足以及时制止战争。

（三）日本的推进

第二次世界大战的背景清晰地显示出战争将会在两个主要的战场，太平洋地区和欧洲展开，后者蔓延到了北非和中东。这一背景也不可避免地使得战争的最初几年将以德国和日本对其准备不充分的对手的不断胜利为特征。直到1942年和1943年，战争的趋势才开始转变，已经卷入战争的其他各国变得更加强大，在经济和人口数量上都超过了他们野心勃勃的对手。

在亚洲，日本同中国和美国以及提供了重要援助的英国相抗衡，残酷的战争走过了一个比较单纯的进攻与反击的过程。在中国战场上，进退两难的日本利用盟国开辟欧洲战场的时机，把其注意力转向了亚洲其他地区。它从法国军队手中夺取了印度支那。后来，随着日本袭击马来西亚和缅甸，其建立亚洲帝国的企图与美国产生了冲突。作为太平洋强国的美国不愿意让日本成为远东的一个主导力量。美国对夏威夷和菲律宾的占据，加上美国人试图对日本战争经济所需原料实行禁运，使日本领导者认识到与美国的冲突是不可避免的。美国人坚持日本必须放弃1930年以来攫取的一切领土，日本与美国的谈判破裂。在这样的背景下，日本人于1941年12月7日袭击了珍珠港，然后占领了美国在东部太平洋的属地，其中包括菲律宾群岛。它还袭击了马来西亚和缅甸。到1942年中期，美国开始凭借其更多的人口和更高的工业发展水平夺回了这些失地。1943年，美国收复了各地的岛屿，1944年收复了菲律宾，并对日本本土进行大规模空袭。与此同时，美国、英国和中国的军队继续在亚洲大陆上牵制大量的日本军队。

（四）德国的推进

在欧洲，德国起初似乎是无法遏制的，西方民主国家为此饱受摧残。德国的战略主要是进行"闪电战"，包括快速运送军队、坦克和机械化运输工具。依靠这一战略，德国人先是摧毁了波兰。在短暂的平静之后，又于1940年初侵入丹麦和挪威，接下来的目标则是荷兰、比利时和法国，德国已经通过对平民目标进行大规模轰炸为对这些国家的入侵做好了准备。鹿特丹有4万人被炸死。

像在20世纪30年代的情况一样，德国的生机勃勃与同盟国的软弱无力形成了对比。法国令人惊讶地迅速崩溃，其部分原因是它还没有做好战争准备，还在奉行一种过时的防御战略，另一部分原因是法国的军队由于本国社会内部的深刻矛盾而迅速丧失了士气。到1940年夏，法国的大部分领土落入德国手中，一个以维希为中心的半法西斯主义的伪政权统治着其余的地方。只有英国能够独自抵抗希特勒的空袭，并以举世闻名的不列颠之战赢得了空中战斗的胜利。富有创新性的空中战术加上由温斯敦·丘吉尔为首的联合政府的坚强领导，以及英国人民坚定的决心，抵抗住了这场破坏性的空中打击。希特勒瓦解英国的希望破灭了。

1940年，德国控制了欧洲大陆的大片领土，帮助其同盟国意大利征服了南斯拉夫和希腊。德国还入侵北非，向英国和法国的属地施加压力。被征服的地区被迫向德国战争机器输送物资、军队和奴隶劳动力。

1941年，战争的天平开始倾斜。侵略英国受阻后，希特勒把目标转向了苏联。目标是在这一广阔的农业地区为德国殖民开辟空间。德国的袭击开始于6月，所有的联盟姿态都被抛到了一边，德国人轻而易举地侵入到苏联中部。但在失去土地和大量人口的情况下，苏联军队并未崩溃。他们向后撤，重新建立起了苏联在东部的工业。正像一个多世纪以前拿破仑入侵时一样，天气也帮助了苏联人，盼望着另一场快速胜利的德国人被一场严冬阻止住了。与在英国一样，苏联人民的士气大大有助于他们取得战争的胜利。在整个1942年，虽然德国的军队继续向前推进，但他们已经不具备给对手以压倒性打击的能力了。

1941年末，被日本人袭击珍珠港激怒的美国加入了战争。美国领导者已经为英国提供了借款和补给，现在他们急切地利用袭击珍珠港事件加入欧洲和亚洲的战争，来对抗看上去是对西方民主或许是对西方文明本身的一个明显威胁。因为准备不足，较晚参战的美国在1942年与英国军队一起在北非被德国军队挫败了。同年，苏联在被德国集中围困的斯大林格勒发动了反攻，因为德国人如果成功夺取斯大林格勒就会打开通往乌拉尔山和苏联新的工业核心地区的道路。苏联前线的大部分德国军队投降了，红军开始向西部缓慢推进，后来越过了自己的边界，穿过东欧，并于1945年深入到德国本土。

同时，英国和美国的军队从北非进入了意大利半岛，驱逐了墨索里尼，轰炸了德国的工业和民用目标。1944年，盟军开进法国，在抵抗纳粹的法国军队的帮助下再一次打退了德国人。部分上由于盟国坚持要求德国无条件投降，希特勒决定尽一切可能坚决反抗。经过残酷的战斗，英美两国军队逐渐推进到德

"二战"中的苏联士兵

国的西部。盟国在开进德国之前实行了大规模的轰炸。1945年4月，苏联和美国军队在易北河会师。4月30日，希特勒在其柏林的地下室中自杀，5月，德国军队司令官代表其国家向胜利者投降。

太平洋地区的战争在几个月之后也结束了。这一地区的冲突已成为日本和美国之间的决斗，但英国和中国军队也参战了。在欧洲战场上的战事平息后，苏联也把它的注意力转向了东方。美国在广岛和长崎两个城市投放了原子弹，加速了日本的崩溃，也确保了轴心国的第二次无条件投降和美国对该地区进行一段时期的占领。虽然世界战争即将结束，但核武器在世界军事历史上开启了一个新的时代。

（五）人员伤亡

由于使用威力空前的武器，第二次世界大战成了一个巨大的屠杀场。日本军队在中国屠杀了为数巨大的平民，这常常发生在攻克了实行抵抗的城市并对平民肆意加以蹂躏之后。例如在南京城陷落之后，多达30万人被屠杀。希特勒在全欧洲范围内消除犹太人的决定导致的大屠杀时期有600万犹太人死在毒气室中，

这是现代历史上一场前所未有的种族灭绝。其他群体，包括吉普赛人和各种不同政见者也备受虐待。希特勒的军队还通过空袭对平民聚居区进行打击，他们相信这种破坏会摧毁对方的士气。随着同盟国的军队变得更加强大，他们以同样的手段对敌方进行报复。为报复早期的德国入侵，英国的空中力量轰炸了德国城市德累斯顿。美国对日本城市的一次空袭就导致多达8万人死亡。美国向日本投放其新研制的原子弹的决定就是在这种情况下做出的。美国官员想在没有伤亡惨重的进攻的情况下使日本无条件投降，同时也是因为急于阻止苏联向亚洲的推进。广岛的轰炸，炸死了7万8千多平民，两天之后对长崎的袭击也导致了数以万计的死亡。原子的辐射微尘最终又杀死了好几千人。美国的新总统哈里·杜鲁门把这一轰炸叫做"历史上最伟大的事情"。总体来说，"二战"中，先后有61个国家和地区、20亿以上的人口被卷入战争，作战区域面积达2200万平方千米。据不完全统计，战争中军民共伤亡9000余万人，4万多亿美元付诸流水。

战后科技革命

（一）战后科技革命的成因

战后科技革命一般被称为第三次科学技术革命。严格来说，科学革命和技术革命是两个既有联系又有区别的过程。科学革命是指人类对客观自然界认识上的飞跃和科学理论上的突破，技术革命则是指在材料、生产工具和生产工艺方面的重大变革。人类进入工业文明以来，曾经经历了以蒸汽机的发明、应用和推广为标志的第一次技术革命，和以电的发明和应用为标志的第二次技术革命，以及从哥白尼的日心说到牛顿力学形成的第一次科学革命，和19世纪中叶到20世纪初以电磁学、生物学、热力学、化学、地学的重大突破为起点，以相对论和量子力学为峰值标志的第二次科学革命，战后开始的科技革命，就其本来的意义上来说，主要是一场技术革命，但是这场技术革命同科学革命紧密结合，不仅起源于第二次科学革命的成果及战后初期形成的控制论、信息论、系统论，而且在发展过程中同科学革命互相依赖，互相促进，两者交织着向前发展。

战后科技革命是由各方面的因素推动产生的。

首先，社会条件在科技革命中起着更为重要的作用。第二次世界大战期间，各参战大国为了赢得胜利，在军事科学技术上投入大量的人力物力，使原有的科技潜力在某几个点上获得最大限度的发挥。雷达技术、喷气式飞机和火箭技术、运筹学理论、自动控制技术、抗生素的发现和应用，都为战后新的科学技术发明提供了必要的条件。作为第三次科技革命重要内容的电子计算机，就是为了满足武器计算、密码和军事后勤的需要，在战争期间加紧研制，于1945年底诞生的。大战期间还造就了一大批卓著的科学家，这些科技人才为战后科技革命准备了技术力量。战后，美、苏等国为在军事上压倒对方，展开激烈的军备竞赛，集中大量人力物力和财力发展军事科学技术，制造各种高效的新式武器，尤其是战略核武器和运载工具等。然而，军事科技会向民用辐射，20世纪50年代从美国开始，许多军事科技直接转

火箭升空

入民用，如原子能发电站、喷气式客机、民用电子计算机、非军用卫星等。

战后，国家垄断资本主义的发展越出了30年代应急的范畴，成为适应高度社会化生产发展需要的一种"常态"，这对科技的发展有较大的保护和促进作用。在战后科技革命中，科技探索已由个体劳动转变为有组织的社会集体劳动，大规模的研究活动需要投入巨额资本、由许多机构多方面的专业人员共同协作才能完成，有些特大型的科技项目如航天技术工程，所需的人力物力财力远非单个或几个私人垄断资本所能胜任。面对这些需要，国家干预的形式从政府资助和协调私人企业的科研机构，发展到由政府出面主持庞大的科研项目，兴办国家科研机构，在全国范围甚至超越国界进行国际大协作。此外，基础理论研究对整个科技发展有决定性作用，但与私人资本的现实利益关系不密切，有些项目由于投资周期长，获利少，风险大，预期收益缺乏保障，私人资本往往不愿意承担，由政府干预或投资，成了保障尖端科学技术迅速发展的重要条件。

垄断并不排除竞争，但国家垄断基础上的竞争更加激烈，往往提高到国际竞争的层次。同时，在新的历史条件下，垄断资本依靠战争掠夺市场和资源、划分势力范围的外延性发展手段已经过时，而依靠延长劳动时间、降低实际工资、加强剥削来提高竞争力的旧方式也日益失效。在新形势下，各国垄断资本都把发展尖端技术、加速产品更新换代、降低生产成本作为提高竞争力的主要手段。社会主义国家和发展中国家受国际竞争法则的驱使，为了发展民族经济，增强国防力量，捍卫国家主权，也致力于发展科学技术。实力低于美、苏的二流国家，则希望通过联合与协同研究来缩短同超级大国的差距。

其次，第三次技术革命是在前两次技术革命的基础上产生的。近代自然科学理论的突破性进展是其先导；而工业化大生产的发展则为第三次技术革命提供了必要的物质基础。

第一，20世纪初以来，自然科学的飞跃发展为新技术的诞生提供了坚实的理论基础。物理学革命为之先导。从1900年普朗克提出量子假说到1927年量子力学的创立，以及爱因斯坦相对论的提出，完全突破了经典物理学的框架，解决了经典物理学所遇到的危机。量子力学和相对论的创立是物理学上的一次巨大革命，开辟了人类对微观领域认识的新天地，在此基础上，固体物理学、电子学、核物理学发展起来。物理学的革命促进了其他基础理论科学的发展。在化学方面，人们通过对化学的微观研究，建立了量子化学、高分子化学等分支学科；在生物学方面，分子生物学的创立，开辟了在分子水平上认识生命现象的新途径；20世纪40年代末期，系统论、控制论、信息论的创立，是人类对自然、社会及自身等复杂事物深入研究的结果。"三论"、相对论和量子力学、分子生物学的创立，被誉为20世纪以来自然科学理论的三大发现。科学理论的突破极大地促进了技术的进步。例如，电磁学、电子学和计算科学的发展和应用，为电子计算机的创造发明奠定了理论基础；在核物理研究的基础上，建立了核反应堆，实现了核爆炸；高分子化学的创立，促进了塑料、合成橡胶、合成纤维三大合成材料投入大规模的生产；如果没有火箭科学、流体力学、无线电子学、现代数学、材料科学、天文学等的发展，就不可能有空间革命。

第二，社会的需求是第三次技术革命的加速剂。社会的需要是多方面的，其中最主要的是经济和军事需求。就经济方面来看，通过第二次技术革命，机械技术、电力技术得以充分利用，社会生产力获得了长足的发展，人们认识到先进的技术所带来的经济效益，因而进一步刺激了人们对新技术的挖掘，驱使人们通过研究和探索新技术，生产新产品，增强竞争力。就军事需要而言，第二次世界大战加速了第三次技术革命的进程，一系列与军事需要有关的技术得以重视和优先开发。例如，在第二次世界大战前夕，德国、法国、英国、美国和苏联都在进行原子弹核反应的研究，理论研究表明，利用原子核的链式反应制成的武器威力将是巨大的，1克铀裂变产生的爆炸力相当于20吨黄色炸药（TNT）。为了赶在纳粹德国之前研制出原子弹，1942年6月，美国作战部组织了代号为"曼哈顿工程"的原子弹研制计划，联合英国、加拿大，调集了15万名科研人员，动用了50万人，前后耗资达22亿美元。如果没有战争的迫切需要，这样巨大的人力、物力、财力的投入是难以想像的。第一台电子计算机也是迫于战争的急需而诞生的，空间技术的发展也不例外，战后一系列技术的成就都与军事上的需求结下了不解之缘。

第三，工业化大生产的出现和发展，为科学技术的新飞跃奠定了必要的物质基础。从19世纪70年代开始，电力技术经历了早期发展、直流供电和交流供电这3个阶段；到19世纪末、20世纪初，电力技术在社会生活中得以广泛的应用，实现了电力革命。在短短的几十年内，发电机、电动机、变电器、电话、电报等发明创造接踵而至。电力技术的发展成为第三次技术革命最直接的物质基础，可以说，现代科技的每个领域都离不开电力技术。内燃机的发明是第二次技术革命的又一伟大成就，由于内燃机的应用，整个交通条件大为改观，不仅冶金、机器制造业等传统工业部门得到进一步的改进，而且出现了电力、汽车、飞机等一系

列新兴的工业生产部门。生产的发展为第三次技术革命提供了坚实的经济后盾。科研经费的剧增，科技队伍的扩大以及先进实验设备的提供，是战后科技突飞猛进的又一重要因素。

（二）爱因斯坦与相对论

爱因斯坦是20世纪世界最著名的科学家之一，他创立的相对论开创了物理学的新纪元，堪称是世界历史发展进程中影响深远的百件大事之一，他把物理学家们引入了一个崭新的物理世界。

爱因斯坦像

爱伯特·爱因斯坦1879年3月14日诞生于德国南部小城乌尔姆的一个犹太家庭里。1岁时随父母搬到慕尼黑生活。少年时，爱因斯坦从叔父那儿学习了关于化学领域的一些知识，热衷于与叔父一起讨论数学问题。16岁，他考入瑞士的苏黎世联邦职业大学深造。毕业后，在伯恩的专利局找到一份理想工作。这使爱因斯坦有更多机会接触到许多发明创造，激起了他强烈的求知欲，鼓励他不断地探索物理学，他充分利用业余时间阅读大量有关书籍，深入思考问题，尤其是在新的物理实验中牛顿理论无法解释的一些新课题，经过多年的勤奋劳动，爱因斯坦克服了大量困难，于1905年发表了《论动体的电动力学》一文，创立了狭义相对论。它提出了关于等速运动相对性的完整理论和关于空间—时间的崭新观念。与此同时，他根据狭义相对论推导出物体的质量也与运动密切相关，并得出质能关系式 $E = cm^2$，揭示了原子内部所蕴藏的巨大能量的秘密，为人类利用核能展现了无限广阔的前程。之后，经过十余年的艰辛研究，爱因斯坦于1916年又发表了《广义相对论的基础》，并把它寄给了英国皇家学会。1919年5月29日正逢日食，于是皇家学会派遣一支观察队，拍摄了日食方向星光的照片，观察结果完全证实了广义相对论的预言。11月一天，伦敦《泰晤士》报以"科学上的大革命""已经有人超越了牛顿"为标题，报道了这一震惊世界的大新闻，从此爱因斯坦和他的相对论传遍千家万户。

家喻户晓，人尽皆知的大科学家爱因斯坦并没有因此而洋洋自得，他依旧是个淳朴、谦虚的"普通人"，物质的东西对他毫无意义。他身上从来不带钱，甚至只用一把保安剃刀和清水刮胡子，当有人建议他用一下刮胡膏时，他说："剃刀和水就够了。"他是个地地道道的理论家，他对自己思想和理论的实际应用丝毫不感兴趣。他提出的 $E = cm^2$ 也许是有史以来最著名的公式，然而他却不愿费举手之劳去看反应堆产生原子能。他因其光电理论而获得了诺贝尔奖金，但对于观察他的理论怎样使得电视得以产生却没一点好奇心。

1933年冬，德国纳粹在全国对犹太人开始了疯狂的迫害，他们抄了爱因斯坦在柏林的家，没收了他的财产，焚烧了他的著作，幸好他当时在美国讲学才免遭劫难。纳粹分子不见其踪影，于是悬赏2万马克要他的脑袋。无奈，他只好公开声明放弃德国国籍，流亡美国。许多不甘心纳粹迫害的科学家也纷纷来到美国，美国成了世界物理的中心，也正因为如此，它才会抢先制成原子弹。

第二次世界大战前夕，为了促使日本早日投降，美国政府在日本长崎、广岛投下了两颗原子弹，20多万人丧生。爱因斯坦得知后，悲愤万分，他认为"原子弹之父"的称号带给他的是奇耻大辱。一想到日本20万丧生的居民，他就不寒而栗，仿佛自己是一个刽子手。在他生命的最后年月里，他一刻也没有停止反对使用原子武器的活动。

1955年，伟大的科学家爱因斯坦告别了他钟爱的事业，与世长辞了。没有宗教仪式、没有鲜花点缀、没有纪念碑、没有坟墓，但他的科学精神、科学思想却永留人间。

（三）人的飞翔

自古以来，人类就有一个梦想：梦想自己有一对如鸟一般的翅膀，在蔚蓝的天空中振翅高飞，自由翱翔。但这终究只是一个幻想而已。直至1903年12月7日，莱特兄弟将人类世世代代的梦想变成了现实，使神话《天方夜谭》中的"飞行地毯"活生生地出现在人类现实生活之中。

莱特兄弟，哥哥叫威尔伯·莱特，1867年生于美国印第安纳州的密切维。4年后，弟弟奥维尔·莱特生于俄亥俄州的代顿市。哥俩聪明伶俐，就有点"不务正业"，对老师教的课不感兴趣，虽上过中学，但谁也没获得毕业证书。但他俩都对载人飞机情有独钟。他俩刻苦攻读了鄂图·李连塔尔（德国航空工程师及发明家）、奥克塔夫、契纽特等航空学家的著作，1892年，俩人共同开设了一家联营公司，出售、修理、制造自行车，这为他们日后研究、制造飞机提供了充足的经费。1899年，他俩携手合作开始亲自着手研究飞行问题，首先他们利用滑翔机学习驾驶，试制动力，1900年，他们在北卡罗米纳州的猫头鹰村测试一台足以载人的滑翔机的性能，结果却不尽如人意。但这并没有让莱特兄弟灰心丧气，哥俩依然锲而不舍地投到新的设计、制造工作中去，经过无数个不眠之夜的反复测算、试制，他们成功地发明了飞机飞行的三轴操纵法，从而获得了控制操纵飞机的能力。同时他们在一位机械师的帮助下，设计出了自己的引擎，接着又设计出了自己的推进器。

莱特兄弟像

1903年12月7日，莱特兄弟在北卡罗米纳州的猫头鹰村附近的歼魔山上进行了首次飞行。哥俩各做了一次飞行。弟弟奥维尔一马当先、做出第一次记录：120英尺，12秒。第二次由威尔伯做出，飞行852英尺，51秒。这架飞机机重约750磅，机翼长约40英尺，造价1000美元左右。兄弟俩将其命名为飞行者1号。如今，这架飞机陈列于华盛顿美国国家航天博物馆内。当日虽有5人目击了人类史上的首次飞行，但并未引起世人轰动。

"猫头鹰号"试飞后，莱特兄弟回到了家乡。在那里，他们制造出了人类史上第二架飞机，两人命名其为"飞行者Ⅱ号"。在1904年仅一年当中，飞行者Ⅱ号试飞行105次。令人遗憾的是，人们对此并没有给予高度的重视。1905

年，他们又制成了飞行者Ⅲ号，但人们仍是半信半疑，1906年，巴黎《先驱论坛报》刊登了一篇题为《飞行者还是撒谎者》的文章，对载人飞机提出质疑。

为了消除人们的怀疑，1908年，威尔伯在法国巴黎公开表演了飞机的性能，与此同时，奥维尔在美国也进行了类似的公开表演。不幸的是，弟弟奥维尔驾驶的飞机坠毁，1人死亡，奥维尔自己则摔断了1条腿，2根肋骨。这是俩人自试制飞机以来遇到过的唯一一次事故。他们成功的飞行引起了美国政府的关注，美国政府与他们签署了一项订购合同。他们终于成功了。

1921年，威尔伯·莱特因患伤寒医治无效而病逝，终年45岁。弟弟奥维尔·莱特则于1948年去世。兄弟俩终身未娶，把一生精力都奉献给了人类的飞行事业。

（四）青霉素问世记

1928年9月的一天早晨，在伦敦圣玛丽学院的实验室里，细菌学家弗莱明博士像往常一样，开始对前一天放在培养皿中的菌种进行观察。弗莱明博士是位优秀的细菌学家，他曾经发现能杀死细菌的溶菌酶，一时轰动了科学界，现在，他正为寻找一种能杀死病原菌的药物而努力探索。

几天前，弗莱明从病人的脓中提取出一些葡萄球菌，开始培养。这种菌存在广泛，危害很大，伤口感染化脓就是它在捣鬼。弗莱明试验了各种药剂，力图找到一种能杀死它的理想药品，但是一直没有成功。这天进入实验室后，弗莱明便逐个检查整齐摆放的玻璃培养皿，观察培养器皿中细菌的变化。当他来到靠近窗户的一只培养器前时，他皱了下眉头，自言自语道："唉，怎么搞的，竟然变成了这个样子！"原来，这只培养皿里不是长满了金黄色的葡萄球菌，而是像发了霉似的，长出一团青色的霉花。

弗莱明的助手听见他的话，赶紧过来说："可能这是被杂菌污染了，把它倒掉吧。"弗莱明没吱声，而是继续观察着。令弗莱明惊奇的是：在青色霉菌的周围，有一小圈空白的区域，原来生长的葡萄状球菌消失了。难道是这种青霉菌的分泌物把葡萄状球菌杀灭了吗？难道这种绿色霉菌有强大的威力吗？难道它就是我要找的那种杀菌物质吗？一丝灵感在脑海闪过，一股莫名的力量把他吸引。弗莱明弯下腰，手托培养皿，仔细研究起这种绿色的霉菌来。

弗莱明身心充满激动，他立即吩咐助手培养这种绿色的霉菌。又过几天，青霉菌已经繁殖起来，弗莱明诚惶诚恐地开始了试验：他用一根细线蘸上溶了水的葡萄状球菌，把细线放到青霉菌的培养皿中，几小时后再取出线头，葡萄状球菌已全部死亡。接着，他分别把带有白喉菌、肺炎菌、链状球菌、炭疽菌的线头放进青霉素培养皿中，这些细菌也很快死亡。经过多次试验和观察，他确认：这种绿色霉菌具有强大的杀菌能力，正是自己梦寐以求的杀菌物质。弗莱明给这种从青霉菌中分泌出的杀菌物质命名为"青霉素"。

此后，弗莱明又试验了青霉素的杀菌能力和安全性。他把青霉菌培养液加水稀释，一倍、两倍……几百倍，结果它仍然能杀灭葡萄状球菌和肺炎菌。弗莱明把青霉菌溶液注射进了兔子的血管，结果兔子安然无恙，证明这种菌液体没有毒性。

弗莱明发明的青霉素

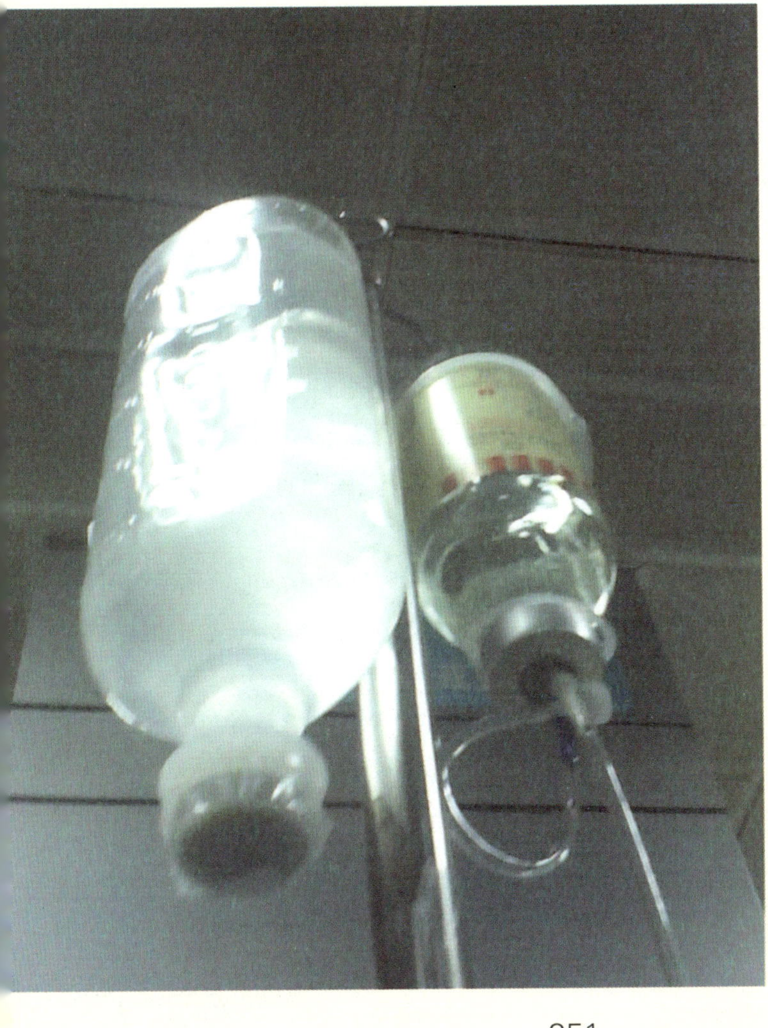

1929年6月，在《新英格兰医学杂志》上，弗莱明发表了题为《青霉素——它的实际应用》这篇论文，标志着人类在抗菌素研究中取得了关键性的进展。

然而，当时青霉素培养方法和提纯方法都没有解决，培养液中所含的青霉素太少，一次有效的注射要用几升培养液，而且只会从霉烂的食品中培养青霉素，医生和病人无法接受。这样，弗莱明的伟大发明未得到应用，一直到十六年以后，青霉素才造福人类。

第二次世界大战

全面爆发后，战争造成的大量伤亡使人们盼望有较好的抗菌消炎类药品，对特效药的呼声顿时强烈起来。到了1940年，在牛津大学主持病理研究工作的澳大利亚病理学家弗洛里，带着年轻的助手——德国化学家钱恩，坐在牛津大学的图书馆里，为研制新药而查找资料。两位科学家仔细阅读了弗莱明关于青霉素的论文，他们对这种能杀灭多种病菌的物质产生了浓厚的兴趣。但是，要提取出这种物质，需要各方面科学家的共同努力。为此，弗洛里组织了一个联合实验组。在他的领导下，联合实验组紧张地开展了研制工作。细菌学家们每天配制几十吨培养液，把它们灌入一个个培养瓶中，在里面接种青霉菌菌种，等它充分繁殖后，再装进大罐里，然后送到钱恩那里进行提炼。

提炼工作极其艰难，一大罐培养液只能提炼出针尖大小的一点青霉素。经过一年多的探索和无数次实验后，弗洛里和钱恩终于在1941年2月，从发霉的肉汤里提取到了极少量的青霉素，使青霉素与霉菌分离成功。

接着，他们又用几十种病原菌进行对抗实验，再次认定了青霉素对多种病原体的巨大杀伤力。在动物实验中，他们把青霉素溶解在水中，用来杀灭葡萄球菌，效果良好，而且当稀释到二百万倍时，药液仍具杀灭能力。

联合实验组的治疗试验很有戏剧性。他们选择了50只小白鼠，给每只都注射了同样量的足以致死的链状球菌，然后给其中25只注射青霉素，另外25只不注射。实验结果，未注射青霉素的白鼠全部死亡，而注射的只有一只死去。

取得以上结果之后，弗洛里和钱恩开始了谨慎的人体实验。第一个试用者是败血症患者，这位45岁的警察生命已危在旦夕。使用青霉素后，患者的病情明显好转，遗憾的是青霉素量太少了，几天后药品用完了，患者病情又再度恶化，不久就死了。

第二个受试者是个生命垂危的15岁少年，弗洛里和钱恩不断地给他注射青霉素，直到他康复。这是第一个被青霉素救活的人。青霉素作为治病救人的灵丹妙药得到了充分有力的证明，他们的探索成功了。

然而英伦三岛处于德军的猛烈空袭之下，大量生产青霉素几乎不可能。于是，弗洛里和钱恩远涉重洋，到美国去寻求投产药厂。两位科学家费尽千辛万苦，好不容易找到两家合作的小厂。他们首先要找到产量最高的菌种。在西瓜皮上，弗洛里和钱恩终于找到了产量最高的832绿霉菌菌种。

他们又找出了832菌种最爱吃的食物，也就是最利于它们繁殖的物质——玉米。经过努力，终于制成了以玉米汁为培养基，在24℃的温度下进行生产的设备。

用它提炼出的青霉素，纯度高，产量大，从而很快开始了在临床上的广泛应用，一些传染病的死亡率大大下降，无数人的生命得到了拯救。

新药被送往前线，大显奇效，垂危病人被救活，病毒感染患者恢复了健康，被高烧折磨得胡话连篇的病人恢复了平静。新药拯救了成千上万的战士的生命。在1944年6月至7月的诺曼底登陆战役中，青霉素救活了数万名英、美、加盟军官兵，很多过去治不了的病人用药后几十天甚至才十几天就痊愈出院，重返前线。有位将军评价说：在诺曼底，青霉素可以抵得上20个师的兵力。

1945年，战争结束后的第一届诺贝尔生理学或医学奖，颁给了青霉素的发明者——英国细菌学家弗莱明博士、病理学家弗洛里博士和德国化学家钱恩。

（五）电影的诞生

1823年，法国人尼埃普斯拍出了第一张照片："餐桌"，当时拍摄需要十四小时的曝光时间。1851年，曝光时间缩短到只要几秒钟，照相这门新的手工艺受到人们的欢迎，成为很多人谋生的职业。

1872年以后，英国人慕布里奇在旧金山第一次做了关于摄影的试验。加利福尼亚州一个靠商业和铁路起家的富翁——利兰德·斯坦福曾和人打赌，要按照法国学者马莱在1868年所描写的那样，把马跑的速度和动作姿态拍摄下来。这个怪人不惜拿出一笔财产让慕布里奇去设计像下面所说的那种特殊的设备。

沿着马跑的道路设置了24个小暗室，在这些暗室内有24位摄影师，他们只要听到一声笛响，就得赶快把24张底版立即准备妥当，因为这些底版如果干了的话，几分钟以后就会失去感光作用。在24架摄影机都装好了底版以后，就让马在跑道上奔驰，利用马蹄踢断跑道上的绳子的一刹那工夫，把马跑的姿态摄入镜头。这一试验整整费去好几年工夫（从1872年至1878年），而且中间还因为绳子太牢，马踢不断而发生过连暗室、摄影机、底版、摄影师都被拖倒的可笑事情。

从1878年以后，加利福尼亚拍摄的照片在各地公布。它们引起了科学研究者的热烈欢迎。生理学家马莱二十年来一直用针尖在黑烟灰上画线的方法，来研究动物的动作速度。到1882年慕布里奇旅行欧洲以后，马莱受到启发，决定利用照片来进行试验。他的试验工作因当时市上已有一种涂胶质溴素的照相底版出售而得到了很多便利。从此以后，可以用配好的药品很容易地把快摄的底版冲洗出来，并且能够把底版保存好多年。

马莱创造了"摄影枪"——一种轮转摄影机，其后他又对"固定底片连续摄影机"继续进行研究,其后又发明活动底片连续摄影机。1888年10月,马莱第一次把利用这种胶卷拍摄出来的照片献给法国科学院,将摄成的胶卷在实验室里成功地在银幕上映出。这时他已发明现代的摄影机和摄影术了。

1887年,爱迪生想把活动照片联系在一起来改进他的留声机。经过两三次无结果的试验以后,他转而采用了马莱的"连续摄影机"的方法。在爱迪生指导下进行研究的英国人狄克逊,在这方面做了一些改进,主要是在影片上凿孔和使用了柯达公司特制的长达50英尺的胶质软片。爱迪生拒绝公开在银幕上放映他的影片,他认为人们对无声片绝不会产生兴趣的。由于他在研究有声电影上遭到了失败,不能把和真人一样大小的人物放映出来,所以在1894年,他决心把他的"电影视镜"公之于世。这种"电影视镜"形状像一只大钱柜,上面装有放大镜,可以容纳50英尺的凿孔影片。

爱迪生工作像

这时,电影爱好者已有多人,他们自拍电影,向朋友放映。其中最著名的是卢米埃尔。他在里昂经营一个制造照相器材的大工厂。爱迪生的"电影视镜"刚刚输入法国的时候,他已经开始了电影机的研究工作。1895年12月28日在巴黎嘉布遣路的"大咖啡馆"里,卢米埃尔对所拍影片公开表演,画面是巴黎一家工厂上班的情景，涌动的人潮，升腾的蒸汽，迎面开来的火车，令所有观者大为惊叹。卢米埃尔获得了巨大的成功。

到了 1896 年年底，电影已经完全脱离了实验阶段而与观众见面了。享有专利权的电影机器，为数达百余种之多，都已在电影企业中奠定了基础，每天晚上都有好几千观众拥挤在漆黑的电影院里了。

早期电影常用的一些主题有：跳跃的马、伶俐的狗、体操教师、跳绳女郎、芭蕾舞女、一对跳华尔兹的舞伴、走绳索的人、拳击家、摔跤者、决斗者、酒鬼、两个拿着唧筒的救火队员、一个患牙疼病人的滑稽面孔、锯木头的木匠、宪兵和小偷、打铁的铁匠、理发师、母鸡啄食、滑稽小丑等。雷诺的《更衣室旁》是当时最丰富、最复杂的一部作品。在这部可以连续演十五分钟的画片里，已经具备了现代动画片的一切特点，诸如：一定的放映时间、巧妙的剧情、典型的人物、噱头、特技摄影、紧凑生动的故事情节、美丽的布景，以及动人的色彩等。

画片开始是用海水浴者的笑声来表达海边的气氛，而这种气氛又由于海鸥不断地来回飞翔而变得更为浓厚。鸟的飞翔是一个很新颖的场面，在戏剧里从未见过，因而成为吸引观众的原因之一。接着是一个简单的但却安排得很生动而幽默的情节：一对巴黎的夫妇来到海边；一个"风流客"对巴黎太太大献殷勤；因为偷看她在更衣室里脱衣服，结果屁股上被踢了一脚；巴黎夫妇在海里游泳；"风流客"被关在更衣室里。经过一段打架的场面以后，出现了一艘张帆的船，帆上写着"剧终"二字，故事由此而告结束。

电影作为一个新兴的行业，很快得到一些商人的重视，一些电影公司应运而生了。在美国，出现了爱迪生和比沃格拉夫的电影托拉斯，在欧洲，出现了百代和梅里爱等几个大制片公司。这些电影公司，虽然拍的多为一些幻灯片时的题材，但对摄影方法、脚本、故事情节开始了新的探索，建立了规模庞大的摄影场、服装车间和样片洗印厂等。1908 年年初，摄影师托马斯·伯森斯和导演弗兰西斯·鲍格斯为了拍摄影片《基督山伯爵》，到了洛杉矶市的郊外。他们在一个荒凉的小村建立了一所小小的摄影棚，这个小村被卖主起名为好莱坞，意即长青的橡树林，虽然这种树木在加利福尼亚州根本不能生长。

好莱坞在成为国际上的强大势力以后，它摄制的题材也国际化了。在它最卖座的无声片中，以美国为背景的为数很少。在这些影片中，只有詹姆斯·克鲁兹导演的那部极著名的《篷车》直接取材于美国历史，这是一部歌颂开拓西部地区者的史诗。这期间，很多电影取材于报纸的连载小说，比如 1915 年，法国人皮埃尔·德库塞勒在《晨报》上发表长篇小说《纽约的秘密》，把《宝莲历险记》及《捏紧的手》穿插在一起，写成12个插曲，拍成电影后受到极大欢迎。偶尔有人把文学名著改编成电影，如百代曾把一些成功的作品搬上舞台。系列影片在美国曾以"牛仔"故事或一些复杂的情节为题材，继续流行相当长的时间。《拐骗妇女的人》《深山之虎》以及被机器人追逐的《魔术师胡底尼》，就是这类影片的例子。

为了争取新的有才干的演员，好莱坞的启斯东公司以每周150美元的高额报酬，特地聘请了一位哑剧演员，他就是当时在美国各地做巡回演出的英国年轻演员查尔斯·卓别林。

卓别林在剧团学习跳舞、翻跟斗、杂技等，他除了学得无声艺术的一般手法之外，还学得一种使他所有的动作具有一种非常优美的感觉的技术。这些非常适合表演无声电影。卓别林给电影带来了兴旺和巨大的效益。

卓别林的第一部影片摄于1914年，名叫《谋生》。在这部影片里，卓别林打扮成一个英国绅士的模样：头戴一顶灰色丝绒礼帽，身穿燕尾服，嘴上留着浓浓的八字胡，鼻架单眼镜，脚上穿着一双漆皮鞋。他扮演一个狡猾凶恶的骗子。在剧中，卓别林即兴演出，轻松活泼，富有生气，表现出一种不易模仿的迷人力量。立即赢得了观众的注目。

卓别林的成功使资

卓别林像

本家们发现了新的赚钱秘密。随之出现了《捏紧的手》《笑面》不少非常不错的影片。

电影刚问世时是无声的。人们只能通过演员动作和表情体会故事情节。1896年，德国柏林的奥斯卡·麦斯脱制造了一些有声电影短片，他使用的音响系统是同步柏林牌留声机唱片。1906年，英国的斯托克维尔和尤金·劳斯特第一次成功地把声音直接录在电影胶片上，并取得专利权。1924年，英国的德福斯特风

美国影星费雯丽

诺电影公司拍摄了第一部进行商业发行的有声故事片《爱情的甜歌》。美国的布罗斯于1926年使用盘式录音机与摄影同步，采用精制的放大器和扩音机，拍成第一部有声电影《朱安先生》。此后，一系列有声电影占据了电影市场。有声电影时代来临了！

随之，好莱坞成了世界电影的首都，一部部制作精良、故事情节曲折生动的电影，让世界影迷为之欢呼，为之发疯。再看看奥斯卡颁奖晚会，让多少人瞩目，让多少人心动。金棕榈奖、戛纳电影节、金熊奖《飘》《勇敢的心》《爱情故事》《泰坦尼克号》……秀兰·邓波儿、费雯丽、斯皮尔伯格、玛丽莲·梦露……电影占据了世界多大的位置，占领了人们多少心理空间啊！真是一个电影的时代！

今天，电影的地位虽然受到电视的冲击，但是电影的魅力依然吸引着亿万观众。因为，电影永远是一个充满无限魅力的魔幻世界。

（六）计算机的发明

大家都用过算盘，这可真是一项了不起的发明，用它来进行计算，那可真是又准又快，它是我国古代人民智慧的一个结晶。可是到了现代，人类又发明了一种计算机，这可不是算盘所能比的，它不仅能进行各种各样的计算，而且能用来玩游戏、看电影、写论文，连到互联网上，还可以用它来遨游世界，收发信件……这可真是一个神奇的东西。最让人称奇的是用这种计算机做成的机器人还可以帮助人进行各种各样的劳动，不但制造汽车、飞机，还可以帮人洗衣服、打扫房间，甚至可以像人一样交谈，堪称一件宝贝。可是这样一个东西是怎样发明出来的呢？

西方很早以前曾有一种用来计算的工具叫手摇计算机，这种装置虽然比人工快，但还是不能满足人们越来越多的计算的需要。这时，宾夕法尼亚大学莫尔学院的一名青年物理学家莫克利提出了一种设计方案，根据这种方案，可以使计算机速度成倍提高。这激起了美国陆军的兴趣，赶忙找到莫克利，投资数十万美元进行研究。经过两年多的艰苦研究，终于诞生了世界上第一台电子计算机，称"埃尼阿克"（ENIAC），全称叫电子数值积分和计算机。

这世界上第一台计算机是什么模样可不是你凭想象所能想出来的。它根本不像现在的计算机，它有18 000个电子管，重达30余吨，光这一台计算机就占地170平方米。要是偶尔在那里看见这位计算机的祖宗，你肯定不知它为何物。可是这台计算机每秒运算加法5000次，乘法500次，一小时运算相当于200人工

作一个月，也算是功夫不浅了。

四年之后，剑桥大学依据一项最新设计成果研究成功了一种更为先进的计算机，这种计算机采用了程序内存设计，更接近于人脑的工作方式，这种新型计算机的诞生标志着电脑时代的开始。

那么这种新的设计是谁发明的呢？这得归功于一位叫冯·诺依曼的犹太人。这个诺依曼天生聪明，小小年纪就开始发表科学论文，成为教授，真正奠定他在科学界地位的就是这种计算机新型的内存程序方式。这种方式将存储装置与基本指令组合为一体，把控制指令内藏于存储装置之中。由于这种方法的应用，电子计算机从单纯的运算机械进化为拥有无限潜能的万能机械。

计算机的发明成为20世纪乃至人类历史的一个里程碑。在第一台计算机出现后的短短几十年中，人类的智慧充分地展现出来了，计算机的运算速度变得越来越快，体积越来越小，功能越来越实用。

在计算机的发展历史上个人计算机的发展成为一个里程碑。个人计算机以其飞快的发展速度和令人应接不暇的花样翻新而成为当今时代的新宠。计算机从第一代到现在已经发展到第五代，速度更快，功能也更加强劲。个人计算机的主处理器芯片从8086一直发展到586，又飞快地升级到PⅡ、PⅢ，直到当下流行的PIV，从软件方面来看，各种各样的软件更新更是令人眼花缭乱，单看微软的操作系统就从DOS 1.发展到DOS 6.22，再到Windows 3.1、Windows 95、Windows 98直到Windows 2000每一次发展都代表了软件业的一次飞跃。计算机正在发挥着越来越重要的作用。

个人计算机是我们每一个人经常能接触到的，而在那些与我们日常生活联系较少的地方计算机也发挥着重要的作用。从工业领域里广泛运用的自动控制系统，到用于科学研究的大型计算机都有着计算机的影子。无论是航天业的飞机、飞船，还是地下的矿藏勘探都离不开计算机的应用。而且，随着科学技术的不断发展，人们开始越来越离不开计算机。

（七）电视的发明

如今，举国上下各个商场里都摆满了琳琅满目的电视机，黑白、彩电，还有袖珍电视等，品种繁多，令挑选者眼花缭乱。亲爱的朋友，当你和家人围坐在电视旁津津有味地看着电视节目，时不时捧腹大笑时，你是否想到它的发明者？你知道它的发明者是谁吗？

他就是贝尔德，1888年生于英格兰西部的一座小城市，他把自己有限的一生都贡献给了电视事业。

1906年，18岁的贝尔德立志要制造出世界上第一个电视机。他是个雷厉风行的人，说干就干，他首先在黑斯廷斯建立一个非常简陋的实验室，找来有关书籍进行仔细研读。弄懂了原理后，他便开始了他的实验。这一实验就是十几年。缺乏经费，他就充分利用他所能找的废物。他的一整套实验装置包括一只盥洗盆柜架，一只从旧货摊上拾来的茶叶箱，一台从电器商房屋后废物堆里拾来的电动机，一盏自制的装在破旧饼干盒里的投影灯及一些从废弃的军用电报机上拆下来的部件等。

贝尔德发明了电视

贝尔德不厌其烦地在实验室里忙来忙去，功夫不负有心人，经过18年的艰辛努力后，他成功地用有线电发射了一朵十字花，只是图像不太清晰，忽隐忽现，发射距离也不太远，约有三米。贝尔德猜想，很可能是电压不足。于是，他找来几百个干电池连接起来，约有2000伏电压。谁知，他刚一接上，自己一不留神左手触到了一根裸露的电线上，强大的电流把他击倒在地，昏了过去。

第二天早晨，伦敦《每日快报》报道了贝尔德触电的消息。聪明的贝尔德苏醒后，看了"发明家触电倒地"的新闻，不但未生气，反而哈哈大笑，因为他想到了一个解决经费的好方法。他为慕名而来的记者进行了一次现场表演，伦敦一家无线电老板答应为他提供经费，但直到经费用光，仍无重大进展。无线电老板见无利可图，也不再资助。

这时的贝尔德生活十分拮据，衣衫褴褛，身体日渐消瘦，几乎是陷入了绝境。但他仍咬紧牙关，坚持试验。就在他山穷水尽之际，好心的两个堂兄弟给他寄来了500英镑，真是久旱逢甘露，贝尔德兴奋地在实验室里待了三天三夜未合眼。终于，在1925年10月2日，贝尔德成功地研制了世界上第一台电视机，接受机上图像清清楚楚甚至连头发都一清二楚。

贝尔德兴奋极了,他狂奔到楼下,抓着一个15岁的小男孩就往楼上跑,小男孩被这个光着脚,蓬头垢面的"疯子"吓得直打哆嗦。到楼上后,他不由分说地把小孩按坐在一个椅子上,开始调制他的机器,几秒钟后,在他的"魔镜"里出现了第一张人脸,只可惜这张脸充满了惊恐。

从此,贝尔德名声大振。但他并没有骄傲自满,仍不懈地进行研究。即使是在第二次世界大战期间,他也不曾放弃研究。1941年12月,正当希特勒发动闪电战时,贝尔德传送的首批完善的彩色图像已获成功。可惜,他的实验室被希特勒的飞弹炸得片甲未留。

这点困难对贝尔德来说根本不算什么,他又建起一座实验室,继续他的实验。1946年6月的某一日,英国广播公司第一次播放彩色电视节目《胜利大游行》,人们边看节目边高声欢呼,而此时的贝尔德却病倒在床上。不久,便告别了他心爱的实验室和他的"宝贝"电视,终年58岁。他发明的第一架电视机至今仍保存完好,陈列在英国南肯率顿科学博物馆中。

(八)人类登上月球

自古以来,许多人就梦想着有朝一日能到皎洁的月亮上旅行。这个幻想在20世纪60年代末终于成为现实!

1969年7月16日上午9时,百余万心情激动的观众聚集在美国肯尼迪空间中心的周围,等待着观看一个历史性的壮观场面——"阿波罗"11号宇宙飞船即将从这里起飞!

9时32分整,激动人心的一刻终于到了。"阿波罗"11号宇宙飞船载着指令长阿姆斯特朗,指令舱驾驶员考林斯和登月舱驾驶员奥尔德林三人腾空而起。12分钟后,飞船进入环绕地球运转的轨道,宇航员们一丝不苟地检验着飞船内的全部仪器。三小时后,一切彻底检查完毕,"太棒了!一切正常。"对此,宇航员和地面控制中心都很满意。随着地面的指令,第三次火箭又一次点火,飞船转动着脱离了地球轨道,带着人类的希望和梦想,宇航员沿着一条准确的路线,向月球飞驰而去。

发射后的第三天中午12时,飞船进入了月球的引力范围,此刻呈现在宇航员面前的是一个硕大无比的月亮。当"阿波罗"飞船绕到月亮背面时,与地面的无线电联络中断了,地面控制中心死一般地沉静,人们"度秒如年",35秒钟后,地面控制中心终于按时听到了阿姆斯特朗响亮的声音,"阿波罗"11号已顺利进入了月球轨道。

7月20日11时23分，奥尔德林和阿姆斯特朗先后进入他们称为"鹰"的登月舱，而考林斯则留在取名为"哥伦比亚"的母舱内单独控制母舱。他们三人又用五个小时对舱内每一部设备和仪器进行了详细检查。当飞船再一次从月球那

阿姆斯特朗登上月球

边绕过时，考林斯操纵分离把，把登月舱和母舱分离开来，"成功了，'鹰'展翅了！"无线电话传来阿姆斯特朗兴奋的声音。

7月21日格林威治时间3时51分，这是一个不平凡的时刻。在这一刻，舱门打开了，一个"衣服"臃肿的人慢慢地走下扶梯，每走一步都要稍稍停留一下，必须站稳后再行动。这是因为月球重力只有地球重力的六分之一的缘故。扶梯共

有9个梯级，可这个人足足走了3分钟。当他下到梯底时，看到月球表面布满了灰层，登月舱的四只脚埋在灰里。他当即报告说："'鹰'的脚插进月球灰里约有二三寸，月球灰像是细微的砂粒。"接着，他又说"我走出登月舱了！"这个人就是阿姆斯特朗。

4时7分，阿姆斯特朗小心翼翼地伸出左脚，试探性地触及了一下月球，然后他鼓起勇气，在月球上踏上了人类第一个脚印，他激动地向全世界宣告："对一个人来说，这只不过是一小步，但对整个人类而言，都是一个巨大的飞跃。"18分钟后，奥尔德林也踏上了月球，他们走起路来，头重脚轻，只能飘拂着行走。很快，聪明的奥尔德林发明了一种弹跳法，像大羚羊那样，用双脚跳，这比步行既快又省力。他们争分夺秒地在这个荒凉陌生的地方采集土壤岩石样品，拍摄月球景色照片，用铝箔捕捉太阳风质点。

与此同时，世界上最孤独的人考林斯正驾驶着"哥伦比亚"在月球轨道上飞行着，等待着"鹰"登月后返回。不过，他也没闲着，他抓紧时间拍摄照片，进行科学试验。

12小时后，"鹰"的火箭发动机点火了，宇航员们向活动了22个小时的荒芜不毛的月球告别，6分30秒左右，"鹰"平安进入轨道，飞行了约15000公里后，逐渐追上了"哥伦比亚"。二者并排前进。考林斯聚精会神地操纵着"哥伦比亚"，慢慢地向"鹰"靠近，再靠近，终于，二者又稳稳地对接到一起了。两个宇航员迫不及待地从登月舱爬回母舱，三个亲密的战友又团聚了。"鹰"圆满地完成了既定任务，宇航员们把它甩弃在月球轨道上，它真的变成了一只自由飞翔的"鹰"。

7月24日中午12时35秒，"阿波罗"11号经过近100万公里的长途跋涉，溅落在中部太平洋上。一艘特大的美国"大黄蜂号"航空母舰立即赶到溅落地点，将三名创下奇迹的宇航员打捞接上岸。

"阿波罗"11号的总的飞行时间是195小时18分35秒，它向全世界庄严地宣告"人类的首次登月考察成功！"这一行动，作为人类开发宇宙的光辉一页而载入史册。

（九）互联网的诞生

计算机的发明成为人类20世纪的一大成果，它极大地扩大了人类智力所及的范围，在人类生产和生活的各个方面起着极为重要的作用。可是开始时，这些计算机互相之间并没有什么联系，就像是大海中的一个一个的孤岛，只是孤零零地漂浮在信息的大海中。

美国一个未来学家阿尔文·托夫勒曾经说过，电脑网络的建立与普及将彻底地改变人类生活的模式，而控制与掌握网络的人就是人类未来命运的主宰。谁掌握了信息，控制了网络，谁就将拥有整个世界。确实是这样，现代互联网的发展表明，网络正像一张铺天盖地撒来的大网，我们不是自投罗网，去认真地学习它、使用它，就是被网罩住，听任它的摆布，在现代科技的发展中落在别人的后面。在科技成为第一生产力的今天，网络作为一种无所不包的传播媒体正在起着越来越重要的作用。网络的作用正可用一句话来形容，那就是无"网"不胜。

有句古诗这样写道："忽如一夜春风来，千树万树梨花开。"人类科技的发展正像一缕春风，而互联网则正像千树万树盛开的梨花，一夜之间来到人间，为人类的生活平添了许多亮色。

互联网的产生很快激发了人们的广泛的关注。在网上，人们或是聊天，网上煮酒论英雄；或是疯狂大购物，把网络当成了百货商店；一些大企业挤上网来，在网上宣传自己的产品；甚至一些政客也纷纷上网，为自己的选举招徕选票。克林顿就曾被人送了个"网络总统"的雅号。

网络产业的飞速发展已经引发了新一轮的淘金热。网络的发展极大地开拓了像光缆、网卡、服务器等硬件的市场，网络硬件商们大赚了一笔；大批大批的网站纷纷到互联网上安家，一些网站的经营者白手起家，一夜暴富；一些人开始跑到互联网上开起各种各样的商店，坐在家里点钞票，一本万利……在这轮淘金热中，像比尔·盖茨、杨致远、张朝阳这样新一代的富豪应运而生，他们的股票在华尔街股票市场被广泛看好，成为华尔街的新贵。

网络正在为人类的新生活开启新的篇章，随着网络的不断发展，终有一天，我们坐在家里，通过互联网就能实现我们要做的一切。你不信，现在你就可以在网络上安个家，建立个人主页，尽展个人风采；通过互联网收发电子邮件，快捷、方便地互相沟通；上网搜索自己需要的资料，突破了时间与空间的限制。你甚至可以通过网络订购盒饭，让自己享受一顿丰盛的晚餐；坐在家里看电影，尽情享受好莱坞大片；工作累了或是有什么不顺心的事，你可以到网上找个网友神聊一通……

这么大的一张网，是谁织出来的呢？说来还真是让人不能相信，竟是冷战织出了互联网。如果我们非得说出现在这张庞大的互联网的祖宗是谁的话，我们只

好向前追溯到APPANET，这是美国耗资巨亿进行建设的一项工程，当初只是为了保持美军在战略通信上的绝对领先地位。正是这项工程使互联网上两个最重要的协议TCP和IP协议得以问世，后来，美国国防高级计划署决定将这两个协议向全世界无条件地免费提供，这两个协议成为解决电脑网络可靠性的核心技术。

互联网的发展极为迅速，每天都有大量的网站在建成，都有大量的计算机连入互联网。伺服主机的数量从1993年到1996年竟翻了一千倍！人们纷纷挤到网上，在这里，他们找到了他们的新生活。人们的智慧与知识正在不断通过互联网在全世界范围内自由地流通，互联网成了智慧与知识的高速公路，将会为人类做出巨大的贡献。

（十）基因工程

人类进入20世纪后，生物科学发展迅速，尤其是从微观角度对生命的秘密的认识越来越深。基因工程是这个潮流的重要结果，这一新的技术，正在改变自然生命和人类生活。

基因的概念是奥地利遗传学家孟德尔在1865年提出来的，他在论文《植物杂交试验》首先使用基因这个概念，根据豌豆杂交试验的结果，阐明了基因的遗传规律。但他所说的基因是个猜测，基因同染色体的关系纯粹是推理出来的。

到了1908年，美国生物学家摩尔根开始实验，他要证明基因的存在与作用。摩尔根养殖了许多果蝇。这种大个昆虫容易饲养，突变性多，唾腺染色体大，很适合做遗传学实验的材料。摩尔根发现，果蝇有红眼与白眼之分，细胞中的染色体是决定性别的主要成分，也就是说染色体是遗传

美国生物学家摩尔根像

因子的真正携带者。摩尔根做了两年的实验，1911年，首次绘制出了果蝇性别基因的遗传图，成功地证实和建立了基因学说。1933年，摩尔根获得了诺贝尔生理学与医学奖。

20多年后，美国科学家沃森和克里克又提出了染色体的DNA双螺旋理论，揭示了基因的物质基础与结构，大大地推进了基因理论。他俩获得了1962年度诺贝尔奖。后来，科学家们又进一步发现，DNA的化学构成是氨基酸，20多种氨基酸的不同组合形成不同的DNA。

基因学说提出后，各国科学家们很快接受了这一理论。科学家们进一步发现，生物的各种形状是由基因决定的，重新组织生物的基因，就可以改变生物，得到新的物种。这是令人振奋的想法。如果我们可以把西瓜的基因与葡萄结合，那么葡萄的个头就会很大，产量就会增加；如果把人类遗传性疾病的决定性基因剔除，那么人就不会得相应的病了。

但是，基因是很小很小的微粒，把不属于某物种的基因放到它的染色体上，或把造成某不良性状的基因从染色体上剔除都很难，而且，确定某个基因决定什么性状也不是件容易的事。因此，科学家们先对微观的生物技术开展研究。为此，细胞工程得到了巨大的发展。细胞工程是相对于常规育种技术而言的，它的操作单位是细胞或亚细胞，它的理论依据是植物细胞全能性的发现和细胞全能性理论的建立。细胞工程涉及面很广，主要包括细胞培养、细胞融合、组织重组和遗传物质转移等多个方面，这个技术可以把小小的细胞"手术"，对细胞的各个更为微小的部分进行拆分与整合。

到了20世纪80年代，细胞工程取得了令人惊叹的成绩。1977年11月10日，英国科学家培育成功试管婴儿，他们把布朗夫妇的精子和卵子在体外受精，然后在含有特殊液体的玻璃瓶中培养，之后再把受精卵放入布朗夫人体内，九个月后，婴儿降生，体重5斤半，一切正常。在此后，1996年7月5日，英国爱丁堡卢斯林研究所胚胎学家伊思维尔穆特，成功地克隆了一只威尔士高山羊"多利"，同年8月，美国俄勒冈灵长类研究中心又克隆出了两只恒河猴，之后科学家又克隆出猪、牛、羊等。这些为基因工程进一步奠定了基础。

基因工程又称为基因重组工程。形象地说即对基因进行剪、粘、载、住四步简单的处理。科学家先利用酶将DNA剪切开，再用酶将目的基因与载体DNA相连。然后将它送入宿主细胞。这样，细胞拥有了新的基因组，经过对细胞培育，可以更快速、更精准地改造生命。

基因工程已经获得巨大发展,尤其是新的仪器与方法的不断创新,使基因工程的前程越来越广阔。这门 20 世纪末兴起的新学科,将会越来越深入地改变我们对自然界的认识和创造力。

(十一)原子能的开发与利用

原子能的开发和利用是 20 世纪最伟大的科学成就之一,从此人类获得了又一个重要的新能源。

19 世纪末以前,科学家们普遍认为原子是不可分裂的安定的粒子。1892 年,生于新西兰的物理学家欧纳斯特·卢瑟福在实验中发现:铀并不安定,它一直在分裂,就如夜光表的针一样,发出某种放射线,他称为"原子崩溃论"。1895 年,德国科学家伦琴发现了"X 射线"。在以后短短的几年里,人们很快解开了原子之谜。1902 年,卢瑟福与英国学者弗雷里克·索迪合作发表了划时代的"原子蜕变理论",指出"放射能是放射性元素之原子蜕变为其他元素时所产生的现象"。这个理论成了后来制造原子弹的重要依据。经过无数次实验研究,1910 年,卢瑟福"原子论"问世了。根据这一理论,一个原子的质量几乎全部集中于构成原子中心的原子核心面,而原子核由一些带正电、既小又硬的"质子"形成,质子和围绕原子核旋转的带负电的电子保持平衡。如果放射性的粒子和某一原子核直

原子弹爆炸

接作用，就会改变电子和原子核内与电子保持平衡的质子的数目，从而使原子变成其他种类的原子。

20世纪30年代，原子物理学有了突飞猛进的发展。1932年中子的发现开辟了核物理学的新纪元。中子与质子并存于核子里边且不带电，它能够从中单独分离出来，用它作为冲击原子的粒子，就不会被带正电的核或带负电的电子所排斥。1934年10月，意大利物理学家昂利克·费米发现用中子轰击重元素铀，可造成铀的核裂变，产生新的"超铀元素"，同时发现慢中子效应所产生的人工放射性更强。1938年，奥地利女科学家丽莎·梅特内和德国科学家奥托·哈恩、弗里茨·施特拉斯曼继续费米的实验，进一步论证了核裂变的链式反应。同时，科学家们还发现铀235原子的核裂变比天然铀核裂变所获得的能量还要大。核子在分裂的同时还要产生高达几百万度的热，能将质量如氢原子一样轻的质子变成像氩原子一样重的原子。至此，欧洲科学家们已经找到了人工获得原子能的理论和途径，但技术上获得、利用原子能却在美国率先实现。30年代，法西斯主义猖獗于欧洲大陆，战争阴云密布。法西斯残酷地迫害使一大批科学家如爱因斯坦、费米等流之美国，美国渐渐成为世界科技中心。

来到美国的科学家们出于反法西斯的正义感和责任心而积极工作。当他们得知纳粹德国正在加紧研究制造原子弹时，为了赶在德国前面造出原子弹，在许多科学家倡议、支持下，1939年8月2日，爱因斯坦致信罗斯福总统："我预料在不久的将来，铀元素会成为一种重要的新能源。……如有必要，政府方面还应迅速行动。"美国接受了建议，制订了"曼哈顿计划"，大量拨款研制原子武器。1942年12月2日，在费米领导下，世界上第一座核反应堆在美国芝加哥大学建立。

1945年7月16日5点10分，在美国新墨西哥州的一片荒漠上成功地爆炸了世界上第一颗原子弹，随着一声震耳欲聋的巨大爆炸声，一团云被卷了起来。升入万米高空，形成了蘑菇状，然后爆发出无数火焰。这是一颗铀弹，其威力相当于2万吨TNT炸药，在半径1600米范围内的一切动植物全部死亡。

为了争夺战后世界霸权，美国不顾当初参加研制原子弹的科学家们的多次上书反对，于1945年8月6日和9日向日本广岛和长崎分别投掷了一枚铀弹和钚弹，造成了20多万居民伤亡。

其实原子能用途极为广泛，它本该为人类带来更多的光明和幸福，然而，不幸的是，它却被超级大国利用，当做争霸世界的武器。

（十二）合成材料的蓬勃发展

材料是"发明之母"，是技术进步的基础。在人类历史上，一种新材料的出现，往往会引起生产工具的革新，甚至生产方式的变革，因此，历史学家常常用制造工具的材料作为社会进步的一个标志，如石器时代、铜器时代、铁器时代的划分。当前，有人又根据合成材料的兴起，把我们这个时代称为"高分子时代"、"半导体时代"等。合成材料的重要性日益受到人们的重视，材料、信息和能源被视为当代文明的三大前沿技术，国外科技界曾预言："未来一个世纪将是由新材料支撑的新产业革命时代。"

近几十年来，在材料王国中出现了成千上万种新材料，按其性质可分为金属材料、有机高分子材料、无机非金属材料；按其作用可分为结构材料和功能材料两大类。

1. 新型金属材料

在诸种金属材料中，钢铁处于主宰地位，是现代大工业的基础。当今，在现代大工业所需的钢铁产量不断增加的同时，对钢铁性能的要求也日益提高，生产出了各种合金钢，如比普通碳钢结构重量减轻20%~30%、强度提高了2~6倍的低合金强度钢。在有色金属和稀有金属领域内，人们也创造出许多新型材料，钛合金已应用于航天工业、潜艇制造和化学工业。

2. 有机高分子材料

高分子材料是由塑料、合成橡胶和化学纤维三大合成高分子材料构成的一个兴旺家族。在我们的生产和生活中，高分子材料无处不在，从这种意义上可以说，我们已生活于高分子世界。

塑料是化学工业中发展最快的领域之一。整个70年代，塑料年产量每年递增10%~13%，目前聚乙烯、聚氯乙烯、聚苯乙烯、聚丙烯、酚醛树脂、氨基塑料六大通用塑料产量占世界塑料总产量的80%以上。塑料用途广、价格便宜，已成为人们生产、生活中必不可少的新型材料之一。

新型合成橡胶出现于20世纪60年代，其产品产量已远远超过了天然橡胶的产量，它可以代替天然橡胶，并具有天然橡胶所不具备的功能。合成橡胶不仅在人们的生产、生活中受到广泛应用，在原子能、宇航、化工等尖端领域也是一种不可缺少的材料。

化学纤维自1939年投产以来，已为纺织工业开辟了一个新领域，到目前，已出现了涤纶、锦纶、腈纶、丙纶、维纶、氯纶六大纶。为适应宇航业的发展，又出现了诺梅克斯纤维、B 纤维和耐高温的碳纤维。在医学上，出现了用合成纤维做的人造器官。

高分子材料具有强度高、韧性好，耐腐蚀和易加工的特点。

3. 无机非金属材料

无机非金属材料亦叫无机材料，是建筑、冶金、化工、水电等部门所必需的物质。近年来，无机材料开始出传统结构材料向功能材料转化。例如，传统的陶瓷开始转向精细陶瓷，在机械方面出现了陶瓷刀具；在化学方面，被应用于石油、化工、纤维、冶金、制药等部门；在电子技术中已用陶瓷制作电容、集成电路等电子元件。民用方面，最近日本企业制成一种自洁陶瓷，用它制成的卫生间用具如澡盆等，能自动杀灭细菌，从而可减少或不用化学杀菌剂。有利于保护环境。

目前，许多国家都在研制精细陶瓷发电机。由于精细陶瓷的广泛发展，因此近年来出现了"第二个石器时代"的提法。

新型材料的蓬勃发展是第三次技术革命的重要支柱，对新型材料的不断开发必将促使科技的进一步发展。

（十三）激光技术的发展

"激光"通常也称为"莱塞"（Laser），激光技术是 20 世纪 60 年代发展起来的一门新兴技术。激光是一种新光源，它是利用光照、加热、放电等手段，使物质内部发生受激辐射的振荡过程而产生的一种光，这种光除具有一般光的特征外，还具有相干性高、单色性好、方向性强和亮度大的特点。

激光诞生的历史可分为 3 个阶段。1916 年，爱因斯坦在用统计平衡观点研究黑体辐射的工作中提出，光是物质的原子、分子或离子发射出来的一种电磁波，并提出了受激辐射的概念，为激光的诞生奠定了理论基础。30 年代量子力学建立以来，自发辐射和受激辐射两种发光方式，在物理学内容上得到了更为深刻的阐明。战后，微波技术的发展推动了波谱学，从而研制出了微波波段的激光器。继之，这一概念推广到光波波段，1960 年，美国的梅曼博士（T.H.Maiman）在加利福尼亚的休斯研究所研制出了世界第一台激光器——红宝石激光器。

从 60 年代开始，激光技术迅速发展起来，其种类已由固体激光器发展到气体激光器、半导体激光器、液体激光器、电子激光器等几十种，激光波长几乎覆

激光

盖了从紫外线到红外线的所有波段。在当代众多的科技新军中,激光技术的应用可以说是比较活跃的一支,涉足于工业、农业、医疗和军事等领域。

在工业方面,利用激光亮度性大的特点,可以使用聚合后的激光束对各种材料进行钻孔、焊接、切割等方面的机械加工。激光还被应用于全息摄影、高速摄影等方面;光纤通信技术以激光作载体,信息容量会增大;在精密测量方面,激光应用于测长、测速、测位移等方面。

在农业方面,利用激光的辐射,可以诱发农作物的突变和遗传变异,培育和改良农作物品种;激光还被应用于诱虫灭虫、除草和谷物储藏方面。

在医学上,人们利用激光的亮度性高和方向性好的特点制成的激光手术刀,可用于各种外科手术;利用激光还可以进行早期癌症的照射治疗。

在军事上,反卫星、反洲际导弹的激光武器得到应用和发展。

目前,世界上有许多国家进行激光研究和生产,各种研究机构达1500多家。70年代以来,美国的激光器生产基本上与工业保持着同样的发展水平。激光技术的发展为人类的生产和生活展示了新的前景。

(十四)遥感技术的兴起

遥感技术是20世纪60年代兴起的一门综合性的探测技术。"遥感"就是从遥远的地方去洞察物质的特征,它借助于传感器,把遥远的物体辐射或反射的电磁波信息接收、记录下来，再经过处理，把它变成人眼可以识别的图像。现代遥感技术是由运载工具、遥感仪器、图像处理和分析应用4部分组成的。

遥感技术是在20世纪30年代的航空摄影和判读的基础上发展起来的，随着空间科学、电子计算机和环境科学的发展，到60年代终于成为一门专门的探测技术。遥感仪器被安置在高空气球、飞机、人造卫星、宇宙飞船、空间站等遥感平台上。自此，人类能够从超高空、甚至从外层空间鸟瞰全球，因而人们形象地称为"洞悉地球秘密的千里眼"。目前，世界上已有30多种先进的遥感仪器，广泛应用于科技、生产、军事等部门，极大地推动了社会生产和科学技术的发展。例如，利用人造地球卫星的遥感平台的遥感仪器，在1000公里的高空上拍摄的照片，可以把3.4万公里的面积纳入其视野；用其探测地形，18天就可以把地球覆盖一遍。因此，空间遥感突破了高山、沙漠、海洋等地面和空间条件的限制，极大地拓展了人们的视野，为人类开发、改造自然创造了条件。20世纪70年代后，微波遥感发展起来，它具有全天候、全天时的特点，而且能够穿透植被和地表的一定深度，它的出现弥补了可见光红外遥感的不足，被用于气象观测、海洋探测、地质调查、矿藏勘测以及农业和水文等领域。在军事上，遥感技术与人造卫星相结合出现了侦察工程；遥感技术还被广泛应用于飞机、导弹等各种武器的制导和运行上，促成了武器在功能和性质上的质变，推动了军事科技的发展。

遥感技术的产生和发展是现代科技的一个重要组成部分，尽管它的应用才刚刚起步，但已显示了广泛的实用价值，随着遥感技术的进一步发展，它必将发挥更大的社会效益和经济效益。

（十五）海洋科学技术的发展

人类从很早对海洋的奥秘就开始了探索。但是对海洋有了科学的认识还是近现代的事。1855年，美国海军军官莫里出版了《海洋的自然地理》一书，开创了海洋科学的新时代。1925年，德国海洋调查船"流星"号经过探测发现，大西洋中有一座很大的山脉，它的高峰露出海面，成为亚速尔群岛和其他群岛。从此人们加深了对海洋地理的认识。声纳出现以后，人们对海洋地理的认识，特别是对海底的情况有了充分了解。1962年，美国海洋科学家赫斯创立了"海底扩张说"，此后形成了"大陆板块构造运动说"，从而对海洋的形成、构造及其发展奠定了科学认识的基础。

随着现代科学技术的发展，海洋科学家们利用了声学、空间、电子、激光和遥感等一系列技术，各国和各学科也充分合作，产生了海洋生物学、海洋地质学、海洋化学和海洋物理学等许多专业分科。人们应用这些学科，发现了海洋资源是无限的。海底矿产资源主要有石油和天然气、锰结核和多金属软泥矿床。据估计，海底石油的储量可占世界推定量的1／3，目前世界各地正在开发利用。锰结核是1872年英国人首先发现的，到20世纪70年代进行开发，开始只限于少数发达国家。锰结核中的锰的含量高达25%~35%，其他元素还有铜、钴、镍、锆和铁等。多金属软泥矿床也含有许多贵重金属，尚处于研究阶段。海底石油和天然气早已被世界各国开发利用，成为重要能源。所有这些矿藏都有巨大的经济价值。

海底采集到的锰结核

海洋科学的发展还表现在人们对洋流的认识上，目前人们已经掌握海底和海面的流向规律。人们对海水的利用也在加强，包括利用海浪发电、利用海水分解出化学物质等。对海洋科学的探索还表现在人们对整个地球的认识上，如潮汐的涨落、环境的变化、海底电缆的铺设。随着交通工具的发展，人们制造出了航空母舰、核潜艇、海洋监视卫星等工具，从空间上进一步认识了海洋。

在未来的科学技术发展中，海洋科学的发展将在人类生活的政治、军事、经济上发挥重大作用。人类对海洋的开发利用还只是刚刚起步。

（十六）系统工程

系统工程是把研究对象作为系统来加以处理，是研究许多密切联系的元件组成的科学学科。系统工程是与新技术革命共生的一门关于组织领导的技术学科。

系统工程的概念和方法的出现可以追溯到很久以前，它是在纯技术工程中产生和发展起来的。从20世纪50年代以后，它开始越出纯工程技术领域而进入社会，对社会的生产方式和人们的生活方式都产生了巨大影响。

现代历史上第一个属于系统工程的事件是美国陆军于1944年发明的自动化防空系统，当时曾被认为是惊人的武器。因为其雷达自动搜索目标，继而进行跟踪，带动高炮群自动对准飞行中的敌机，自动引爆。这样一系列复杂过程全部自动完成。这个复杂的系统，也引起了很多科学家的注意。第二次世界大战末期，美国把它卖给了几个盟国。参加这项发展工作的一位数学家维纳在战后从这一发明中归纳出3个要素：信息、系统、控制，被称为三论。1948年，他写了一本名为《控制论——动物体内和机器中的控制和通讯》，把系统推广到大脑及某些社会现象。1954年，他又写了另一本小册子《控制论与社会》，从理论上震动了世界，人们普遍认为用机器构成的系统工作得比人更好。

自此，人们普遍认为系统工程产生的系统理论包括系统论、控制论、信息论。系统工程的方法主要有工程技术、运筹学、系统分析、现代管理和数量经济学等各方面。

系统工程理论，突破了以往分析方法，从整体、整体过程考虑，运用互相制约、联系、依存的规律。在现代的复杂社会和复杂高科技社会里，各种问题都是诸多因素带来的，解决的办法也是非常复杂的，如何定量地、最佳地、配合地解决这些问题，就必须采取系统理论，尤其是在各项建设、设计和预算、管理上，更要系统地考虑，使现代决策从经验提高到科学水平。

（十七）科学学的由来与发展

科学学是作为从总体上研究科学技术自身的本质特征、科学技术的发展规律、科学技术管理的理论依据的一门科学，在 20 世纪 30 年代形成。1925 年，波兰社会学家兹纳涅茨基（Znaniecki, Florian Witold, 1882—1958）在他的《知识科学的对象和任务》一文中，首先创造和使用了"科学学"这一名词，并提出建立这一专门学科的意见。1935 年，他的学生奥夫斯基和奥索夫斯卡撰写了《科学的科学》一文，系统地论述了科学学的研究领域。从此在苏联、英国出现了一些有关著作。科学学的另一位奠基者是美国的社会学家 R. 默顿，他在 1935 年写了题为《17 世纪英格兰的科学、技术和社会》的博士论文。

科学学在第二次世界大战以前主要是用统计方法来研究科学技术的某些发展规律。战后，主要是用系统方法，把科学技术同经济、社会更密切地联系起来，把理论研究和应用研究结合起来，并特别强调了科技政策和科技管理的研究，一些发达国家纷纷建立科学学的研究机构，科学学的研究成果大量涌现，各国高校也出现了科学学课程。

科学学的诞生至今已有半个多世纪，它的产生和发展是与当代科学技术的发展直接相关的，同时又与社会和经济的发展相联系。

日新月异的电脑

20世纪初，爱因斯坦创立的相对论揭示了时间、空间、物质、运动相互间的统一性，奠定了微观物理学、天体物理学以及宇宙学的理论基础。不久，德布罗意、海森堡和薛定谔等物理学家建立了量子力学体系，揭示了微观物理世界的基本规律。量子力学不仅对原子和分子物理学的发展起了推动作用，而且还在化学、生物学、物理学和数学之间架起了桥梁。生物学家克里克（Crick，Francis Harry Compton，1916—？）和沃森（Watson，James Dewey，1928—？）把遗传学的研究从细胞水平推进到分子水平，证明了脱氧核糖核酸是遗传信息的载体，发现了DNA双螺旋结构，揭示了生物界遗传机理上的统一性。自然科学的这些重大突破，使整个自然科学形成了有机的统一体，深刻地揭示了各个不同层次的物质之间的统一性。以后各种学科的出现推动了社会和经济上的变化，因而使科学技术更加社会化。

科学技术社会化使科学工作者激增，科研组织庞大，资金雄厚，科技教育日益普及。由此，人们越来越认识到科学本身也是科学。研究科学的本质、特征、结构、功能、规律、发展方向等，在提高认识的基础上，更好地发展和利用，更有效地管理和设置。科学学一方面要将全部科学技术作为整体研究，另一方面还有使其放在广阔的社会背景中，研究科学技术与经济、社会的相互关系。

（十八）第三次技术革命的特点

第三次技术革命是在以往技术革命基础上的一次飞跃，与以往的技术革命相比，它具有自己的明显特征。

第一，这次技术革命具有极强的主动性，具有技术科学化的特点。在以往的技术革命中，科学与技术是相互分离的，第一次技术革命中所诞生的新技术主要依靠技艺、经验成分，如蒸汽机的出现就先于其理论——卡诺循环理论和热力学第二定律。在第二次技术革命中，自然科学理论走到了生产的前面，但科学与技术的联系也并不紧密，如感应电流理论出现于1834年左右，但直到1867年在巴黎博览会上才出现西门子电机的试验品，而且人们对科学与技术的联系的认识也不是自觉的，如法拉第在发现电磁感应理论时并未认识到电力的应用，对原子结构研究作出贡献的卢瑟福也未认识到原子能利用的广阔前景。在第三次技术革命中，科学和技术日趋同步发展，如通用计算机的一般概念是在1937年由图灵提出的，到1945年ENIAC计算机的诞生仅用了8年时间。这次技术革命又具有极强的主动性，微电子技术的出现和发展，就是人们针对"知识爆炸"这一实际问题而采取的有力措施；生物工程足以保护人类的生态系统为前提应运而生的，科

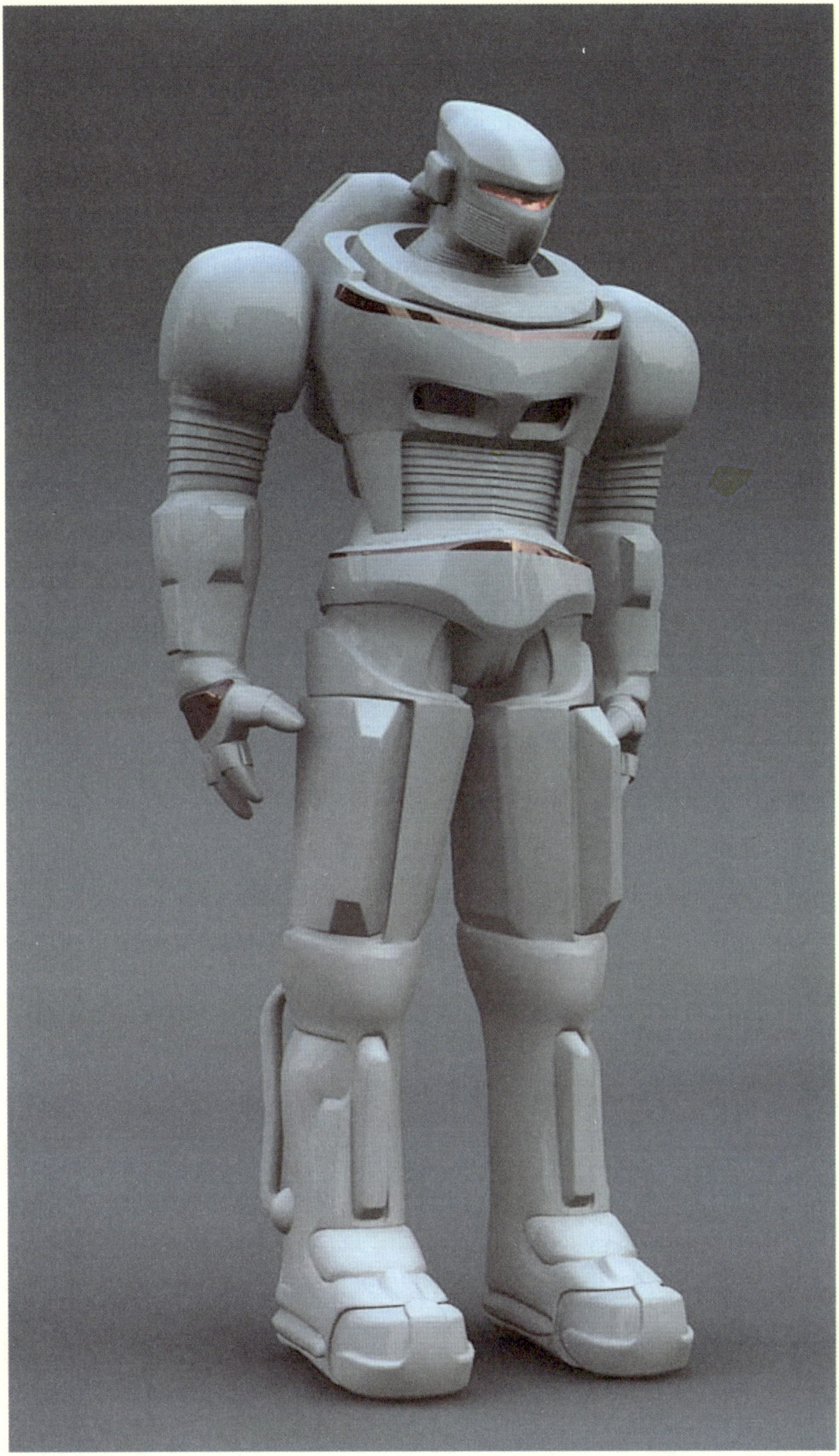

智能机器人

世界文明简史一本通

学的针对性日益加强了。

第二，在这次技术革命中，新技术数量之多、门类之广是空前的。据统计，战后几十年间世界上出现的科学技术发明，超过了过去一切世代的总和，而且在第三次技术革命中新技术以群体化形式出现。以往两次技术革命的主导技术是蒸汽机和电力技术，其主导技术单一，地位显著而稳定，而作为这次技术革命的标志性技术是一组技术群——电子计算机技术、空间技术、核能技术、海洋工程、生物工程和材料技术。正因为这样，人们对这次技术革命的提法名目繁多。从各个技术领域来看，每个技术领域又是由不同类的新兴技术组成的，如信息技术包括电子计算机技术、微电子技术、激光技术、遥感技术和光纤通讯技术，从而成为一个独立的技术群。

第三，第三次的技术革命开辟了机器代替人的部分脑力劳动的新时代。第一次技术革命中所产生的大机器生产，使以往笨重的体力劳动被全新的生产工具所代替，人们的工作效率获得了成百倍地提高。第二次技术革命中，发电机的出现几乎从根本上解决了大机器生产的动力问题，在更为广阔的领域内解放了人类的体力。第三次技术革命不仅使人类的体力得到了最大限度地解放，而且揭开了解放人类脑力的序幕。电子计算机几乎可以代替人脑从事一切计算活动，使人脑的部分功能获得了解放；微电子技术的出现及其产品的推广，又把这一革命引向深入，在工业中被大量采用，生产自动化的实现、无人工厂的出现、机器人的应用，既解放了人的体力也解放了人的脑力劳动。

第四，第三次技术革命的发展迅速。18世纪以来，随着第一次技术革命的出现，人类进入工业社会以后，许多国家在不到300年的时间内就达到了高度工业化的阶段。随着第三次技术革命的进展，全球已经进入信息社会。技术的迅速发展还表现在技术从发明到应用时间的缩短，第一次技术革命中的主角——纺织机和蒸汽机从发明到不断完善，经历了近一个世纪的时间；第二次技术革命的主角——电力技术也经历了上百年的时间；第三次技术革命的兴起使得这一过程更为缩短，例如，雷达从发明到应用花了15年时间，电视机用了12年时间，原子弹用了6年时间，集成电路仅用了3年。据报道，自1971年第一台微电脑的出现，到1982年美国平均每280人就有一台电脑，22人就有一台微电脑，到目前电脑已普及化了。

西方现代教育的发展

教育是培养人的一种社会活动。广义上是泛指一切增进人们的知识和技能、影响人们思想和意识的活动；狭义上是指学校教育，即教育者根据一定社会的要求和年轻一代身心发展的规律，对受教育者进行一种有目的、有计划、有组织的传授知识技能、培养思想品德、发展智力和体力的活动。在人类精神文化中，它传授知识、承接传统、延续历史、预示未来，构成了人类社会进步的决定性因素之一。

（一）西方近代教育的发展

西方近现代教育的演变始自文艺复兴运动。14世纪中叶至16世纪末，西欧新兴资产阶级掀起了反封建的文化革命运动——文艺复兴运动。文艺复兴时期人文主义世界观和人生观对教育产生了深刻的影响。教育活动的范围、质量与实际效果等各方面都大大超过了封建社会时期，对教育规律的认识也发展到一个新的水平，提出了各种教育理论的新论述。就西欧各国新的文化教育发展情况而言，文艺复兴时期的人文主义教育实践反映出一些前所未有的特征：其一，重视教育培养人的作用；其二，扩展教育对象，创建新形式的学校；其三，增加学科设置，扩展教育内容；其四，创造与运用新的教学方法。这些特征表明西欧教育开始进入新阶段。

英国国会1662年明文宣布英国国教对初等教育的法制管辖权。从18世纪后期起，英国初等教育开始发展，形式多样。1870年国会正式颁布《初等教育法》，英国国民教育制度正式形成。英国师范教育比法国、德国发展晚，直到19世纪中叶才初具规模。中等教育以封建社会流传下来的文法学校和公学为主，后又出现新形式学校——"阿卡德米"。公学最初注重古典文科教学，19世纪初，自然科学和数学比重有所增加。公学师资力量强，设备优越，学费昂贵，平民子弟极难进入。17~18世纪末，英国高等教育仍通过中世纪建立的古典大学进行，牛津、剑桥大学被称为"比英国国家还老的大学"，其教学内容主要是古典文科与神学。随着"新大学运动"的开展，这两所古老大学开始从教学内容、校务管理上进行改革，打破了以往古典教育的一统局面。英国近代教育发展较快，加强了国家对国民教育事业的领导，进一步削弱了教会在学校教育的势力，开始觉察到通过学校教育培养技术力量的作用，并创设了开放教育。但英国普及教育的起点和科技教育的发展都比德国和美国推迟了几十年。

　　17、18世纪法国的初等教育受天主教会的控制，中等教育学校主要有耶稣会中学和文科中学。法国资产阶级革命期间，先后执政的资产阶级各党派都十分重视国民教育问题，拟定了许多教育方案。拿破仑专政期间，在教育上建立起中央集权化的领导体制，重视中、高等教育，培养国家官吏和科技专门人员。1833年，教育部部长基佐颁布国民教育法令，推动了初等教育的发展。法国的中等教

19世纪的西方小学生

育注重数学、自然科学、历史和现代语的教育，整个19世纪下半叶至20世纪，法国中等教育课程设置的变化趋势一直是：重视和维护古典主义的传统，为中央集权国家庞大的官僚机构培养文职官员服务；同时，适应国际资本竞争和科学技术发展的需要，不断增设相应的教学科目，并提高它在教学中的地位和所占比重。在高等教育方面，法国仍沿用大学区制，校长有权任免奖惩本校人员、管理财政。另设大学参事会，讨论和审理教育和教学事项，特别着重研究自然科学。从法国大革命到巴黎公社起义的整个时期，法国学校教育的突出特征是中央集权化领导体制的建立，这种体制影响久远，直到20世纪，法国教育还保持着中央集权制。

17世纪初，由于宗教改革的影响，德国的教育，尤其是初等教育一度得到发展。这时期学校发展的最大特点是政权机关进一步扩大对教育事业的控制，普鲁士自16世纪时，已开始试行其教育上中央集权的办法。17世纪初，政府宣布，一切学校不仅属于教会的组织，同时也属于国家，使得骑士中学、文科中学和高等学校也有一定的恢复和发展。18世纪德国的初等教育、中等教育、师范教育和大学教育的发展起伏不定，但从总的方面来说，无论就数量或类型而言，都比上个世纪有所发展。17、18世纪德国学校教育的突出特征是它的国家主义和民族性的倾向。19世纪初期，洪堡任普鲁士教育部部长，他以新人文主义精神改革德国教育，强调实行初等义务教育，要求进行直观教育；在中等教育方面，改革了古典主义的文科中学；高等教育方面，德国大学从培养国家官吏和神职人员的机关转变为探讨科学与哲学的学术中心。1848年资产阶级革命后，德国统治阶级压制进步教育改革。1854年，普鲁士政府正式颁布学校法，进一步加强学校教育的封建性和宗教性，法令厉行20余年，致使德国教育倒退100多年。德意志帝国建立以后，普鲁士崇奉的沙文主义和军国主义反映到教育方面便是教育上的狭隘民族主义、专制主义和军国主义日益加强，致使从19世纪后半期起，德国教育的主要特征表现为学校全方面贯彻普鲁士专制主义、沙文主义和军国主义精神。

美国独立前的教育基本上是宗主国教育的再现，没有自己的教育体系。这一时期美国教育特点有三：其一，教会垄断教育，并且具有强烈的宗教色彩；其二，教派不同，对教育的态度各异；其三，具有强烈的殖民主义色彩。美国独立后，美国教育以其特有方式得到长足进步和发展：开始普及初等义务教育，创立了两种新型的中等学校，初步形成了一套较为完整的师范教育体系，建立了以农业院校为主体的新型高等学校，并且提出了一些有历史意义的教育措施，同时还制定

美国17世纪就已建立的哈佛大学

世界文明简史一本通

世界文明简史一本通

了一套新学制。可以说，截止到南北战争前，美国的教育制度已经有了一个基本的轮廓。南北战争后，美国各级各类学校更加系统而迅速地发展起来，终于形成了具有美国特点的教育制度。到19世纪后半期，又通过各种形式把欧洲资产阶级教育理论引进美国，与当时教育实际相融合，促进了美国整个教育的进一步发展。美国在发展教育事业时，注重调动社会各方面力量的积极作用，重视把现代科技引入教育内容和方法中去，这一做法值得借鉴。美国在教育设施上，因地制宜、因时设科、因市设课，构成美国近代教育改革的特点。但美国教育中漠视黑人、印第安人的平等教育权现象是对美国民主的极大嘲讽。

17、18世纪的沙皇俄国是以农奴制为基础的封建专制国家，在文化方面比当时的英法等国要落后200多年。17世纪末18世纪初，彼得一世在教育上采取了一些改革：开办初等学校，还相继开办航海、工程、矿业、外语等专门学校。1725年正式创办科学院。叶卡婕琳娜二世时期，颁布了《国民学校章程》，建立俄国第一所贵族女子中学。亚历山大一世和尼古拉一世时期，俄国教育倒退多于前进。18世纪60年代，俄国进行农奴制改革，教育方面颁布了一系列法规，虽不彻底，但它是俄国教育史上一个里程碑。18世纪70、80年代，俄国反动势力取消了进步的教育改良措施，加强了宗教、神学课，对学生进行监视侦察。但在资产阶级民主运动压力下，沙皇政府不得不重新采取了某些改良措施，如开办免费寄宿制师范学校，确定女子文科中学实施普通教育等。总之，18、19世纪以来，俄国各时期学校教育不断发生变化，从19世纪60年代起基本循着资产阶级改革道路前进，但仍属于资产阶级、封建的教育，需要进行根本改造，这就是十月革命后苏联教育改革的任务。

明治维新前，日本的封建教育主要分为幕府、藩国和民众教育三等。明治时期政府在教育方面采取了众多措施：废除封建教育体制，建立资产阶级新学制，普及初等义务教育，完善师范教育，发展职业技术教育，发展中等和高等教育，聘请西方国家的技术专家和教师等。日本自1872年颁布《学制》开始改造旧教育至20世纪80年代末90年代初近代学制基本成型，完成了日本教

育史上的第一次重大改革。教育的迅速普及和发达,使日本能够从一个远远落后于西方的封建国家,一跃成为"进步非常快的新兴资本主义国家"。但日本的统治阶级一直利用教育在青少年和民众中强制灌输"忠君爱国"、"尽忠报国"思想,鼓吹"武士道"精神,使教育为侵略和扩张服务,给世界和历史带来了严重灾难,惨痛的教训永远不能忘记。

17、18世纪的印度仍注重东方古典语文与宗教哲学学习,对英国和欧洲大陆进行的资产阶级革命、工业革命以及两者带来的后果和产生的影响似乎无动于衷。19世纪中叶,印度完全沦为英国的殖民地,东印度公司为了使其殖民统治机构能正常运转,需要一批懂英文和掌握现代科技与管理的人员充当英殖民主义者的代理人和中介者,于是开办了几所英文学校。1854年,英国政府制订了一个教育新方案——《急件》,通过东印度公司在印度贯彻执行,《急件》奠定了英

今日英国大学生

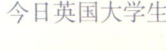

属印度教育制度的基础。

阿根廷在殖民地时期的教育分为两大部分：语言教育和知识教育，负责教育的是教会和传教士。16世纪前中期，各市镇都建立了小学和中学，有市镇公立学校，也有私立学校。随着学校教育的发展和殖民地移民的增多，阿根廷开始创办大学。如今天科尔多瓦的圣伊格纳西奥·德·洛约拉大学即那时所建。除大学外，还有许多神学院。此外，阿根廷还建立、创办了其他类型的文化教育机构，诸如图书馆、印刷厂、报馆等，阿根廷独立后对教育进行了深刻的改革，强调教育对巩固独立、推动社会进步有着重要的意义。19世纪下半叶至20世纪初，随着资本主义的发展，阿根廷的资产阶级教育改革进一步深入发展。1884年，阿根廷建立中央和各省教育机构，加强国家对教育的领导。同年，阿根廷政府颁布了《世俗教育法》，确定对6～12岁儿童进行免费义务教育；1890年颁布了国家对私立学校提供资助的法案，鼓励私人办学；1905年颁布了《教育法令》，并在全国开展扫盲运动；1919～1921年进行高等教育改革，在拉美各国率先实行大学自治。由于采取这些措施，阿根廷教育事业发展迅速，使阿根廷成为教育事业最发达的国家之一。

（二）现代教育制度的确立和当代教育制度的改革

这一历史时期教育领域发生了空前激烈的变化。19世纪末20世纪初，主要资本主义国家的教育是在基本普及初等教育和建立起各级教育制度的基础上，逐渐进行改革。十月革命胜利后苏联改造了帝俄时代的旧学制，开创了教育史上的新篇章。人类进入20世纪后半期，第三次科技革命兴起，知识不断更新，经济学家开始论证教育是经济增长的决定因素，所有发达资本主义国家、苏联和一些亚非国家纷纷提出教育改革法案，增加教育拨款，延长义务教育年限，进行课程改革，加强国家对学校的管理，教育日益大众化。为了适应社会急剧变化和新科学技术革命需要，"终生教育"成为一种国际思潮。20世纪60年代，新技术广泛应用于教学中，微型计算机进入课堂，教育发展处于"黄金时代"。到了70年代初，资本主义世界普遍面临经济危机，教育经费缩减，教育质量下降，在校学生锐减，教育处于困难中，对于教育发展的前景应如何重新思考和规划，已成为许多国家共同关注的一个迫切问题。

从上个世纪初至第二次世界大战前几十年间，是英国现代教育制度发展的第一个阶段，以普通教育的发展为主要内容，英国颁布了一系列重要的教育法令，

逐步形成了比较系统的国民教育体制。第二次世界大战后，英国政府通过了"巴特勒"法案，中心内容仍在于调整教育领导体制和谋求初等教育和中等教育的衔接，涉及一系列主要问题。1959年英国国会议员克鲁塞提出改革教育的报告，主要内容是建议改善继续教育机构所提供的教学内容，确保青少年的学习时间等。20世纪60年代，英国政府重新组织和扩充了中等教育、继续教育和高等教育，1963年被定为"教育改革运动年"。同年，英国政府颁布《罗宾斯报告》，对60至80年代中期国家高等教育发展作了预测和规划。到1987年，英国完成了由精英高等教育向大众高等教育的转型，至1992年，英国高等教育规模的扩张十分迅猛，适龄青年入学率急剧上升至27.6%，1997年7月，英国政府发表《迪尔英报告》，对高等教育目的、模式、结构、拨款面临的危机及未来20年发展作了详尽说明、规划和预测，并提出了93项高等教育改革的建议，反映出未来英国高等教育的发展方向。

法国从第三共和国成立至第二次世界大战爆发的70多年间，教育制度经历多次变化，不平等的双轨学制朝着统一学校制度努力，教育实施中浓厚的纯学术倾向逐步向重视实用技术的学习和削弱宗教控制的方向发展。第一次世界大战后，法国教育开始了"民主化"和"现代化"进程，在初等教育和中等教育方面进行了一系列改革。第一次世界大战后，近半个世纪间法国进行了五次重大的教育改革：① 1947年开始的郎之万改革；② 1959年开始的中等教育结构改革；③ 1968年实施的高等教育改革；④ 1975年实行的普通教育改革；⑤ 1985年以来的中等、高等教育综合改革。改革的总目标是追求教育的民主化、现代化和职业化，改革的重点在中等教育和高等教育方面。进入90年代以来，法国政府为重振法国在当今世界的大国地位，保障法国能够更好迎接21世纪的国际竞争和新科技革命的挑战，不断进行新的教育改革，其趋势预计表现为：①进一步协调发展教育质量和教育数量，不断提高青年一代文化程度；②进一步加强学校与外部社会的联系；③面向欧洲，为适应欧盟统一大市场的形成做好准备。可以肯定，这一求索步履将十分艰难，道路也会曲折而漫长，但总的目标是明确和不可逆转的。

德意志帝国成立之初，对原有的初等教育系统进行了调整和改革，但双轨制的实质没有丝毫改变。魏玛共和国时期对由以前各时期演变下来的德国各级学校教育制度，作了具有重大意义的变动。纳粹统治时期推行法西斯教育，一方面竭力宣传军国主义思想，另一方面大力灌输种族优越论和宗教观念，所以这一时期德国的学校教育被纳入法西斯化轨道，成为实行法西斯专政的工具。1949年联邦德国成立，经过十多年的多种试验和改革，联邦德国的学校教育先后形成了以历史上德国共和时期的教育为基础的学校教育系统和全联邦的教育领导体制，但也存在一些问题。1970年2月，德意志教育审议会教育委员会提出《关于教育制度的结构计划》，它被公认为是根本改革西德教育制度的蓝本。6月，《教育报告——1970年》对西德教育制度的现状作了严肃认真的分析和批评。1973年6月，联邦政府和各州政府审议通过《教育综合计划》，涉及各级各类教育的改革目标、教育发展和改革财政预算，论述了学前教育、初等教育、中等教育、继续教育、大学教育等领域的改革。纵观西德教育的发展，它具有如下一些特点：①它是欧洲最早实施义务教育的国家；②普及义务教育后再实施职业技术教育是德国的重

德国著名的慕尼黑大学

大创造；③对中等教育严格要求，重视基础学科的教学和智力的训练；④高等教育实行教学与科研并重，民主与自由的办学方针。

美国进入垄断阶段后，教育基本上摆脱了殖民地时期对别国教育的抄袭，形成了独立的、具有本国特色的现代教育制度。第二次世界大战世界大战期间，美国的教育仍然沿着上一阶段教育发展的路程发展，但有所不同，幼儿教育发展了，职业教育也有所强化，实用主义教育思想进一步发展，联邦政府对地方教育经费的补助增加了，但并未改变各自为政的现象。第二次世界大战以后，美国教育改革迭起，仅重大的教育改革就有四次之多，可以说一直处于摇摆多变的改革之中。50年代末的学科结构运动，着眼于课程的改革，旨在加强学科科目的教学，培养高级技术人才。70年代初兴起的"生计教育"运动，目的在于改变普通教育与职业教育分离的倾向，并通过重建职业教育以减少失学、失业，解决各种社会问题，达到安定社会的目标。70年代中期出现了"恢复基础"教育热潮，强调基础知识和基本技能的训练，恢复了传统主义教育的一系列做法。80年代掀起的教育改革，着眼于教育的综合改革。基础教育出现了反对公共教育整齐划一、义务教育强制性思潮，要求重视民众教育选择权的呼声日益高涨。90年代开始，美国推行"服务学习"（Service Learning）。10年来，服务学习在美国得到迅猛发展，到2002年，费城所有5年级学生必须完成一项公民计划——如服务学习——才能够毕业。

日本自明治维新教育改革以后，初等教育到1920年时已基本实现普及，中等教育有了较大发展，高等教育也得到了扩展。1890年天皇的《教育敕语》颁布后确立的教育体制，使日本学校教育带有浓厚军国主义色彩，并随法西斯

统治的加强而愈演愈烈。20世纪30年代后期，日本学校教育被纳入战争轨道，日本军国政府竭力推行法西斯教育，同时强制开展法西斯化的青少年运动。1945年随着日本战败投降，法西斯教育亦告结束。战后日本政府对教育进行了多次改革和改进工作，其中规模较大的有四次。1947年，日本教育刷新委员会颁布《教育基本法》和《学校教育法》，这两个纲领性文件为战后日本教育制度提供了基本原则，开始了第二次世界大战后第一次改革。在学制和教学内容方面发生了很大变化，但深深打上了美网民主精神的烙印；1958年苏联第一颗人造卫星上天，日本受到震动，开始第二次教学改革，提出了"充实基础学历，提高科学技术教育"的课程改革方案；20世纪70年代第三次教育改革既注重基础知识的划一性，又注重适应地区与个性特征的灵活性，而且使高等教育具有多样性和开放性的特点；80年代以来，日本酝酿第四次教育改革，首相中曾根特别考虑到未来21世纪日本在世界的地位及应做的贡献，他对这次改革提出了一个建议，其中包括五项原则。同时，日本政府对初等、中等、高等教育体制及师资培训制度进行了实际改革。20世纪末，日本文部省又改革了基础教育，重视教师培养、培训工作。关于中学课程改革，在学习过程中强调综合性，在课程内容中增加和平、人权、自治、环境等方面的知识，增强反对战争、差别、强制、公害的观点。总之，日本政治家和经济学家充分认识到教育和经济的关系，紧紧抓住教育，在战后明确提出了"教育立国"、"技术立国"口号，充分发挥教育在国民经济发展中作用，使日本从一个资源贫乏、地域狭小、人口众多的国家，迅速发展为科技发达、经济一流的大国。这一经验值得人们研究和深思。

十月革命胜利之后，无产阶级专政的社会主义国家——苏联成立。同时，无产阶级教育改革也迅速展开，其宗旨是实现国民教育的世俗化、民主化，使科学、文化和教育真正成为苏联各族人民的财富，同时号召教育家、教师和学生与革命人民一起对沙俄旧教育进行全面的变革。到1991年苏联宣布解体前，苏联共产党结合苏联国情，为探索、发展和完善社会主义新教育制度进行了种种实验和改革，仅重大教育改革就有5次。第一次改革（1917—1930年），改变了教育的根本性质，把沙俄时代的具有封建色彩的资本主义教育，改变成为无产阶级领导的为社会主义服务的新教育。第二次改革（1931—1940年），大力开展系统科学文化知识的教育，但忽视了劳动教育。第三次改革（1958—1964年），强调劳动教育，但又忽视了系统的科学文化知识教育。第四次改革（1964—1983年），中等教育得到普及，但再次忽视了劳动教育。第五次改革（1984—1991年），对普通教育、职业技术教育、高等和中等专业教育进行全面改革。苏联解体后，俄罗斯继承了苏联政府对于教育的一贯传统：大力发展国民教育，不断提高全社会及每个人的受教育水平和公民素质。1991年6月，叶利钦就任俄罗斯总统后，颁发的第一号总统令即是《关于发展俄罗斯苏维埃社会主义联邦共和国教育的紧急措施》，1992年又颁布了《俄罗斯联邦教育法》，1996年1月重新修订。但俄罗斯政治动荡、经济滑坡使其教育理想和现实之间存在相当大的差距。